# 分析形而上学の最前線

## 人、運命、死、真理

森田邦久
柏端達也［編著］
横路佳幸
後藤真理子
大畑浩志
佐々木渉
吉沢文武
高取正大
北村直彰［著］

春秋社

# はじめに——本書の趣旨

森田邦久

本論文集は、分析形而上学と言われる分野の四つのトピック（「人の存在論」「運命論」「死の害」「真にするもの」）に関して、主に若手の研究者たちに寄稿してもらったものである（本当は若手研究者のみに寄稿してもらう予定であったが、諸事情により、とても若手とは言い難い私も寄稿することとなった……）。

本論集の特徴は二つある。一つめは、上記四つのトピックに対してそれぞれの研究背景を簡単に述べた章があることである。このような章があることで、専門外の読者が各著者の論文を読む助けになり、また、本論集が分析形而上学の教科書としての機能も持つことになる。

そして二つ目は、トピックごとに二人の著者が異なる立場で論文を寄稿し、かつ、それぞれの論考に批判的にコメントをし、さらに、それらのコメントへのリプライをするという形式にしている点である（これまた諸事情により、リプライが抜けているものが一つだけあるが）。これは画期的な試みだと自画自賛したい。このような形式にしたことによって、一つめの特徴とともに、各トピックへの読者の理解がより深まるだろう。以下、そのような試みをした狙いについて述べておく。

このような試みをした大きな理由は、ある意味プラグマティックなものである。私の個人的な思いなのだが、近年、「論文集」というものの意義が薄れつつあるのではないか。従来の論文集の意義とは、（「頂いた科研費でちゃんと成果を出しましたよ」とエクスキューズする以外では）一つは、同一のトピックで書かれた論文が一冊に収まっているのでそのトピックを学びたいときに便利である、という点だろう。そしてもう一つは、雑誌論文というものはどうしてもアカデミックな世界にいる人間以外にはアクセスしにくいので、アカデミックの外にいる一般市民の方々にも業界の最新の動向を知らしめることができるという、いわゆる「アウトリーチ」活動としての意義である。

だが、この二つの利点がいまや失われつつあるのではないか。というのも、まず一点目については、ネットの普及で、キーワード検索をすれば同一トピックの雑誌論文を簡単に見つけることができるからだ。ほとんどの雑誌は電子化されているので、簡単に同一トピックの論文を収集しファイルすることができる。そして二点目に関しても、近年はオープンアクセス論文が増えてきているという事情がある（これもネットの普及と密接に関係する事象であるが）。通常、雑誌論文はそれを購買している読者にしか閲覧することができないが、学術雑誌の購買料は高いので、一般市民は、たとえばネット検索で興味を惹く論文を見つけても読むことはできない。しかし、オープンアクセス化されている論文は誰にでも読むことができる。特に日本の大学（の講座など）が出版している雑誌はオープンアクセスになっていることが多く、こうした雑誌は若手の院生などがサマリー論文（あるトピックについてどのような議論が学界でなされているかをまとめた論文）を載せていたりするので、そのトピックの初学者にはありがたい。また、日本の高水準の学術雑誌、たとえば分析哲学・科学哲学の業界だと『科学哲学』や『科学基礎論研究』なども今は完全にオープンアクセス化されているので、アカデミックの外にいる人たちも研究の最先端を日本語で知ることができる。海外の著名な雑誌でも、雑誌全体がオープンアクセス化されているものは（著名なものでは）少ないが、論文単位でオープンアクセス化されているものも多い。

このように考えると、「何のための論文集か？」という疑問は自ずと生じるだろう。というのも、本書の定価がいくらになるかこの原稿を書いている時点でわからないが、基本的に学術的な論文集は高価であるし、市の図書館に納入されることも少ない。それゆえ、今のネット社会では上記の論文集の利点はほとんどないと言ってもよいからだ。

しかし、本論集のような形式では、各トピックに関する対立した意見を読み比べ、かつ、それらに対する批判的コメントおよび執筆者からのリプライも併せて読むことで、読者はそれぞれに対してより深い理解を得ることができるだろう。

そして、このような形式の利点は、読者にだけではなく執筆者たちにもある。執筆者たち（特に若手の研究者たち）にとって論文集に寄稿する意義は何か？　たしかに、業績としてカウントすることは可能ではあるが、査読（専門家が雑誌に投稿された論文を読んで掲載に値する論文かどうかを判断するシステム）があるわけではないので、査読論文と比較すると業績としての価値は低い。それならば、せっかく執筆した論文はより評価の高い査読誌で出版した方が研究者としてのキャリアにとってよいのではないか？

しかし、本論集のような形式では、同じトピックを研究する他の研究者と議論し、自身の論考をより深められるという大きな利点がある（正直に言って、学術誌に掲載された論文のほとんどは誰からも引用されたり批評されたりすることなく埋もれていく……）。さらに、通常は既発表論文の投稿を禁じる雑誌は多いが、本論集での議論を通して大きく議論を進展できれば、新しい論文を書き上げることもでき、それを評価の高い査読誌に投稿することもできるだろう。さらに、各部での概要を担当した執筆者たちはアウトリーチとしての業績も積むことができる。

以上のように、本論集は「現代においても意義を持つ新しいタイプの論文集」の形を提案するものである。もちろん、本論集に意義を見出された研究者の方々は是非同様の論文集を企画出版してほしい。また、私自身も、本論集が好評であれば第二弾、第三弾と企画していきたい（若手の方々もこういうテーマで執筆したいというのがあればお声がけください)。

本論集を企画したのは二〇一九年末であった。そして、世界的なコロナ禍がまさに始まらんとする二〇二〇年二月ごろに当時の執筆予定者で集まりそれぞれの構想を発表する会合を開いた。まだ、人が集まることが大きく制限されていないころで、消毒液などを用意して発表会を開催した(マスクもほとんどの参加者は着けていなかったように記憶している)。しかし、懇親会は念のため見送ることになったのを覚えている。それはともかく、それから紆余曲折(執筆者の交代など)があり、出版にこぎ着けるまでに随分と時間がかかってしまった。担当編集者である春秋社の小林公二氏には大変ご迷惑をおかけしてしまった。この場を借りてお詫びしたい。また、執筆者の皆さんにも、通常の論集のように「論文を提出して終わり」ではなかったため、随分とお手数をおかけしてしまった。本論集に関わったことが今後の執筆者の皆さんの研究者人生にとってプラスになるならば編者として望外の喜びである。

分析形而上学の最前線　目次

# 分析形而上学の最前線——人、運命、死、真理

# I　人の形而上学

# 人の形而上学――その略史

横路佳幸

## 1 はじめに

日本語の「人」には様々な意味がある。「人が悪い」と言えば人柄を指し、「人の振る舞いに口出しすべきではない」と言えば他人のことを指すだろう。あるいは「人の道を外れてはならない」や「人も所詮動物だ」などと言うと、真っ当な人間性もしくはホモ・サピエンスとしてのヒトを連想させるかもしれない。「人」に込められる様々なニュアンスはおそらく、私たちが見せる多様な顔を例証するものの一つである。

これに対し、哲学、特に英米圏の分析哲学における「**人**(person)」は、特定の理論的役割を背負う専門用語として用いられてきた。「人格」や「パーソン」とも訳されるそれは、理性や合理的反省、自己意識などの高度な認知能力を有する存在者としばしば同義である。机や昆虫は人ではないが、私やあなたが人であるのは、心に関係する高度な能力を私たちが有しているからである。逆に言えばそうした能力の喪失は、人が人であり続けることの妨げとなる。たとえば、不慮の事故によって理性的な能力を司る大脳に不可逆かつ重大な損傷を負うとき、私はもう人ではなくなるだろう。そして、もし「人であること」が私たちが私たち自身であるゆえんなのだとしたら、人の本性やあり様を分析することは、「私たちとは何であるか」の解明に直結する。つまり、私たちが私たち自身について問う自己反省的な思索は、人とそうでないものを厳密に区別し、人がいつ生まれいつ消滅するかを特定することで前進するかもしれない。哲学的主題としての「人」はこうして、哲学の中心概念の一つとして定着し、現在の分析哲学においても盛んに議論されるようになった。

この第Ⅰ部では、私たち人にまつわる形而上学について、後藤と私・横路が互いに対立する見解を表明し、個々の論点をめぐって討論を行う。だが、本格的な議論に入る前に本導入部では、後藤と私の間で対立が生まれる背景として、これまで哲学者が人についてどのように論じてきたかを簡単に追うことにしよう。やや恣意的な歴史観なのは承知のうえで、人の形而上学史に敢えて区切りを設けるならば、そこに三つの「切れ目」を入れることができると私は思う。「ロックとその批判者たちが論争を繰り広げた近世の哲学」、「人の同一性に主眼を置く（一昔前の）分析哲学」、そして「私たちの本性を明らかにする現代の分析形而上学」がそれである。順に見ていこう。

## 2 ロックと近世の哲学

一つ目の「切れ目」は、近世の哲学者ジョン・ロックを発端とする論争である。よく知られているように、ロックは哲学の議論に人概念を本格的に導入した最初の人物で、これがその後の議論の方向性を長らく決定付けたと言っても過言ではない。『人間知性論』において彼は、人を「推論・反省し、思考するような知的な存在者」、特に「当の自己自身を自身として、すなわち異なる時点と場所でも同じ思考する事物としてみなすことができる」（Locke [1690] 1975, II. xxvii. 9）存在者として定義した。この定義に基づきロックが注意を向けたのが、いわゆる**人の同一性**（personal identity）である。人の同一性、すなわち人が自分自身と数的に同じ人であり続けることは、生命の保持と関わる人間（man）の同一性や、その本質が知られざるままに置かれる精神的な実体（substance）の同一性とは決定的に異なっている。このユニークな見立てのもとロックは、人の同一性すなわち理性的な存在者の同一性は「意識のみに存する」（ibid.）と論じた。ここで言われる「意識」とは、過去の行為についての記憶や自覚と結び付く精神の作用を指す。たとえば、記憶を完全かつ不可逆に喪失した者は、仮に以前と**同じ人間であり続ける**としても、以前とは同じ意識を持たないためもはや**同じ人ではない**。そのように論じてロックは、自己としての人は人間や実体とは違って、意識と決定的な仕方で関連する同一性を持っていると高らかに宣言したのである。(1)

しかしながら、当時の哲学者の多くはこれに否定的な反応を示した。たとえば、モラリストとしても著名な司教ジョゼフ・バトラーは、『宗教の類比』の中で、人の同一性に関するロックの見解には致命的な誤謬があると診断している。彼の考えでは、知識が真理を必要とするとき、知識は物事を真たらしめるものではない。真理は当然のことながら知識から独立に成立する。これと同じく、自分の行為についての記憶が自己の同一性を必要とする場合、そうした記憶が問題の行為者を自己たらしめるわけではない。自己すなわち人の同一性は明らかに記憶とは独立に成立している。つまり、記憶は「人の同一性を前提するがゆえに、人の同一性を構成しえないのは自明であると考えるべきである」（Butler［1736］2021, D I. 3）。バトラーによれば人の同一性とは、「記憶や忘却などのあらゆる考慮に先立つ」（ibid., D I. 9）もので、諸部分の変化を許さない「厳密で哲学的な意味における同一性」（ibid., D I. 5）である。最終的に「人」の正体は、諸部分に分割不可能で永久不滅の精神的な実体（魂）以外にないことが判明する。したがって、人の同一性とは突き詰めれば魂の同一性にほかならないというのがバトラーの見立てであった。

また、自己としての人に着目すると、スコットランドの哲学者デイヴィッド・ヒュームは、人の存在そのものに疑問を呈したと解釈することができる。ヒュームによると、どのような感覚や反省をもってしても、自己それ自身を経験的に知覚できるような印象はどこにもありえない。経験主義者らしい彼の言葉ではこうである。「何であれ印象が自己の観念をもたらすのであれば、そうした印象は、生涯にわたって不変で同じであり続けねばならない――というのも、自己とはそうした仕方で存在すると想定されるからである。しかし、不変で一定であり続ける印象などどこにもない」（Hume［1739-40］2007, 1. 4. 6. 2）。では、自己とは結局どのようなものなのか。ヒュームが推奨するのは、絶え間なく継続する無数の異なる知覚の束以上のものではないという考えである。これに従うと、自己ないしは人はいわば虚構の一種にすぎない。なぜならばその通時的同一性は、異なる知覚から成る二つの束に誤って数的同一性を帰属させてしまう我々の想像力に起因しているからである(2)。

以上のように、人をめぐる近世の論争は、私たち人の通時的同一性を記憶や意識から説明しようとするロックの考えがどこまで妥当であるか、そして人という存在者が魂や自己とどのような関係にあるかといった諸問題に焦点を当てていたと言えよう。

## 3　人の同一性と分析哲学

続いて、人の形而上学史における二つ目の「切れ目」を見ていくには、時計の針を一気に現代まで進めて、分析哲学の興隆期に目を向けねばならない。転機を生み出したのは、イギリスの道徳哲学者バーナード・ウィリアムズである。ある記念碑的な論文においてウィリアムズは、人の同一性を記憶などの心理的要素だけから説明するロック以来の伝統を牽制しようと試みた（Williams 1956-7）。そこで彼が提出したのが、のちに大きな影響力を持つことになる**重複論証**（reduplication argument）である。

いま、ある男チャールズは、ガイ・フォークス（GF）という今は亡き人物が送った人生と完全に一致する記憶を手に入れたとしよう。ロック主義に従うと、このときチャールズはGF本人に見える。彼はまるで生まれ変わりのようにGFの記憶を完璧に継承しているからである。しかし、似たようなことがチャールズの弟ロバートにも起こったとき、問題が顕在化する。チャールズだけでなくロバートもまたGFの記憶を完全に引き継ぐ者だとすると、GF本人に見える候補がこの世界に二人存在することになる。これは明らかに不合理だろう。なぜならば、もし本当にチャールズとロバートがどちらもGFなのだとしたら、別々の身体を持ち別人であるはずの兄弟が同一人物として扱われてしまうからである。となると、チャールズとロバートはどちらもGF本人ではなく、それはチャールズだけがGFの記憶を引き継ぐ場合でもそうだと結論付けなくてはならない。言い換えれば、記憶の保持といった心理的な特徴を考慮に入れるだけでは、チャールズとGFの同一性を立証することはできず、同一性の立証には他の物理的な特徴が必要となる。ウィリアムズの導きに従えば、その物理的な要素とは（時空的連続性に基づく）身体の同一性である。つまり、同じ人であるかどうかを判断するには、記憶だけでなく身体が保持されているかどうかも考慮に入れねばならない、というわけである。

歴史的に見ると、ウィリアムズのこうした議論はその後膨大な数の反発を招くことになった。それはかえってロック的な考えの新たな展開を活気付ける契機となったほどである。また、人の同一性をめぐる論争が**心理的規準**と**身体的規準**の対立という形で理解されるようになったのも、ウィリアムズの重複論証がきっかけと見てよい。一方の心理的規準によれば、人の通時的同一性は記憶や意識などの心理的要素の保持（心理的継続性）だけから判断できる。他方の身体的規準によれば、身体の保持を考慮することなくして人の通時的同一性を判断することはできない。ここでは心理的規準と身体的規準の対立を細かく追うことはしないが、その代わりとして人の同一性に関連する事項を三つだけ拾っておきたい。

第一に、ウィリアムズによる問題提起にもかかわらず、人の同一性が何に存するかについては長らく心理的規準が優勢であり続け、現在でもその傾向は緩やかに続いている。たとえば、世界各国の職業哲学者が多数回答に協力した二〇二〇年の調査では、心理的規準はいまだに全体の約四割を占めるほどの支持を得ている（Bourget and Chalmers 2023）。また、非哲学者を対象とした実験哲学的な調査でも、人や自己の同一性にとって重要な役割を担うのは、物理的特徴ではなく心理的特徴の持続だと判断される傾向にあることがわかっている（Nichols and Bruno 2010）。そのため身体的規準を擁護する見解は、依然として不人気のまま沈滞していると見てよいだろう（ただし、次節で言及する「私たちを動物としてのヒトと同一視する見解」はウィリアムズ的な立場の再来と言えなくもない）。

第二に、身体的規準そのものはほとんど支持を集めなかったとはいえ、ウィリアムズの重複論証は、いわゆる分裂のケースを経由することで、人の同一性規準を探究するあらゆる論者に重要な示唆を与えたと見ることができる。一般に、人$x$と$y$について、$x$と$y$が同一かどうかは、$z$という第三の対立候補が存在することから独立である。言い換えれば、$x$と$y$の同一性は、徹頭徹尾$x$と$y$の間の内在的な問題であって、$z$などの外在的な要因によって左右されることはない。このため、先のチャールズとＧＦの同一性をめぐる問題も本来、ロバートという対立候補の有無とは無関係でなければならない。ロバートという第三の候補がいない場合にはチャールズはＧＦと同一であるのに、第三の候補がいる場合には同一ではないという事態は、同一性の内在性を踏まえると起こりそうにない。だからこそウィリアムズは、対立候補が存在するかどうかにかかわらず、チャールズとＧＦは決して同一ではないと結論付けたのである。

しかしこうした議論の組み立て方は、分裂のケース、特に脳分割のケースに容易にスライドさせることができてしまう。いま、ある人$a$の右脳を$a$とは異なる特定の身体$b$に移植し、$a$の左脳を$a$とも$b$とも異なる特定の身体$c$に移植したとする。このとき、術後に起き上がる二人の人$b$と$c$がどちらも$a$本人と考えるのは明らかに不合理である。また、$b$と$c$が記憶や信念、欲求、人柄などの点でまったく同程度、$a$と心理的に継続しているとしたら、どちらか一方だけが$a$と同一ということもありそうにない。同一性の内在性から、これは$b$への移植のみが行われた場合でも同様である。そうすると、$b$は——$a$の記憶や意識などの心理的要素を保持し続けているにもかかわらず——$a$とは決して同一ではないことになり、心理的要素の保持に基づく規準は人の同一性を保証するものとしては軒並み不適格になるだろう。要するに、重複論証の示唆を援用して分裂の可能性を認めてしまうと、人の同一性について満足のいく規準を見つけることは途端に困難になるのである（Wiggins 1976）。ここから、デレク・パーフィットのよく知られたテーゼ、すなわち「同一性は実践的に重要ではない」というテーゼに到達するのはそう難しくない（Parfit 1984）。先の$a$と$b$が文字通り別人だとしても、$a$には、自身の幸福に気を配り期待するのと同程度には$b$の幸福に気を配るべき理由がある。というのも、実践的に重要なのは人の同一性と必ずしも合致しない（記憶や信念、欲求、人柄などから成る）心理的継続性であり、$a$と$b$は同一でないとしても心理的に継続しているからである。それゆえ、$a$は分裂する際に同一性を失い死を迎えるものの、その心理的継続性が担保される限り、死は$a$にとってそれほど悪いものではないことが導かれる。

人の同一性をめぐる形而上学はこうして、派生的なテーマを経由することで、徐々にその裾野を広げていった。そして一九七〇年代には、最も顕著な応用例としていわゆる**パーソン論**（personhood theory）が生命倫理学に登場する——これが、人の同一性について特筆すべき最後の事項となる。中でも議論を呼んだのが、マイケル・トゥーリーによる人工妊娠中絶の擁護である（Tooley 1972）。トゥーリーによると、あらゆる人、そして人だけが道徳的に見て生存する権利（right to life）を持つ。なぜならば、人とは自己意識、すなわち自分自身のことを過去・現在・未来における経験の同一主体として理解できる能力を持つ者のことであり、その能力こそがまさしく道徳的に重要だからである。人が自らを時間的に継続した存在者だと捉え、未来にもそうした生存の欲求を抱くとき、その者から生存を奪い取ることはその人にとって悪いことだろう。しかし、心理的能力が未発達な胎児は、自己意識を持たず、未来において生存し続けたいと欲求することもない。それゆえ、人ではない胎児は生存する権利を持たず、中絶は道徳的に正当化されるとトゥーリーは論じた。

他方で、身体的規準との関連で言えば、その数少ない支持者たちはパーソン論から一定の距離をとっていたように見える。たとえばウィリアムズは、人概念は自己意識や反省能力といった程度の問題となるような諸特徴と関わる限り、倫理的思考を支える基礎としては脆弱であると断じていた（Williams［1985］2011）。また、のちに人と身体を同一視する見解の擁護者として名乗りを上げることになるJ・J・トムソンはかつて、中絶の道徳的正当性を人概念に頼らずに主張したことで知られる（Thomson 1971; 2007）。彼女の考えでは、胎児が生存する権利を持つ人だと仮に認めたとしても、母体である女性の身体を継続的に利用する権利は決して持たない以上、中絶は生存する権利の侵害にはならない。

以上を整理すると、次のようにまとめることが許されるだろう。人の同一性、特に心理的規準と身体的規準の対立は、人の分裂や実践的重要性、死といった問題と絡み合いながら分析哲学における一大トピックとなり、中でも人を自己意識、ひいては生存する権利へと結び付ける潮流は、その正否含め現在まで続く中絶論争を過熱させる論点の一つとなっている、と。

## 4　私たちの存在論と分析形而上学

それでは、人の形而上学史の最後の「切れ目」に移ろう。人の同一性に主眼を置いていた議論は、二〇〇〇年代に突入すると次第に**「私たちとは何か」**というより広い問題意識に包摂されるようになった。こうした変遷は、現代の分析形而上学との関わり抜きでは多くを語れない。たとえば、事物の本質や他の事物への存在論的依存、諸部分による全体の組成、彫像と粘土の塊の間の物質的構成などの形而上学的トピックが本格的に花開くにつれ、私たち自身をめぐる形而上学的議論は人の同一性に限定されない仕方で進展することになった。具体的には、以下のような疑問が当の問題圏に含まれる（cf. Olson 2007, pp. 3ff.）。

1　私たちは、本質的に人に属するのだろうか。それとも、偶然もしくは一時的にしか人に属さないのだろうか。
2　私たちは、物理的な物質から成るのだろうか。それとも、非物質的部分から成るのだろうか。
3　私たちが物理的な物質から成るとき、その物質とは身体に尽きるだろうか。それとも、その一部にすぎない脳なのだろうか。
4　私たちは、身体とどのような関係に立つのだろうか。
5　私たちは、右手や脳などの通常の空間的部分を持っているのだろうか。また、その他の恣意的な分離されていない部分（たとえば身体から左足だけを取り除いた存在者など）を持っているのだろうか。
6　私たちは、無数の時間的部分から成る四次元的な対象なのだろうか。
7　私たちは、通時的に同一の事物として持続するのだろうか。持続するとすれば、その必要十分条件とは何だろうか。

人の同一性の問題は最後の7と関連するが、それを含め上記の疑問はすべて、私たちの基礎的な本性を明らかにする存在論の一部と言える。かつてトムソンが自覚的に述べたように、「哲学者が人の同一性について自身の見解を表明する際、我々は答えを用意すべきさらなる問いがあることを念頭に置かねばならない。それは、人々とは何**である**かというものである」(Thomson 2007, p. 157; 強調部分は原著ではイタリック体)。つまり、私たちが私たち自身について問う自己反省的な思索は、ここに至ってようやく人の同一性の代わりに「私たち」の本質や存在論的依存、諸部分、組成、物質的構成などを主題とするようになったのである。たとえば、私たちを人ではなく動物としてのヒトと同一視する見解や、私たちを心理的に機能する脳と捉える見解、はたまた私たちを時間的諸部分から成る四次元対象と考える見解が本格的に議論されるようになったのは、専ら二〇〇〇年代以降である(横路 2019)。

こうした趨勢とちょうど足並みを揃えるかのように、従来の分析哲学ではあまり顧みられなかったか悪評が後を絶たなかった見解も、人の存在論において存在感を強め始めている。代表例は、**実体二元論**と**質料形相論**である。よく知られているように、歴史的には前者はデカルト、後者はアリストテレスに由来する。実体二元論によると私たちとは、物質的な身体から区別されるような、それ自体で独立して存在する精神的な実体であるのに対し、質料形相論によると私たちとは、身体という質料と魂という形相の二つの要素から成るような統一体である。この二つの見解は現在、心の哲学における還元主義的物理主義への反発、あるいは分析形而上学におけるアリストテレス主義や分析的トミズムといった流れを汲みながら、多様な発展の只中にある。

さらに最近では、人の同一性規準にもいくつかの観点から再考が迫られつつある。一つは、実験哲学という領域が大きく躍進したことに関係する。先に少し触れたように、仮に心理的規準が私たちの日常的直観に適うとしても、人の同一性が果たして心理的継続性に尽きるのかと言うと、そうではないかもしれない。たとえば、非哲学者を対象としたある調査によると、「もはや同じ人ではない」と判断する際、私たちは記憶や欲求といった心理的特徴の変化よりも、共感能力や誠実さといった道徳的性格の変容の方をより重視しているという（Strohminger and Nichols 2014）。特に、脳損傷や認知症などによる道徳的性格の悪化（例として優れた人柄からそうでない人柄への変容）は、同程度の性格の改善に比べてより「別人」と判断されやすいことがわかっている（Earp *et al.* 2020）。そして道徳的性格の変容による影響は、他者の同一性を判断する場面のみならず、自己の同一性を判断する場面においても際立っている（Prinz and Nichols 2017）。

一般的に言えば、人の同一性は道徳的責任や義務を果たす際に決定的な役割を担っている。あなたが直接責任を負うべき行為は、ほかならぬあなた自身がやった行為だけである。しかし右記の実験結果を踏まえると、人の同一性判断にはそもそも道徳的性格の保持が決定的に影響している可能性がある。少なくとも私たちは、人の通時的同一性の成否を判定する際、元の道徳的性格（中でも優れた人柄）が持続したままかどうかを判断材料の一つとしている。これはつまり、道徳的な考慮には人の同一性が要請される一方で、人の同一性にも道徳的な考慮が要請されるということを示唆している。

より重要なことに、人の同一性規準の再検討を促す観点はもう一つある。それは、**そもそも人の同一性は他のより単純な関係によって分析可能なのか**という疑問である。いわゆる単純説はこれに否定的に答え、複合説は肯定的に答える。先に見たパーフィットは、人の同一性に関する事実を心理的継続性に関する事実に還元可能だと考えたため、複合説に与していた。だが、単純説の側から見れば、これは人または意識ある存在者の同一性に特有の事態を捉え損なっている。たとえば、人の存在論の主要論者の一人であるリン・ラダー・ベイカーによれば、人の同一性は、自身を思考の主体として捉える能力である一人称観点の同一性によって分析できる。しかし一人称観点の同一性を説明するには、それがどの人の一人称観点なのかを前提せねばならない点で常に人への言及が避けられない。よって、人の同一性は常に循環した規準を持たざるを得ないとベイカーは主張する（Baker 2007）。

他にも、知識論証で著名なマルティネ・ニダ゠リューメリンによると、あなたの同一性は、あなたを固定的に指示する仕方――まさしくあなたが存在するという想定をあらかじめ含んだ仕方――でしか説明不可能である（Nida-Rümelin 2012）。仮に心理的・生物的・社会的な来歴の点であなたと瓜二つの存在者が存在する場合でも、それがあなたではないという可能性を我々は常に理解することができる。それゆえ、意識の主体とはどのようなものであるかを我々が理解している限り、意識ある存在者は、石や机などの非意識的な存在者とは違って原初的な同一性しか持ちえないと論じられる。

以上からわかるように、人の同一性を含む私たち人の存在論は目下のところ、従来の心理的規準か身体的規準かという対立図式を越え、多岐にわたるトピックを舞台に百花繚乱の様相を呈し始めている。

それでは、一連の歴史的背景ないしは現在の状況と地続きの議論として、次章から後藤と私・横路の対立を見ていくことにしよう。私たち二人の間の係争点は、人の存在論の中でもとりわけ、「私たちは単純な実体か、それとも複合的な実体か」という点にある。大雑把に見れば、後藤は実体二元論と単純説を組み合わせた立場を、私は質料形相論と複合説を組み合わせた立場を提示する。この対立はきっと、私たち人の本性という角度から分析形而上学のいわば「最前線」を切り拓くと同時に、私たちは多様な顔を持っているというありふれた事実を――「人」という日常語よりも込み入った仕方で――思い出させるものとなるだろう。

## 註

(1)こうした主張の背景には、ロックが人を「行為とそれに伴う功罪を引き受ける法廷用語」(Locke [1690] 1975, II. xxvii. 26) としても理解していたという事実がある。自身が行った過去の振る舞いについて、それが仮に強い非難に値する悪行だとしても、本人がそれをまったく思い出せず自己に責任を帰属させることができない場合、その者に罪を負わせることは難しいだろう。なお、ロックの言う「意識」を記憶や自己意識と同一視してよいかについては解釈者の間で意見が分かれていることを付記しておく。

(2)ただし、のちにヒュームは、人(自己)の同一性についての自説が不整合で不完全なものだったと振り返り、「迷宮に迷い込んでいる気がする」(Hume [1739-40] 2007, Appendix, 10) と告白している。そしてこの不明瞭な告白は、現代に数多くのヒューム解釈を生み出すことになった。

## 参考文献

Baker, L. R. 2007, *The Metaphysics of Everyday Life: An Essay in Practical Realism*, Cambridge: Cambridge University Press.

Bourget, D. and D. Chalmers 2023, "Philosophers on Philosophy: The 2020 PhilPapers Survey", *Philosophers' Imprint* 23 (11).

Butler, J. [1736] 2021, *The Analogy of Religion*, D. McNaughton (ed.), New York: Oxford University Press.

Earp, B. D., S. R. Latham and K. P. Tobia 2020, "Personal Transformation and Advance Directives: An Experimental Bioethics Approach", *American Journal of Bioethics* 20: 72-5.

Hume, D. [1739-40] 2007, *A Treatise of Human Nature: A Critical Edition*, vol. 1, D. F. Norton and M. J. Norton (eds.), Oxford: Clarendon Press. (『人間本性論――知性について』新装版・第一巻、木曾好能(訳)、法政大学出版会、二〇一一年)

Locke, J. [1690] 1975, *An Essay Concerning Human Understanding*, P. H. Nidditch (ed.), Oxford: Clarendon Press. (『人間知

性論』全四巻、大槻春彦（訳）、岩波書店、一九七二–七七年）
Nichols, S. and M. Bruno 2010, "Intuitions about Personal Identity: An Empirical Study", *Philosophical Psychology* 23: 293-312.
Nida-Rümelin, M. 2012, "The Non-Descriptive Individual Nature of Conscious Beings", in G. Gasser and M. Stefan (eds.), *Personal Identity: Complex or Simple?*, Cambridge: Cambridge University Press.
Olson, E. T. 2007, *What Are We? A Study in Personal Ontology*, New York: Oxford University Press.
Parfit, D. 1984, *Reasons and Persons*, Oxford: Clarendon Press.（『理由と人格――非人格性の倫理へ』、森村進（訳）、勁草書房、一九九八年）
Prinz, J. J. and S. Nichols 2017, "Diachronic Identity and the Moral Self", in J. Kiverstein (ed.), *The Routledge Handbook of Philosophy of the Social Mind*, New York: Routledge.
Strohminger, N. and S. Nichols 2014, "The Essential Moral Self", *Cognition* 131: 159-71.
Thomson, J. J. 1971, "A Defense of Abortion", *Philosophy & Public Affairs* 1, 47-66.（「妊娠中絶の擁護」塚原久美（訳）、江口聡（編・監訳）『妊娠中絶の生命倫理――哲学者たちは何を議論したか』勁草書房、二〇一一年所収）
――― 2007, "People and Their Bodies", in T. Sider, J. Hawthorne, and D. W. Zimmerman (eds.), *Contemporary Debates in Metaphysics*, Oxford: Blackwell.
Tooley, M. 1972, "Abortion and Infanticide", *Philosophy and Public Affairs* 2, 37-65.（「妊娠中絶と新生児殺し」神崎宣次（訳）、江口聡（編・監訳）『妊娠中絶の生命倫理――哲学者たちは何を議論したか』勁草書房、二〇一一年所収）
横路佳幸 2019「私たちとは何であるか――動物説と構成主義」、*Contemporary and Applied Philosophy* 10: 114-65.
Wiggins, D. 1976, "Locke, Butler and the Stream of Consciousness: And Men as a Natural Kind", *Philosophy* 51: 131-58.
Williams, B. A. O. 1956-7, "Personal Identity and Individuation", *Proceedings of the Aristotelian Society* 57: 229-52.
――― [1985] 2011, *Ethics and the Limits of Philosophy*, London: Routledge.（『生き方について哲学は何が言えるか』森際康友・下川潔（訳）、筑摩書房、二〇二〇年）

# 私たちは単純な実体である

## ロウの非デカルト的実体二元論について

後藤真理子

### はじめに

本稿の目的は、E・J・ロウの存在論に基づいて、「私たちは単純な実体である」という立場を提示することである。

イギリスの分析形而上学者であるE・J・ロウは、自身が提唱した四つのそれ以上還元できない基礎的なカテゴリーからなる四カテゴリー存在論に基礎をおいた人についての単純説を採っており、また経験の主体としての人と身体を基礎とする非デカルト的実体二元論（non-Cartesian substance dualism）を一貫して擁護している(1)。しかし、この非デカルト的実体二元論についてはJ・ホフマンとG・S・ローゼンクランツによる非批判が存在しているものの、十分に論じられていると言えない状態である。それ故に、本稿はロウによる非デカルト的実体二元論を擁護する立場を採り、人についての単純説についての議論を深めることを目的とする。

本稿の構成は以下の通りである。第1節においては、導入として人とその同一性基準について確認する。続く第2節では、基準の循環性や人の部分、人と身体の関係、心的状態の主体という観点から、ロウの非デカルト的実体二元論についての導入を行う。また、第3節では、非デカルト的実体二元論に対するホフマンとローゼンクランツの批判に関する概説を見る。最後に第4節において、彼らの批判が成功しておらず、非デカルト的二元論は十分に擁護可能であると結論付ける。

## 1　導入

ロウは、人についての存在論を構築する際、人を種カテゴリーという観点から理解し、ここから人の同一性基準および存続条件を導出する。そのため、まずはロウによる種カテゴリー、そして同一性基準および存続条件を確認したい。

### 1・1　同一性基準と存続基準

ロウは同一性基準に種カテゴリーが深くかかわっていると考えていた。A・トマソンは「同一性基準と形而上学の諸問題」において、彼女が「種別主義（sortalism）」と呼ぶ、ロウに代表される立場を以下のように特徴づける。(2)

1　種名辞と種概念は、それらが下属するであろう何らかのものに適用条件と個別化条件および同一性基準を与える意味論的原理と（一般的に）関係している。

2　個別者は、種を採用することによって、唯一言及されることができ、（再）同定されることができ、数えられることができる。

3　もし個別者 $a$ と個別者 $b$ が同じ同一性基準を持つ種に属しており、かつそれらがその同一性基準を満たす時のみ、個別者$a$は個別者$b$と同定されることができる。

この三つの特徴的な主張から種別主義はなっているとトマソンは述べる。これらの主張は個別者が種と不可分であるということを示している。一番目の主張はロウが『改訂版・存在者の種』（Lowe (2009)）でも述べていることであろう。ロウは同一性基準が形而上学的かつ意味論的原理として受け取られるべきであるとしている。すなわち、同一性基準は、「$a$は$b$と同定される」という言明の真理条件を具体的に挙げるものとして考えられなくてはならない。トマソンもまた、種別主義の二つ目の主張に関連して、対象を含む主張が真偽評価可能とされうる一つの方法とは、それらと同一性基準とを結びつけることであるとする。続けて、トマソンは対象に関する名辞と関連付けられる同一性基準があるからこそ、我々は対象について何か述べることが可能となると述べている。対象は種によって与えられる同一性基準があるからこそ言及されることが可能となり、また対象を含む言明の真偽を判明させることが可能となるのである。また、二番目の主張で言及されている数え上げの原理は、ロウによれば、種名辞であるための十分条件でもある。例えば、男や金原子は数え上げることが可能であるが、赤いものは数え上げることができない。種がこの数え上げの原理を持っているため、種を例化する個別者が数え上げられることが可能となるのである。また、三番目の主張に関して、ロウは以下のように述べている。同一性基準とはどのようなものであるのか。同一性基準とは、ある対象$a$がある対象$b$と同一であるということを決定する条件である。そして、一般的な同一性基準は以下のような形になる。(3)

$x$と$y$が条件C$\varphi$を満たす時そしてその時に限り、もし$x$と$y$が同じ種$\varphi$であるならば、$x$は$y$と同定される。

ここで言及されている条件Cφは、種φによって異なってくるとされる。例えば、もし個別者aがブロンズの彫像であり、個別者bが特定の銅原子や錫原子のメレオロジカルな和であるとするならば、その時個別者aは個別者bと同定されることができない。何故なら、彫像の同一性基準と諸原子の和の同一性基準が異なるからである。つまり、彫像という種と諸原子の和という種は異なる種であるために、それぞれの同一性基準もまた異なるということである。

また、この同一性基準によって、対象の存続条件が与えられることが可能となる。というのも、ある時間幅において、次の瞬間ごとに同じものが存在する場合にだけ「或るものが存続する」と言えるからである。存続条件には、前件において個別者xと個別者yの同一性が担保されているということが条件として課されている。このような存続条件は、「ある時間$t_1$に存在しているある種φの個別者xが後の時間$t_2$においても存在しているのは、xがyと同定され得るような種χ（種φと種χは共通の同一性基準を持つ）に属している個別者yが$t_2$において存在している時に限る」という形をとる。このように、種に属する個別者の存続条件を決定できるのは、種によって与えられる同一性基準があるからということになる。

## 1・2　用語導入

さて、ロウは以上の種カテゴリーと同一性基準を前提として、人の同一性についての議論を行っている。次節ではロウがなぜ人を身体に還元できない実体であると考えるに至ったのかを確認していきたい。

しかし、その前に、ロウが実体と人という語をどのような意味で用いているのかをまず確認する必要があるだろう。まず、ロウは実体が何らかの意味での「独立性」を持っているという点で特権的な位置にあるという事を認め、それ故に実体を何物にも還元できない基礎的存在者であると見なしているのだが、人を実体であると述べるとき、彼は具体的にどのような想定を持っているのか。ロウは『経験の主体』(Lowe (1996)) において実体という語が何を意味しているのかについて語っている。[4] まず、ロウは実体概念についてアリストテレスの主張にならい、第一実体を具体的で個別的なもの、あるいは「継続的なもの」として捉えている。すなわち、実体という語は、例えば個別的な馬(たとえばディープインパクトという馬)や個別的な家(たとえばゴトウマリコが住んでいる家)といった個別的なものを指している。このような第一実体は、アリストテレスの呼ぶところの第二実体、つまり種に属しており、ロウはこのような第一実体の属する種のことを実体種(substantial kinds)と呼んでいる。[5] また、これらの実体は法則のもとにあるのだが、ロウはある科学に適した種は、一般的には別の科学に適したものではないとする。例えば、天文学は星については言うべきことがあるが、ヒトデについてはそうではない一方で、生物学においてはその逆が成り立つ。更に、実体的な種についてのすべての法則が、原子より小さい粒子のような基礎的な自然種の特権的な集まりについての法則に還元可能であるとか、あるいは完全に説明可能であると信じるに足る十分な理由が見当たらないとロウはする。つまり、さまざまな特殊科学は、多くの理論的相互関係があるにもかかわらず、大部分が比較的自律的なのである。ロウが法則についての還元主義を拒否する理由の一つは、法則の主題となる種に属する実体的な個別者についての還元主義を拒否するからである。例えば、樹木のような生物学的実体が(事実そうだとしても)亜原子粒子の集合体以上の何物でもないとみなすことができるという見解をロウは明確に拒否している。以上のことから、ロウによれば、実体という言葉が意味するのは、実体種を例化する具体的で個別的な対象であり、それらの対象は属性を例示する担い手として存在しており、また実体種は特殊科学の法則において重要な役割を果たしているということになるだろう。

次に人である。ロウは人あるいは自己という語を「経験の主体」という意味で用いるといたるところで述べている。この経験の主体という語は、心のある存在（minded being）、すなわち感情を持ち、知覚し、思考し、また意図的な行為をする存在として言い換えられている。また、人は一人称指示の対象であり、一人称の思考の主体であることを意味する。つまり、人であるとは、自分が自分自身であると考えることができ、自分自身を特定の思考や経験の主体として、また、特定の行動をする行為者であるとして識別できるということである。自分自身であるということと、特定の思考や経験の主体であることを同定できる存在として人を特徴づけるとき、そのことは同時に存在する思考や経験について、それが自分自身の思考や経験であり他の誰のものでもないことを意味している。例えば、いま起きている痛みが自分の痛みだとしたら、その痛みは自分だけのものであると分かっていなければならない。また、仮にこの人が実体であるならば、人は心理学的な実体、すなわち心理学的な法則において主要な役割を果たす自然種に属し、そしてそれ故に心理学的な同一性基準と存続条件によって支配される実体的な個別者であるとロウ（2004）は述べている。

さて、以上の実体概念と人という概念の導入から、「人は実体であるのか」という問いが生じる。このとき、一般的にふたつの答えが考えられる。すなわち「人は実体ではなく、他のものに還元可能である」という還元主義的回答と、「人は実体である」とするデカルト的な回答である。しかしながら、ロウによれば、還元主義的見解は斥けられなくてはならない。なぜなら、人は単純な実体であり、身体に還元できる存在者ではないからである。ロウは還元主義的な回答に対し、具体的にどのような反論を行っているのか。

## 2 非デカルト的実体二元論

### 2・1 還元主義への批判

ロウ（2012）は還元主義的回答に関して、以下のような反論を行っている。(6)

ロウはまず、還元主義のひとつの形としてロック主義的な基準をあげている。ロウは、ジョン・ロックが『人間知性論』第二巻二七章九節において（無論ロック研究者の間で解釈上の問題が生じていることを述べた上で）、歴史上の記録のような事実の記憶ではなく、個人的な経験的記憶をベースとした人の同一性基準を表現していると述べる。ロックの述べた基準を定式化すると以下のようになる。(7)

（∀$x$）（∀$y$）（（$x$は人である＆$y$は人である）→（$x=y$↔（∀$t_1$）（∀$t_2$）（∀$e$）（（$x$は$t_1$において$e$を持つ→$y$は$t_2$において$e$を覚えている）＆（$y$は$t_1$において$e$を持つ→$x$は$t_2$において$e$を覚えている））））

この定式化で出てくる$t_1$と$t_2$は$x$と$y$が存在しているふたつの時点（$t_1$は$t_2$よりも前の時点である）であり、$e$は個別的な意識経験の変項である。ロックによるこの基準は人が常に今までに持った意識経験を覚えていなくてはならないということを含意している。この同一性基準に従うならば、時点$t_1$で人$P$が有した経験$e$が、人$P$が時点$t_2$で覚えているものと同一の経験であるということになる。

以上のことから分かるのは、ロック主義的な同一性基準が経験の同一性基準を前提としているということである。この同一性基準における「経験」という語の解釈のひとつとしては心的状態が挙げられるのだが、重要なことにロウは心的状態の同一性基準が循環しているという点を指摘している。心的状態の同一性基準について、ロウは以下のような定式化を行っている[8]。

$(\forall x)(\forall y)$（$(x$は個人的な経験である&$y$は個人的な経験である）→（$x=y \leftrightarrow x$と$y$は質的に区別できない&（$\exists P_1$）（$\exists P_2$）（$\exists t_1$）（$\exists t_2$）（$P_1$は$t_1$において$x$を持つ&$P_2$は$t_2$において$y$を持つ&$P_1=P_2$ & $t_1=t_2$)))

しかし、この人の経験についての同一性基準は人の同一性を前提としているものであり、それ故にロック的な基準は循環に陥る。このことから、ロック主義的な人の同一性基準を採ることはできないとロウは結論付けている。

さて、還元主義には人の身体（あるいは人の脳のような身体の一部）が機能的役割を果たす対象だと考える立場がある。人であるということが脳の機能的役割であると考える時、人の同一性基準は以下のように定式化される（量化の変項は脳であり、$R_P$は$x$と$y$という脳の間に成り立つ或る特定の同値関係を表す）[9]。

$(\forall x)(\forall y)$（$x$が有する機能的役割としての人（person）$=y$が有する機能的役割としての人$\leftrightarrow x$と$y$が$R_P$関係に立つ）

ロウはこの定式化自体には循環性がないと述べているが、上記の定式化について以下のような疑問を挙げる。このアプローチにおいて、もし「人」という語を或る種の役割を示すものではなく個別的な実体として捉えるならば、それは明らかに不適当である。なぜならば、我々は人あるいは自己を思考や感覚から区別されている或るものであると感じており、そのような人の存在が単に私の脳のような或る他のものが持つ性質や特徴であるとは感じておらず、また我々の常識と通常の言語は個別的実体を示しているからである。

二〇一二年の論文において、ロウはこの点に関してこれ以上のことを述べていないのだが、別の論文の中でロウ（2010）は以下の流れで人が単純な実体であるという論証を行っている。[10]

(8) 私は自分の身体とも、またその部分とも同定されない。

(9) もし私が何らかの部分によって構成されているなら、構成部分はすべて私の身体の部分でなければならない。

(10) 私の身体の部分によって全体が構成されているものは、それ自体私の身体の部分であるか、身体全体と同定されるかのどちらか一方でなくてはならない。

(11) それゆえ、私は単純な存在者であり、いかなる部分からも構成されていない。

さて、ロウはこれらの論証の流れにおいて(8)が最も重要であると述べており、(8)を支持するために以下の一連の主張を行っている。なぜロウが(8)を重要視しているのかは、(8)〜(11)という論証の形式上の確認をすると分かりやすいだろう。

P　私は身体の全体と同定される。

Q　私は身体の部分と同定される。

R　私は何らかの部分から構成される。
S　私は身体の部分のみから構成される。

とすると、(8)〜(11)はそれぞれ、

(8)　$\neg(P \lor Q)$
(9)　$R \to S$
(10)　$S \to (P \lor Q)$
(11)　$\neg R$

となる。ここで、(9)と(10)の対偶をとる。

(9')　$\neg S \to \neg R$
(10')　$\neg(P \lor Q) \to \neg S$

(8)を真であると仮定し、整理すると、

(8)　$\neg(P \lor Q)$
(10')　$\neg(P \lor Q) \to \neg S$

(9') ¬S → ¬R

これにより、

(11) ¬R

が結論として導出される。以上から、ロウは(8)が最も重要であると考え、(8)を支持するために以下の主張をする必要があった。さて、(8)をより明確な形に言い換えるとき、以下の(12)になる。

(12) 私の同一性基準は、私の身体あるいはその部分の同一性基準とは異なる。

この(12)が仮に正しいのならば、人を身体に還元できると考える心脳同一説や複合説は正しくないという結論が得られる。なぜなら、先に述べたように、個別者$a$と個別者$b$の同一性基準が異なるとき、それらの個別者は異なる種に属する別個の存在者となるからである。

　ロウは(12)について、以下の思考実験を用いて正しさを示そうとする。人間の身体の一部は、同じ機能を果たす人工的な代替物に置き換えられることが可能である。例えばバイオニックアームは、元の人間の腕と同様の機能を果たすことができる。このとき、身体のあらゆる部分を徐々に人工的な代替物に置き換えていき、神経細胞すら元来の人間の神経の機能を模倣した電子回路に置き換えていくことは原理的に可能である。この処置を繰り返していき、最終的に人間の身体を人工的代替物に完全に置き換えたとき、それにもかかわらず、人は依然として存在しているということになる。すなわち、機械の身体に人間の身体を置き換えていく間も人は存続し、また完全に機械の身体に置き換え終わった後も人は存在しているということになるのである。しかしながら、明らかなことに、その時人間の生体は存続していない。この思考実験が示しているのは、人と人間の身体の存続条件が異なっているということである。前節で確認した通り、存続条件には前件において個別者 $x$ と個別者 $y$ の同一性が担保されているということが条件として課されている。つまり、個別者 $x$ と個別者 $y$ の存続条件が異なるならば、それらの個別者は同一の存在者ではなく別個の存在者であるということになるのである。それゆえに、人と人間の身体の同一性基準もまた異なるという結論が得られる。

まとめると、この論証は以下のような形をとっている。（ここでの「別の種の部分」とは、私の生物学的な身体とは異質なもの、たとえば機械製の身体を意味している。）

(13) 私は、自分の身体のあらゆる部分を別の種の部分に置き換えられても存続することができる。
(14) 私の身体は、そのすべての部分を別の種の部分で置き換えられると存続することができない。
(15) 私の同一性基準は、私の身体あるいはその部分の同一性基準とは異なる。
(16) 私は自分の身体とも、またその部分とも同定されない。

この(13)と(14)から(12)が帰結し、そのとき(8)の正しさが証明されるということになる。また、(9)と(10)について、実体二元論者も物理主義者も受け入れることのできる前提であるとロウは述べる。そして、人は己の身体とは異なる同一性基準と存続条件を持ち、それゆえに人は己の身体の部分から構成されていないということから、人が何からも構成されていない単純な実体であるという結論(11)が得られるのである。以上の点から、人を脳の機能的役割に還元する主張は拒絶される。人と人間の身体は異なる種類の実体であり、どちらか一方を他方に還元できるような関係にはないのである。

## 2・2　非デカルト的実体二元論

では、「人は実体である」とするデカルト的な回答を受け入れるべきなのか。そうではない。ロウは、いたるところで人を心的な特徴のみを持つとするデカルト的な実体概念を明確に拒絶している。周知のとおり、デカルトは思惟（心的実体）と延長（物理的実体）というふたつの実体からなる実体二元論を主張しており、このとき、思惟と延長はそれぞれが他方にはない独特の性質を有していると主張したと一般的には解釈されている。すなわち、思惟は心的性質のみを、延長は物理的性質のみを持つ。また、それゆえに、心的実体としての思惟は本質的に物理的対象ではなく、精神であるとされている。

このデカルトの主張には様々な批判が寄せられている。例えば、デカルトは思惟と延長の相互作用を説明するために松果腺という脳の器官を想定したのだが、仮にそのような器官を想定したとしても、延長の一部である松果腺がいかにして思惟と延長の相互作用において働くことができるのかの説明ができず、また思惟と延長の相互作用をつかさどるというデカルトの言うところの松果腺の機能は今日では否定されている。すなわち、デカルトはふたつの実体が相互作用することは認めつつも、その相互作用がいかにしてなされているのかという非常に重要な点について説明することができていないということになる。[11]また、デカルト的実体二元論への批判として、プリースト（1991）は、人が身体を持たないことが果たして可能なのか、仮にそれが論理的に可能であるとしても実際に人が身体なしに存在しうると帰結できないのではないかと述べている。

ロウ（2000、2004、2008、2010）はデカルト的実体二元論の困難を認めたうえで、人という心理学的実体と身体という物理的実体からなる非デカルト的実体二元論（non-Cartesian substance dualism）を展開する。以下では、この非デカルト的実体二元論について概略を述べたい。

非デカルト的実体二元論によれば、人ないし自己は身体および身体の各部から区別されるのだが、それにもかかわらず人は空間に広がり、また身体から切り離すことはできないとされる。ここでの人–身体関係は、構成関係に類似している。例えばブロンズの彫像とその彫像を構成する特定のブロンズの塊は同定されない。なぜなら、彫像の一部が壊れ、その部分を石膏によって補填したとしても、その彫像は彫像として存続し続けるからである。しかし、その彫像が存在するためには、何らかのもの、すなわちブロンズの塊で構成されなくてはならない。非デカルト的実体二元論によると、人–身体関係はこの構成関係に類似しているとされる。すなわち、人と身体は同一ではないが、人が存在するためには身体化（embodiment）が必要とされるのである。

しかし、ここで注意しなければならないのは、構成関係と人–身体関係は類似しているにとどまり、同じではないということである。前節で見た通り、仮にロウの主張が正しいならば、人は単純な実体であり、ブロンズの彫像と異なり部分を持たない。それゆえに、人が何かによって構成されていると述べることはできない。さらにロウは、人と身体が別個の実体であると主張する点で、標準的な構成に関する見解と袂を別っている。ロウがここで述べたいのは、ブロンズ像が存在するためにはブロンズの塊によって構成されなくてはならないという関係と同様に、人が存在するためには身体によって身体化されなくてはならないということであろう。

さて、この人–身体関係、すなわち身体化という関係の特筆すべき特徴は、人と身体が性質を共有しているという点である。ロウによれば、人は実体であるがゆえに空間に広がっており、そのためにデカルトの言うところの思惟が持たない空間的な性質（形、位置など）を持つ。また、ロウは以下のように述べている。[12]

「（自己と身体は）非常に密接な関係を持つため、或る時点においては空間的に正確に一致し、その形状、大きさ、質量といった物理的性質の多くを必然的に共有している。」

ロウによれば、物理的性質は人間の身体に帰されることによってはじめて人に帰されることができ、この意味で、人の持つ物理的性質はその人の身体の持つ物理的性質に「創発される」と言える。つまり、人という実体に対する物理的性質の帰属は、身体という実体を介して可能となるのである。

このように経験の主体である人は身体と共有している物理的性質を持つのだが、それだけではない。人は痛みのような心的性質も同時に担っている。この心的性質は身体によっては少なくとも非派生的には持たれず、人のみが非派生的に持つ性質である。ロウ（2008）は身体が心的状態を持つ主体となりえないという論証（「心身二元論の統一性論証」）を行っている。

(1) 私は私自身の心的状態を持つ唯一の主体である。
(2) 私の身体全体も、またその一部も、私の心的状態を持つ主体とはなりえない。
(3) 私は私の身体ともその部分とも同定されない。

ロウは、(1)については自明の真理であると考えており、(2)がこの論証において重要な前提であるとする。ここで例として幻肢痛を取り上げる。幻肢痛は身体の一部を切断した人間が存在しない筈の切断部位の痛みを訴える心身症であるが、この場合、身体の一部はないにもかかわらずその人間はそのないはずの部位の痛みを訴えるという心的状態を持っているということになる。このことは、身体ないしはその一部がないとしても、多くの心的状態が存在することを示しており、ロウにとって、身体が我々の心的状態を持つ主体ではありえないこと、また、何故人と身体が同一視されえないかを示している。この論証は、もし或る存在者が存在しない場合に、その存在者の持つ心的状態が存在する可能性があるならば、その存在者は心的状態を持つ主体としての資格を有さないという主張に由来している。言い換えるならば、心的状態には主体がなければならず、その心的状態が実際に属する主体と異なる主体に属することはできない。以上から、人という実体は心的性質と物理的性質を例化する存在者であるということになる。

だが、このロウの主張は、例えば脳が破壊されても心的状態が存続するという主張ではない。ロウがデカルト的実体二元論を拒否したことから明らかなように、脳が存在しなくとも心が存在し続けることができるといったような見解にロウはコミットしていない。例えば、痛みはC繊維の発火が脳に伝達されることによって生じるため、C線維の発火によって引き起こされた物理的な状態が存在しなくては生じえないということはロウもまた認める事実であろう。しかしながら、そのC繊維の発火という物理的な状態だけが存在するだけでは痛みという心的性質を人間は持つことができない。心的性質の担い手となる人が存在しなくては、人間は痛みを感じることができないのである。

以上の説明から分かるように、心的性質を人間が得るには物理的性質や物理的状態が必要ではあるものの、心的性質と物理的性質とはそれぞれ異なる性質であるというある種の創発主義的な見解をロウは採っている。創発主義は物質が一定の複雑さに達したとき、その物質から心的性質が創発されると主張する立場であり、

T・クレイン（2010）によれば、一般的に物理主義的な一元論と親和性の高い説であると言われる。だが、ロウは心的性質が物理的性質に付随するあるいは創発されるという点は認めるが、その創発された心的性質の担い手として人という実体を必要とする点で一般的な創発主義とは異なる主張をしている。

先に見た通り、デカルト的実体二元論への反論として挙げられるのが「思惟と延長の間の関係性はどのように担保されうるのか」、「人が身体を持たないことは果たして可能なのか、仮にそれが論理的に可能であるとしても実際に人が身体なしに存在しうるのか」といった問いに答えることができないというものであった。非デカルト的実体二元論は上記の二点の反論を回避し、実体二元論を確立しようとした試みであるとも言えるだろう。第一の反論については、人の持つ物理的性質が身体の持つ物理的性質に付随し、それにより多くの物理的性質を両者が共有しているという関係によって説明される。

また、第二の反論については、そもそも人は実体であり、また物理的性質を例化しているという点から回避することができるように思われる。また、人を脳や身体の機能に還元する還元主義的見解が否定され、少なくとも、思惟実体を想定するデカルト的実体二元論よりも非デカルト的実体二元論を採用することの方が現実的であるだろう。

## 3　アニマリズムからの反論

しかし、この非デカルト的実体二元論には批判が存在している。ここで取り上げるのが、ホフマンとローゼンクランツ（2018）による批判である。ホフマンとローゼンクランツは、広義のアニマリズムの立場からロウの非デカルト的実体二元論を批判的に吟味している。彼らが着目しているのが、本稿第2節で取り上げた心身二元論の統一性論証である。ホフマンとローゼンクランツは、ロウが統一性論証における前提(2)を正当化するために行った議論についての批判を行っている。[13] ホフマンとローゼンクランツによる批判は以下のような論証をたどる。

まず、ホフマンとローゼンクランツによれば、時点 $t$ において「あらゆる立方体は一二の辺を持つ」とあなたが思考するとき、時点 $t$ における思考者はあなた自身ということになる。次に、時点 $t$ におけるあなたの身体を $B$ と名付け、さらにその $B$ から一つの指先だけを取り除いた存在者を $B$- と名付ける。ここで、ロウの考えに則るならば、$B$ と $B$- の間にはどちらか一方だけが「あらゆる立方体は一二の辺を持つ」と思考する主体だと判断すべき差は存在しない。なぜならば、指先ひとつの有無は問題の思考内容とはまったく無関係だからである。もし $B$ と $B$- が問題となっていることについて思考する主体としてまったく同程度のふさわしさしか持たないならば、$B$ と $B$- はあなた自身であることにとって同程度のふさわしさしか持たないことになる。しかし、どちらもあなたと同一であることがありそうもないため、問題の思考主体であるあなたは $B$ と $B$- とは同一ではないということになる。このことから、ロウは「あなたは（動物的な）身体ではありえない」という結論を導き出す。

しかしながら、ホフマンとローゼンクランツは、$B$ は動物的な身体としての生物だとしても $B$- は生物ではなく実体ですらないという主張を行っている。なぜならば、$B$- は $B$ なしでは存在しえず本質的に $B$ に依存するという意味で $B$ という個別的実体の分離不可能な部分にすぎないからである。$B$- のような依存的な存在者は、存在論的自律性を持った個別的実体ではないのだが、他方で $B$ は個別的実体としての動物であり、さらにあなた自身も明らかに個別的実体である。そうすると、$B$ と $B$- の間には存在論的な違いが存在し、その違いのおかげで $B$ の方が「あらゆる立方体は一二の辺を持つ」と思考する主体としてよりふさわしいと考えることができるだろう。したがって、あなたの身体はあなたの思考という心的状態を持つ主体となりえる。以上のことから、心身二元論の統一性論証における前提⑵は退けられることになる。

さて、ホフマンとローゼンクランツの最終的な目標は、アニマリズムを擁護することにある。アニマリズムによれば、あなたや私といった人は、有機的な生物としての動物的な身体と同一であるということになる。もし心身二元論の統一性論証における前提⑵が成立せず、身体とは思考主体としての人にほかならないのならば、非デカルト的実体二元論は妥当性を失い、その結果としてアニマリズムが正しい主張であるということになる。ホフマンとローゼンクランツの考えでは、「人」という種名辞は「子ども」や「青年」と同じような段階的な種名辞にすぎない。つまり、子どもが成長して子どもでなくなったとしても存在しなくなるわけではないように、私たちは仮に人に属さなくなったとしても存在しなくなるわけではない。以上のことから分かるのは、私たちは偶然にあるいは一時的に人に属するにすぎず、人でもある動物的な身体こそが思考に代表されるような心的性質の主体だということである。仮にホフマンとローゼンクランツの主張が正しいのならば、私たちは本質的に動物的な身体に属する存在者であるという非デカルト的実体二元論的と相反する結論が得られることになる。

## 4 反論への応答

本稿第3節において、ホフマンとローゼンクランツによる「心身二元論の統一性論証」についての批判を見た。彼らが行った批判それ自体については、*B*-に比べて*B*の方がより主体の名にふさわしく見えるという点において、一定の妥当性を有するものだと評価することができる。なぜならば、主体になり得るのは実体のみであり、また動物的な身体である*B*のみが実体であると考えることが可能だからである。さらに、仮に彼らの批判が妥当なものであるとするならば、思考などの心的性質の担い手は人でもある動物的な身体ということになるのだが、これは非デカルト的実体二元論を採らない理由になるように見える。

　しかしながら、このホフマンとローゼンクランツによる批判は非デカルト的実体二元論に対する直接の批判としてはうまく成立していないように見える。というのも、仮に*B*が*B*-よりも実体的であり*B*-と比べると思考の主体としてよりふさわしいということを受けいれるとしても、このことは必ずしも*B*があなたの思考の主体であるということを意味しないからである。

　動物的な身体*B*があなたの思考の主体としての人であると示す際にホフマンとローゼンクランツが用いているのが、人は段階種にすぎず実体種ではないという主張であろう。この主張に則るならば、ホフマンとローゼンクランツにとって人に属するものと身体に属するものの同一性基準が必ずしも異なるわけではないということになるだろう。しかし、このことは本当に正しいのだろうか。

　本稿第1節で見たように、実体種とは「法則の主語」になるものを指し、人はまさに法則の主語となるような存在者である。では、人が主語となるような法則とは一体何なのか。それは心理学的な法則である。つまり、人とは、明確な心理学的法則（distinctively psychological laws）の主語であり、同じく心理学的に明確な性質を持つ存続条件に支配されている自然種に属する実体的な個体である。[14]たとえば、「*a*を欲し、*b*をすれば*a*が得られると信じる人は、通常*b*をする」や「ある種の物体で辛い経験をした人は、その種の物体を避ける傾向がある」といった人を主語に置く法則は、心理的な出来事を予測し説明する心理学的法則の一種であろう。[15]ロウの言葉を用いれば、「心理学的な実体は心理学という科学の固有の主題であると考え、心理学は生物学や化学や物理学の法則に還元できない自律的な科学」なのである。[16]もしこうした心理学的法則が物理学や天文学の法則と同じ様に成立しているのならば、人はその心理学的法則の主語となり、心理学的な存続条件に支配されるという点において実体種でなければならないということになる。つまり、人は明らかに実体種に属するように思われるのである。

したがって、人を段階的な種と論じる際のホフマンとローゼンクランツは、心理学的法則について考慮していないと言える。心理学的法則を考慮に入れる限りにおいて、人は実体種ではなく段階的な種であるとするホフマンとローゼンクランツの主張は決定的な根拠を欠いている。この時、彼らに従って思考の主体になり得るのは実体のみであり、動物的な身体である*B*が*B*-よりも実体的であることを認めたとしても、彼らの想定に反して思考の主体は*B*とは限らないことになるだろう。なぜならば、人もまた実体であり、人に属するものと身体である*B*がそれぞれ心理学的な存続条件と動物的な存続条件に従う限りにおいて、それらは異なる同一性基準を持つと述べることができるからである。

この帰結は、頭部だけを残して生き続ける人の可能性に適合する点でも魅力的であろう。ある手術によって人間の頭部だけが切り取られたとして、その人間が生命維持装置の助けを借りて生き続けることは十分に可能である。つまり、その人間が頭部だけになったとしてもその人間は人のまま存続し続け、以前と変わらず思考の主体となり続ける。しかし、ロウが指摘している通り、この存在者は「いかなる合理的な基準をもってしても、人間の動物全体ではない」だろう。[17] この手術によって身体は消滅しても人は問題なく存続しうる。このことは、人と身体がまったく異なる同一性基準を持つことの証左となりうる。

そして本稿第2節で見たように、個別者*a*と個別者*b*の同一性基準が異なるとき、それらの個別者は異なる種に属する別個の存在者ということになる。このことから、人に属するものと身体である*B*は数的に異なる実体であり、*B*は必ずしもある人間に特徴的な思考の主体ではないと考えられる。むしろ、このとき思考の主体として適切なのは心理学的な法則の主語となる人の方である。以上のことが意味するのは、いかなる身体も思考といった心的状態を持つ主体となりえないということ、すなわち心身二元論の統一性論証における前提(2)の正当性である。言い換えるならば、ホフマンとローゼンクランツは前提(2)を批判する際に、暗黙裏に「人は段階的な種にすぎない」というアニマリズム的な前提を置いているため、彼らが行った非デカルト的実体二元論に対する批判は成功していないということである。彼らが正当化に成功しているのは、身体*B*がその分離不可能な部分にすぎない*B*-よりも実体的であるという主張であるが、この主張から*B*と特定の人を同一視するようなアニマリズムに正当性を置く結論を導くことはできない。ロウの主張に則って、人が身体とは異なり心理学的法則の主語になるという考えを受けいれるとき、*B*と人であるあなたは数的に異ならねばならないはずである。アニマリズムにおいては、人でもある身体が思考といった心的性質の主体となると考えられるのだが、心的性質の主体は人でしかありえない。なぜならば、人とヒトは数的に区別される実体だと考えられるからである。

以上のことから、ホフマンとローゼンクランツによる非デカルト的実体二元論への批判は失敗していると結論付けることができる。

## おわりに

本稿では、非デカルト的実体二元論を擁護するという目的を置き、ロウによる人の同一性基準と存続基準、そしてこれらに基礎を置く非デカルト的実体二元論の導入を行い、非デカルト的実体二元論へのホフマンとローゼンクランツによる批判、およびその批判への応答を見てきた。その結果として、ホフマンとローゼンクランツによる非デカルト的実体二元論への批判が上手くいっていないことが判明し、非デカルト的実体二元論を支持する道筋は残っていることが分かった。

さて、以上の論考から分かるのは、思考や経験の主体であるところの私たちは、心理学的な法則の主語となるような実体種である人に属しているということ、同一性基準と諸部分という点において身体から明確に区別されながらも身体と密接に結び付いている人という存在者だということである。また、ロック主義的な基準が循環しているという点、そして人が一切の諸部分を持たないという点は、ロウの主張および非デカルト的実体二元論に独特な点であり、注目に値する主張だろう。以上のことから、本稿では人は単純な実体であると結論付ける。

**註**

(1)本稿では四カテゴリー存在論自体についての概説および議論は行わない。理由は以下の通りである。まず、四カテゴリー存在論自体の説明が非常に複雑であるため、紙面を割くことが不可能であるという点、二つ目に前述したとおりロウの主張は四カテゴリー存在論に基礎を置いているものの、人についての存在論に関しては四カテゴリー存在論それ自体の説明がなくとも理解可能である点である。なお、四カテゴリー存在論に関する概説を行っている文献として、伊佐敷（2012）、倉田（2017）が挙げられる。

(2)Thomasson（2006）, p. 1.

(3)Lowe（2009）, p. 16.

(4)『経験の主体』（Lowe（1996））は二〇〇六年の『四カテゴリー存在論』（Lowe（2006a））以前の著作であるが、ロウの種と同一性基準が深くかかわっているという主張は一九八九年の『存在の種』から一貫して存在する考えである点、また『存在の種』においてロウは四カテゴリー存在論の原型となる種、対象、属性からなる三カテゴリー存在論をすでに主張している点から、ここでは『経験の主体』における実体の説明を採用する。

(5)むろん、すべての種が実体的な種ではない。ロウによれば、種を例化している対象には、数や集合といった抽象的対象も含まれているからである。また、実体的な種である種は自然種（たとえばウマ種）に限らず、人工物種（たとえば家種）もまた含まれる。

(6)本節は、後藤（2018）を参考にして作成した。

(7)Lowe（2012), p. 147.

(8)Ibid., p. 150.

(9)Ibid., p. 151.

(10)ここでロウは「私」という語を用いているが、この語は経験の主体を意味しているため、「人」という語と同じ意味で用いられている。

(11)後年、デカルトは『情念論』の中で心身合一についての実践的説明を更に加えている。この点についてはD・カンブシュネル（1995）を参照のこと。しかし、相互作用の問題は依然として残り続けるため、本稿ではこれ以上取り扱わない。

(12)Lowe（2006b), p. 9.

(13)Lowe（2008), pp. 98-9.

(14)Lowe（1996), p. 32.

(15)Kitcher（1979), p. 545.

(16)Lowe（1996), p. 34.

(17)Lowe（2014), p. 254.

## 参考文献

Crane, T. 1991, *Elements of Mind: An Introduction to the Philosophy of Mind*, Oxford: Oxford University Press.（植原亮（訳）2010『心の哲学――心を形づくるもの』東京：勁草書房）

後藤真理子 2018「個別的実体としての人と two-level の人の同一性基準は如何にして両立不可能なのか」、『哲学の門：大学院生研究論集』第一巻第一号、八二–九五頁。

Hoffman, J. and G. S. Rosenkrantz 2018, "On the Nature of Human Persons", in Tambassi, T. (ed.), *Studies in the Ontology of E. J. Lowe*, Neunkirchen-Seelscheid: Editiones Scholasticae: 109-24.

伊佐敷隆弘 2012「ロウの４カテゴリー存在論（１）」、『宮崎大学教育文化学部紀要 人文科学』第二七巻、一－一四頁。

Kambouchner, D. 1995, *L'homme des passions: Commentaries sur Descartes*, 2 vol, Paris: Albin Michel.

Kitcher, P. 1979, "Natural Kinds and Unnatural Persons", *Philosophy* 54 (210): 541-47.

倉田剛 2017『現代存在論講義１ ファンダメンタルズ』東京：新曜社。

Lowe, E. J. 1996, *Subjects of Experience*, Cambridge: Cambridge University Press.

Lowe, E. J. 2000, "In Defence of the Simplicity Argument", *Australasian Journal of Philosophy* 78 (1): 105-12.

Lowe, E. J. 2004, "Non-Cartesian Dualism", in Heil, J. (ed.), *Philosophy of Mind: A Guide and Anthology*, Oxford: Oxford University Press, 2004: 851-65.

Lowe E. J. 2006a, *The Four-Category Ontology: A Metaphysical Foundation for Natural Science*, Oxford: Oxford University Press.

Lowe, E. J. 2006b, "Non-Cartesian Substance Dualism and the Problem of Mental Causation", *Erkenntnis* 65 (1): pp. 5-23.

Lowe, E. J. 2008, *Personal Agency: The Metaphysics of Mind and Action*, Oxford: Oxford University Press.

Lowe, E. J. 2009, *More Kinds of Being: A Further Study of Individuation, Identity, and the Logic of Sortal Terms*, Malden (MA): Wiley-Blackwell.

Lowe, E. J. 2010, "Substance Dualism: A Non-Cartesian Approach", In Koons, R. C., & Bealer, G. (eds.), *The Waning of Materialism: New Essays*, Oxford: Oxford University Press: 439-61.

Lowe, E. J. 2012, "The Probable Simplicity of Personal Identity", in Gasser, G. & Stefan, M. (eds.), *Personal Identity: Complex or Simple?* Cambridge: Cambridge University Press: 137-55.

Lowe, E. J. 2014, "Why My Body is Not Me: The Unity Argument for Emergentist Self-Body Dualism", in Lavazza, A. & Robinson, H. (eds.), *Contemporary Dualism: A Defense*, New York: Routledge: 245-65.

Priest, S. 1991, *Theories of the Mind*, London: Penguin Books.（河野哲也＋木原弘行＋室田憲司＋安藤道夫＋真船えり（訳）

1999『心と身体の哲学』東京：勁草書房）
Thomasson, A. L. 2006, "Criteria of Identity and the Problems of Metaphysics", http://ontology.buffalo.edu/06/Lowe/Thomasson.pdf

# 外延性・身体化・原初性

横路佳幸

論文「私たちは単純な実体である」の中で後藤は、E・J・ロウの議論に依拠しながら、人の存在論について様々な主張を展開している。後藤の主張と拙稿（「私たちは複合的な実体である」）における私の主張には似通う部分が数多くあるのだが、ここでは両者の違いに着目して、彼女（とロウ）の主張にいくつか疑問を呈することにしたい。私が提起するのは、全部で三つの疑問である。

最初の疑問として、人の部分から考えよう。[1] 後藤は、人がいかなる部分からも組成（後藤論文では「構成」）されない単純な実体であることを示そうとして、ロウにならい(8)から(11)から成る論証を掲げ、中でも(8)を「最も重要な」前提として取り扱っている。しかし私には、より重要な前提は(10)であるように思われる。(10)によると、ヒトであるところの身体$b$が持つ部分によって組成される全体は、それ自体が身体的な部分でない場合には、身体$b$と同定されねばならない。しかし、問題の諸部分から成る全体が本当に身体$b$に尽きるかどうかは大いに議論の余地がある。私の考えでは、諸部分から特定の全体が一意的に組成されるとは限らない。つまり、すべての真部分を完全に共有するとしても数的に同一でない全体は存在する。人と身体のペアはまさしくその代表例である。身体的な諸部分から成る全体である人は、必ずしも身体と一意的に同定されるわけではなく、人と身体はすべての真部分を完全に共有するとしても数的に同一でないのである。

こうした主張を行う際、私は次の二つの見解を受け入れる準備がある。第一に、任意の個体$x$と$y$は、それらが異なる種別概念に属する限り他の条件にかかわらず多元化され、$x$と$y$の間には一切の種別的同一性が成立しない。こうした見解（拙稿の分析テーゼと種別的多元論を組み合わせたもの）により、身体と人の数的差異性は**その諸部分に関係なく**導かれる。第二に、質料形相論において質料と統一体に相当する身体と人は、たしかに数的に異なるとしても、**手や心臓を含むその物質上の真部分をすべて共有している**。より正確には、人の形相によって規定された質料とあらゆる真部分を共有するものとして生成される統一体こそが、人である。人と身体の間にはメレオロジカルな外延性は成立せず、この不成立は種別的多元論と問題なく両立しうる。だとすると先の⑽は、それが諸部分から成る全体の一意性・同一性をめぐって賛否ある主張に暗黙裡にコミットする限り、自明の前提とは言えない。

拙著（横路 2021, ch. 5）で詳しく論じた通り、メレオロジカルな外延性を拒否する有望な方策の一つは、数的に異なる個体どうしが互いを部分とするような「相互的部分」の可能性を認め、部分関係の反対称性（antisymmetry）を拒否する——すなわち$x$が$y$の部分であり、かつ$x$と$y$が同一でないとしても、$y$は$x$の部分でありうると認める——体系を構築することである。たしかにこうした体系は、外延性を公理として認める古典外延メレオロジー（CEM）からの逸脱を伴うため、「非古典的」なものにならざるを得ない。おそらく後藤も、⑻から⑾の論証を提示する際、CEMを暗黙の前提として置いている。しかし、非古典的なメレオロジーは哲学においてそれほど受け入れがたい帰結だろうか。私はそうは思わない。

例として幾何学のケースを取り上げよう。古代ギリシアにまで遡るユークリッド幾何学は、たしかに十分に妥当な公理群から成り、そこで定義されるユークリッド空間はニュートン力学などの成果物をもたらすことにも成功した。しかし、ユークリッド幾何学について一連の事実を並べたところで、私たちの眼前にある空間が正しく記述されるとは限らない。むしろ空間をより適切に理解するために現代で利用されているのは、曲がった空間（多様体）を扱うことのできる非ユークリッド幾何学である。ユークリッド幾何学は、その単純さ・簡潔さのゆえにエレガントではあるものの、平らな空間を想定する限り曲率のある空間を取り扱うには不向きなのである。

同様のことは、CEMと非外延的なメレオロジーについても言える。CEMは、たしかにエレガントで受け入れやすい公理から成る（ある場面では）妥当な体系ではあるが、そのことは私たちが日々遭遇する個体の「部分」や「全体」にまで適用可能であることを含意しない。質料たる身体と統一体たる人の「一致」という現象に適切に考えを巡らせるならば、実際の事態はより複雑である。少なくとも、反対称的ではない部分関係を措定する非外延的なメレオロジーこそが私たちに身近な個体のあり様に即しているという可能性は、容易く棄却することはできない。

もちろん、私はここで「曲がった空間」と「非外延性」の類比に全幅の信頼を置いているわけではない。前者はあらゆる数学者・物理学者の間で受け入れられているポピュラーな幾何学に根差しているが、後者は少なからぬ哲学者によって忌避されてきた形而上学に根差している。だがそうした事実を前にしても、ちょうどユークリッド幾何学が曲率のある空間の取り扱いにフィットしないのと同様に、CEMは身近で日常的な個体の「部分」にまったくフィットしないと私は考える。これは、数的同一性一般を部分と全体からではなく種別概念によって解明しようとする枠組みから自然に導かれる帰結である。つまり、**人や身体などの身近な個体の同一性は、諸部分からの一意的な組成ではなく、徹底的に種別概念による種別的同一性に存する。**その結果、CEMで認められるいくつかの公理は、私たちに身近な存在者ではなく「メレオロジカルな和」という特殊な存在者にしか当てはまらないと判明するだろう。それでも問題はない。なぜならば、私たち人間が数理論理的にエレガントだと考える原理に忠実であろうとして、神は世界を創り上げたのではないからである。(10)に懐疑の眼差しを向け、非外延的なメレオロジーの成立可能性に思い至ることは、そうした矮小化されがちな事実を思い出すための格好のリマインダーである。[2]

さて、私の二つ目の疑問は、後藤がロウに従って擁護する「身体化（embodiment）」に関わる。後藤によれば、人が存在するためには身体によって身体化されなくてはならない。たしかにこの要件は、人が非物質的な心理的実体になる可能性を棄却し、デカルト的二元論から距離をとるに際して十分な役割を果たすかもしれない。しかし、身体化とはいったいどのようなプロセスであるかを後藤はほとんど明らかにしていない。これを詳しく説明しない限り、人が特定の身体とぴたりと空間的に一致する根拠が不明瞭のままに置かれるだろう。「身体と人は、大きさや重さなどの物理的性質を共有しているから空間的に一致する」という説明は、このときほとんど助けにならない。それは説明の順序を反転させているからである。私が問いたいのは、身体と人が空間的に一致しているとみなすことの動機や利点ではなく、空間的一致の形而上学的根拠である。その重要な手掛かりは「身体化」という作用に隠されているはずだが、それは残念ながらブラックボックスのごとく取り扱われている。

いまの疑問は次のように述べ直してもよいだろう。すなわち、人から空間的に切り離せないのは、なぜほかならぬ身体全体なのだろうか。たとえば、一部で支持を得ている脳定位説によると、人とは心理的に機能する（特に意識状態を実現する）脳に相当する（cf. McMahan 2002; Parfit 2012）。心理的に機能する脳は、身体の物理的部分としての脳から区別される。前者は大脳皮質の損傷や喪失により心理的に機能しなくなると消滅するが、後者は必ずしも消滅しないからである。いま、デカルト的二元論に抗して人が何らかの点で物質的な存在者なのだとしても、後藤が推し進める枠組みのもとでは、人から切り離せないものが身体ではなくその一部分としての脳であるという可能性は排除できない。後藤は意識などの心的状態の実現には脳が必要になると認めており、これに従うならば人が空間的に一致するのは脳でもまったく問題ないはずである。対照的に私自身の見解は、いまの問題に次のように答えることができる。すなわち、特定の形相によって規定された身体に基礎付けられ、その身体とあらゆる部分を共有する統一体が人であるからこそ、人は脳ではなく身体と空間的に一致している。つまり、身体と人の空間的一致は質料と統一体のメレオロジカルな側面から説明可能である。しかしながら後藤が明らかにしたところでは、人とは部分を持ちえない単純な実体だった。これは、人と身体の空間的一致を部分の共有とは別の根拠に基づいて説明せねばならないことを意味する。ではどのように説明するのか。いずれにしても「身体化」を精緻に具体化する必要があるだろう。

いまの問題と関連して、空間的一致と性質の共有の関係についても疑問を提起しておきたい。いま、ある個物$x$と、$x$によってしか例化されないユニークな普遍者$U$を考えよう。アリストテレスに由来するいわゆる構成的存在論では、ある個物によって例化される普遍者はその個物の「構成要素」と捉えられ、典型的には個物のうちにある内属的普遍者（immanent universal）として取り扱われる。この内属性のおかげで$U$は、それを例化する$x$の占めている空間的位置を占めることができる。換言すれば$x$と$U$はいま、まったく同じ空間的位置を占有している。では、空間的に一致する$x$と$U$は、人と身体のように数多くの性質を共有するだろうか。おそらく共有しないだろう。赤いリンゴという一つの個物しか存在しない世界で、そのリンゴがみずみずしさという普遍者を例化するとしても、それと空間的に一致する赤さという内属的普遍者は明らかにみずみずしさを例化しないからである（赤さそれ自体はみずみずしくもなんともない）。よって空間的な一致それ自体は、必ずしも数多くの性質の共有を導くわけではない。人と身体が数多くの性質を共有すると導くためには、それらが単に空間的に一致しているという根拠だけでは薄弱なのである。裏返して言えば、後藤が援用する「身体化」プロセスには、性質共有の説明を可能にするような、単なる空間的一致以上の何らかの非メレオロジカルなコミットメントが含まれていなければならない。ではそれは結局のところ何だというのだろうか。

それでは、後藤の主張に対する三つ目の疑問に移ろう。こちらはロック（主義）的な人の同一性規準に関わる。後藤によると、意識経験に基づく人の同一性規準は、経験の主体としての人の同一性を前提するがゆえに循環しているとされる。しかし拙稿で論じたように、意識経験の主体が人ではなく脳や動物としてのヒトである可能性――もしくは意識の主体という自律した単一の存在者など最初から存在しないという可能性――は、十分に理解可能で見込みあるものである。ここでは同じ議論を繰り返すことはしないが、その要点だけ述べればこうである。仮に意識経験の成立がその主体もしくは担い手の存在を形而上学的に含意するのだとしても、その主体が本当に「人」であるか疑問が残る以上、人の同一性に関するロック的な規準は循環しているわけではない。意識という独特の経験は、たしかに人という種別概念と強い結び付きを有しているものの、必ずしも人の存在を前提するわけではないのである。

注意すべきことにこの主張は、ロック的な規準がいつでも非循環的であると述べるものではない。人が「意識経験の主体」として定義されるとき、意識の同一性から人の同一性を明らかにしようとするロック的な規準は、たしかに循環性の誹りを免れない。私の目にはしかし、こうした定義自体が早まった独断のように見える。意識経験の主体**ではない**人や、人**ではない**意識経験の主体というのは、定義的・概念的にそれほど無理のない考えではないだろうか。そう考えるべき根拠の一つに、意識経験の主体と人の間に横たわる概念上の隔たりが挙げられる。私が理解する限り、主体や担い手とは、「リーダー（指導者）」や「衛星」といった非種別概念と類比的に、それ自体では特定の機能や役割を指し示す性質にすぎず、それと人概念を同一視すべき道理はない。まして、すでに拙稿でも触れたように人概念には、単に心理的側面だけではなく、一定の道徳的な地位を占めることなどに関わる道徳的な属性を備えた存在者という側面も含まれるはずである。何らかの複雑な造形こそ持つが闇雲にこねただけの粘土の塊が、必ずしも美的な価値を持った彫像になるわけではないように、意識などの心理的性質を持つ物理的基盤は、道徳的環境に置かれない限りやはり人を統一的に生成するわけではないだろう。拙稿で示唆したように、後藤による定義は、ヒトや脳などの他の主体候補を軽視しているばかりか、人という豊かな種別概念を「経験の主体」という機能的な心理的性質に不当に制限している可能性すらある。したがって、仮に人がいつでも意識を持つとしても、その主体が必ず人であるという疑わしい前提を置くのでない限り、ロック的な規準が循環性の問題に直面することはない。

これまでロック的な規準が根強い批判に晒されてきたのは、人の同一性は、まさしく人を前提にした仕方でしか分析できない点で原初的とみなされてきたからである。たしかにこの原初性を認めると、ロック的な規準はやはり循環性から逃れられず、人の同一性は明確な規準を持たないことになる。だが人の同一性の原初主義は、拙稿末尾に述べたような道徳的な実践に関わる重要な含意を損なうばかりか、かつてP・F・ストローソンが(カントに依拠しながら)心身二元論に対して提起したものとよく似た問題を新たに招いてしまうだろう(Strawson 1966)。すなわち、一つの身体に結び付けられるのは、相互に識別できない意識の流れを持った夥しい数の人ではなくたった一人の同じ人であると、原初主義者はどのようにして主張できるのだろうか。人の同一性がそれ以上の解明を拒むものであるときでも、彼女は特定の身体と密接に結び付く人が二人以上存在する可能性を排除し、そこに立ち現れている人が唯一であることを説明する責務を負っている。だがこの責務を果たすということは結局、人の同一性規準の原初性を手放すことに等しい。「あなたの身体が占める領域には、あなたとまったく変わらない意識の流れを持ちながらも、あなたとは別人の人が無数に存在するかもしれない」という馬鹿げた可能性をうまく振り払うことのできない見解は、ロック的な規準の正否がどうあれ、理論的魅力を欠いているように私には見える。

以上の通り、本コメントでは後藤に対し三つの疑問を投げかけたが、それでもなお後藤の見解と私の見解が少なからぬ点で符合しているという事実は、最後に言及しておくべきだろう。特に、種(または種別概念)の違いに基づき私たち人と身体(ヒト)を数的に異なる存在者と捉えること、そして人を部分的であれ影像に見立てることは、後藤と私の喜ばしい共通点である。大きく見れば、我々は人と身体の関係性についての理論的基盤を共有しているとすら言ってよいかもしれない。にもかかわらず、細部を見ていくと両見解の間には、人の部分、人と身体の一致、人の同一性をめぐって埋めがたいギャップがある。願わくは、本コメントがこのギャップに具体的な輪郭を与え、そして闊達な議論の口火となることを。

## 註

(1)訳語に関する注記。私は、複数の事物と単一の事物（たとえば諸原子と特定の分子）の間に成立するメレオロジカルな関係であるcompositionに「組成」という訳語を当て、単一の事物どうし（たとえば大理石の塊とダビデ像）の間で成立する物質的関係であるconstitutionに「構成」という訳語を当てることにしている。後藤論文では前者が「構成」と訳されているが、本稿ではすべて私の訳語法に置き換えていることに注意されたい。

(2)別稿で私は、複数の普遍者を諸部分として個物という全体が組成されることを認める質的なメレオロジーにおいて、非外延的な理解が普遍者の束理論のあるバージョンのよりよい理解に寄与すると論じたことがある（横路 2023）。その概略を簡潔に述べれば、人と身体がその物質的な真部分を完全に共有するとしても数的に同一ではないように、質的な組成物としての任意の個物$x$と$y$はその質的な真部分たる普遍者を完全に共有するとしても数的に同一であるとは限らないということである。

## 参考文献

McMahan, J. 2002, *The Ethics of Killing: Problems at the Margins of Life*, New York: Oxford University Press.
Parfit, D. 2012, "We Are Not Human Beings", *Philosophy* 87: 5-28.
Strawson, P. F. 1966, *The Bounds of Sense: An Essay on Kant's* Critique of Pure Reason, New York: Routledge.
横路佳幸 2021『同一性と個体――種別概念に基づく統一理論に向けて』慶應義塾大学出版会。
―――2023「普遍者の束理論のメレオロジカルな例化物説」、三田哲学会（編）『哲學』151: 85-106.

# 私たちは複合的な実体である

横路佳幸

## 序

この世界は、数多くの事物であふれている。湖や河川、山などの自然物、花や鳥、猫などの動植物、すべり台や彫像、千円札などの人工物など、身近なものを挙げるだけでもきりがない。これらにくわえ、原子やウィルスなどの微小なもの、数や集合などの数学上の概念、ドラゴンや神などの神話・宗教的対象まで含めると、私たちを取り巻くものは文字通り無数にあるように見える。では、一連の事物の中で、私たちに最も身近でありふれたものとは何だろうか。答えは明らかである——いまこの文字を読んでいるあなたや著者である私を含む、ほかならぬ**私たち自身**である。本章が取り上げるのは、私たち自身について自覚的に問われる次のような問題である。すなわち、私たちとはいったいどのようなものなのだろうか。

この素朴な疑問で私が問いたいのは、私たちの社会的アイデンティティでも人類の歴史でもない。以下で焦点を当てるテーマとは、私たち一般の形而上学上の本性または本質をめぐって議論される哲学的な問題、とりわけ次のような問題群である。第一に、私たちは身体とどのような関係に立っているのだろうか。金塊が単なる金原子の集まりにすぎないように、あなたは単なる動物組織（または細胞）の集まりにすぎないのか。それとも、あなたは動物組織の集まり以上のもので、自身の身体とも別の存在なのか。第二に、あなたや私はどのような仕方であなたや私自身であり続け、そして私たちはこの世界にいつ存在し始め、いつ存在しなくなるのだろうか。たとえば、あなたの両親が撮影した写真に写る少女もしくは少年は、本当にいまのあなた自身と同一なのか。第三に、私たちの存在は、ちょうど千円札が貨幣制度に依存して存在しているように、他の事柄に基づいて成立する事態なのだろうか。基づくのだとすれば、あなたが存在することは具体的にどのような事柄（制度や神、または他の何か）に基づくのか。

一連の形而上学的な問題群に取り組むに際し、本章で私は、**人**（*person*）という観点を中心に議論を進めることにしたい。換言すれば、私たちがどのようなものであるかを直接問いかける代わりに、私たちがみな属すると思われる人というカテゴリーについて、「人とはどのようなものであるか」という疑問を議論の俎上に載せるというのが、本章のとるアプローチである。これにより、上記の第一の問題は**人と身体の関係**、第二の問題は**人の通時的同一性**、第三の問題は**ある人が人としてあることの根拠**を問うものとして再解釈できる。こうした三つの議論から多角的に「人」を明らかにすることを通じて、私は最終的に、**私たちとは複合的な実体である**という結論を擁護する。ここで言われる「複合的な実体」とは、次のように取り決め的に定義される単純な実体 $x$ とは対極にあるようなものを指す。すなわち、$x$ はいかなる部分も持たず、かつ $x$ の通時的同一性は原初的で、かつ $x$ が生まれることはその他の事実によって決して基礎付けられない。こうした意味での単純性をすべて否定することで、あなたや私などの身近な私たち人は、部分や同一性、生成について複合的な実体にほかならないということを示す。二つ前の段落最後で問われた素朴な問いは、以上の道筋で明確な答え――ただしその答え方それ自体は多分に形而上学的ではあるが――を獲得するに至ると私は考える。

ロードマップは次の通りである。第1節では、種別概念とそれに関連する道具立てをいくつか導入することで、人と身体（ヒト）の違いについて論じる。第2節では、人の通時的同一性に焦点を当て、その規準がいかなるものでありうるかを検討する。第3節では、いわゆる質料形相論の観点から、ある人が人としてあることの形而上学的根拠がどこにあるかを考察する。こうした三つの里程標を辿った最終地点として、結語では、私たち人が複合的な実体であることから導かれる実践的含意について手短に示唆する。

## 1　人と身体の差異性

あなたや私という個々人について論じる前に、人という概念そのものに着目することから始めよう。ある思想の潮流に従うと人概念とは、猫や河川、彫像、集合などの諸概念と同じように、「それは何であるか（*what is it?*）」に対し答えを与える概念の一種とされ、それはテクニカルには**種別概念**（*sortal concept*）と呼ばれる（横路 2021, ch. 1）。以下では、種別概念を議論の中心に据える思想を**種別論**と名付けたうえで、種別論を人概念に応用すると、あなたや私などの個々人に対しどのような帰結が得られるかを見ることにしたい。

種別論とは、任意の種別概念*F*に対し次のような役割を付与する立場のことである。すなわち、*F*は*F*に属する個体の間に**種別的同一性**（*sortal sameness*）が成立するための規準を提供する。種別的同一性とは、個体*x*と*y*そして種別概念*F*の三者の間に成立する「同じ*F*である（the same *F*）」と表現可能な三項関係を指す。「同じ*F*である」は日本語ではあまり耳慣れない言い回しではあるが、身近なところでは同数を表す「同じ数である」や同一人物を表す「同じ人物である」を思い浮かべてもらうとよい。これにくわえて種別的同一性が成立するための「規準」とは、種別的同一性の成立可否を決定するもので、特に種別概念*F*に属する個体が同じ*F*であることがどのような事実に存するかを教える必要十分条件のことである。通常、種別概念$F$にともに属する$x$と$y$が同じ$F$であるかどうかを決定する関係——以下ではこれを**規準関係**と呼ぶ——は同値関係で、それは$F$がどのようなものであるかに応じて多様である。

たとえば、集合という種別概念を例にとろう。任意の集合$x$と$y$が同じ集合であるための必要十分条件とはどのようなものだろうか。外延性の公理に鑑みれば、それは明らかに「あらゆる元を共有する」という同値関係である。つまり、元を同じくする限り$x$と$y$は同じ集合である一方で、元を異にする限りそれらは決して同じ集合ではない。こうしたことを教える条件は、おそらく一般に広く認められたものであると同時に、集合という種別概念によって与えられる種別的同一性の規準としての役割を果たすものである。

他方で、猫という種別概念の場合、同じ猫であることを決定する規準関係は、猫が動物の一種である限り「あらゆる元の共有」ではなく「同じ生物学的な生命を持つこと」だと考えられる。言い換えれば、猫$x$と$y$が同じ猫であるのは、$x$と$y$が同じ生物学的な生命を持つときかつそのときに限るということである。これは常識に即していると言ってよいだろう。たとえば猫のティブルスは、死を迎え自身の生命を失うと以前とは同じ猫でなくなる一方で、ティブルスの生命維持機能を可能にする特定の生物学的プロセスを保持する限り彼は——長い年月を経て細胞をすべて入れ替えたとしても——同じ猫のままである。その他の種別概念では、「あらゆる元」や「生命」以外の特定の規準関係が問題となる(たとえば、河川の場合には「同じ水源を持つこと」が規準関係の候補となる)。したがって、種別論の枠組みにおいて種別概念$F$の役割を一言で言えば、それは$F$に属する個体が同じ$F$であるための必要十分条件——この条件には、$F$がどのようなものであるかに応じて異なる特定の規準関係が含まれる——を提供することである。

これまで少なくない論者が明示的または暗黙的に認めてきたように、同じ$F$であることは、「=」で表現可能な同値関係である**数的同一性**(*numerical identity*)と分かちがたく結び付いている(Geach 1972, pp. 238ff.;

Wiggins 2001, ch. 1）。「$x$は$x$と同一である（$x=x$）」という形式から示されるように、同一性関係の成立は極めて単純で、一見するとトリヴィアルな事柄である。どのような個体であれそれがそれ自身であることが自明であるのと同様に、「$x$と$x$自身は同一である」と述べたとしてもそれは実質あることをほとんど述べていないように見える。しかし、通時的同一性の場合に特に顕著であるように、十年前のティブルスと現在のティブルスが時間を跨いで同一の個体であることは、決してトリヴィアルではなく説明を要する事柄だろう。その「説明」に寄与すると考えられるのが、種別概念と種別的同一性である。十年前のティブルスと現在のティブルスは、どちらも猫という種別概念に属し、十年もの間変わらず同じ生物学的な生命を維持し続けるがゆえに同じ猫であり、同じ猫であるがゆえにそれらは通時的に同一である。ティブルスが同一の個体であり続けること（または同一の個体でなくなること）は、猫に属するティブルスが同じ生物学的生命を持ち続け同じ猫であり続けること（または生命を失い同じ猫ではなくなること）によって説明される。これを一般化すると、同一性と種別的同一性は**分析テーゼ**と私が呼びたい次の原理のもとで常に密接な間柄にある。すなわち、同一性関係が成立するかどうかは、その関係項となる事物が属する種別概念$F$について同じ$F$であることの成立可否によって常に分析可能である。これにより、取っ付きにくく見えた個体$x$と$y$の「同一性」は、$x$と$y$の属する種別概念、そしてそれによって与えられる種別的同一性の規準に含まれる特定の規準関係が$x$と$y$の間で成立することによって説明することが可能となる（先に規準関係が同値関係に限定されたのも、種別的同一性によって分析される同一性が同値関係だからである）。

それでは、以上の一般的議論を基にして種別論を人概念に応用してみよう。人が種別概念であるとき、それは同じ人であることの規準を提供する役割を担い、分析テーゼにより同じ人であるかどうかを決定する規準関係は、ある人がその人自身と同一であることを説明するものとなる。すると、その規準関係とは具体的にどのようなものだろうか。これに対する答えを確立する前に――この仕事は次節に持ち越すことにする――本節では差し当たり、人概念と関わる規準関係が、人概念によく似たもう一つの種別概念と関わる規準関係とは大きく異なっているという点に着目したい。その概念とは**ヒト**（*human animal*）である。一般にヒトはホモ・サピエンスという生物種に特徴的な進化論的な歴史と生物学的な情報を持ち、ここでは特にヒトを「有機的で生物学的な身体」と同一視されるものとして理解する。いま、ヒトが動物の一種であることに鑑みると、同じヒトであることが、猫の場合と同様に同じ生物学的な生命を持つことによって決定されると考えるのは自然だろう（Locke [1690] 1975, II. xxvii. 6; van Inwagen 1990, ch. 14; Olson 2007, ch. 2）。たとえば、生命が動物の恒常性を維持するための自己組織的で生化学的な現象であるとき、あるヒト（生物学的な身体）が代謝を繰り返して大部分の細胞を入れ替えたとしても通時的に同じヒトであり続けることができるのは、彼女が恒常性を維持する生命を持ち、内部機構を一定の状態に保つおかげだと考えることができる。これを先の分析テーゼと合わせて考えると、ヒトに属する個体 $x$ と $y$ が同一であるかどうかは、同じヒトであるという種別的同一性、ひいては同じ生物学的な生命を持つという規準関係が $x$ と $y$ の間に成立するかどうかによって分析可能ということになる。

対照的に、人の同一性すなわち同じ人であることは、近世のジョン・ロックから現在に至るまで多くの哲学者が様々な仕方で論じてきた通り、少なくとも何らかの意味では**心理的な要素と関連する規準関係**によって分析可能だと考えられる。たとえば、ロックによると人の同一性は**意識**という（自己意識や記憶などと関わりうる）心的特徴の保持と強く結び付くものとして理解される。ロックの言葉では、「人の同一性すなわち理性的な存在者の同一性は、意識のみに存する」がゆえに、「意識が過去の行為や思考へと遡って届きうる限りにおいて、そうした人の同一性はそれだけ遠くに及ぶ」（Locke [1690] 1975, II. xxvii. 9）と言われる。こうしたロック的規準それ自体は、あなたがあなた自身であり続けるという事実を直観に即して捉えている点でそれほど問題がないように思われる。ここまでの文脈に置き換えて述べれば、ロック的規準を支えているのは次の二点である。第一に同じ人であることに関する規準が生物学的な生命ではなく何らかの心的要素と関係すると認める人の種別論、第二に人の同一性を同じ人であることから説明するような分析テーゼである。

しかし、私たちが上記二つの種別概念に属する、つまり**人であると同時にヒトでもある**とみなすと、ある厄介な問題が生じる——ともに人とヒト双方に属する個体 $x$ と $y$ の間に人の心理的な規準関係が成立する一方で、$x$ と $y$ の間にヒトの生物学的な規準関係が成立しないとき、分析テーゼにより $x$ と $y$ は「同一」でありかつ「同一でない」ことになってしまうからである。次の言葉から明らかであるように、ロック自身はこの可能性に自覚的であった。「ある王子の魂が、以前の生活についての意識を伴いながら、魂が抜けた直後の靴直しの職人に入り込んだとすると、彼は王子と同じ人である（……）と誰しもが考えるだろう。だが、同じヒト（man）であると誰が言うのだろうか」（Locke［1690］1975, II. xxvii. 15）。この例を少し改変した次の脳移植の事例で考えよう。今日、あなたの心的能力を司る場と思われる大脳が、あなたの生物学的な身体から切り離され、事故で大脳を失くした他人の生物学的な身体に埋め込まれる外科手術が行われた。この手術前後で、あなたの大脳の心的機能の働きには一切の支障はなく、さらに事故で大脳を失くした身体は、生命維持に必要だとされる脳幹などの部位を問題なく機能させ続けているとする。すると、今日のあなた（$p$）と昨日のあなた（$p^*$）がともに人に属するとき、両者は身体を変えるとしても大脳の機能により心理的な規準関係を保持しているがゆえに同じ人である。これと分析テーゼにより、$p$ と $p^*$ は通時的に同一であることになる。他方で、$p$ と $p^*$ が生物学的な身体としてのヒトにも属するとき、$p$ と $p^*$ が同じヒトでないのは明らかである。$p^*$ と同じヒトであるのは、同じ生物学的な生命を持つヒトすなわち（大脳を失ったが）脳幹による生命維持機能を変わらず働かせている生物学的な身体であって、そこに大脳を今日埋め込まれた（元々は他人の）身体は関係しないからである。よって$p$と$p^*$は、同じヒトではないために通時的に同一ではないことになる――だが、今日のあなたと昨日のあなたが同一かつ同一でないというのは明らかに矛盾である。

この問題を解消する方法は複数考えられるものの、私が最も有望視するやり方は、人とヒトに関する種別論および分析テーゼと両立するものとして、**種別的多元論**と命名可能な次の見解を支持することである（横路 2021, ch. 2）。すなわち、あらゆる個体は種別概念（特にその規準関係）の違いに応じて多元化されねばならない。これによると、私たちは人とヒトという種別的同一性の規準が大きく異なる二つの種別概念に同時に属することはできず、同じ人であることと同じヒトでないことを一手に担う個体など存在しない。私たちが人であるとき、生物学的な身体としてのヒトであるのは私たちではなく、私たちとあらゆる部分を共有し時空的に一致するが私たちとは数的に異なる存在者としてのヒトである。先の例で言えば、ヒトに属し同じヒトではないのは、$p$と$p^*$それぞれと部分を完全に共有するがそれらから数的に区別される存在者$h$と$h^*$である。つまり、今日の時点であなたが占めている空間領域には、人に属する$p$（今日のあなた）とヒトに属する$h$（今日のあなたの生物学的な身体）の少なくとも二つの存在者が、左手や脳などの諸部分を共有しながら存在することになる。よって種別的多元論は、矛盾に見えた先の問題を次の仕方で解決することがわかる。すなわち、人である$p$と$p^*$はたしかに通時的に同一である一方で、通時的に同一でないのはヒトである個体$h$と$h^*$であって、$p$と$h$は数的に区別される時空的な一致物である（$p^*$と$h^*$も同様）。こうした説明を行う際でも分析テーゼが棄却されるどころかむしろ擁護されるのは、人に属する$p$と$p^*$の同一性の成否は同じ人であることによって分析可能である一方で、ヒトに属する$h$と$h^*$の同一性の成否は同じヒトであることによって分析可能だからである。

したがって、種別論と分析テーゼの組み合わせを堅持するために種別的多元論が要請される限り、人はヒトまたは生物学的な身体には決して属さないという帰結を得ることができる。このことは、あなたや私などの個々人に対し次のような含意をもたらす。すなわち、人であるあなたとあなたの生物学的な身体は――左手や脳などのあらゆる部分を共有し時空的に一致するのだとしても――異なる種別的同一性の規準に従う数的に区別される存在者である。より一般的に言えば、人と生物学的な身体の関係性は数的差異性のもとで理解され、個々の人と個々の身体は明確に区別されねばならない（以下では「身体」を生物学的な身体としてのヒトを指すものとして用いる）。

## 2　意識に基づく人の同一性

議論の焦点を前節で残した問題に戻そう。それは、同じ人であるかどうかを決定する心理的な規準関係とは具体的にどのようなものであるかというものだった。この問いに対し、私は基本的に先のロック的規準に従うことにし、次の**意識に基づく規準**を与える。

(1)　人に属する個体 $x$ と $y$ について、$x$ と $y$ が通時的に同じ人であるのは、$x$ と $y$ が意識を継続させるときかつそのときのみである。

この(1)は、先の脳移植の事例をうまく説明する。というのも、元の慣れ親しんだ身体を持っていた昨日の人と、術後に他人の身体を新たに獲得した今日の人は、大脳を移植する手術を経たとしても意識を継続させている限り同じ人であり、それがゆえに通時的に同一であるように思われるからである。前者の人が昨日のあなたなのだとすれば、後者の人は今日のあなた自身にほかならない。

もちろん、こうした説明が仮に正しいのだとしても、(1)に含まれる「意識を継続させる」とは具体的にどのような事態かという問題は依然として残る。これに対しては少なくとも二通りの答え方がありうるだろう。一方の比較的支持者の多い考えによると、「意識」は実質的に広い意味で捉えられ、信念や記憶、欲求、思考などの心理的または機能的な状態を指すものとして理解される(Lewis 1976; Parfit 1984, ch. 12)。そして一連の心理的状態が因果的連鎖のもとで綿密に結び付いていることこそが「意識の継続性」である。この規準関係を**心理的な継続性**(*psychological continuity*)と呼ぶことにすると、過去の時点にいる人$x$と現在の時点にいる人$y$が通時的に同じ人であることは、$y$の信念や記憶などの心理的状態が$x$の信念や記憶などの心理的状態に因果的に(正しい仕方で)依存していることによって決定される。

対照的に、もう一方のややマイナーな考えに基づくと、「意識を継続させること」は心の現象的な側面から理解される(Dainton 2008, ch. 1; Bayne 2010, ch. 12; Duncan 2020)。この場合「意識」とは、痛みや匂いの感覚などの心的状態が持つ主観的で質的な意識経験(または意識経験を生む能力[1])とみなされ、意識を継続させることは複数の意識経験をシームレスに取りまとめる**意識の流れ**(*stream of consciousness*)という現象的な関係として捉えられる。つまり、あなたが同じ人であり続けることは、あなたの多様な意識経験を統合するような意識の流れが成立することにほかならないというわけである。

「意識の継続性」に対する二つの見方の違いは、次のケースを考えるとはっきりとする。あなたは不幸なことに、ある特殊な装置の中に入れられる。その装置は、現象的な意識経験を機能させる能力をあなたから完全に奪い取ってしまうが、それ以外の点ではあなたの心理的な特徴にはいかなる変化ももたらさない。装置から出てきた人物は、装置に入る前のあなたの心理的状態と因果的に結び付いた仕方で（以前と同じように）何かについて思考し記憶することができる。あなたの人柄や知能、嗜好も引き継いでいる。ただ変わったのは、痛みを感じるなどの主観的で質的な経験または感じ（what it is like）をいまや一切持たないという点である。では、この人物はあなたと同じ人だと言えるだろうか。先の心理的継続性に頼る見方によると、装置に入る前後で一連の心理的状態は因果的に結び付いているために問題の人物とあなたは同じ人である。これに対し現象的な意識経験に頼る見方によると、この人物はあなたの現象的な意識の流れにおけるあらゆる経験や感じを持たず現象的な継続性を欠くため、あなたと同じ人ではない。意識の継続性に対する二つの見方は、どのような場合に人は同じ人であり続けるかにおいて明確に異なっている。これを踏まえると、(1)はより詳細で具体的な敷衍を要する規準だと言えるかもしれない。

本章ではしかし、「意識の継続性」が具体的に何であるかについては中立の立場を保持することにしたい。理由はシンプルである。すでに心の哲学で盛んに論じられてきたように、信念などの心理的状態と感覚経験などの現象的な意識経験が分離可能であるかは決して明白ではなく、そのために上記の特殊な装置がそもそも可能であるかはそれ自体で議論の余地があるからである。たとえば、意識経験なくしては信念や思考など存在しえないのだとすると、問題の装置から出てきた人物は実は一連の心理的状態をまったく持っていないるという意味で「心」をまったく持っておらず、行動や振る舞いが以前のあなたと瓜二つであるだけの別人ということになるかもしれない。こうした可能性が拭えない以上、(1)の「意識」を具体的に敷衍することは控えとえ、その代わりに本節では、人の同一性に特有の問題として次の疑問を取り上げることにしたい。すなわち、(1)は同じ人であることを決定する規準として本当に正しいのだろうか。

この疑問が検討に値するのは、何であれ種別的同一性（または同一性）の規準を論じる際には、当の規準の**循環性**（*circularity*）について一定の注意が必要だからである。たとえば同じ人であることを決定するものとして、**同じ一人称観点（一人称思考）を持つ**という規準関係を考えよう。一人称観点（first person perspective）とは、自身のことを他の事物から区別されるものだと考え、自身を思考・行為の主体として捉えることを可能にする心理的な（または言語的な）概念能力のことである。心理的な要素を持つこの規準関係は一見すると、同じ人であるかを決定するものとして問題がないように見える。だが古今の一部の哲学者が論じてきたように、その規準は同じ人であることもしくは人の同一性の規準としては致命的に循環しているために規準関係たりえない（Baker 2012; Nida-Rümelin 2012）。彼らによると、同じ人であることもしくは人の同一性の規準に含まれる「同じ一人称観点を持ち続けること」それ自体を、人の同一性に頼らずに分析するのは不可能である。たとえば、ある一人称観点が（あなたによって）保持され続けるという事態は、あなたが、まさにその保持主体であることによってしか説明することができない。つまり、一人称観点を特定し個別化することはその主体の同一性を参照せずには不可能であるにもかかわらず、まさしく人こそがその主体にほかならないがゆえに、一人称観点を用いた規準関係は、人の同一性を決定するものとしては深刻な循環性を抱えているというわけである。

循環性の脅威は(1)にとっても他人事ではないだろう。たとえば、E・J・ロウの指摘によると、意識という経験は必ずその経験主体を要請する（Lowe 2012）。しかし、その主体こそがまさしく人であるため、あなたが意識を継続させるかどうかは、つまるところその主体としてあなたが同じ人であり続けること（またはあなたが通時的に同一であること）に頼らずには決定できないのではないか（cf. van Inwagen 1990, pp. 205f.）。換言すれば、心的状態としての意識を同定し個別化するのに主体としての人が必要になるとしたら、(1)は同じ人であることを決定する規準というよりもむしろ、それをあらかじめ前提してしまう規準である。循環性の脅威を真剣に受け止める者は、そこから議論を進めてしばしば次のような結論を導くことにやぶさかではない。すなわち、同じ人であることのいかなる規準も深刻な循環性から逃れられないために、人の同一性はそれ以上説明を与えることができないという意味で**原初的**（*primitive*）である、と。

しかしながら循環性の脅威は誇張されたものである。私の考えでは、同じ人であることは意識の継続性によって問題なく説明可能であるがゆえに原初的というわけではない。なぜならば、「意識という心的状態を同定し個別化する際、その主体として人を持ち出さねばならない」という考えは――「意識の主体」という特徴付けを人の定義のうちに密輸入する場合を除いて――十全な支持根拠を欠いているように見えるからである。このことを検討するため、意識という心的状態の**主体**がどのようなものであるかについて、以下で三つの可能性を考えることにしよう。

一つ目は、「意識の主体」など最初から存在しないという可能性である。この可能性は一見奇妙な響きを持つが、仮に意識がそれ自体では意識を持たない諸原子の協働に基づく創発的な心的状態だとすると、「意識の主体」と呼ぶべき存在者は少なくとも自律し統一された存在者としては存在しなくてもよいことになる（cf. Olson 2007, pp. 186ff.）。こうしたあり様は、たとえば巨大な建造物が建設される際に、「建設主体」とは誰かを問うことが場合によってはあまり意味をなさないことと類比的である。建設はしばしば、それに携わった各人や各建設会社などの分業的な協働によるもので、この場合建設を直接に引き受ける単一の担い手が存在すると考える必要はどこにもない。意識という心的状態の場合でも同様に、意識が実現される際、「意識の主体」という自律した単一の存在者が常に要請されるわけではないと考えることができる。

とはいえ、この可能性はやや分が悪いものかもしれない。特に現象的な意識経験の場合、それが主体を要請するように見える背景には、意識がまとまりをもって現れ何らかの意味で統合されねばならないことが挙げられる。私が頭痛と車のクラクションの音を同時に経験するとき、この二つは独立に経験されるのではなく、両経験を統合した単一の経験が存在する。頭痛を感じるのが私ではなくあなただとしたら、両経験を統合した意識経験など存在しないだろう。個々の主観的な感覚や感じをまとめ上げる意識の統合が、その単一の自立した主体を持ち出すことによってのみ可能だとすれば、意識を同定し個別化する際にその主体が必要となることは決して驚くべきことではない[2]。しかし、その主体が必ず人でなければならない理由など本当にあるだろうか。ここで考慮すべきは、人以外の存在者が意識の主体となりうるという残り二つの可能性である。

一つは、情報伝達を行う多数のニューロンから成る脳が意識の主体となる可能性である。脳は人の真部分にすぎないために、それ自体は人ではない。すると意識の継続性が何らかの複雑な物理的基盤によって実現されるとき、種々の主観的な感覚を統合する主体とは、当の基盤を直接に持つように見える脳だと考えることができる。つまり、意識の統合は脳という主体の存在によってはじめて可能となるかもしれない。実際、「予測する」や「学習する」、「選好する」といった心理的述語の主語として（脳の一部である）ニューロンが認められるのだとしたら（Figdor 2018）、脳それ自体が意識の主体になるとしてもそれほど不思議はない。

こうした可能性と並行して、脳以外に意識の主体になると考えられるのは、動物であるところのヒトである。前節で論じたように、ヒトは人とあらゆる部分を共有するが人から数的に区別される。いま、サルやイルカなどの動物が感情、欲求、共感などの心理的性質を持ちそれらの主体となるのだとすると、種どうしの進化論上の連続性や脳構造の類比、振る舞いなどから、ヒトが一連の心理的性質を持つ主体となることを妨げるものは何もなく、ここから意識だけが除外されると考えるべき正当な理由もない[3]。よって、特定の生物種に属する存在者としてのヒトは、多様な意識をまとめ上げる主体として要請される存在者の候補たりうるはずである。

注意しておくべきは、脳またはヒトのどちらか一方が仮に意識の主体であるとしても、そのことは人が意識をまったく持たないということにはならないということだ。なぜならば、脳またはヒトが意識をまとめ上げる主体となるという意味でそれらのどちらか一方が**非派生的に**意識を持つおかげで、人は**派生的には**意識を持つことができると考えられるからである。(4) たとえば、脳が意識の非派生的な担い手であるときには、それを真部分として持つ人は意識の派生的な担い手でありうる。これは次のケースと類比的である。いま、我が家が赤色だとすると、それが成立するために求められるのは我が家の内部構造や内装まですべて赤色でなければならないということではない。我が家が赤色であることは、その部分、特に外から目視できる表面の大部分が赤色であるおかげである。このときでも、我が家が赤色の「担い手」から外されるわけではない。赤色の非派生的な担い手または究極的な源泉が我が家の（外から目視できる）表面の大部分であるとしても、我が家はその赤色の表面を部分として持つという意味で問題の赤色の派生的な担い手たりうる。意識の場合もこれと同様に、意識の非派生的な担い手が脳だとしても、人はその脳を部分として持つという意味で問題の意識の派生的な担い手となることができる。

他方で、ヒトが意識の非派生的な担い手であるときには、それとあらゆる部分を共有する人は意識の派生的な担い手でありうる。これを類比的に考えるため、ある彫像とその素材である銅の塊を考えよう。種別的多元論に基づくと、銅の塊はそれと時空的に一致する存在者である彫像から数的に区別される。しかし仮に銅の塊が一〇〇キログラムの重量を持つとしても、銅の塊と彫像という二つの個体は合計二〇〇キログラムの重量を持つわけではない——それらは重量に関する性質例化に寄与する銅原子などの諸部分を完全に共有しているからである。特に彫像は、銅の塊が非派生的に持つ「一〇〇キログラムの重量である」という性質を諸部分の共有によって派生的に持つにすぎない。意識の場合もこれと同様に、意識の非派生的な担い手がヒトだとしても、人はそのヒトと諸部分を完全に共有するという意味で問題の意識の派生的な担い手たりうる。したがって、ある人が意識を持つことは、脳またはヒトが意識という心的状態の究極的な源泉としての主体となるということによって妨げられるわけではなく、むしろそのことによって人は意識などを派生的に獲得することができるのである。そしてこのことは、意識という状態または性質の持ち方が複数あることを意味するのみで、同時空領域に意識を持つ者が二つ別個にあることを意味するわけではない。

以上の三つの可能性を想定すると、意識という心的状態を同定し個別化する際、その主体として人を参照する必要はまったくないように思われる。意識の自律した主体など存在しないかもしれず、仮に存在する場合でも、人ではなく脳もしくはヒトが種々の意識経験を統合する非派生的な主体になるという可能性は否定されるべきではない。そして、どの可能性においても、(1)という心理的な規準は問題なく維持することができる。なぜならば、人が意識の直接的な担い手というわけではないということは、人の同一性が意識といった心理的な要素に存するということと問題なく両立するからである。

意識という心的要素の非派生的な主体もしくは究極的な源泉は人であるかという点と、同じ人であることは意識という心的要素に基づく継続性にあるかという点は、別個の問題として切り離して考える必要がある。換言すれば、意識の究極的な源泉としての主体が人であるという考えを根拠なきものとして棄却するからといって、同じ人であることと意識の継続性を強固に結び付けることまで棄却する必要はない。意識の継続性は、たしかにその主体で究極的な源泉でありうる脳またはヒトどうしの種別的同一性を決定する規準にはまったく役に立たないのだとしても、そこから派生的に意識を持つことになる人どうしの種別的同一性を決定する規準関係としては十分に役割を果たす。したがって(1)は、循環性なしで同じ人であることを決定する心理的な規準として問題なく成立する。意識の継続性がその主体としての人の存在を必ずしも前提するわけではなく、むしろそうした心的関係によって同じ人であることが決定されるという意味で、人の同一性は決して原初的ではないのである。

## 3　統一体としての人

ここまでの議論で明らかになったのは次のことである。すなわち、人と身体（ヒト）という種別概念によって与えられる規準がそれぞれ心理的な意識と生物学的な生命に関するものである限り、原初的ではない人の同一性を持つあなたは、あなた自身の生物学的な身体とは数的に区別される存在者だということである。だが一見して明らかであるように、人と身体の関係は数的差異性に尽きるほど単純というわけではない。彫像が銅の塊などの素材を必要とするように、人は何らかの意味で身体を必要としているように見える一方で、いかなる銅の塊も必ずしも彫像のような芸術作品となるとは限らないように、身体は必ずしも人と関係するわけではない。実際、あなたは身体などの素材なくしては存在しなかったかもしれないが、あなたの身体はあなたという人なしでも問題なく存在しうるように見える。この意味で、あなたとあなたの身体は数的に区別されるとしても互いから完全に独立にあるわけではなく、両者の間には何らかの依存関係が成立していると言える。では、人と身体のこうした密な結び付きはどのように理解すればよいのだろうか。

私の見方では、この問いに十分な仕方で答えるための重要な手がかりは、いわゆる**質料形相論**(*hylomorphism*)にある。質料形相論は、古くはアリストテレスにまで遡る個体一般に関する形而上学的な枠組みとして知られ、近年の分析哲学者の間でも徐々に支持を拡大させつつある理論である。そこで本節では、人と身体がいかにして関係し合っているかを現代の質料形相論の観点から解明することを通じて、両者の依存関係、そしてある人が人として存在するための根拠・仕組みについて詳述することにしたい（cf. 横路 2021, 第5章）。

質料形相論の理念によると、我々が遭遇する個体は、**質料**（*matter*）と**形相**（*form*）の両者から成る**統一体**（*unity*）である。たとえば、彫像は質料としての青銅と形相としての造形から成る統一体である（cf. Aristotle 1984, 1029a3f.）。現代の質料形相論者たちはこうした理念を利用して次の基本的主張を共有する（cf. Johnston 2006; Koslicki 2018, ch. 4）。第一に、統一体としての個体は、質料と形相の組み合わせによりはじめて生成され誕生する。つまり、個々の個体はまったくの無から謎めいて噴き出すわけではない。第二に、統一体を生成するための原理は、質料を特徴付ける形相によって与えられる。形相は、特定の種と結び付き、質料を特定の仕方で規定することで統一体の生成を促す役割を果たす。第三に、ある質料と形相のもとで新しい統一体 $u_1$ が生成されるとき、その質料もまた何らかの形相のもとである質料から生成された統一体 $u_2$ でありうる。このとき、個々の統一体は $u_1$、$u_2$、……という仕方で階層化される。

あるアリストテレス解釈によると、質料形相論で新しく措定される形相は、特筆すべきことに第一節で導入した種別概念と密接な関係を築く（Loux 1991, ch. 4）。一方の形相とは「問題の質料がどのようであるか（how）」を定めるもので、青銅が特定の造形を持つことが偶然であるように、形相は偶然的に質料を規定する。『形而上学』においてアリストテレスが「第一実体は、それに内在する形相であって、統一体としての実体は、これと質料「から」と言われる」（Aristotle 1984, 1037a29f.）と述べる際に念頭に置いていたのは、質料を規定し述定するものとしての形相である。他方で種別概念（または実体種）は、ある彫像が必然的に彫像概念に属するように、個物すなわち個別実体が必然的に属するもので、「問題の個物が何であるか（what）」を定める。『カテゴリー論』においてアリストテレスが、個々の馬などの第一実体たる個物に次ぐ第二実体だと特定したのは、馬などの種・類すなわち種別概念である。そして質料と形相の両者から成る統一体とは、最終的に種別概念によって特徴付けられる個物にほかならない。つまり、ある種別概念$F$と関連する形相が問題の質料を偶然に規定することで作り上げられるようなものこそが、$F$に必然的に属するような個体としての統一体に相当する。

すると、形相による質料の規定という事実と、個物の種別概念への帰属という事実はどのような仕方で結び付くのだろうか。先の解釈によればそれは、形而上学的な説明関係すなわち**基礎付け**（*grounding*）である。基礎付け関係とは、典型的には「のおかげで（in virtue of）」によって表現される非対称的な依存関係の一種である。それは通常、個体間ではなく事実間で成立し、事実Γが事実Δを基礎付けるとは、Γの成立のおかげでΔが成立するということ、つまりなぜΔが成立するかがΓの成立によって形而上学的・非因果的に説明され、逆の説明は成り立たないということである。これに鑑みると、個物がある種別概念に属するものとして生成されることは、その種別概念と関連する形相が当の個物の質料を規定するおかげだと考えられる。たとえば、なぜある彫像が（それが本質的に属する）彫像概念に属するものとしてあるかは、質料としての青銅が形相としての特定の造形によって規定されることから説明される。このとき、質料と形相の事実は彫像の例化の事実よりも基礎的であり、問題の彫像は質料と形相にその生成の根拠があるような統一体である。形相が質料を偶然であれ規定することは、そこから生成される個体が当の形相と関連する種別概念に属する統一体としてあることを形而上学的に基礎付けるものとなる。

上記のような質料形相論を第一節の種別的多元論と組み合わせると、人と身体の関係性はより鮮明になるだろう。「統一体」を特定の人$p$、「質料」をその人の生物学的な身体（ヒト）$h$、人の生成を促す形相を$F$とすると、質料形相論は**統一体としての人**について次のような説明を与える。

(2) ある人 $p$ が人という種別概念に属する統一体としてあるのは、質料となる身体 $h$ が形相 $F$ によって規定されるおかげである。

この(2)は、あるものが人という種別概念に属する統一体としてあることを可能にするための原理に相当する。この原理が反映しているのは、形相 $F$ の規定に関する事実は人の例化に関する事実よりも基礎的であるということ、すなわち $F$ が身体という質料 $h$ を規定することにより、人という種別概念を例化する統一体の生成が形而上学的に根拠付けられるという事態である。別の観点から述べれば、(2)は実質的に、同じ人であることが成立するための前提条件を整えるものだとも言える。というのも、(1)にあるようにその種別的同一性が成立する関係項 $x$ と $y$ は必ず人という種別概念に属する個体でなければならず、(2)に従うと $x$ と $y$ が人概念に属することは質料と形相の二要素から説明されるからである。

では、人の「質料」と「形相」とは具体的にどのようなものなのだろうか。まず後者から考えよう。先に述べたように形相とは、特定の種別概念に属する個体がなぜ生成されるかを説明するものとして措定され、それはアリストテレスの象徴的な言葉を借りれば「[各々の事物が]あることの第一の原因」(Aristotle 1984, 1041b27)である。[5] 私の考えでは、形相 $F$ すなわちある人が人としてあることの「第一の原因」とは、人を次のように理解することから引き出すことができるように思われる。すなわち、人とは**意識などの心的状態のための能力を駆使する存在者**であると同時に、道徳的な責任を担うことや(動物一般よりも比較的高い)一定の道徳的な地位を占めることといった**道徳的な属性を備えた存在者**である、と。こうした理解を受け入れるとすると、人の形相 $F$ には、意識の実現に寄与する心理物理的基盤(または意識の神経相関)を持つことや、道徳的属性を実現するような高度な社会の一員であることなどが当てはまると考えることができる。

人が心理物理的そして道徳的な要素を持った形相と関連するということは、たとえば彫像が芸術作品としての人工物であることと多かれ少なかれ類比的である。いまある彫像が彫像概念に属する統一体としてあるのは、実際にはその質料である銅の塊に特定の造形が偶然与えられるだけでなく、造形を与える際に制作者の意図が関わっており、さらに発展した芸術文化を持つ社会環境・文脈の中に銅の塊が置かれることのおかげだと考えられる。ダビデ像が彫像としてあるのは、それが何であれ造形を持つからだけではなく、それが芸術家の意図のもとで制作され、展示や鑑賞などの芸術文化のもとで審美的に評価されているからである。これと同様に、ある人が人に属する統一体としてあることは、次のように敷衍することができる。すなわちその質料としてのヒトたる身体が、意識などの心的状態のための能力を実現することに寄与する心理物理的基盤を持ち、そして一連の道徳的属性を実現するような高度な社会の一員であるおかげで、人という種別概念を例化する統一体が生成される、と。問題の生物学的な身体が心的状態に関係する一切の心理物理的基盤を持たないか、もしくは道徳的属性を可能にする社会の一員でないことは十分に想定可能である。どちらの場合でも、人に属する個体が統一体として生まれることはありそうもないように私には思われる。

次に、人の「質料」に照準を合わせよう。人の持つ質料が必ずしも生物学的なヒトとしての身体に限られるわけではないということは、次の一風変わった事例を取り上げることでよりはっきりとする。今日、あなたの脳が生物学的な身体から取り出され、その脳を心理的な働きにいかなる損傷も与えずに、さらに他人の身体に移植もされずに水槽の中で生かし続ける外科手術が行われたとしよう。このときでも、同じ人として存続し続けるあなたは、水槽の中の脳――それはもはやヒトではない――から数的に区別されるように思われる。というのも、人概念と脳概念によって与えられる種別的同一性の規準は明らかに異なるからである。

同じ人であることは心理的な要素と関連する規準に基づくが、同じ脳であることは完全に物質的な規準、特に心的状態を実現するとは限らない単なる脳細胞の結合と関連する規準に基づくと考えられる。これが正しいとすると、あなたは種別的多元論により水槽の中で心理的に機能している脳から数的に区別されねばならない。だが(2)によると、術後あらゆる部分を共有することになったあなたと水槽の中の脳は、いまや統一体と質料の関係——以下ではこれを**統一関係**と呼ぶ——にあると言える。あなたが人に属する統一体としてあることは、身体の代わりに新たに質料となる脳を人の形相が規定することに基礎付けられているからである。つまり、手術が行われることで、あなたと元の身体は統一関係に立たなくなり、まったく別個の存在となる一方、それまでは単なるあなたの一部分にすぎなかった脳を人の形相が規定するようになるがゆえに、あなたは今度は水槽の中の脳を質料とするような統一体となる、ということである。

この事例から示唆されるのは、質料とはつまるところ、形相による規定を可能にするためのいわば「入れ物」にすぎないということである。何が質料となるかは、少なくとも間接的には、統一体の生成を基礎付ける形相の規定が実現されるかに依拠する。人に属する統一体であるあなたの「質料」が手術前と手術後でヒトから脳へと変化するとき、あなたとあなたの脳の関係はその前後で変化している。それでもあなたが人に属し続けることができるのは、時点に応じて変わりゆく何らかの質料を人の形相が依然として規定し続けることで、人という種別概念があなたによって例化され続けるからである。もちろん、「質料」になるものはなんでもよいというわけではないだろう。それは、人の形相による規定を可能にするために、少なくとも意識などを実現するような心理物理的基盤などを持たねばならない。しかしそのことは、形相の実現に影響を与えずに質料自体が変化する可能性を妨げるわけではなく、私たちの脳やヒト脳オルガノイド（ヒト多能性幹細胞を用いて培養された生物学的な構造体）、細胞と同じ機能を果たす非生物学的なシリコンチップなどが人という統一体の質料となる可能性を妨げるわけでもない。質料に分類される個体は常に種別概念によって特徴付け可能であるものの、「質料それ自体」を積極的に特徴付けるには、当の形相による規定を受けて問題の種別概念の実現に貢献できる「入れ物」足りうるかという視点だけで十分である。私には、質料そのものに対するこうした理解は、アリストテレスが質料を「それ自体として特定のものである（……）とは語られることがない」（Aristotle 1984, 1029a20f.）ものとして特徴付けたことと部分的であれ符合しているように思われる。

上記説明が正しいとすると、(2)は人の生成に対し次の質料形相論的な説明を与えることになる。第一に、身体である質料$h$が人の形相$F$によって規定されてはじめて、人に属する統一体として$p$が生成される。つまり、$p$は形相と質料によって生まれる人という統一体であるがゆえに、まったくの無から根拠なく存在し始めるわけではない。第二に、$p$の同一性は$p$の属する人という種別概念によって分析される一方、$p$が人に属する個体としてあることは$h$を規定する$F$によって与えられる。換言すれば、統一体は種別概念に基づく（種別的）同一性の規準を持つだけでなく、形相による種別概念の例化、ひいては統一体の生成に関する原理をも備える。第三に、心理物理的および道徳的な要素と関わる形相$F$と、人という種別概念は区別される。後者は統一体$p$が必然的に属するものであるのに対し、前者は後者と密接に結び付くものの、質料$h$を偶然に規定するものである。形相$F$はあなたの身体を規定しないこともありえたはずで、その場合あなたという統一体は生まれなかったかもしれない。第四に、$p$の質料は$h$という特定の個体でなければならないというわけではなく、$F$の規定を可能にする質料であれば差し当たりはどのようなものでもよい。ただしそのときでも、人が何らかの質料すなわち「入れ物」を必要とすることは揺るがない。最後に、$p$は$h$を質料とすることで新たに生成される一方で、$h$は$p$を質料とするわけではなく、$p$と$h$は存在論的に異なる階層にある。形相$F$によって規定された質料から人に属する統一体として新たに$p$が生成されるとき、その質料であるところの身体$h$もまた何らかの形相のもとである質料から生まれた統一体である。その質料を仮に動物組織の塊$l$とすると、$p$は人の形相に規定された身体$h$によって生成される一方で、$h$はヒトの形相によって規定された$l$によって生成されるがゆえに、人の形相によって生成されるわけではなく$p$を質料とすることもない。よって、統一関係にある$p$と$h$および$h$と$l$は存在論的に階層化されており、人という統一体であるあなたは、動物組織の塊を質料とする統一体であるところの身体それ自体があなたの質料となるという意味において「動物組織の塊以上の存在」と言える。こうした存在論的な階層性は、(2)で示される基礎付け関係――人に属する統一体としてあることが形相に規定された質料によって基礎付けられること――から導かれる。

本節の初めに提起された人と身体の結び付きをめぐる疑問に対しては、いまや次のように応答することができる。あなたが身体などの素材なくしては存在しえないというのは、あなたが人としてあることが(形相に規定された)身体などの質料に基づいているという意味において正しい。あなたが本質的に人に属する統一体であることは、少なくとも部分的にはあなたの身体のおかげである。ただし、この身体はあなたが人であることを実現するための「入れ物」であって、それは必ずしもいま目の前にある特定の身体を必要とするわけではない。他方で、あなたの身体があなたなしでも問題なく存在しうるということは、あなたの身体がたとえば動物組織の塊を質料、生物学的な身体(ヒト)に関する事柄を形相とする統一体である限りにおいて正しい。ある人が人としてある根拠は人の形相に規定された身体によってはじめて説明可能であるが、ある身体が身体としてある根拠は人の形相や人という統一体によってはまったく説明されない。したがって、人と身体の間の依存関係は、質料形相論的な道具立て、特に質料である身体への人の形相による規定に基づく統一体の生成の非対称的な基礎付け、ひいては存在論的な階層性によって捉え直すことができる。これと前節までの帰結を合わせて考えると、あなたとあなたの身体の関係性は次のように述べうる。すなわち両者は、たしかに左手や脳などのあらゆる部分を共有する数的に異なる存在者ではあるが、単にそれに留まらず統一関係にもあるという点で質料形相論的に緊密に結び付く関係にある。

## 結語

冒頭で問われたのは次のような問題であった。すなわち、最も身近でありふれた存在者である私たち自身とはどのようなものか。私たちがみな人なのだとすると、その答えは明白である。まず種別的多元論により、人 $x$ と身体 $y$ は、仮にあらゆる部分を共有する一致物だとしても、人概念とヒト概念が異なる種別的同一性の規準を与えるために数的に同一ではない。次に人 $x$ が時間を跨いで同じ人であることは、$x$ が派生的に持つ意識の継続性という規準関係によって非循環的に決定される。第三に質料形相論により、$x$ が人に属する統一体としてあることは、その質料となる身体 $y$ が心理物理的・道徳的な形相によって偶然であれ規定されることによって形而上学的に基礎付けられる。よって、あなたや私をはじめとする私たち人とは、身体と共通の部分を持ち、かつ循環しない規準に従う通時的同一性を持ち、かつ質料たる身体と人の形相から成る事実によって基礎付けられて生まれるような存在者である。この意味において、人としての私たちとは複合的な実体にほかならない。

筆を擱く前に、本章で私が論じたことが持ちうる含意、特にその実践的含意について手短に述べることにしよう。人の生成が質料と形相による形而上学的根拠を持つことは、たとえば人工妊娠中絶をめぐる道徳的問題に対し少なからぬ示唆をもたらしうる。私の考えでは人は、いかなる場合でも正当な理由なく傷付けられてはならないという意味で（動物一般よりも比較的高い）特別な道徳的地位に立っている。他方で、胎児の神経系が完全には発達していない妊娠初期においては——ヒトこそ生成されるかもしれないものの——人の形相による規定が成立しないために人概念は例化されず、個々の人はまだ誕生していないと考えられる。よって初期の人工妊娠中絶は、特別な道徳的地位に立つ「人」を傷付ける行いではなく、少なくとも殺人ではないと言うことができる。しかし、もし人が人であることの根拠が無根拠なのだとすると、妊娠初期に人が誕生していることを拒否するための合理的根拠を失うため、「初期の人工妊娠中絶は殺人ではない」とする根拠もまた失うこととなる。これは私には受け入れがたく映る帰結である。その他にも、人に属する個体$x$が意識の継続性を不可逆に停止させた場合、意識に基づく規準によると$x$はその時点で同じ人であり続けることをやめると考えられる。よって、$x$の生物学的な身体から生命維持装置を外すことは——ヒトを手にかけることでこそあれ——少なくとも$x$自身を手にかけることではなく殺人ではない。だが、人の同一性が原初的だとした場合、意識の継続性を不可逆に停止させた個体が、依然として$x$と同じ人で同一の個体であるかどうかに対して明確な応答を与えてくれないだろう。

以上から言えるのは、私たち自身を反省的に見つめ直す本章の試みは、形而上学者が陥ってしまいがちな「パズル解き」の産物では決してないということである。人の形而上学は——それがいかなる最終地点に辿り着くのであれ——私たちの誕生と死をめぐる身近で差し迫った諸問題を考え抜くための入り口へと通じるものでなければならない。

**註**

（1）意識経験を生む「能力（capacity）」が必要となるのは、普段意識を持つ者でも睡眠時には意識の流れが中断してしまうからである。そのため支持者の多くは実際には、現象的意識そのものというよりもその能力・傾向性（適切な刺激があれば現象的な意識を持つこと）を重視するが、本章では簡便のため現象的意識のみに着目する。

（2）そもそも心的状態*P*が「主観性」を獲得するには、*P*が――たとえばその主体が*P*に気付くなどして――他の誰かではなくまさにその主体に与えられたものでなくてはならない（Kriegel 2009）。この意味でも、主観的な意識経験はその経験主体の存在と不可分である。

（3）ただし、意識をどのように捉えるかに応じて、ヒトと他の動物の間に断裂が生まれるかもしれない。たとえば、現象的な意識の場合、それを（内容を持った）表象として捉えると、たしかに意識は動物一般においてそれほど珍しいものではない。しかし、意識を（自身の心的状態に向けられ主体に利用可能な）二階の心的状態だと捉えると、ヒトだけが意識を持つというのは途端に現実味を帯びる。ヒト以外の動物が現象的な意識を持つかどうかを多角的に検討した（そして肯定的に答える）ものとしては、一例としてTye 2017を参照。

（4）性質の持ち方についての非派生的／派生的（または第一義的／第二義的）という区別は、時間的部分説を否定する文脈で古くはロデリック・チザムによって導入され（Chisholm 1976, pp. 100ff.）、現在でも人や脳、ヒトなどによる心理的性質の非派生的または派生的な持ち方については、McMahan 2002, pp. 88ff.; Baker 2007, pp. 166ff.; Parfit 2012で支持されている。

（5）よく知られているように、アリストテレス自身の考えによると、人または人間の形相とは（感覚や思考、運動などの能力を司る）魂であり、人とは「これなる魂とこれなる身体の統一体」（Aristotle 1984, 1037a5f.）である。しかし、本章では質料形相論の枠組みを採用するのみで、人がどのように統一されるかについてはアリストテレスから逸脱することを厭うことはない。

## 参考文献

Aristotle 1984, *Metaphysics*, in J. Barnes (ed.), *The Complete Works of Aristotle*, vol. 2, W. D. Ross trans., Princeton, NJ: Princeton University Press.

Baker, L. R. 2007, *The Metaphysics of Everyday Life: An Essay in Practical Realism*, Cambridge: Cambridge University Press.

———2012, "Personal Identity: A Not-So-Simple View", in Gasser and Stefan 2012.

Bayne, T. 2010, *The Unity of Consciousness*, New York: Oxford University Press.

Chisholm, R. M. 1976, *Person and Object: A Metaphysical Study*, La Salle, IL: Open Court.

Dainton, B. 2008, *The Phenomenal Self*, New York: Oxford University Press.

Duncan, M. 2020, "A New Argument for the Phenomenal Approach to Personal Persistence", *Philosophical Studies* 177: 2031-49.

Figdor, C. 2018, *Pieces of Mind: The Proper Domain of Psychological Predicates*, New York: Oxford University Press.

Gasser, G. and M. Stefan (eds.) 2012, *Personal Identity: Complex or Simple?*, Cambridge: Cambridge University Press.

Geach, P. T. 1972, *Logic Matters*, Berkeley: University of California Press.

Johnston, M. 2006, "Hylomorphism", *Journal of Philosophy* 103: 652-98.

Koslicki, K. 2018, *Form, Matter, Substance*, New York: Oxford University Press.

Kriegel, U. 2009, *Subjective Consciousness: A Self-Representational Theory*, New York: Oxford University Press.

Lewis, D. 1976, "Survival and Identity", in A. O. Rorty (ed.), *The Identities of Persons*, Berkeley: University of California Press.

Locke, J. [1690] 1975, *An Essay Concerning Human Understanding*, P. H. Nidditch (ed.), Oxford: Clarendon Press.

Loux, M. J. 1991, *Primary Ousia*, Ithaca, NY: Cornell University Press.

Lowe, E. J. 2009, *More Kinds of Being: A Further Study of Individuation, Identity, and the Logic of Sortal Terms*, Malden, MA: Wiley-Blackwell.

———2012, "The Probable Simplicity of Personal Identity", in Gasser and Stefan 2012.

McMahan, J. 2002, *The Ethics of Killing: Problems at the Margins of Life*, Oxford: Oxford University Press.

Nida-Rümelin, M. 2012, "The Non-Descriptive Individual Nature of Conscious Beings", in Gasser and Stefan 2012.

Olson, E. T. 2007, *What Are We? A Study in Personal Ontology*, New York: Oxford University Press.

Parfit, D. 1984, *Reasons and Persons*, Oxford: Clarendon Press.

———2012, "We Are Not Human Beings", *Philosophy* 87: 5-28.

Tye, M. 2017, *Tense Bees and Shell-Shocked Crabs: Are Animals Conscious?*, New York: Oxford University Press.
van Inwagen, P. 1990, *Material Beings*, Ithaca, NY: Cornell University Press.
Wiggins, D. 2001, *Sameness and Substance Renewed*, Cambridge: Cambridge University Press.
横路佳幸 2021『同一性と個体――種別概念に基づく統一理論に向けて』慶應義塾大学出版会。

# 循環性と道徳的要素の存在

後藤真理子

横路の主張に対する疑問は、主に二点に分けることができる。

第一に、横路によれば、人とヒトは種カテゴリー（種別概念）を異にするがゆえに数的に異なる存在者である。この点については同意するのだが、横路は次のような考えを（ひとつの可能性としてではあるが）示唆している。すなわち、ヒトが意識や思考の非派生的な担い手であるときには、それとあらゆる部分を共通して持つ人は意識や思考の派生的な担い手でありうる、と。この考えに従うならば、非派生的と派生的の違いはあれど、「私」といった指標詞を含む一人称的思考は、少なくとも人とヒトという二つの存在者が担うということになるだろう。たとえば、「私は今ここにいる」と思考するとき、その思考を非派生的に持つのはヒトに属する存在者かもしれない一方で、それを派生的に持つのは人に属する存在者だということになる。しかしながら、思考の主体としての「私」がこのように二つの存在者に分かれるというのはいささか奇妙に思われる。というのも、「私はいまここにいる」と思考したのはまさに単一の存在としての私であり、二つの存在者が同時にそのように思考したのではないからである。しかし、横路の考えに則るならば、思考する主体あるいは「私」は常にヒトと人を指すことになるため、一人称的な思考者が倍加するという多大なコストを支払うことになってしまう。加えてこの問題は、仮に横路の主張する質料形相論的な統一関係を認めたとしても解決できそうにないものである。なぜならば、横路は人とヒトの統一関係を認めながらも、両者の数的差異性を強調しているからである。もしこのことが正しいのならば、思考主体あるいは「私」の複数性に関する問題が不可避的に生じることになるだろう。

無論、人とヒトの数的差異性を認めながらも「私」の複数性を回避することは可能であろう。回避する方法のひとつとして考えられるのが、例えば、意識や思考の「担い手」のうちにある非派生的と派生的という区別を置くのをやめることであろう。しかし、横路の主張によれば、この区別はロック的な人の同一性規準が人の存在を前提していないことを立証するのに不可欠な区別だということになる。つまり、この方法は意識に依拠した同一性規準の循環性問題を再び生じさせてしまうことを意味する。以上のことから、意識や思考の担い手が倍加するというこの問題は、横路がロック的な規準を支持する限り解決が困難な問題の一つとして残り続けることになるだろう。

第二の論点に移ろう。横路は人の誕生にとって心理的特徴以外に道徳的特徴が重要な役割を果たすと論じている。だが、人の誕生における道徳的特徴の重要性に関する根拠は判然としていない。拙稿で論じたことであるが、人とは経験の主体あるいは一人称思考の主体であり、一般にもそのように理解されてきたはずである。人概念と深く結び付いているのはこうした要素に代表されるような心理的特徴であるのだが、そこに道徳的な特徴との関連性を見出すのは人についての一般理解を意図的に歪ませているようにも見える。言い換えるならば、人概念と道徳を結び付けるために「道徳的な責任を担うこと」や「道徳的地位」という本来説明に必要のない要素を付け加えているのではないか、というようにも見えるのである。多くの場合、一人称思考の主体である存在者は、仮に「道徳的属性を可能にする社会の一員でない」のだとしても、人に属する個体であると考えられるのではないだろうか。例えば、高度な知性を持った地球外生命体を考えてみるとき、そうした存在者を人というカテゴリーから除外する正当な理由はおそらくないだろう。したがって、横路は人概念、特に人という統一体を生むのに必要な人の形相に、なぜ道徳的要素が関係するのかという点について説明する必要があるのではないだろうか。

# 「私」の分裂と人の存在意義を考える

横路佳幸

本稿が取り組むべき課題は、後藤のコメントを要約した次の二点に応答することである。

(A)「私」が存在する時空領域には、少なくとも人 $p$ とヒト(身体)$h$ という数的に異なる二つの存在者がいるとする。第I部本論2の拙稿「私たちは複合的な実体である」(以下、拙稿と表記)の説明では、人である $p$ が「私は自分が幸せ者だと思う」と思考し意識することができるのは、ヒトである $h$ がそのように思考し意識することができるおかげである。つまり、$h$ が一人称的思考の非派生的な担い手であるときには、それとあらゆる部分を共通して持つ $p$ は意識の派生的な担い手である。しかしそうすると、思考の主体としての「私」は——本来たった一人の存在者であるはずなのに——人 $p$ とヒト $h$ という別個の存在者へといわば分裂してしまう。こうした「一人余計な思考者(too many thinkers)」として知られる問題にどのように応答するのか。[1]

(B) 拙稿の説明では、人の誕生において、意識の実現に寄与する心理物理的基盤(または意識の神経相関)の獲得以外にも、道徳的属性も重要である。具体的には、人が人として生成される根拠は何か、ひいては人の本質とは何かという問いに対する部分的な答えとして、道徳的属性を実現するような高度な社会の一員であること、とりわけ道徳的な責任を担うことや一定の道徳的な地位を占めるといった要素を挙げている。しかし、人の本質を道徳的属性と結び付ける主張には根拠がなく、またこの主張に従うと、「私たちの社会の一員」ではないが高度な知性と意識を持った地球外生命体を人ではない存在者として扱ってしまいかねない。それゆえ、人の本質についての拙稿の説明は恣意的ないしは独断的である可能性がある。

それでは、次節から順に応答していきたい。

## 「私」の分裂について

結論から言えば、(A)に対する私の応答は、「私」は（ある意味で）「分裂」する、というものである。これはもちろん、私という存在者が、ドッペルゲンガーのように同時空領域で二人折り重なるように存在しているという意味ではない。ただ、「私」という指標詞に備わる自明の意味論的特徴、すなわち文脈依存性がある限り、「私」が指示する存在者は常にそれが使用される文脈によって変動する、という事実を繰り返しているにすぎない。拙稿で導入した種別論という思想に即して、これをもっと具体化すれば次のように述べることができる。すなわち「私」は、それを用いる文脈で問題となる特定の種別概念に属する行為者（発話者や書き手など）を指示する、と。この場合「私」という指標詞は、それを用いる文脈の行為者という漠然としたものを単に指すわけではないばかりか、人という特定の種別概念に属した個体だけを選び出すわけでもない。「私」の指示対象は、個々の文脈で顕在化する種別概念に応じて決定されるのである。

たとえば、人$p$とヒト$h$という二つの存在者がいま、一つの時空領域を共有しながら何らかの発話を行なうとしよう。私の考えによると、「社会の一員として私は自身の行為に対して道徳的責任を負う」という真なる発話に登場する「私」は、人という種別概念が顕在化する文脈で使用されている以上、$h$ではなく$p$を指示するはずである。他方、「私はかつて何もかもが未発達の胎児だった」という真なる発話に登場する

「私」は、ヒトという種別概念が顕在化する文脈で使用されている以上、$p$ではなく$h$を指示する。「私はここに立っている」というケースでは、それがどのような文脈であるかに応じて、$p$を指示する場合もあれば$h$を指示する場合もあるだろう。だがどちらであっても、特定の文脈で使用される「私」は、$p$と$h$という二つの存在者を同時に指示するわけではなく、人に属する個体（もしくはヒトに属する個体）だけを固定的に指示するわけでもない。ちょうど任意の項が与えられると一意的な値を出す関数のように、指標詞「私」は、文脈が一つに決まりさえすれば、特定の種別概念に属する指示対象を一意的に指示するようになる。要するに、「私」の指示対象を導く意味論的なプロセスでは、任意の文脈における種別概念の多様性こそが――あらゆる指標詞に特徴的な文脈依存性と並んで――決定的な役割を担っているのである。[2] 以下では、種別概念の多様性と文脈依存性を組み合わせた意味論的特徴を「種別的文脈依存性」と名付けることにしよう。

「私」の種別的文脈依存性を踏まえると、「私は自分が幸せ者だと思う」という一人称的な発話における「私」もまた、そこで顕在化する種別概念に応じて文脈化されねばならない。それは、ヒトが顕在化する文脈ではヒトに属する個体$h$を指し、人が顕在化する文脈では人に属する個体$p$を指す。だがここで注意すべきは、どちらの場合であっても、一人称的思考を非派生的に持っている主体は、人ではなくヒト（ないしは脳）だということである。仮に「私は自分が幸せ者だと思う」という発話の主語である「私」が文脈上、人に属する個体$p$を指示し、$p$が発話通りにそのような一人称的思考を持つとしても、それは$p$とあらゆる部分を共有するヒト$h$が非派生的に同様の一人称的思考を持つおかげである。つまり、この文脈における「私は自分が幸せ者だと思う」という発話の真理条件は、人という種別概念に属する個体$p$が自分のことを幸せ者だと思っていることから構成され、$p$が派生的であれそのように一人称的に思考していれば問題の発話は真となるが、その一人称的思考の直接の担い手は常に$h$だということである。

(A)の疑問に戻れば、一人余計な思考者という一見もっともらしい批判の源泉にあるのは、次の二つの見解だと思われる。一つは、一人称的思考の主語を担う「私」とは特定の種別概念に属する個体$x$を固定的に指示するという意味論的な見解である。もう一つは、$x$は自身の一人称的思考を非派生的に担う直接の主体であるという心理学的な見解である。おそらく後藤（やロウ）の考えでは、$x$に相当するものがまさしく「人」なのだろう。その背景にあるのは、人こそ一人称的思考を非派生的に担う主体としての「私」すなわち自己にほかならない、という理路だと思われる。しかし私が反対しているのは、そうした理路全体、すなわち意味論的な見解と心理学的な見解双方に対してである。

たしかに「私」の指示対象は、種別的文脈依存性のもとでは人に属する個体に限定されず、文脈次第で変動するという意味では「分裂」している、と言ってよい。しかしながら、一人称的思考の主語としての「私」は、文脈によって種別的に多様な個体を指示しうるものの、文脈が一つに決まりさえすれば一つの個体を指示し続けるため、人に属する個体だけを指示するわけでもなければ、$p$と$h$という別個の存在者を同時に指示するわけでもない。たとえば、ヒトに属する個体$h$が顕在化する文脈で「私は自分が幸せ者だと思う」という発話がある場合、「私」の指示対象は$h$という一意的な個体に限られ、少なくとも「私」の指示と発話全体の真理条件において人$p$が出る幕はない。この意味で、「私」が「分裂」すると考えるのはややミスリーディングである。「私」の指示対象としての自己は、ヒトと人という二つの個体へと分岐するのではなく、人を指す場合もあればヒトを指す場合もあるというように場合分けされるにすぎない。[3] 場合分けは、「私」の指示対象が「一つ余計」になることを決して含意しないだろう。それゆえ、私という自己が「分裂」し一つの時空領域で折り重なることを懸念する必要はどこにもない。一人称的思考の主語を担う「私」は、種別的文脈依存性により、人という種別概念に属する個体だけを独占的に指示するわけではなく、かといってその指示対象は特定の文脈のもとでは「一つ余計」になることもない。「私」という語で指示されるはずの自己は、それ自体では種別的に分類可能な個体ないしは実体ではなく、たった一つの比類なき存在者でもないのである。

拙稿でも論じたように、自身の一人称的思考を直接的に担う主体は人ではなくヒトである。自身の一人称的思考の主語が人 $p$ で、「私は自分が幸せ者だと思う」の意味内容が「$p$は $p$自身が幸せ者だと思う」になるとしても、「私は自分が幸せ者だと思う」という一人称的思考を非派生的に持っているのは、$p$とあらゆる部分を共有する$h$である。ここから導き出せるのは次の帰結だろう。すなわち、「私」の指示対象としての自己と、自身の一人称的思考を非派生的に担う直接の主体としての自己は必ずしも一致しない。したがって、一人称的思考内で用いられる「私」は誰を指すかという意味論的問題と、一人称的思考の心理的主体とは誰かという心理学的問題は切り離して考える必要がある。後藤が(A)によって提起する疑念は、そうした必要性を度外視したものになっていると私は考える。(4)

もちろん、どんな問題に対してであれ、解決策は単純であるに越したことはない。「私」の指示対象と一人称的思考の主体をめぐる両問題を一挙に解決する、「人」という単純かつ便利な存在者がいるにもかかわらず、それを解決に利用しない見解は、ある種の欠点を抱えているとさえ言えるかもしれない。しかし私の考えでは、これら問題を一緒くたにして考えることができない特別な事情がある。一つは意味論的事情で、先述したように「私」には種別的文脈依存性が備わっているように思われるからだが、これと同程度に重要なのはもう一つの心理学的事情である。一人称的思考であれ現象的な意識経験であれ、それは心理的性質の一種であるという事実を踏まえれば、人という非生物を心理的主体として前面に押し出す理論はにわかには信じがたいものがある。心理的性質を持つ存在者はこの世界で一種類だけではない。たとえば、ヒト以外の哺乳類や鳥類、それにタコやイカなどの頭足類の動物が何らかのレベルの意識を持っているという点には現在、科学的合意が得られつつある（Birch, Schnell, and Clayton 2020）。だとすると、少なからぬ生物が意識などの心理的性質を担う非派生的な主体となりうるのに、ヒトという生物だけが、人という存在者と時空領域を共有するばかりに非派生的な心理的主体の地位から脱落するのはあまりに奇妙な帰結ではないだろうか。

ここでやや厄介なのは、「意識」の多義性である。拙稿でも触れたように、一口に「意識」と言っても、それが意味するのは確固たる輪郭を持った単一の現象ではない。痛みを感じるなどの主観的で質的な経験としてのいわゆる現象的意識から、推論の前提や行為の合理的なコントロールに情報として利用されるようなアクセス意識、はたまた自分自身を外界から仕切られた自己として捉えることのできる自己意識に至るまで、どれも「意識」の一種である（他にもたくさんの種類がありうる）。類人猿といった一部の哺乳類と他の動物は、現象的な意識経験の有無という点では差がないとしても、自己意識の有無という点では何らかの差が認められる可能性がある。また、一人称的思考に典型的に現れるのが自己意識だとしたら、「私」という指標詞を言語体系に備えていない動物の持つ「自己意識」が、ヒトが通常持つ「自己意識」と本当に等しいのか検討する余地がある。他方、仮に問題の「意識」の射程を現象的な意識経験に絞って考えたとしても、その本質や役割が何であるかをはっきりとさせなければ、今度はヒト以外の動物が本当に意識を持つかどうかさえ覚束なくなる。脳の各機能に特化した多様なモジュールを結び付けるものを意識と考えるか（いわゆるグローバルワークスペース理論）、環境との因果的な相互作用の中で情報が十分に統合されたものを意識と考えるか（いわゆる統合情報理論）によって、どういった生物が意識をどの程度持っているかは大きく変わってくる。まして、意識の汎心論を採用した場合には、事態はもっと複雑になるはずだ。

しかしながらいまの問題の核心は、意識の複雑性ではなくその特別性をどのように捉えるかにある。つまり、「意識」とは――それが何であれ――生物とは別の特別な主体を要請するほどに心理的性質の中で異質な性質なのか、という点が問われている。これに対する私の答えは、はっきりとノーである。特に、ヒトという生物を心理的主体の座から引きずり下ろし、人という非生物を主体として君臨させるほど特殊な効果を持った心理的性質は、この世界にありそうにないと私は考える。もちろん、私たちの心と他の動物の心の連続性を強調するだけでは、現象的な意識経験といった、神経生理学的基盤を持つかどうかさえわからない一人称的な現象を他の動物にそのまま適用してよい理由にはならない（Carruthers 2019）。もしかしたら、進化の過程で現象的な意識経験や（より高度な形態としての）自己意識を備えるようになったのは、私たちだけなのかもしれない。この点で、私たちは心理的に高度で特別な存在でありうる。だがこの特別さは、現象的な意識経験の主体が常に人という別個体であるという意味の特別さとはまるで異なっている。仮に私たちだけが特別な心理的性質を持っているとしても、それは選択圧の産物としてヒトが獲得してきたものであるはずだ。このとき、獲得された性質の非派生的な主体の座をヒトから奪い取るべき理由はどこにもない。つまり、他の生物が何らかの心理的性質の非派生的な主体になりうることにくわえて、それよりも高度で特別な心理的性質を選択圧のもとで洗練させてきたのが生物としてのヒトである以上、心理的性質の非派生的な主体としてヒトではなく非生物の人を据えるような形而上学は、端的に言って根拠薄弱だと考えざるを得ない。

これとよく似た結論は、別方向からも指摘することができる。いま、意識や思考を持つ人 $p$ が、時点 $t_1$ において、現象的な意識経験や自己意識なしでも持ちうる何らかの心理的性質 $P$（たとえば原初的な欲求や選好）の非派生的な主体であると仮定しよう。つまり、$t_1$ において $p$ は $P$ を直接持っている心理的主体である。ところが、その後の時点 $t_2$ において $p$ は、あらゆる意識状態を不可逆的に喪失してしまった。この不幸な出来事により、意識なしでは同一性を保ちえない $p$ は $t_2$ で消滅する。他方で、$t_1$ の時点で $p$ と同じ空間領域を占めていたヒト $h$ や動物組織の塊 $l$ が、$t_2$ においても存在し続けることは可能である。定義上、心理的性質 $P$ は意識なしでも持ちうるのだから、$t_2$ において $P$ の主体となりうるのは $h$ と $l$ しかいない。では、どちらが $P$ の主体なのだろうか。どちらを選択しても奇妙な帰結が招かれるはずだ。一方で、$t_2$ では $h$ こそが $P$ の主体候補としてふさわしいと考えたとしても、$t_1$ から $t_2$ へと時間経過する間に、$P$ の主体が別人に変わったと判断すべき理由はないのだから、$t_1$においても$h$こそが$P$の主体候補としてふさわしいと考えるのが自然である。しかしこれは、$t_1$において$p$が$P$の心理的主体であるという最初の仮定に反する。他方で、$t_2$では$l$こそが$P$の主体候補としてふさわしいと考えたとしても、$l$は動物組織をほんの少し入れ替えるだけで消滅するのだから、$t_2$から数時間経った時点$t_3$において$P$を例化する心理的主体は、$l$とは別の動物組織の塊$l^*$になってしまう。だが、動物組織の増減によって$P$の主体が目まぐるしく変化するというのは信じがたい。したがって、$t_1$と$t_2$で心理的主体を変えてしまうのが問題の出所なのだから、いまの問題の最も単純な解決策は、両時点を通じて$P$の主体をヒトに固定しておくことである。つまり、$p$が$P$を何らかの形で持つとしても、時点$t_1$における$P$の非派生的な主体は$h$と考えるのが賢明である。

以上から、一人称的思考や意識を非派生的に担う心理的主体として、人という（ヒトとは異なる）個体を措定するのは困難だと私は思う。だからといって、人は一人称的思考や意識をまったく持たないわけではなく、まして「私」という指標詞の指示対象から除外されるわけでもない。ただ、「私」の指示対象としての自己が仮に人に属する個体$p$だとしても、$p$はその一人称的思考の非派生的な心理的主体としての自己にはならない、というだけである。

## 人の存在意義について

とはいえ、人が意識や思考の非派生的な主体にならない点を強調することは、別の疑問を生んでしまうかもしれない。すなわち、人はなぜその存在が要請されるのだろうか。もっと言えば、人という存在は必要なのだろうか。一人称的思考の主語「私」の正体というわけではなく、心理的主体として前面に出るわけでもないとすると、人の存在はいわばヒトの「おまけ」にすぎないように見える。だとしたら、人を（質料形相論で言う）「統一体」として認める理由も特段ないのではないかという根本的な疑惑が浮上してくる。

こうした人のいわば「存在意義」をめぐる疑惑に対して、私は人の存在は決して「おまけ」ではないと抗弁したい。なぜかと言えば、これが冒頭で見た(B)に対する応答と関わってくるのだが、人がヒトとは別に必要になるのは、それが新たな道徳的な価値を備えた存在者だからである。先述したように、「意識」はそれがどんなものであれヒトの専有物ではない。特に現象的な意識経験となれば、それは少なからぬ動物に認められる比較的ありふれた心理的性質である。しかし、多くの動物は人ではないと普通考えられている。その根拠は、人に特徴的な高度な心理的性質を動物が備えていないからという心理学的な違いだけにあるのではない。多くの動物が人と同じ道徳的地位を占めず、人が担う道徳的責任を担わないという道徳的な違いもまた、動物と人を分ける根拠となるように思われる。中でも、$x$が道徳的地位を占めるということは通常、$x$が道徳的な配慮を必要とする存在者で、$x$が道徳的重要性や価値を備えることを意味する。そうした新たな価値の中でも人特有の道徳的価値の担い手ないしは主体として、人は要請される。換言すれば、人が統一体として生成される根拠の一端は、その生成と新たな価値の創出が連動していることにある。

そうすると、今度は次のような疑問が浮かび上がるはずだ。すなわち、人の存在はそもそも道徳的な価値と結び付くものなのだろうか。この疑問に適切に応答するためのヒントは、やはり彫像などの芸術作品との類比にある。たとえば、彫像は押しつぶされて元の形状を失うと、数的同一性を失い消滅する。この意味で、彫像の(種別的)同一性規準は造形の保持に依存する。しかし仮にそうだとしても、彫像が彫像たりうるのはそれがただ単に造形を持つからではない。それどころか、造形の有無は新たな存在者の誕生を左右するものですらない。もし何らかの造形があるだけで、種別的に分類可能な「統一体」が新しく誕生するとしたら、粘土の塊を無造作に指でこねるだけで、短命の存在者が際限なく生まれてしまうだろう。だがこうした短命の存在者が次々と生成消滅していく事態は、ピーター・ヴァン・インワーゲンが指摘するようにあまりにも信じがたい(van Inwagen 1990, p. 126)。

対照的に、彫像は短命ではないばかりか、単なる粘土や銅の塊以上のものとして存在している。それは、彫像がただ単に造形を持っているからではなく（粘土や銅の塊も造形自体は明らかに持っている）、展示や鑑賞などの芸術文化のもとで審美的に評価されうるような価値、すなわち芸術作品としての美的な価値をも備えているからである。造形はどこにでもありふれているが、美的な価値は芸術作品としての資格を備えたものにしか見られない。この意味で彫像とは、その（種別的）同一性それ自体は造形の保持に存するとしても、芸術作品としての美的な価値を備えた存在者として、物質の塊から新たに生まれ落ちるものである。実際、私たちはその生まれ落ちたものを（物質の塊とは異なる）彫像という芸術作品として認識し、特定の名前で指示しようとする。いうなれば、美的な価値の創出こそが、新たな存在者の生成を促す契機となるのである。

これと同じように、人が人であるのは、それが意識などの心理的性質を（派生的に）持っているからだけではなく、他にはない道徳的重要性を備えるものとして道徳的に評価されるような存在だからである。たとえば、一定の道徳的地位を占める人の取り扱いには、何らかの道徳的制限や義務が課せられる。ある人が一定の道徳的地位を占めているということは、正当防衛などの特殊な状況を除いて、その人を傷つけたり殺したりすることを強く控えるべき理由となるだろう。また、動物と人のどちらか一方しか救出することができない場合には、人が優先的に救出されるべきだが、それは人が人に特有の重要性を備える道徳的な存在者だからである。この意味で人とは、人特有の道徳的な価値を備えた存在者として、ヒトなどの既存の存在者から新たに生まれ落ちるものだと私は考える。言うなれば道徳的な価値の創出こそが、人を「おまけ」ではない統一体たらしめており、人の「存在意義」の源泉になる。人が人であるというだけで道徳的に重要な存在者であるのは、人の本質に道徳的地位がすでに埋め込まれているからなのである。

ここまでの説明によって、人の本質を道徳的属性と結び付ける主張の恣意性が少しでも和らいだとすると、

(B)で提起されているもう一つの問題にようやく着手することができる。それは、高度な知性と意識を持った地球外生命体がなぜ人ではない場合があるのかという問題である。「私たちの社会の一員」ではないというだけで、知性を持ち自己意識的ですらあるような地球外生命体は、本当に人であることから除外されてしまうのだろうか。

この問題に対処するにはまず、同様の懸念が地球外生命体だけでなく、妊娠後期の胎児や最小意識状態にある患者、高度に発達したヒト脳オルガノイドなどに対しても等しく適用されることを念頭に置いておく必要がある。つまり、心理的な発達具合にかかわらず、人かどうか判別がつきかねる境界事例はたくさんある。その上で私見を述べるのなら、地球外生命体が道徳的共同体の一員でない限り、一定の道徳的地位を占める存在者ではなく、それゆえに人ではないと私は考える(cf. Yokoro 2023)。なぜならば、人一般の道徳的地位を占めるには、道徳的共同体の一員であることが求められるように私には思われるからである。もちろんこれは、人以外の存在者を道徳の考慮外に置くという意味ではない。たとえば、問題の地球外生命体が痛みや苦しみを感じうる存在者であることがわかったら、彼らは一定の保護に値する存在者とみなされるはずだ。しかし、人に属する存在者であるかどうかは、私たちの道徳的共同体が彼らに対して人という仲間への連帯感を示すかどうかと密に繋がっている。つまり、人が人に独特な仕方で道徳的に重要な存在たりえるのは、どこでもないような視点からではなく、徹頭徹尾私たちが作り上げた道徳的共同体の視点からである。たとえば、問題の地球外生命体が高度な意識を持つとしても、私たちが暮らす共同体とインタラクションや交流が一切できないのであれば、彼らは人特有の道徳的な価値を備えた存在者とはみなされないかもしれない。もしくは、豊かな現象的な意識経験ないしは自己意識を備えているものの、それ以外の心理的性質を一切持たない地球外生命体もやはり、道徳的共同体による連帯感の対象ではなく、それゆえに人ではないことになるかもしれない。いずれにしても、任意の存在者 $x$ が人に属するためには、$x$ が意識を実現する心理物理的基盤を持つかどうかだけでなく、$x$が人の道徳的地位を占めるほどの道徳的重要性を持つかどうか、ひいては$x$への道徳的地位の付与を可能にする要素をも考慮に入れる必要がある。私の主張では、少なくとも道徳的共同体の一員であるということが、人の道徳的地位を占めるために必要な要素ではないか、ということだ。

## 人の定義問題と「私たち」について

以上をまとめると、(A)と(B)という後藤の二つの疑問に対する私の応答は、次の二点に集約することができる。すなわち、「私」の指示対象としての自己をめぐる論点と意識や思考の非派生的で直接的な主体としての自己をめぐる論点を区別すること、そして人のいわば「存在意義」を――芸術作品が持つ美的な価値と類比的に――道徳的な価値の創出に見出すことの二点である。ここからはっきりとするのはおそらく、人概念に対する私の理解が、後藤のものとはまるで異なっているという点ではないだろうか。人とは「私」の指示対象であると同時に一人称的思考の非派生的な主体であると定義する場合には、たしかに私の見解はごく単純な事態を複雑にしているように映るかもしれない。まして、人の本質に道徳的側面を含めるのは、余計な要素を付け足しているようにすら見えるはずだ。しかし、「私」という指標詞や心理的主体とはどのようなものであるかを考慮する限り、それらと人概念を同一視することには多かれ少なかれ無理があると私は考える。そして、人の心理的な側面だけを強調するのは、人概念が持つより豊かな要素、とりわけ「人は人であるだけで道徳的に重要である」という道徳的地位に関する側面を捉え切れないように思われる。

といっても、こうした議論の応酬は――哲学によくありがちだが――ともすればただの定義問題に帰着する可能性がある。見方によっては、「人概念をどう理解するかが後藤と横路ではまるで違っている。論争は以上」という幕引きで事足りると言いたくなるかもしれない。しかしこうした調停案は、「人としての私たちとは単純な実体か複合的な実体か」というテーマ、そしてそこから派生する議論を不毛なものにしてしまいかねない。私の考えでは、定義問題を脱する鍵は、論証の説得性をどれだけ示すことができるかという点だけでなく、形而上学と他領域の整合性をどれだけ確保できるかという点にもある。本稿で私は、「私」という指標詞と心理的性質の主体、人の道徳的重要性を論じる中で、言語哲学（意味論）と動物心理学、倫理学と整合的な証拠や議論を展開し、私が有望と考える「人」の定義を正当化したつもりである。言い換えれば、人概念に対する後藤の定義そのものがすでに、「私」の意味論と心理的性質の主体に関する心理学に照らすと無理があるか、もしくは人の道徳的側面を等閑視する点で不十分だというのが私の言い分である。こうした指摘だけをもって論争が決すると言うつもりは毛頭ないが、少なくとも後藤と私の説明のうち、どちらがより「人」をうまく捉えているかを判断する材料は整っていると言えるだろう。この最終的な判断は読者の方々に委ねるほかない。

最後に、本書第Ⅰ部全体の主題である「私たち」について触れておきたい。「私」に関する本稿の主張を踏まえると、「私たちとは何か」という問いには実のところ、誤解を招きやすいところがあると考えざるを得ない。なぜならば、「私たち」もまた、種別的文脈依存性を持った指標詞だからである。「私」と同様、「私たち」で指示されるものは、当の文脈でどのような種別概念が問題となっているかに応じて変動しうる。ある文脈では「私たち」とは人に属する個体だろうし、他の文脈ではヒトに属する個体だろう。つまるところ、「私たち」という言葉が指すものは決して一意的ではないのである——ただし、ここで私が否定しているのはやはり、「あらゆる文脈における不変性」という意味での「一意性」であって、「文脈さえ決まれば指示対象は一つに固定される」という意味での「一意性」ではない。たとえば、「私たちは所詮動物なんだ」と発話するときに意味されるのは明らかに「ヒトに属する個体としての私たち」である。こうした発話は、「私たち」の種別的文脈依存性のおかげで問題なく真となる。「私たち」とは常に人でなければならないというのは、指標詞が持つ意味論的特徴を無視した結果にすぎず、より踏み込んで言えば「私たち」それ自体に深い存在論的含意などない。したがって、「私たちは人という複合的な実体である」という拙稿で私が引き出した結論は、より正確に言えば、そこで問題となる「私たち」が人に属するという条件が成立して初めて成立するものにすぎない。条件なしの結論を求めるのであれば、「人とは複合的な実体である」と述べた方がより適切だっただろう。「私たちとは何であるか」という問いは、一見深遠そうに見えるけれども、種別概念（「それは何であるか（what is it?）」を明らかにする概念）に根差した形而上学が扱う問題としては不適格なのである。

## 註

（1）一人余計な思考者の問題と従来の解決策については、横路 2019 を参照されたい。

（2）種別的文脈依存性は、「岸田文雄」や「東京タワー」といった固有名にも適用可能である。固有名（と指標詞）の種別的文脈依存性についてより詳しくは、横路 2021、二五八頁以降を参照。なお、「私」や「私たち」が実際には多義的で、常に人（ないしはヒト）だけを指すわけではないと最初に示唆したのはパーフィットである（Parfit 2012）。

（3）したがって、私がここで主張している見解は、自己の多元論ではない。多元論の支持者の一人ハンナ・ティアニーによれば、自己は（人の同一性に対する私たちの多様な直観に鑑みると）一人しかいないのではなく実際には複数存在する（Tierney 2020）。つまり、心理学的な同一性規準を持つ自己と生物学的な同一性規準を持つ自己は異なるものとして存在し、たとえばあなたが何かを思考するとき、人としての思考者とヒトとしての思考者はどちらもあなた自身だとされる。しかし私の見解では、自己は少なくとも意味論的には「私」という語の指示対象にすぎず、それは文脈に応じて人やヒトのどちらか一方を一意的に指す。この意味で私の見解は、自己の多元論ではなく自己の文脈主義と言えるかもしれない。

（4）もっと言えば、(A)の懸念は後藤（やロウ）の見解に対しても提起されると私は思う。後藤は、身体は痛みなどの心理的性質を非派生的には持たないと述べているが、これは身体が心理的性質を派生的には持ちうることを示唆する。実際、ロウは「私の思考や感情、意図、欲求などはすべて（……）私の身体を私に特有のものとする緊密な関係性のおかげで、私の身体と関係するようになる」（Lowe 1996, p. 38）と述べ、身体が一人称的思考の派生的な主体になる可能性を否定していない。すると、人に属するあなたが一人称的思考を行なっているとき、その時空領域ではあなたの身体がまったく同じ一人称的思考を（派生的に）行なっていることにならないだろうか。

## 参考文献


Birch, J., Schnell, A. K. and N. S. Clayton 2020, "Dimension of Animal Consciousness", *Trends in Cognitive Sciences* 24: 789-801.

Carruthers, P. 2019, *Human and Animal Minds: The Consciousness Questions Laid to Rest*, New York: Oxford University Press.

Lowe, E. J. 1996, *Subjects of Experience*, Cambridge: Cambridge University Press.

Parfit, D. 2012, "We Are Not Human Beings", *Philosophy* 87: 5-28.

Tierney, H. 2020, "The Subscript View: A Distinct View of Distinct Selves", in T. Lombrozo, J. Knobe, and S. Nichols (eds.), *Oxford Studies in Experimental Philosophy*, Vol. 3, New York: Oxford University Press.

van Inwagen, P. 1990, *Material Beings*, Ithaca, NY: Cornell University Press.

横路佳幸 2019「私たちとは何であるか――動物説と構成主義」, *Contemporary and Applied Philosophy* 10: 114-65.

――― 2021『同一性と個体――種別概念に基づく統一理論に向けて』慶應義塾大学出版会。

Yokoro, Y. 2023, "Some Perspectives on Moral Status of Human Brain Organoids: With Focus on Consciousness and the 'We' as Humans", *Journal of Applied Ethics and Philosophy* 14: 1-13.

# II　運命の形而上学

# 決定論とは何か

大畑浩志

## 1 はじめに

現代ヨーロッパ最大の作家と呼ばれるミラン・クンデラの代表作『存在の耐えられない軽さ』には、必然と偶然というモチーフが繰り返し現れる。主人公であるトマーシュは、ものごとが偶然的に生起することに耐えきれず、「こうでなければならない」という必然を求める。しかし彼の恋人であるテレザは、トマーシュとの出会いが「たまたま」に彩られていることにこそ深い意義を見出す。一方に必然的なものごとを求める生があり、他方に偶然的なものごとを求める生がある。それでは、ものごとが必然的に起こる、あるいは偶然的に起こるということは、そもそもいかなる事態なのだろう。

すべてのものごとについて、それが起こることが必然か、あるいは起こらないことが必然かのいずれかだ。哲学においてこのような考えは、決定論と呼ばれる。決定論は伝統的に、人間の自由や責任といった概念を脅かすものとして知られる。しかしその一方で、決定論にある種の慰めを見出す者も少なくない。本稿は、決定論が成り立つか否かを考えるためのサーヴェイである。

議論の流れは次のようになる。はじめに、決定論を導く代表的な議論を三つ確認する（第2節）。自然法則を用いる因果的決定論、神の全知を用いる神学的決定論、そして論理法則のみに依存した論理的決定論である。次に、論理的決定論を導くために用いられる宿命論という前提に着目し、それが真理の対応説と呼ばれる真理観から擁護される可能性を検討する（第3節）。最後に、現代時間論における主要理論が、決定論および宿命論とどのような関係に立つのかについて触れる（第4節）。

## 2　三種類の決定論

すべてのものごとについて、それが起こることが必然であるか、あるいは起こらないことが必然であるかのいずれかだ。これが**決定論**（determinism）の主張である。決定論を導く議論は大きく分けて三つある。第一に、自然法則に訴える因果的決定論。第二に、神の全知に訴える神学的決定論。第三に、論理法則のみに訴える論理的決定論である。以下ではこれらを順に概観しよう。

### 2・1　因果的決定論

因果的決定論とは、任意の時点における世界の状態と自然法則のセットから、あらゆる時点の世界の状態が決定されるという見解である。こうした見解を理解するために、一例として、ある小球を大砲から発射しようとする場面を考えてほしい。古典力学においては、小球の位置とそれが発射される（向きを含んだ）初速度が正確に与えられれば、小球にかかるであろう重力や抵抗力も加味して、小球がどんな速さでどこに落ちるかは正確にわかる。実際に打ち上げなくとも、未来の状態が一意に定まるのである。これは、位置と初速度という初期条件と、ニュートンの運動方程式という自然法則から導かれる事実である。

さて、こうした場面を世界全体のスケールで考えてほしい。初期条件の入力をビッグバンの時点に設定すれば、その時点におけるあらゆる物質の位置と速度から、時間の中で起こるあらゆる出来事が決定されることになるだろう。私が今キーボードを叩いていることも、ビッグバンの時点で決定されていた。古典力学は、これが原理的に正しいことを認める。古典力学にしたがえば、任意の時点における世界の状態は確定しており、また自然法則は未来を一意に定める決定論的なものだからである。

因果的決定論の成否は、「自然法則が決定論的かどうか」という点にかかっている。先ほどの小球の例からもわかるように、古典力学は決定論的である。それはある初期条件から未来を一意的に予測する。しかし現代を生きる我々は、電子や光子といったミクロな対象——ひいては、そうしたミクロな対象を基礎として成立する世界全体——が古典力学で扱えないことを知っている。そうした対象を扱う際必要とされるのが、二〇世紀前半に誕生した量子力学である。そして、量子力学の基本的な原理は非決定論的なものだと考えられている。それによれば、世界の特定の時点のたったひとつの粒子に対してすら、位置と運動量（速度）を同時に与えることができない。そのどちらか一方の不確定性を排除しようとすると、他方の不確定性が増してしまう。さらに、ある時点の粒子に対して特定の位置を観測したとしても、次の時点における粒子の位置は一意に確定せず、それは確率的にしか与えられない。これは人間の観測装置の限界なのではなく、自然がそのような確率的な時間発展を許しているのである。こうした見方にしたがえば、因果的決定論は棄却される[1]。

ただし上述の見解は、あくまで教科書的な記述である。量子力学の哲学においては、数々の実験に裏打ちされた量子力学の経験的正当性を受け入れつつ、こうした教科書的解釈、つまり「標準的解釈」を避ける立場がいくつも提唱されている。なかでも決定論的に量子力学を解釈するのが、（ここでは名前を出すにとどめるが）「軌跡解釈」や「多世界解釈」である。こうした解釈にしたがえば、粒子が位置や運動量のような物理量を確定的に持つことや、その振る舞いの一意的予測が認められる。これらの解釈が成功を収めたあかつきには、量子力学の経験的正当性と因果的決定論が両立するだろう[2]。

ここまでの議論をまとめると、因果的決定論の成否は基本的に量子力学の哲学にかかっていると感じられるだろう。現時点でそれはけっして間違っていない。ただ一点付言しておくならば、量子力学を包摂したまったく新たな決定論的な科学理論が将来構築される可能性がないわけではない。もしかするとその際は、哲学の入り込む余地はなく因果的決定論が導かれるかもしれない。ただしいまのところ、因果的決定論は自然科学と科学哲学の問題である。

## 2・2 神学的決定論

神学的決定論とは、神の存在から決定論を導くという議論である(cf. Pike 1965)。神が存在するとしよう。神が存在するならば、神は全知である。すなわち神は、過去や現在や未来についての任意の命題$\phi$について、それが真であるか偽であるかを知っている。すると一般に、ある命題についての知識は当の命題の真理を含意するので、神が$\phi$を知っておりかつ$\phi$が真でないことはありえない。よって神の全知から、任意の命題の真偽は必然的に決まる。

神学的決定論は、人の自由意志と神の全知の衝突という形で、中世以来多くの神学者たちを悩ませてきた。他方、神の存在を認めない人にとって、神学的決定論は何の脅威にも思われないかもしれない。しかし実のところ以上の論証は、全知の存在者を措定すれば、それが実際に神であるかどうかにかかわらず成り立つことに注意してほしい。別の言い方をすれば、神学的決定論にとって重要なのは「全知」という神の性質ないし属性である。それゆえ神が存在しないとしても、未来をすべて知り尽くしたコンピュータのようなものが存在しうるなら、神学的決定論は――というよりもこの場合「全知の存在者による決定論」は――成立する。

神学的決定論のこうした特徴を逆手に取って、神の存在を認めた上で、その「全知」の定義を修正することで非決定論を確保する試みがある。スウィンバーン（Swinburne 1992）は、神が全知であるために知らなければいけない命題は、その真偽を知ることが論理的に可能な命題に限ると主張している。さらに、過去や現在の命題は真偽が確定しているが、偶然的な未来命題は真でも偽でもないため、その真偽を知ることが論理的に不可能だと述べる。それゆえ、神がそうした未来命題の真偽を知らないとしても、そうした所作はそもそも不可能なのだから、神の全知性は侵されない。このことは、神が丸い四角を作れないからといって、神の全能性が侵されないことと同じである。

スウィンバーンの議論は、偶然的な未来命題についての特定の見方から組み立てられていることに気づくだろう。彼は、偶然的な未来命題が真でも偽でもないと考えている。ではこのような見方ははたして正しいのだろうか。仮に正しいとすれば、それは実在についての何かしらの直観から正当化されているのだろうか。我々はすでに、論理と実在の問題に踏み込んでいる。次節に移りたい。

### 2・3　論理的決定論

論理的決定論とは、論理法則のみによって決定論を導く議論である。その嚆矢は古代ギリシャまで遡りアリストテレスの『命題論』にみられる。論理的決定論は、もっともシンプルな形では次のように整理できる。

(1)　明日海戦が起こるか、明日海戦が起こらないかのどちらかである。

(2)　明日海戦が起こるならば、それは必然的に起こる。

(3) 明日海戦が起こらないならば、それは必然的に起こらない。

(4) よって、明日海戦が必然的に起こるか、明日海戦が必然的に起こらないかのどちらかである。

上述の論証において、(4)が決定論的帰結となっている。そして、(1)と(2)と(3)の前提から演繹的に(4)が導かれるのは疑いない。よって論証の成功は、これらの前提が認められるかどうかにかかっている。以下、いずれかの前提を退け非決定論を擁護する議論を検討する。

まず、(1)を退けるというアプローチがある。これを選んだ著名な論者がウカシェビッチ（Łukasiewicz 1920 and 1930）である。彼は、偶然的な未来命題は、真でも偽でもないような未確定としての中間値をとると考えた。すなわち一般に、命題のとりうる値は真と偽と中間値の三値があり、それゆえ「あらゆる命題はかならず真か偽の値をとる」という無制限の二値原理は否定される。このような三値論理の観点から、(1)を考えたい。「明日海戦が起こる」という命題も、「明日海戦が起こらない」という命題も、どちらも偶然的な未来命題であり中間値をとっている。さらにウカシェビッチが提案した真理関数においては、二つの中間値命題からなる選言もまた中間値をとる。それゆえ(1)は中間値を取り、真ではなくなる。

ウカシェビッチは、我々の直観をある点まで捉えていると言える。明日海戦が起こるかもしれないし起こらないかもしれない、それはまだ未確定だという点だ。しかし彼はそこから、(1)の選言そのものまで未確定だと判定した。決定論を乗り越えるために、これはいささかやりすぎで問題含みかもしれない。決定論の問題を論じたアリストテレスは、自身次のような考えを有していたとしばしば解釈される（cf. Swinburne 1992: p. 180; Rice 2018）。「明日海戦が起こる」と「明日海戦が起こらない」のどちらが真かはたしかに定まっておらず、二値原理は否定される。しかしこれらのうち一方が確実に成り立つこと、そして一方が成り立つとき他方が成り立たないことは揺るがしがたい事実である。この点を鑑みれば、たとえ二値原理を棄却しても(1)まで否定するのは難しい。

アリストテレスに基づいた見解は、このように考えて(1)を肯定するのだが、しかしやはり決定論は間違いだと主張する。決定論に対するこの戦略はいくぶん難解であるので、ここでその詳細に踏み込むことは避けておこう。[3] いずれにせよ、ウカシェビッチとアリストテレス的見解は、二値原理の否定という点では一致している。しかし二値原理の否定は、そもそも大きなコストなのかもしれない。二値原理の否定に基づいて作られた真理の理論は、反直観的であったり真理関数的でなかったりするような問題を抱えるかもしれない。[4]

こうした事情を踏まえつつ、二値原理を否定しないような戦略を考察したい。

二値原理を否定することなく、(2)や(3)を退けることによって決定論に抵抗することができる。ここで、任意の命題$\phi$をとって、「$\phi$ならば、$\phi$は必然である」という主張を**宿命論**（fatalism）と呼ぶことにしよう。$\phi$には任意の命題の肯定形も否定形も入るから、(2)と(3)はどちらも宿命論である。よって我々は以下、宿命論を否定することによって論理的決定論を否定するという考えを見ていくことになる。

論理的決定論の前提は、論理法則のみによって導出されなければならない。著名な宿命論者であるテイラー（Taylor 1963: ch. 5 and 1974: ch. 6）は、表面上独立しているが本質を同じくする二つの議論から、論理法則のみによって宿命論が導かれると主張した。テイラーの二つの議論自体は伊佐敷（2010: ch. 7）や佐金（2015: pp. 173-9）らによって詳しく紹介されているため、ここではその一方の議論（いわゆる「ギズモ型」と呼ばれる議論）のみを、本稿の流れに沿う形で構成し提示したい。

さて、明日になって実際に海戦が起こったとしよう。すると、海戦を目の当たりにした我々は次のような疑問を抱くことができる。「明日海戦が起こる」という命題は昨日の時点ですでに真だったのだろうか。あるいはこれと同様に、明日海戦が起こらないとすれば、平穏な海を見た我々は「明日海戦が起こらない」という命題は昨日の時点ですでに真だったのだろうか、と問うことができる。テイラーによれば、二値原理を受け入れるものはみな、昨日時点で「明日海戦が起こる」と「明日海戦が起こらない」の両命題のどちらかが真であることを受け入れなければならない。さらに我々は、真である命題を偽に変えるような力を持たない。テイラーはこうした「真理値の変更不可能性」を、我々が当然受け入れるべき前提としておいている。「天地のいかなる力を持ってしても、偽なる命題を真にすることはできない」(Taylor 1974: p. 66)。以上より、昨日時点で「明日海戦が起こる」が真であれば、我々はその真理値を変更することができずかならず海戦は起こるし、これは明日海戦が起こらないケースでも同様である。このようにして、「明日海戦が起こる(起こらない)なら、それは必然的に起こる(起こらない)」という宿命論的帰結が導かれる。

テイラーの議論に対して真っ先に指摘しておくべきは、テイラーによる「真理値の変更不可能性」の扱いには問題があるということである。我々は命題の真理値を変更することができないという前提は、一見もっともらしいけれども、多義性を帯びている。それは、「〈$\phi$が真ならば$\phi$は真〉でないことは不可能だ」つまり「〈$\phi$が真ならば$\phi$は真〉は必然だ」を意味するとも、「〈$\phi$が真〉ならば、〈$\phi$でないことは不可能だ〉」つまり「〈$\phi$が真〉ならば〈必然的に$\phi$だ〉」を意味するとも取れる。ここで、前者は何の問題もないであろう論理的真理だが、後者はまさに宿命論の形式になっていることに気づくだろう。そしてテイラーは、宿命論を導出する過程において、この後者の意味での「真理値の変更不可能性」を用いてしまっている。というのも、「〈$\phi$ならば$\phi$〉は必然だ」という前者の主張は、たとえ(1)と結びついたとしても、宿命論を導くことができない弱い仮定だからである。まとめると、テイラーは宿命論を導出する過程で「$\phi$ならば必然的に$\phi$だ」という主張を「真理値の変更不可能性」として用いてしまっているが、これは明らかな論点先取であり、また当然「$\phi$ならば必然的に$\phi$だ」は論理的真理とは言えない。それゆえ、論理法則のみによって宿命論を導くというテイラーの議論は破綻している。

## 3　真理の対応説と宿命論

テイラーの議論が純粋な「論理的宿命論」として通らないのは承知の上で、ここからはやや形而上学に踏み込んだ話をしたい。もういちどテイラーの議論を振り返ろう。昨日時点で、「明日海戦が起こる」と「明日海戦が起こらない」のどちらかが真であるとすれば、真である一方はかならず実現する。この種の議論が説得的に見えるわけを、ライス（Rice 2018）は**真理の対応説**（correspondence theory of truth）に求めている。これは、命題の真理は実在との対応によって決定されるという説である。真理の対応説を踏まえると、昨日時点で「明日海戦が起こる」が真だったのなら、昨日の世界には当命題の真理を決定する要素が実在したことになる。そしてその要素は、明日の海戦をかならず引き起こすはずだ。というのも、実在が真理を「決定する」という言葉に込められた意味は、まさにそうした真理の必然化であるだろうから。このように考えると、昨日における世界のあり方によって、今日の海戦の有無は決定されると言えるかもしれない。

以下では、このような議論に対する応答を三つ確認したい。ひとつはプライアー（Prior 1967: ch. 7）によるものである。プライアーは、「明日海戦が起こる」という命題と「明日海戦が起こらない」という命題は、どちらも偽であると主張する。彼の発想はじつのところシンプルで、未来の偶然的な出来事についてはまだその生起が決まっていないのだから、そうした出来事についての命題の真理を決定する要素は現在の世界にはない、というわけだ。もちろん明日になれば、海戦の有無は定まる。けれどもそのとき、問題の海戦はすでに現在時制で語られているはずだ。現在時制の命題が真となることには何の問題もない。だが、偶然的な未来命題はすべて偽なのである。

ここで、「明日海戦が起こる」と「明日海戦が起こらない」という二つの命題がどちらも偽であるならば、排中律および二値原理の否定に陥るという懸念が生じるだろう。ところが驚くべきことに、未来命題についてのプライアーの分析は、排中律と二値原理の両方を維持できるように作られているのである。彼は、上述した二つの命題は、よく吟味すれば一方が他方の否定になっていないと主張する。いわく、「明日海戦が起こる」の否定は「〈明日海戦が起こる〉ということはない」という命題であり、これは「明日海戦が起こらない」という命題と同値ではなく厳密に区別しなければならない。「〈明日海戦が起こる〉ということはない」という命題は、明日の海戦の有無が未決定だと述べている。これに対して、「明日海戦が起こらない」という命題は、明日の非海戦を積極的に肯定している。そして、「明日海戦が起こる」と「〈明日海戦が起こる〉ということはない」の二つの命題は、きちんと前者が偽で後者が真になっている。したがって、排中律も二値原理も問題なく成り立つ。なお明らかなように、「明日海戦が起こらない」の否定は「〈明日海戦が起こらない〉ということはない」であり、これも「明日海戦が起こる」と同値ではない。(5)

プライアーに対して批判が呈されるとすれば、「偶然的な未来命題はすべて偽である」という点についてだろう。私が「明日海戦が生じる」と昨日発話し、実際に海戦が生じたとすれば、私の発話はやはり昨日時点において真だったのではないか。偶然的な未来命題が真となる余地を認め、かつ宿命論を退ける方策はないものか。

そのような方策のひとつに、「シンレッドライン（thin red line）」という考えがある（cf. Belnap and Green 1994）。我々は宿命論を否定しようとするとき、現在の時点からたくさんの可能な未来が枝分かれしているという描像を抱かないだろうか。シンレッドライン理論も、諸々の可能な未来が現在から伸びるような仕方で時間を表象する。海戦が起こる未来と起こらない未来が、現在から枝分かれしているイメージだ。この分岐が未来の可能性を表すとして宿命論は否定される。しかしその一方で、シンレッドライン理論によれば、どちらの枝が実現するのかはじつは定まっている。これはあたかも、ツリー状に表された時間の構造において、ただひとつの枝のみが「現実化する枝」として特権化され、赤く塗られているようなものだ。いかなる未来が実現するのかについて、我々は（ただ「待つ」以外には）知ることができない。だがそれはたしかに決まっていて、それゆえ「明日海戦が起こる」という私の発話は、実際に海戦が起こる「赤い枝」に連なる幹で発されたならばきっぱりと真なのである[6]。

だが、本当にシンレッドライン理論は宿命論を否定できているのだろうか。これはきわめてあやしいと思われる。明日の海戦の実現が定められているのであれば、当の海戦の勃発は必然だとしか考えられない。「現実化する未来が決められていること」と、「未来が必然的であること」を区別し、前者を肯定しつつも後者を否定するという綱渡りは、あまりに技巧的であり自然に理解できるものではない[7]。

シンレッドラインの批判者であるマクファーレン（MacFarlane 2003）は、また新たな仕方で、宿命論を退けつつ偶然的な未来命題の真理を守ろうとしている。彼の考えによれば、言明の真理値は、その評価の文脈に応じて相対的に決まる。どういうことか。私が「明日海戦が起こる」と述べ、実際に翌日海戦が生じたとする。すると当の言明は、翌日になって海戦を眺める我々から、「今日」という評価の文脈において昨日時点で真であった。今日の世界は、海戦の勃発を定めているからだ。しかしその一方で、当の言明は「昨日」という評価の文脈においては昨日の時点で真でも偽でもない。このとき二値原理は否定される。なぜなら、海戦の勃発は昨日の世界において未決定だからである。このように、言明の真理値はつねに文脈に応じて決まり、その真理値は一般に異なりうる。プライアーの考えとは異なり、偶然的な未来について述べる言明は、評価の文脈次第で真になりうるのである。

ところでマクファーレンは、発話や筆記によって特定の時空領域を占めるような言明、つまり命題の具体例としてのトークンを、真理の担い手と考えている。つまり彼によれば、トークンの真理値が評価の時点によって異なりうる。このような、トークンの真理値がスイッチするという考え一般に対して、佐金(2015: pp. 143-4)は次の二つの点から批判を浴びせている。第一に、真理の述定が異なる時点で行われたからといって、特定の時点に位置する同一のトークンが、「真である」と「真ではない」といった両立不可能な真理述語を持つことはあり得ない。このことは、特定の時点$t$に位置するある火かき棒が、かつて熱かったが、その同じ時点$t$において今は冷たいと考えることと同様、背理である。第二に、我々は自らが正しいと考える言明を発話するとき、まさにその発話の時点において、自らの言明が真であることを意図しているに違いない。逆に言えば、当の発話が真であるならば、それはその発話の時点において正しいはずだ。トークンの真理値のスイッチは、このような言語実践から明らかに逸脱している。我々は、今ではない別の時点で真理値(および正しさ)が評価されることを考慮して発話行為に臨むわけではない。(8)

佐金の批判は、主としてプリースト(Priest 1986)に向けられたものであり、直接マクファーレンに宛てられたものではない。プリーストとマクファーレンの考えには差異もあり、その違いに着目することで、上記の批判からマクファーレンを救出できるかもしれない。(9) だが我々はひとまず、真理の対応説から宿命論を導く試みへの三つの応答——プライアー/シンレッドライン理論/マクファーレン——を概観したことで満足し次に進もう。(10)

## 4 時間の存在論と決定論

前節では、真理の対応説によって宿命論が擁護される可能性を検討し、それに抵抗する三つの理論を確認した。ここからはさらに、現代時間論の存在論的枠組みから、決定論および宿命論を評価してみたい。

現代の時間論においては、大きく三つの理論が競合している。過去・現在・未来にあるものがすべて存在するという**永久主義**（eternalism）。過去と現在にあるものは存在するが、未来は存在しないという**成長ブロック説**（growing block theory）。そして、あるものはすべて現在に存在すると主張する**現在主義**（presentism）である。[11] これらの理論は、存在者の範囲だけでなく、「かつて」や「今」や「やがて」といった時制表現についても異なる考えを持つ。現在主義と成長ブロック説によれば、時制は世界が持つ還元不可能な特徴である。現在主義にとっての「今」とはあらゆるものが存在する地平であり、成長ブロック説にとっての「今」とは過去と現在のものが住まう実在ブロックのふちである。こうした見方に対して永久主義は、時制が世界それ自体の特徴であることを否定する。過去・現在・未来の違いは、時制を含まないような出来事の前後関係を用いて表現される。さらに、「今」という表現は指標詞として分析される。三次元空間における「ここ」や、多くの人間の中での「私」といった表現と同様に、「今」は四次元時空におけるインデックスとして機能する。空間内に特別な「ここ」がないように、時空内に特別な「今」はない。[12]

これら三つの理論は、決定論や宿命論といかなる関係にあるだろうか。未来の実在を認める永久主義は、宿命論を含意するおそれがある。時間の中で生じるどんな出来事も文字通り「ある」のだから、起こることはすべて必然的に起こり、起こらないことはすべて必然的に起こらないように思われる。ただし因果的決定論については、永久主義からかならず導かれるわけではない。標準的解釈に基づく量子力学が正しかったとしても、非決定論的に配置されたさまざまな出来事が動かしがたく実在しているかもしれない。このとき、因果的非決定論と永久主義は両立している。

では、現在主義と成長ブロック説はどうか。未来が実在しないとしても、自然法則によって未来が定められているかもしれない。このことは次のように考えればわかりやすいだろう。今特定の位置$x$にある小球が、$t$秒後に$x'$に移動することが、決定論的な法則によって一意的に予測されたとする。すると、現在の小球は「$t$秒後に$x'$に位置する」という性質を今持つ。このとき、未来の小球が実際に存在するわけではないことに注意しよう。小球の未来の振る舞いは、あくまで今存在する小球に述定されている。

現在主義や成長ブロック説は、因果的決定論の肯定や否定を含意することはないはずだ。では宿命論はどうだろう。ここで、宿命論の論理的特徴を押さえておきたい。宿命論にしたがえば、起こることはすべて必然的に起こり、起こらないことはすべて必然的に起こらない。ここで、任意の命題$\phi$に作用して「$\phi$は必然である」という必然命題を作るオペレータを「□」とすれば、宿命論は形式的に「$\phi\to\Box\phi$」である。加えて、「必然的に起こることは現実に起こる」という真であるような前提を置こう。つまり「$\Box\phi\to\phi$」である[13]。さて、この二つの前提から言えるのは、$\phi$と$\Box\phi$が同値になるということだ。さらに、二つの前提のうち一方の「$\phi\to\Box\phi$」を変形すると「$\Diamond\phi\to\phi$」つまり「可能的に起こることは現実に起こる」が導かれ、他方の「$\Box\phi\to\phi$」を変形すると「$\phi\to\Diamond\phi$」つまり「現実に起こることは可能的に起こる」が導かれる[14]。したがって、$\phi$と$\Diamond\phi$は同値である。さて、いま$\phi$と$\Box\phi$と$\Diamond\phi$はすべて同値になっており、現実の状況と必然的な状況、そして可能的な状況の外延はぴたりと一致している。宿命論を認めることで我々が辿り着いたのは、「実際に起こること」と「必然的に起こること」、そして「可能的に起こること」の区別がもはや失われた世界、いわば様相が潰れた世界である（cf. 伊佐敷 2010: p. 120）。

宿命論を受け入れると様相が潰れる。仮に世界がさまざまな可能的状況に開かれているならば、その「可能的状況」の中に宿命論が入ってはならない。宿命論は、世界が可能的状況に開かれていることそれ自体を禁じる。逆に宿命論が正しいならば、我々が住むこの宿命論的世界はいかなる可能的状況にも開かれようがない。(15)

さて、現在主義と成長ブロック説の議論に戻ろう。先ほど我々は、未来が実在しないとしても因果的決定論は成り立ちうると考えた。因果的決定論から宿命論を導くことは、少なくともそれらの論理的特徴に着目する限りは容易である。(16) その意味において、現在主義や成長ブロック説と宿命論は両立する。それゆえ我々は、前節のように宿命論の否定を真理論や存在論から議論する際には、基本的にあらかじめ因果的決定論の否定を仮定しておかねばならない。それも、単に我々の住むこの世界が非決定論的だと仮定しておくのではなく、様相が潰れないように、あらゆる可能的状況の中に決定論が入らないことを仮定しておかねばならない。(17) 一例として上述したマクファーレンの論文は、きちんと「世界が客観的に非決定論的だと仮定しよう」(MacFarlane 2003: p. 321) という一文からはじまっている。だがこうした仮定を置いて議論するとき、それでも我々は、因果的決定論の経験的勝利によって宿命論が帰結する余地を(暗黙的にせよ)残しているのである。ただしこうした繊細な措置も、仮に宿命論がはじめから正しいとすれば無に帰する。アプリオリに様相が潰れているのであれば、因果的決定論の勝利(あるいは敗北)に関係なくすべては決定されている。

ところで我々は先ほど、永久主義はかならず宿命論に陥るだろうと述べた。しかし近年バーンズとキャメロン (Barnes and Cameron 2009) は、永久主義から宿命論的帰結を取り除くことが可能だと主張している。議論は次のように行われる。まず前提として永久主義を(必然的真理として)認め、そして我々が住む現実の世界を $w$ と置く。さらに、過去から現在までは $w$ と完全にそっくりでありながら、異なる未来を描くたくさんの永久主義世界を用意し、$w$も含んでこれらから成る世界の集合を｛Future｝とする。つまり｛Future｝内の諸々の世界は、現時点から発展可能な未来をすべて表象している。容易に予想されるように、時間が進むにしたがって｛Future｝内の世界の数は減少し、これ以上時間が進まないような「歴史の終わり」があるとすれば、そこに到達した瞬間、｛Future｝は$w$のみを含む単集合となる。このような道具立てのもと彼女らは、我々が住む世界$w$が｛Future｝内のどれであるかは存在論的に確定していないと主張する。いわく、永久主義はたしかに未来の存在を認めるけれども、どの未来が存在することになるか、つまり｛Future｝内のどの世界が現実化するかについては何も言っていない。その点に不確定さが宿るとすれば、明日の海戦の有無は未決定であり、宿命論は否定される。

バーンズとキャメロンの主張は、率直に言って理解が難しい（cf. Longenecker 2020）。彼女らの議論が認識論的な不確定性の指摘にとどまるものであったなら、難解さはなかっただろう。すなわち、我々は｛Future｝内のどの世界に住んでいるのかを知らないが、それは存在論的に決定されており、そして時間の経過にしたがって自らの住む世界を特定してゆくことができる、と。しかしバーンズとキャメロンは、あくまで存在論的な不確定性を主張している。彼女らの主張が一筋縄でいくとは思えないけれども、永久主義から宿命論への含意はもしかすると自明ではないのかもしれない(18)。

## おわりに

あるものごとについて、それが起こることが必然か、あるいは起こらないことが必然かのどちらかだ。これが決定論の考えである。因果的決定論の成否は、今のところ量子力学の解釈問題にかかっていると言える。神学的決定論は、「神が知らねばならない命題は何か」という問いと深く関わっており、真理や命題にまつわる哲学を必要とするだろう。また、論理法則のみによって決定論を導くことは難しいものの、論理的決定論を構成する宿命論のような前提は、特定の形而上学によって含意されるかもしれない。宿命論の是非を問うためには、永久主義のような時間理論や、可能世界のような様相と関わる対象の考察を避けて通れないだろう。

**註**

(1)粒子の位置の時間発展が確率的だという点が非決定論に関わるのは確実だとしても、位置と運動量の共時的な定まらなさ(いわゆる「不確定性原理」)と非決定論のつながりに関してはかならずしも自明ではない。森田(2015: pp. 110-3)を参照。

(2)軌跡解釈はボーム解釈とも呼ばれる。量子力学の解釈問題については、白井 et al. (2012)やレッドヘッド(Redhead 1987)が見通しを与えてくれる。

(3)アリストテレス的見解をごく簡単にまとめると次のようになる。まず、(2)は明らかに「〈明日海戦が起こる〉という命題が真ならば、必然的に〈明日海戦が起こる〉という命題は真である」という主張であり、また(3)も同様であろう。すると、(2)や(3)の前件が真であるためには、(1)に加えて、「〈明日海戦が起こる(起こらない)〉という命題が真である」という前提が必要であることがわかる。アリストテレス的見解が否定するのは、まさにこの前提である。つまり一般に、任意の命題$\phi$について「$\phi$ならば、$\phi$が真」が否定される。これは困惑を誘うが、ファン・フラーセン(van Fraassen 1966: pp. 493-5)は、統語論と意味論の峻別から十分に理解可能だと説明している。ファン・フラーセンのように二値原理を否定して(1)を肯定する立場としては、トマソン(Thomason 1970)が有名である。両者は共に超付値主義(supervaluationism)の観点から二値原理を否定している。いわく、「明日海戦が起こる」が真である(偽である)のは、現在から発展可能なすべての未来において海戦が起こる(起こらない)ときかつそのときに限る。このような意味論にしたがえば、「明日海戦が起こる」

と「明日海戦が起こらない」の両命題は真でも偽でもない。

(4)プライアーはウカシェビッチの三値論理を反直観的だと批判している。当論理において「明日海戦が起こり、かつ起こることはないだろう」は中間値を持つことになるが、この連言は明らかに偽であろう。しかしだからといって、中間値命題の連言を自動的に偽と判定するのも問題に思える。「明日海戦が起こり、かつ明日雨が降るだろう」といった独立した未来命題の連言であれば、三値論理的には中間値をとってほしいはずだ。このような困難を見ると、当初の思惑に反して三値論理は未来命題をうまく扱えないように思えるかもしれない。ただこのような点に関してKachi (1996) は、次のような重要な指摘を行なっている。いわく、ウカシェビッチの三値論理は決定論論駁のためだけに考案されたものではなく、様相の論理に関わるより広い文脈で評価されるべきであり、翻っていえば、決定論を乗り越えるだけであれば三値論理はいくらでも改良の余地がある。

(5)補足しよう。プライアーによれば、「明日海戦が起こるか、明日海戦が起こらないかのどちらかだ」という主張は多義的である。いま、任意の命題$\phi$に作用して「明日$\phi$だろう」という未来命題を作るオペレータを「F」とし、否定記号を「¬」、「海戦が起こる」という命題を$p$とする。すると上述の主張は、(a)「$Fp \vee F\neg p$」、(b)「$Fp \vee \neg Fp$」、(c)「$F(p \vee \neg p)$」の三通りの解釈が可能である。そして、(a)が偽で(b)と(c)が真である(cf. Prior 1967: p. 129)。繰り返しになるが、少なくとも(b)が真であるという意味で排中律は守られる。また排中律はどんな未来が実現しようとも真なので(c)も真である。

(6)シンレッドライン理論と同様に実現する未来を定めながらも、時間をツリー状に表象せず、世界の乖離(divergence)に訴えて可能的な未来を担保するという戦略がある。主としてルイス(Lewis 1986: pp. 206-9)によって支持されるこの戦略は、過去から現在までは我々の住む世界と完全にそっくりでありながら、未来において異なるたくさんの可能世界が存在すると主張する。つまり世界は分岐(branching)するのではなく乖離する。我々の住む世界はひとつだけであり実現する未来は決まっているが、たくさんの乖離世界のおかげで可能的な未来が表象される。シンレッドラインや乖離理論について日本語で読める文献としては、安藤(2015)がある。

(7)ただしボルギーニとトレンゴ(Borghini and Torrengo 2013)は、シンレッドライン理論が宿命論を含意しないと応答している。

(8) 佐金によるここでの指摘は、彼自身が認めるように、トークンの真理の相対化に対するエヴァンズ（Evans 1985）の批判を下敷きとするものであるが、マクファーレンはエヴァンズに対して再応答を行なっている（cf. MacFarlane 2003: pp. 332-6）。

(9) マクファーレンはトークンの真理値が相対的に決まると述べるのに対して、プリーストはトークンの真理値が変化すると述べており、これは重要な違いだと思われる。トークンに対する端的な真理述定を認めないマクファーレンに対しては、佐金の第一の批判が当たらないかもしれない。とはいえ、トークンが端的に真になり得ないという考え自体が困惑を誘うものではあるだろう。

(10) これら三つの理論が採用する意味論について、詳しくは（Øhrstrøm and Hasle 2020）を参照。

(11) それぞれの代表的な支持者を挙げておくと、永久主義がルイス（Lewis 1986）やサイダー（Sider 2001）、現在主義がビゲロー（Bigelow 1996）やマルコジアン（Markosian 2004）、成長ブロック説がトゥーリー（Tooley 1997）やフォレスト（Forrest 2004）など。

(12) 永久主義のように過去・現在・未来の実在を認め、かつ時制も世界の特徴とみなす理論も存在する。これは動くスポットライト説（moving spotlight theory）などと呼ばれる（cf. Cameron 2015）。

(13) これは様相論理の公理系Tで導入される公理である。

(14) 導出過程を記しておこう。まず、「$\phi\rightarrow\Box\phi$」の対偶をとって「$\neg\Box\phi\rightarrow\neg\phi$」、$\phi$に$\neg\psi$を代入すると「$\neg\Box\neg\psi\rightarrow\psi$」となり、最後に$\psi$をもとの$\phi$で置き換えて「$\neg\Box\neg\phi\rightarrow\phi$」。ここで「$\neg\Box\neg\phi$」は「$\phi$が起こらないことは必然だ、ということはない」と読み、つまりは「$\phi$が可能である」を意味する。記号で表すと「$\Diamond\phi$」（「$\neg\Box\neg\phi$」と「$\Diamond\phi$」は同値）。したがって、「$\phi\rightarrow\Box\phi$」から「$\Diamond\phi\rightarrow\phi$」が導かれた。次に、「$\Box\phi\rightarrow\phi$」の変形もまったく同様であり、この対偶が「$\neg\phi\rightarrow\neg\Box\phi$」、次に「$\psi\rightarrow\neg\Box\neg\psi$」で、最後に「$\phi\rightarrow\Diamond\phi$」である。

(15) ここで私が述べているのは、「宿命論が正しいならばそれは必然的に正しい」ということではない。宿命論のもとでは「必然的に正しい」といった表現すらナンセンスになる。他方、たとえば「現在主義が正しいならばそれは必然的に正しい」といった主張はナンセンスではない。現在主義的な可能世界と成長ブロック説的な可能世界が並列するようなことはありうるのかという問題は、十分に意味を持つだろう。

(16)決定論である「$\Box\phi \vee \Box\neg\phi$」から、宿命論である「$\phi \to \Box\phi$」を導くには、「$\phi \to \Diamond\phi$」という公理系Tで証明可能な式（現実に起こることは可能的に起こる）を置くだけで良い。

(17)ただし、自然法則の偶然性を仮定すれば、因果的決定論が正しいとしても宿命論は帰結しない（様相は潰れない）と考える論者もいる（cf. Barnes and Cameron 2009）。自然法則が必然的か偶然的かという問題も、言うまでもなく重要な哲学的問題である。

(18)未来命題についてのバーンズらの議論は、不確定ないしあいまいな（vague）存在者から多様な哲学的問題の解決を図るバーンズの一連の仕事（Barnes 2010 and 2013）の延長線上にある。この点を踏まえると、世界の乖離に訴える戦略とバーンズらの主張の間にあるいくらかの差異が見えてくる。前者の立場は、可能的な未来が諸乖離世界によって表象されると主張するけれども、未来が存在論的に不確定である、ないしはあいまいだとは言わない。だがバーンズらの主張の肝はまさにその不確定性にある。

## 参考文献


1 Barnes, E. 2010, "Ontic Vagueness: A Guide for the Perplexed", *Noûs* 44（4）: 601-27.

2 Barnes, E. 2013, "Metaphysically Indeterminate Existence", *Philosophical Studies* 166（3）: 495-510.

3 Barnes, E. & R. P. Cameron 2009, "The Open Future: Bivalence, Determinism and Ontology", *Philosophical Studies* 146（2）: 291-309.

4 Belnap, N. & M. Green 1994, "Indeterminism and the Thin Red Line", *Philosophical Perspectives* 8: 365-388.

5 Bigelow, J. 1996, "Presentism and Properties", *Philosophical Perspectives* 10: 35-52.

6 Borghini, A. & Torrengo, G. 2013, "The Metaphysics of the Thin Red Line", in F. Correia & A. Iacona（eds.）, *Around the Tree*, Springer.

7 Cameron, R. P. 2015, *The Moving Spotlight: An Essay on Time and Ontology*, Oxford University Press.

8 Evans, G. 1985, "Does Tense Logic Rest on a Mistake?" in G. Evans（ed.）, *Collected Papers: Gareth Evans*, Oxford: Clarendon Press.

9 Forrest, P. 2004, "The Real but Dead Past: A Reply to Braddon-Mitchell", *Analysis* 64 (4), 358-62.
10 Kachi, D. 1996, "Was Łukasiewicz Wrong? : Three-valued Logic and Determinism", in *Łukasiewicz in Dublin-An International Conference on the Work of Jan Łukasiewicz.*
11 Lewis, D. 1986, *On the Plurality of Worlds*, Wiley-Blackwell.
12 Longenecker, M. 2020, "Future Ontology: Indeterminate Existence or Non-existence?", *Philosophia* 48 (4): 1493-500.
13 Łukasiewicz, J. 1920, "On Three-Valued Logic", in L. Borkowski (ed.), *Selected Works* (1970) North-Holland Pub. Co.
14 Łukasiewicz, J. 1930, "Philosophical Remarks on Many-Valued System of Popositional Logic", in *Selected Works* (1970), North-Holland Pub. Co.
15 MacFarlane, J. 2003, "Future Contingents and Relative Truth" *Philosophical Quarterly* 53 (212): 321-336.
16 Markosian, N. 2004, "A Defense of Presentism", *Oxford Studies in Metaphysics* 1: 47-82.
17 Øhrstrøm, P. & P. Hasle 2011, "Future Contingents", in E. N. Zalta (ed.), *Stanford Encyclopedia of Philosophy*, Summer 2020 Edition, https://plato.stanford.edu/archives/sum2020/entries/future-contingents/
18 Pike, N. 1965, "Divine Omniscience and Voluntary Action", *Philosophical Review* 74 (1): 27-46.
19 Priest, G. 1986, "Tense and Truth-Conditions", *Analysis* 46 (4): 162-6.
20 Prior, A. N. 1967, *Past, Present and Future*, Oxford University Press.
21 Redhead, M. 1987, *Incompleteness, Nonlocality, and Realism: A Prolegomenon to the Philosophy of Quantum Mechanics.* Oxford University Press.
22 Rice, H. 2018, "Fatalism", in E. N. Zalta (ed.), *Stanford Encyclopedia of Philosophy*, Winter 2020 Edition, https://plato.stanford.edu/archives/win2018/entries/fatalism/
23 Sider, T. 2001, *Four Dimensionalism: An Ontology of Persistence and Time*, Oxford University Press.
24 Swinburne, R. 1993, *The Coherence of Theism* (rev. ed), Oxford University Press.
25 Taylor, R. 1963, *Metaphysics*, Prentice-Hall.
26 Taylor, R. 1974, *Metaphysics, 2nd Edition*, Prentice-Hall.

27 Thomason, R. H. 1970, "Indeterminist Time and Truth-value Gaps", *Theoria* 36（3）: 264-81.
28 Tooley, M. 1997, *Time, Tense, and Causation*, Oxford University Press.
29 van Fraassen, B. 1966, "Singular Terms, Truth-value Gaps, and Free Logic", *Journal of Philosophy* 63（17）: 481-95.
30 伊佐敷隆弘 2010『時間様相の形而上学』勁草書房。
31 佐金武 2015『時間にとって十全なこの世界』勁草書房。
32 安藤馨 2013「現代自由意志論の諸相：論理的決定論について（1）」、『神戸法学雑誌』62（3・4）, 147-85.
33 森田邦久 2015『アインシュタインvs.量子力学』化学同人。
34 白井仁人、東克明、森田邦久、渡部鉄兵 2012『量子という謎——量子力学の哲学入門』勁草書房。

# このもの主義と時間の非対称性

大畑浩志

## 1　はじめに

過去はどのようにしても変えられないが、未来にはさまざまな可能性が広がっている。過去は固定されており、未来は開かれている。時間がこうした非対称性を示すとすれば、それはどのような原理によって導かれるのだろう。かつてロバート・アダムスは、このもの性（haecceity/thisness）と呼ばれる特殊な性質を用いて、時間の非対称性を表現した。このもの性とは、ある個物がまさにそれ自身であって他のものとは異なることを決定するような性質であり、たとえばソクラテスのこのもの性は「ソクラテス（と同一である）という性質」などと表現される。一見このもの性は時間に関わらないように思われるが、アダムスの考えを引きついだデイヴィッド・イングラムのような哲学者は、時間の非対称性にこのもの性が決定的な役割をはたすと述べている。私は本稿において、このもの性を認めるこのもの主義に立脚しながらも、アダムスやイングラムの理論とは大きく異なる、新たな非対称性の原理を提案したい。

議論の流れは以下の通りである。まず、このもの性と時間をめぐる研究の先駆けとなったアダムスの考察を確認する（第2節）。さらに、アダムスの重要なアイデアを継承しながらも、彼の理論のアップデートを図るイングラムの議論を見る(第3節)。次いで、イングラムの理論もまた困難を抱えることを指摘する(第4節)。最後に、従来の理論に代わる新たな非対称性の原理を提案する(第5節)。

## 2 アダムスによる時間の非対称性

過去は固定されているが未来は開かれているという時間の非対称性を、かつてアダムスは、このもの性と呼ばれる性質の存在の非対称性として表現した。彼の主張は次の二つのテーゼに集約される(cf. Adams 1981 and 1986)。

**[ED] このもの性の個物に対する存在論的依存**

必然的に、任意の個物$x$について、$x$が存在するときに限り$x$のこのもの性$h$が存在する。

**[AE] このもの性の存在の非対称性**

過去と現在の個物のこのもの性は現在にあるが、未来の個物のこのもの性は現在にない。

これらのテーゼに登場するこのもの性とは、そもそも何なのか。一般的に言ってこのもの性とは、あるものが自らとのみ数的に同一であることを決定するような性質であるとされ、ものの唯一性を根拠付ける。たとえばソクラテスのこのもの性は、「ソクラテス(と同一である)という性質」ないし「ソクラテス性」として表現される。ソクラテスは、存在する限りかならずソクラテス性を持つ。つまりソクラテス性はソクラテスにとっての本質的性質となる。他方、ソクラテス以外のものがソクラテス性を持つことは不可能である。

このもの性はこうした特徴を持つがゆえに、ものの単独性や差異性を基礎付ける原理、つまり個別化の原理としてはたらく。

このもの性のこうした特徴をふまえて、アダムスは［ED］を提唱する。［ED］にしたがえば、このものの性の存在は個物の存在を含意する。だがその逆、すなわち個物の存在がこのもの性の存在を含意するかどうかについては中立が保たれる。このことから、個物からこのもの性ができるのであって、その逆ではないことがわかる。つまり、個物はこのもの性に存在論的に先行する。

さらに［AE］によれば、過去と現在の個物のこのもの性は現在にある。たとえば、かつて存在したソクラテスや、現在存在するビリー・アイリッシュのこのもの性は現在にある。こうした描像を大まかに表現するなら、ひとたび生成された個物は、その誕生以降このもの性という自らの痕跡を世界に残し続けるということになるだろう。もちろん、ソクラテスはこのもの性以外にもさまざまな痕跡を現在に残している。そうした痕跡によって世界は、古代ギリシャに鷲鼻の哲学者がいたことを教えてくれる。このもの性が伝えるのは、その人物がまさにソクラテスその人であることだ。過去が固定されているとは、過去の個物のこのもの性が現在に残されており、それは失われないということである。(1)

では、未来の個物のこのもの性が現在にないのはどうしてか。アダムスの議論の道筋はこうだ。現在存在するビリーに子どもはいない（隠し子はいないものとする）。ビリーに今後子どもができるとして、そのこのもの性が現在にあると（背理法的に）仮定しよう。しかし、ビリーはもちろん子どもをつくらないこともできる。だとすれば、ビリーが子どもを持たない可能な未来においては、ビリーの子どもが存在しないにもかかわらずそのこのもの性が存在してしまう。これは［ED］に反する。(2) したがって、未来の個物のこのもの性は現在にない。

もっとも、未来の個物が存在するならば、そのこのもの性が現在にあるとしても、［ＥＤ］は破られないだろう。すなわち、ビリーの子どもの誕生以前の時点にそのこのもの性が存在したとしても、このもの性が未来の時間ブロックの中に存在するビリーの子どもから派生したものなら問題はない。時間的な先行関係と存在論的な先行関係が食い違うだけだ。だが、アダムスはこうした宿命論的な存在論を棄却し未来の不確定性を守るためにこそ、［ＡＥ］を求めている。未来の個物のこのもの性が現在存在しないということが、まさに未来が開かれているということなのだ。

アダムスの主張のあらましは以上の通りである。彼はこのもの性から時間の非対称性を捉えるという斬新なアイデアを残した。だが私見では、その議論には大きく二つの無視できない問題がある。それらを順に確認していこう。

第一の問題。アダムスは成長ブロック説にコミットしており、このもの性の存在の非対称性はそこから供給されているにすぎない。どういうことか。［ＡＥ］から、過去の個物$x$のこのもの性$h$は現在にある。そして［ＥＤ］によればこのもの性の存在は個物の存在を含意するのだから、$h$の存在は$x$の存在を含意する（たとえ$x$と$h$が同時に存在する必要はないにせよ）。$x$は過去の個物なので、過去が実在する。したがって［ＡＥ］と［ＥＤ］からは、過去と現在が実在し未来はないとする理論、すなわち成長ブロック説（growing block theory）が導かれる。しかしだとすれば、すでに時間の非対称性は時間ブロックの非対称性として与えられているのだから、このもの性を認める意義は失われている。もちろん成長ブロック説が正しいとしても、個物の個別化などに際してこのもの性が必要とされるかもしれない。だが目下の関心は、時間の非対称性にある。アダムスの理論では、時間の非対称性の源はあくまで時間ブロックの非対称性にあるのであって、このもの性の存在の非対称性はそこに上乗りしているだけだ(3)。

第二の問題。［ＡＥ］だけでは、過去の個物のかつてのあり方や、現在の個物のこれまでのあり方は固定されている一方で、現在の個物の今後のあり方は開かれているという非対称性が説明されない。たとえば、かつてソクラテスが存在したことや今ビリーが存在すること、そして、ビリーの子どもがやがて存在するかどうかは決まっていないということは、［ＡＥ］から導かれる。しかし我々は、ソクラテスが哲学者だったことや、ビリーがかつて村上隆と仕事をしたことは定まっている一方で、ビリーが今後どうするかは定まっていないという非対称性についても関心を持っている。こうしたもののあり方の非対称性については、［ＡＥ］は何も教えてくれない。時間の非対称性の原理として、単に存在の非対称性のみを語る［ＡＥ］は不十分であると言える。

## 3　イングラムによる時間の非対称性

近年イングラム（Ingram 2019）によって、アダムスの考えを発展させた新たな非対称性の原理が提唱された。私見では、イングラムの理論は、アダムスが抱えていた二つの問題の解決を試みるものとして整理できる。以下、イングラムの主張を見ていくことにしよう。

イングラムによる非対称性の原理は、アダムスの理論を踏襲しながらも、その困難を取り除くものとなっている。まずこのもの性の存在条件は、次のように改められる（cf. *ibid.*: p. 67）。

［ＮＲＥＤ］このもの性の個物に対する非固定的な依存

(1) 次のことは成り立つ。必然的に、任意の個物 $x$ について、$x$ が存在するか、かつて存在したときに限り $x$ のこのもの性 $h$ が存在する。

(2)　次のことは成り立たない。必然的に、任意の個物$x$について、$x$のこのもの性$h$がかつて存在したときに限り$x$が存在する。

非対称性の原理については、［ＡＥ］はアダムスから受け継がれ、さらにもうひとつ新たなテーゼが付け加わる（*cf. ibid.*: ch.7）。

**［ＡＥ］このもの性の存在の非対称性**
過去と現在の個物のこのもの性は現在にあるが、未来の個物のこのもの性は現在にない。

**［ＡＷ］このもの性のあり方の非対称性**
過去と現在の個物のこのもの性は定まった過去時制の性質を持っている一方で、いかなる未来時制の性質も持たない。

イングラムの主張はすべて上記の三つのテーゼから導かれる。以下確認しよう。

まずアダムスの第一の問題、すなわち「このもの性の存在の非対称性は、成長ブロック説を前提としている」という問題は、［ＮＲＥＤ］によって解決される。［ＮＲＥＤ］は［ＥＤ］よりも弱い原理である。というのも、このもの性$h$が存在するために、［ＥＤ］が個物$x$の存在を要求するのに対して、［ＮＲＥＤ］は$x$がこれまでに存在したことしか要求しないからだ。$h$は$x$の存在を含意しない。たとえば今ソクラテスのこのもの性が存在するために、ソクラテスその人の存在は要求されない。したがって、現在のみが存在すると主張する現在主義（presentism）のもとでも［NRED］と［AE］は共に成立可能であり、成長ブロック説は前提とされない。イングラム自身も、現在主義に時間の非対称性を装填するために上記の諸原理を擁護しているので、以下しばらく現在主義に沿って議論を進めることにしたい。

さらに補足しよう。イングラムは、このもの性から単称命題が構成されると主張している。すなわち、「ソクラテスは存在した」といったソクラテスについての単称命題は、ソクラテスその人ではなくソクラテス性から構成される。だとすれば、現在主義を前提としても、ソクラテスについての単称命題が存在することに問題はない。なぜなら、その構成要素であるソクラテス性は現在存在するからだ。したがって、「ソクラテスは存在した」といった過去言明は、ソクラテスについての単称命題を表現しており、それはソクラテス性の存在によって真となる。だが他方で「ビリーの子どもであるような対象 $a$ が存在するだろう」といった未来言明は、$a$ についての単称命題を表現できず真ではない。なぜなら、ビリーの子どものこのもの性は存在せず、したがって $a$ についての単称命題も構成要素を欠くがゆえに存在しないからである。(4) つまり、いまだ存在しないものについての単称命題はそもそも存在しない。(5)

このあたりで、アダムスの第二の問題に移ろう。もののあり方の非対称性はいかに説明されるのか。ここで［AW］が必要とされる。まず［AW］には、時制付き性質という新たな存在者が登場する。たとえば、「かつて高校生だった」という性質は過去時制付きの性質であり、これは私やビリーなどすべてのかつて高校生だった大人に所有されている。それに対して、「やがて黒くなるだろう」といった性質は未来時制付きの性質であり、これはまだ黄色いバナナなどに所有されているのかもしれない。このように、時制付き性質は通常の「高校生である」とか「黒いものである」といった無時制的な性質とは異なり、ものの過去のあり方や未来のあり方を決定する。(6)

さらにイングラムの考えでは、何らかの個物が性質を持つとき、その個物のこのもの性も当性質と対応する二階の性質を持つ。どういうことか。ビリーが歌手であるという事実から出発しよう。ビリーという個物は、歌手であるという一階の性質を例化している。もちろんビリーは、ビリーのこのもの性もまた例化している。だが話はこれで終わらない。ビリー性は、「歌手のこのもの性である (be the thisness of a singer)」という二階の性質、すなわち性質の性質を例化している。もしビリーが歌うのをやめたなら、ビリーは歌手であるという性質を放棄し、かわりに「かつて歌手だった」という過去時制付きの性質を例化するだろう。このときビリー性もまた、「かつて歌手のこのもの性だった (having been the thisness of a singer)」という二階の性質を例化する。このように、ビリーが持つ一階の性質と、ビリー性が持つ二階の性質は対応している（一三三頁図1）。

以上の存在論から、［AW］は第二の問題を次のように解決する。たとえば「ソクラテスは哲学者だった」という言明は、現在存在するソクラテス性が「かつて哲学者のこのもの性だった」という二階の性質を今持つことによって真となる。また、「ビリーはかつて小学生だった」といった言明も同様に、現在存在するビリー性が「かつて小学生のこのもの性だった」という二階の性質を今持つことによって真となる。つまり、現在存在するこのもの性が持つ過去時制付きの性質は固定されており、それゆえ個物のかつてのあり方は定まる[7]。

未来についてはこう考えられる。先ほど見たように、まだ存在しない個物についての単称言明はいかなる命題も表現しない。その一方で、「ビリーはやがて大阪で単独公演を行うだろう」といった今存在するものの将来を語る言明はたしかに何らかの存在する命題を表現している。しかし真ではない。というのも、ビリー性は「やがて大阪で単独公演を行う人のこのもの性である」という未来時制の性質を今持たないからであ

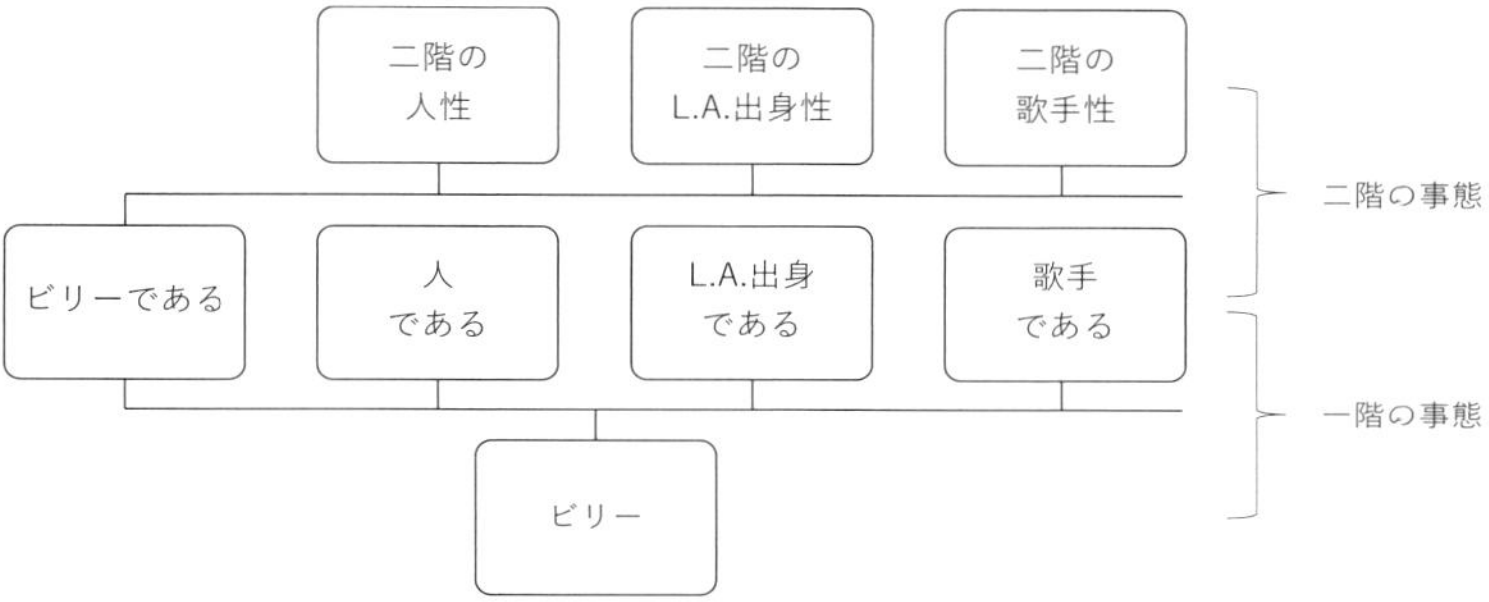


図1

る。つまり、現在存在するこのもの性はいかなる未来時制の性質も持たず、それゆえ個物の今後のあり方は開かれる。

イングラムの主張をまとめよう。「ソクラテスは哲学者だった」とか「ビリーは小学生だった」といった過去言明は、このもの性を構成要素とする命題を表現し、そのこのもの性の存在および二階の性質の所有から真あるいは偽となる。「ビリーの子ども$a$は女の子だろう」といったまだ存在しないものについての未来言明は、いかなる命題も表現せず真ではない。「ビリーはやがて大阪で単独公演を行うだろう」といった今存在するものについての未来言明は、このもの性がいかなる未来時制付きの性質も持たないがゆえに真ではない[8]。

## 4　イングラムへの診断

イングラムは以上のように、アダムスの主張を下敷きとした新たな理論を打ち出した。しかし私見では、イングラムの理論にもまだ不十分な点がある。以下においては、イングラムへの批判を展開したい。まず、(a)時間の非対称性の確保をめぐる問題を指摘し、さらに、(b)過去の真理の基礎付けについての困難を検討する。

では(a)について。アダムスの第一の問題はこうだった。このもの性の存在の非対称性は、結局のところ成長ブロック説に由来するのだから、このもの性によって時間の非対称性が導かれているわけではない。その点イングラムは、たしかに成長ブロック説を前提としていない。けれども彼は、アダムスの［AE］をそのまま受け継ぐことによって、このもの性の存在の非対称性をあらかじめ受け入れている。すなわち、時間ブロックとこのもの性という違いはあるものの、アダムスとイングラムはともに時間的に非対称な存在者を世界にプリセットしている。ここに私は、ある種の密輸入を見る。彼らが掲げる時間の非対称性の原理は、非対称的な存在者から天下り式に得られるものにすぎないのではないか。

さらに以上と関連して、［AE］が正しければ世界の構造は必然的に非対称性を示すことになる。このことを確認するために、決定論が正しいと仮定しよう。すなわち、現在の世界の状態と定まった自然法則によって、未来の世界の状態が一意に定まるとする。こうした場合においても［AE］は問題なく成立し、未来の個物のこのもの性がないという意味で開かれた未来が保障されるかもしれない（決定論的世界においても、時間ブロックの欠如から未来の開放性を担保しうる成長ブロック説のように）。これは、ひとつの見方からすれば［AE］のメリットに思える。なぜなら世界はどうあっても非対称性を示すのだから。だが別の見方からすれば、このことは世界の中のあり方に対する敏感さの欠如だとも捉えられるだろう。やがて生まれる個物が決定されているという意味で未来が閉じられているならば、それはこのもの性の観点からいかに表現されるのか。［AE］がそうした問いに答える術を持たないことを、私は問題だと考える。

次に(b)について。イングラムによれば、「ソクラテスは哲学者だった」という言明の真理は、ソクラテス性が二階の哲学者性を持つことに基礎付けられていた。しかしソクラテス性による二階の性質の所有は、ソクラテス性についての説明であってソクラテスその人についての説明ではない。だとすれば、この二階の事態が「ソクラテスは哲学者だった」という一階の事態の真理を与えることはできないのではないか。イングラムの存在論からソクラテスについての真理を与えるには、やはりソクラテス自身による一階の性質の所有からはじめるほかないように思われる。しかしもちろん、現在主義は過去の個物であるソクラテスの存在にコミットできない。よって、このもの性による二階の性質の例化を認めたとしても、その事態が個物についての言明を真にすることはできないだろう。[9]

こうした問題と関連して、現在存在するものについては次のような疑念が浮かぶ。「ビリーは歌手である」という言明は、ビリーのこのもの性が二階の歌手性を持つことによって真であるとされていた。だが正確に言えば、「ビリーは歌手である」という言明を真にするもの（truthmaker）は、もうひとつあるはずだ。すなわち、ビリーその人が歌手であるという一階の事態である。このように、現在存在するものについての言明は、〈真にするもの〉を二つ持つことになる。他方で、かつて存在したものについての言明は、このもの性による〈真にするもの〉をひとつだけ持つ。しかしだとすれば、ビリーについての言明は、彼女が失われたとたん〈真にするもの〉の数を二つからひとつに減らすことになる。しかしこれは奇妙に聞こえる。世界はひとつだけであるにもかかわらず、同一のものについて語る言明の〈真にするもの〉の数が変化するということは、当理論の何らかの一貫性のなさを示してはいないだろうか。[10]

## 5　束説と例化の不確定性

前節では、イングラムの理論が抱える二つの問題を指摘した。すなわち、存在の非対称性から時間の非対称性の導出を試みることとの密輸入性と、個物についての命題の真理をこのもの性によって与えることの困難である。私はこのもの主義を維持した上で、これらの問題を解決するような新たな非対称性の原理を提案したい。

まず［ED］と［NRED］はどちらも棄却される。このもの性と個物の関係は、次のように改められる。

**［E*D］個物のこのもの性に対する存在論的依存**

(1) 次のことは成り立つ。必然的に、任意の個物$x$について、$x$のこのもの性$h$が存在するときに限り$x$が存在する。

(2) 次のことは成り立たない。必然的に、任意の個物$x$について、$x$が存在するときに限り$x$のこのもの性$h$が存在する。

おおざっぱに言えば［E*D］は、［ED］における個物とこのもの性の関係をひっくり返している。［ED］はこのもの性が個物に依存すると述べるのに対して、［E*D］は個物がこのもの性に依存すると述べる。［E*D］を受け入れることで我々は、アダムスやイングラムとは異なるアプローチで個物そのものにせまることができる。［E*D］に加えて私は、次のテーゼを受け入れたい。

**［HBT］このもの主義の束説**

(1) 個物は他の存在者に依存しない自立的な存在者なのではなく、内部に「性質」を典型とするより基礎的な構成要素を持つ。

(2) 必然的に、個物$x$と存在者$y$について、$y$が$x$を構成するのは、$y$が性質でありかつ$y$が$x$によって例化されているときかつそのときに限る。

(3) 必然的に、個物$x$とそのこのもの性$h$および何らかの性質$F$について、$x$が存在するのは、$h$と$F$

が共に例化され束となるおかげである。

［HBT］の⑴と⑵によれば、個物は他のものに依存せずそれ自体として自立する実体（substance）ではなく、あくまで諸性質の束である。これは個物についての束説（bundle theory）と呼ばれる。さらに⑶から、個物とはこのもの性込みの束であるとされる。こうした描像は、このもの性は個物に依存すると考えるアダムスやイングラムの立場とは大きく異なる。というのも、個物がまず先にあってそこからこのもの性が派生するならば、個物はこのもの性から独立した実体でなければならないからだ。対偶を考えると、個物がこのもの性からの構成物であるならば、このもの性は個物に対して先行せねばならない。つまり［HBT］は［E*D］を前提としてはじめて成り立つ。

ではいよいよ、前節で見たイングラムの理論の(a)と(b)の二つの困難を乗り越える形で、新たな非対称性の原理を構築しよう。まず(b)の問題はこうだった。ソクラテス性とその二階の性質は、ソクラテスその人についての真理を基礎付けない。実体として個物を捉えるならばたしかにそうなるだろう。実体と一階の性質からなる事態と、このもの性と二階の性質からなる事態では、階層がずれているからだ。もちろん現在主義のもとではソクラテスの実体はどこにもないのだから、求められている一階の事態は得られない。

だが私は［HBT］にしたがって、個物についての言明は実際のところ性質の束についての命題を表現していると考える。すなわち「ビリーは歌手である」といった言明は、ビリーを構成するような性質の束についての命題を表現しており、ビリー性と歌手性が共に例化されていることによって真となる。こうした描像からは、二階の性質ないし二階の事態は発生しない。すべてが一階の事態に収まっている（一三八頁図2）。「ソクラテスは哲学者だった」という言明を再度考えよう。この言明の真理は、ソクラテス性が哲学者性

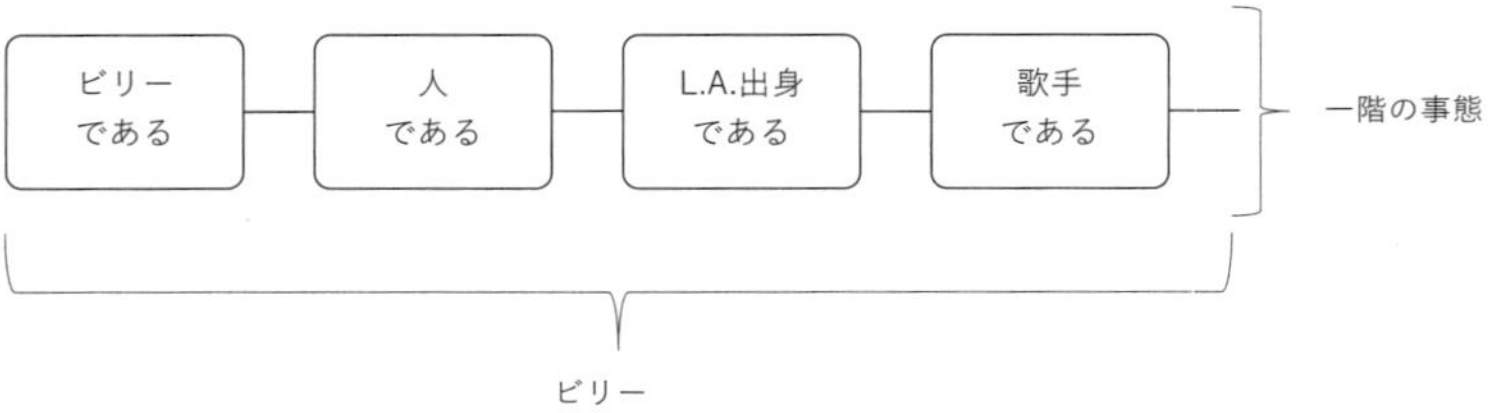


図2

と共にかつて例化されていたことに基礎付けられる。このように考えるなら、我々は性質の束の観点から言明の真理を与えることに成功しているのだから、まさにソクラテス自身について語り、彼が哲学者だったのだと述べることになる。[11]「ソクラテスは哲学者だった」という命題がこのもの性から構成されていたとしても、それはなおソクラテスその人についての真理を担うのである。また、言明はその時制にかかわらず性質の束の観点のみから真理が与えられ、〈真にするもの〉の数はつねにひとつだけである。

さて、以上の議論が成功を収めるならば、(b)は解決される。だがその議論の拠りどころである［E*D］にはある重大な欠陥があるように見える。［E*D］が正しいとすれば、このもの性が基礎的存在者であるがゆえに、未来の個物のこのもの性の存在を棄却するための足場がなくなってしまうのだ。アダムスやイングラムは、還元されない実体としての個物をその足場として、このもの性の未来方向への増大をせき止めていた。そのアンカーが失われ、過去と未来のすべての個物のこのもの性があるならば、非対称性は失われるのではないか。

たしかに、［E*D］の(2)は存在しない個物のこのもの性があることを否定していない。したがって、現在主義が正しいとしても、未来の個物のこのもの性（およびそれにより構成される未来時制の単称命題）が存在するかもしれない。にもかかわらず私は、次のような意味で未来が開かれていると信じる。この世界には、現実のもののこのもの性だけでなく、現実には存在しないが存在したかもしれないあらゆるもの――単に可能であるだけの対象（merely possible object）――のこのもの性が存在すると考えよう。一例として、ヴィトゲンシュタインの娘のこのもの性は今現実に存在する。そして可能的対象を考慮し未来に目を向けると、今後存在することが可能なもののこのもの性が無数に存在することになるだろう。だとすれば、その中から実際に例化されるこのもの性が決まっていなければ、未来は開かれているはずだ。また現在存在するものについては、そのこのもの性が今後どのような性質と共に例化されるかは定まっていない、ということが言える。つまり今後の世界のあり方は、例化の偶然性によって開かれている。(12)

以上のことを別の観点から述べるならこうだ。すべての未来時制の命題は存在するが、そのうち実際に真となる命題は確定していない。たとえば、私が将来一郎という子どもを持つことができるとすれば、一郎のこのもの性も「一郎はラッパーであるだろう」といった命題も今存在する。だが、一郎のこのもの性が例化されるかどうかは定かではなく、したがって一郎についての命題が真かどうかも定まらない。(13)

以上をまとめると、新しく提案された時間の非対称性の原理は次の通りである。

［過去の確定性］
- 今存在する個物 $x$ のこのもの性 $h$ について、$h$ は今例化されており、$h$ と共にかつて例化されていた性質および $h$ と共に今例化されている性質は定まっている。
- かつて存在し今は存在しない個物 $x$ のこのもの性 $h$ について、$h$ は今例化されておらず、$h$ と共にかつて例化されていた性質は定まっている。

［未来の不確定性］

・今存在する個物$x$のこのもの性$h$について、$h$は今例化されており、$h$と共にやがて例化されるだろう性質は定まっていない。
・今後存在することが可能な個物$x$のこのもの性$h$について、$h$は今例化されておらず、$h$がやがて例化されるかどうかは定まっていない。

ただし明らかに、上記の未来の不確定性は、今存在するものの将来のあり方や、未来の存在者が決定されていない限りにおいて成り立つ。翻って言えば、決定論的世界においては(少なくともこのもの性の未来方向への増加をせき止めることができなければ)、過去と未来はどちらも固定されることになる。なぜなら、[E*D]や[HBT]はこのもの性の存在が完全に対称的であることと両立し、これら自体からはいかなる非対称性も導かれないからだ。

私はこのことを、理論の欠点ではないと考えている。私が提案した非対称性の原理は、存在ではなく例化に基づくがゆえに、前節で確認したイングラムの(a)の問題、すなわち存在の非対称性から時間の非対称性を導くという天下りを回避している。率直に言えば、過去・現在・未来のすべての時間ブロックが実在したとしても、[E*D]によるこのもの主義の存在論は成り立つ。私が本稿で示したのは、[E*D]に基づくこのもの性のニュートラルな存在論のひとつの展開として、時間について非対称的な世界が得られるということだ。

## まとめ

まとめよう。本稿の目的は、このもの主義の観点から時間の非対称性の原理を構築することにあった。我々はまず、このもの性の存在の非対称性から時間の非対称性を導くアダムスの考えを確認した。アダムスの主張には二つの問題があり、それは時間ブロックの非対称性をすでに前提としていることと、もののあり方の非対称性を説明できないことだった。こうした問題を解決する試みが、近年イングラムによってなされている。イングラムは、個物に対するこのもの性の非固定的な依存関係と、このもの性と二階の時制付き性質の例化関係を示すことによって、アダムスとは異なる見解を打ち出した。だが我々はこうした見解にもなお不十分な点は残ると考え、新たな非対称性の原理を求めた。それによれば、時間の非対称性はこのもの性の存在ではなくその例化に宿る。我々の考えによれば、可能的対象も含めたあらゆるもののこのもの性が個物に先行して存在しており、このもの性の存在それ自体から非対称性は導かれない。だが、過去の個物のこのもの性が特定の性質とかつて共に例化されたことは定まっている一方で、未来に例化されるこのもの性がどれかは定かではない。こうした見方にしたがえば、少なくとも決定論が否定されるならば時間は非対称性を示す。

## 註

(1)アダムスにしたがえば、ソクラテスは二〇二〇年に存在しないが、ソクラテス性は二〇二〇年に存在するというように、個物とこのもの性が共時的に存在するとは限らない。このことから、このもの性は個物を構成要素に含まないことが示唆される（cf. Adams 1986: p. 320）。というのも、もしこのもの性が個物から構成されるならば、それらはつねに同時にあらねばならないように思われるからだ。なお、のちにみるイングラム（Ingram 2019）はよりはっきりとこのもの性の原初性を主張している。

(2)ここでは、存在するものは何であれ現実にあるとする現実主義（actualism）が前提とされている。仮に現実主義が正しくないならば、ビリーの子どものこのもの性が現在にあり、今後ビリーが子どもを生まないとしても、非現実可能世界に存在するビリーの子どもからこのもの性が作られうる。このとき、［ＥＤ］は破られていない。

(3)アダムスは自らの理論が成長ブロック説的であることを自覚している。彼ははっきりと、「したがって私は、現在主義を棄却し、量化子の範囲は少なくとも現在だけでなく過去のものにも及ぶと理解すべきだと思う」(Adams 1986: p. 322) と述べている。しかし過去が実在するとすれば、なぜ彼はそれに加えて過去の個物のこのもの性が現在にあると考える必要があったのか。その答えは直接与えられていないが、私見では彼はこう考えていたと思われる。単に過去が実在するだけでは、今を生きる我々が過去の個物についての信念や欲求を持ちうることが説明されず、その説明のためには過去の個物のこのもの性が現在にあらねばならない、と。このように解釈することができるのは、アダムスが、「未来の個体についてはどうであれ、過去の個体のこのもの性やとりわけそれらについての単称命題は、命題的態度の対象としてまだ我々に利用可能であるように思われる。我々は、もはや存在しない個体についての単称命題を抱き、主張し、信じることができる。」(*ibid.*: p. 319) と述べているからである。なお、アダムスの解釈や成長ブロック説とこのもの性の関わりをめぐっては、ディケンパー (Dikemper 2009 and 2014) による一連の研究が参考になる。

(4)もちろんビリーの子ども*a*についての言明は存在する。言明は話されたり書かれたりすることによって時空的位置を持って存在する。存在しないのは、その言明が表現しようと試みる、真理の一義的な担い手としての(おそらく時空的位置を持たない)命題である。

(5)特定のビリーの子どもについての単称命題ではなく、「誰であれビリーの子どもは存在するだろう」という一般命題であれば存在する。しかし真ではない。なぜなら、のちに詳しく見るように、ビリーは(そしてビリー性は)、「誰であれ子どもを産むだろう」といった未来時制の性質を今持たないからである。

(6)時制付き性質そのものは、このもの性にコミットしない現在主義者にも受け入れられている。その嚆矢はビゲロー (Bigelow 1996) にあると言える。

(7)なお、本文の図では省略されているが、じつはビリーのこのもの性に対応する二階のこのもの性も存在する。ではなぜイングラムはこのもの性のこのもの性を認めるのか。それは、「ビリーのこのもの性は抽象物である」といったこのもの性それ自体についての命題を分析するためである (cf. Ingram 2019: pp. 122-3)。ビリーについての命題がビリーのこのもの性から構成されるように、ビリーのこのもの性のこのものの性から構成される。そして上記の命題が真であるのは、ビリーのこのもの性のこのもの性が、抽象物のこのもの性であるという三階の性質を持つからである。

（8）イングラムの考えにしたがえば、未来に生じる偶然的な出来事についての命題はすべて真ではない。だがその上で、そうした命題は真でも偽でもない値を持つのか、もしくはすべて偽であるのかについては中立が保たれる（cf. *ibid.*: p. 152）。前者のオプションでは、ウカシェビッチ（Łukasiewicz 1920）が体系化した三値論理のような非古典論理へのコミットメントが避けられないだろう。後者のオプションでは、未来についての命題はすべて必然的な未来について語っていると解釈する見方、いわゆるパース主義へと導かれるだろう。パース主義にしたがいすべての未来時制の命題に必然オペレータがつくならば、決定論が正しくない限り、未来時制の命題はすべて偽である。なお、偶然的未来言明の真理値の扱いについては、エストレムとハスレ（Øhrstrøm and Hasle 2020）が議論の見通しを与えてくれる。

（9）このもの性から個物そのものについての真理を与えることはできないという見解は、マルコジアン（Markosian 2004: p. 11）やモゼルスキー（Mozersky 2011: p. 136）、佐金（2015: pp. 63-4）らによっても表明されている。

（10）ひとつの真なる言明に二つの〈真にするもの〉があることは、そもそも〈真にするもの〉の精神に反すると言える。というのも、一般に〈真にするもの〉の原理は存在者の節減につながる原理として重用されるからだ。我々は「真理は実在に基礎を持つ」と教えるこの原理によって、真なる命題と事実を単純に一対一対応させるのではなく、諸命題の真理をひとつの実在（〈真にするもの〉）によって説明できるようになる。

（11）私はイングラムと異なり、時制付き性質の存在にコミットしていない。性質そのものは時制化されず、このもの性と（時制付きでない）性質の結びつきに対して副詞的に時制が付与される。

（12）可能的対象のこのもの性については、プランティンガ（Plantinga 1976）が積極的にその存在を擁護している。

（13）可能世界を表象として認める現実主義——いわゆる代用主義（ersatzism）——を採用するならば、次のように考えられる。未来についての命題も含む極大無矛盾な命題集合により表象される代用世界のうち、どれが現実化するか（すなわち、すべてのメンバーが真となる命題集合はどれか）は今確定していない。もっとも、過去は固定されているのだから、現実世界と同じ過去を表象する代用世界のみが現実化するチャンスを持つ。なお、バーンズとキャメロン（Barnes and Cameron 2009 and 2011）も現実化する代用世界の不確定性から開かれた未来を考えているが、彼女らは未来の時間ブロックの実在や決定論と開かれた未来が両立すると述べており、私の考えとは異なる部分も大きい。

## 参考文献


1 Adams, R. 1981, "Actualism and Thisness", *Synthese* 49（1）: 3-41.

2 Adams, R. 1986, "Time and Thisness", *Midwest Studies in Philosophy* 11（1）: 315-29.

3 Barnes, E. & R. P. Cameron, 2009, "The Open Future: Bivalence, Determinism and Ontology", *Philosophical Studies* 146（2）: 291-309.

4 Barnes, E. & R. P. Cameron, 2011, "Back to the Open Future", *Philosophical Perspectives* 25（1）: 1-26.

5 Bigelow, J. 1996, "Presentism and Properties", *Philosophical Perspectives* 10: 35-52.

6 Diekemper, J. 2009, "Thisness and Events", *Journal of Philosophy* 106（5）: 255-276.

7 Diekemper, J. 2014, "The Existence of the Past", *Synthese* 191（6）: 1085-104.

8 Ingram, D. 2019, *Thisness Presentism: An Essay on Time, Truth, and Ontology*, Routledge.

9 Łukasiewicz, J. 1920, "On Three-Valued Logic", in L. Borkowski（ed.）, *Selected Works*（1970）, North-Holland Pub. Co.

10 Markosian, N. 2004, "A Defense of Presentism", *Oxford Studies in Metaphysics* 1.

11 Mozersky, M. J. 2011, "Presentism", in C. Callender（ed.）, *The Oxford Handbook of the Philosophy of Time*, Oxford University Press.

12 Øhrstrøm, P. & P. Hasle 2020, "Future Contingents", in E. N. Zalta（ed.）, *Stanford Encyclopedia of Philosophy*.

13 Plantinga, A. 1976, "Actualism and Possible Worlds", *Theoria* 42（1-3）: 139-60.

14 佐金武 2015『時間にとって十全なこの世界』勁草書房。

# 「非対称性を導く原理」を探究するとはそもそもどういうことか

森田邦久

大畑論文ではまず、時間の示す非対称性として、「過去はどうしたって変えられないが、未来にはさまざまな可能性が広がっている」ことを挙げている。そして、「時間がこうした非対称性を示すとすれば、それはどのような原理によって導かれるだろう」と問うている（「まとめ」では「本稿の目的は、このもの主義の観点から時間の非対称性の原理を構築する」とある）。だが、そもそもどのような条件をクリアすればこの問いに答えたことになるのか、目的を達成したことになるのか、を明確に示していないため、大畑の論点とアダムスやイングラムの論点とがずれているように思える。言い換えると、大畑のアダムスやイングラムの議論への批判の説得力が伝わってこないし、したがって大畑の新しい提案の魅力も伝わってこない。

（私の理解では）大畑は、アダムスやイングラムの提案は、時間の非対称性を前提としていて、一方で大畑自身の提案は時間の非対称性を前提としておらず、むしろ未来が開いていないならば自身の提案は反証されうるという点で優れていると主張している。だが、自然科学の主張と違って、形而上学的主張に反証可能性があることがその主張の美徳となるのかは明らかではない。むしろ、論理的に必然（もしくは形而上学的に必然：この2つの相違は難しいが……）な主張を追求するのが形而上学ではないかと個人的には考えているので、反証可能性は美徳とはならないように思う。

さて、まずアダムスは、このもの性に（存在論的に）先だって個物があり、そして過去と現在の個物のこのもの性は現在にあるが、未来の個物のこのもの性は現在にはないとすることによって、非対称性を表現しようとしている。大畑はこれに対して、「アダムスは成長ブロック説にコミットしており、このもの性の存在の非対称性はそこから供給されているにすぎない」と批判する。だが、先に述べたように、そもそも何を解決しようとしているのかが明確でないため、この批判の正当性も明らかではない。アダムスがしていることは、むしろ、成長ブロック説を前提とすると、このもの主義の観点から時間の非対称性が表現できるということではないか（もっとも、そうだとして、そのようなことをする哲学的な意義はわからないが）。そうだとすると、大畑の批判は的外れである。

次に、イングラムはアダムスの［ED］を改良して、現在主義にも適用できる原理［NRED］を提唱する。そして、大畑はこのイングラムの原理に対しても、このもの性の非対称性を前提とすることで、非対称性を「密輸入」しているという。しかし「密輸入」というにはイングラムの非対称性の導入はあからさまであり、またしても、ここで何が目的とされているのかの齟齬が生じているように思える。イングラムもアダムスと同様に、このもの主義の観点から時間の非対称性を表現しようとしているだけではないか？　そうだとすれば、ここでも大畑の批判は的を外しているように思える。

さらに一三四頁では、決定論であっても［AE］が成立することをもって、世界のあり方に対する敏感さが欠如していると批判する。これもよくわからない批判である。むしろ、先にも言及したように、決定論的な世界であっても非決定論的な世界であっても（つまり、どの可能世界でも）成り立つならばそれは形而上学的には利点ではないか？　ここでも、そもそも何が問題となっているのかが明らかでないがゆえに、大畑の批判のポイントがわからないという問題が生じている。

さてしかし、アダムスやイングラムが何をしようとしていたかはおいておくとしても、では大畑が提唱する原理は、大畑自身が目指していた目的を達成できているのだろうか？　ここでも、では大畑自身は何を目指しているのかが明らかではないので判定がしにくい。

大畑は、アダムスやイングラムが、このもの性に先だって個物が存在するとしたのに対して、個物に先だってこのもの性が存在すると主張する。たしかに、このようにすることで、あらかじめ措定されている非対称性がなくなる。しかし結局のところ、一三九-一四〇頁で新たに「過去の確定性」「未来の不確定性」という形で非対称性を導入している。だがこれはまさに大畑自身がイングラムを批判した、非対称性の「密輸入」に他ならないのではないか？　つまり、「過去は定まっていて、未来は開いている」という非対称性を前提としているからこそ、このようなことが言えるのではないか？

もっとも、大畑はそれに対して、イングラムの非対称性が、世界が決定論的であろうが非決定論的であろうが成り立つものであったのに対して、自身のものは決定論的であれば成り立たない、いわば反証可能性があるので優れていると主張するかもしれない。だが、繰り返しになるが、形而上学的原理において反証可能性があることが利点なのかどうかという問題がまずある。

次に、これまた同じことを言うが、そうだとして、この大畑の提案がいったい何をしたことになるのか、がやはりよくわからないという問題がある。これによって未来が開いていて過去が固定されているということが説明されたというよりも、過去が固定されていて未来が開いているならば、一三九-一四〇頁で大畑が言うところの「過去の確定性」「未来の不確定性」が成り立っているということのように思える。つまり、大畑の提案で時間の非対称性を説明できたようにはみえない。

もし世界が決定論的であるならば、「未来の不確定性」のところを

- 今存在する個物 $x$ のこのもの性 $h$ について、$h$ は今例化されており、$h$ と共にやがて例化される性質も決まっている
- 今後存在することが可能な個物 $x$ のこのもの性 $h$ について、$h$ は今例化されていないが、$h$ がやがて

とすれば、特になんの不都合もなく決定論的世界にも適応できる。言い換えると、それは過去が固定されていて未来が開いているという前提からであって、それゆえ、一三九–一四〇頁の「過去の確定性」「未来の不確定性」はいったいどこから出てきたのかというと、それは過去が固定されていて未来が開いているという前提からであって、それゆえ、世界が決定論的であっても大畑の議論に影響はないことになる（上のように書き換えればいいだけ）。

つまり、「過去に何が存在していたかは確定しているが、未来に何が存在するかはわからない」ということを、このもの性という概念を使って言い表しているだけであり、これで何が成し遂げられたのかがわからないのである。繰り返しになるが、「過去に何が存在していたかが確定しており、未来に何が存在するかも決まっている」としても、簡単にこのもの性を使って表現することができる。

もう少し言うと、一三九–一四〇頁の「過去の確定性」「未来の不確定性」が（開いた未来、固定した過去を前提とせずとも）大畑の提案する原理［ED*］［HBT］によって自然に導かれるものであるならば、たしかに、大畑の原理はもし世界が決定論的であるならば否定されることになる。だが、上記のように書き換えれば、決定論的世界でも大畑の原理は維持できてしまう。それゆえ、大畑の提案の、イングラムに対する優位な点が特に見あたらないのである。

これでは非対称性が言い表されていないと言うかもしれないが、それは時間の非対称性を「過去が固定されていて未来が開いている」ということにのみ結びつけてしまっているからである。それゆえ「過去も未来も固定されている」という前提では非対称性が表現できないのは当たり前である。したがって、もし大畑の言うように、イングラムの原理が決定論でも時間の非対称性を表現できているならば、時間の非対称性を

「過去が固定されていて未来が開いている」という点にだけ限定していないだけ、むしろイングラムの方が優れているとも言える。アダムスの提案も同様で、大畑の言うように、アダムスの提案が成長ブロック説に依拠しているとしても、成長ブロック説は必ずしも未来が開いていることを含意しない（存在しなくても「何が存在するか」が決定していることはあり得る）。それゆえ、アダムスも時間の非対称性を「過去が固定されていて未来が開いている」という点だけに限定していないと言える。

もう少し言うと、特にイングラムは存在論的な非対称性も、「過去が固定されていて未来が開いている」という非対称性も前提とせずに、このもの性自身の時間的非対称性で時間の非対称性を表現しているのである。つまり、私がみるところでは（といっても、怠慢にもアダムスとイングラムの論文を読んでいないのだが）、アダムスやイングラムがやろうとしていることは、このもの主義的な時間的非対称性の定義とも言えることをしようとしているのであって、時間的非対称性を導こうとしているわけではないのではないだろうか。この点をもう少し明らかにするべきであった。

# 未来の開放性に関する二つの問い

大畑浩志

時間の非対称性、とりわけ未来の開放性を考えるにあたっては、次の二つの問いを慎重に区別しなければならない。

［Q1］　未来は開かれているのか。
［Q2］　仮に未来が開かれている、あるいは閉ざされているとすれば、それはどのような原理によって基礎付けられるのか。

［Q1］はイエスかノーできっぱりと答えられる問題であり、これは未来の開放性に対する最終審判である。これに対して［Q2］は基礎付けにまつわる問題であり、これ自体は未来が開かれているかどうかに対して中立的である。過去を考えるにあたっては、このような区別への意識はそれほど必要とされない。過去が固定されていることはほとんどの人が認めるであろうから、「過去が固定されていることはどのような原理によって基礎付けられるのか」とさえ問えば良い。(1) だが未来に関しては、開かれているか否か自体が問題となる。

森田は、「大畑の論点とアダムスやイングラムの論点とがずれているように思える」と述べている。たしかに我々は、そもそも答えようとする問題が微妙に異なっている。アダムスとイングラムはどちらも、多かれ少なかれ［Q1］に対して（肯定で）答えようとしている。というのは、彼らは共に［AE］という原理を掲げることによって、過去のこのもの性はあるが未来のこのもの性はないという存在論的差異を世界に認め、それによって「未来は開かれている」ことを保証しようとするからである。

彼らに対して私は、元論文では明確に述べられなかったが（その非は完全に私の能力不足にある）、このもの性の議論のみによって［Q1］に解答を与えることなどできないと考えている。アダムスとイングラム、そして私はみな時間の非対称性に関心を抱いている。しかし我々は、たとえば量子力学は因果的決定論を破るか否か、自然法則は偶然的か必然的か、論理的必然性や因果的必然性とは区別される形而上学的必然性はあるのかどうか、ミクロな世界における決定論がマクロなレベルで（生物の突然変異などによって）破られることはあるのかどうかといったトピックについて何も議論していない。つまり我々は、決定論それ自体について議論をしていない。単にこのもの性の存在とあり方について語っている。私の考えでは、そうした語りから未来の開放性ないし固定性を「論証」し、［Q1］に答えを与えることなどできない。

もちろん、未来のこのもの性の不在が未来の開放性を意味するのだと「規定」することはできる。しかしこのような規定は、はっきりいっていかなる内実も伴わないものである。そのことは、因果的決定論が正しいという仮定のもとでみてとることができる。たとえば、現在存在するユーグレナ（ミドリムシ）$e$が$t$秒後に別のユーグレナ$e'$を生み出すと、決定論的な法則によって一意に予測されたとする。それでもなお［AE］は、$e'$のこのもの性が「ない」と述べることによって、未来の開放性を担保しようとする。このような規定によって心休まるリバタリアンが（あるいは心を掻き乱される運命論者が）数多く存在するとは、私には思えない。我々は誰しも、$e'$の誕生が決定されているのなら、$e'$のこのもの性の有無にかかわらず未来は固定されていると考えるのではないかと思う。［AE］は、未来は開かれているという我々の直観を捉えるものとさえ言えないのだ。

森田は［ＡＥ］に関して、「決定論的な世界であっても非決定論的な世界であっても（つまり、どの可能世界でも）成り立つならば、それは形而上学的に利点ではないか」と記している。[2] この点に関して、私ははっきりと意見を違える。我々の世界が決定論的であったと仮定しよう。その場合においても［ＡＥ］の成立から未来の開放性が規定されることは、先ほど述べたように「いかなる内実も伴わない」か、あるいは少なくとも未来の開放性／固定性に対する因果的決定論の貢献を完全に失わせるという点でまずい帰結をもたらしている。

アダムスやイングラムや私は、量子力学の解釈問題や自然法則の必然性、あるいは形而上学的な必然性を考えているわけではなく、あくまでこのもの性と時間の非対称性の関わりのみを論じている（少なくとも私が取り上げた著作や論文では）。そうである以上、我々三者にできることは、［Ｑ１］と［Ｑ２］を慎重に区別した上で、［Ｑ２］に対して積極的かつ有意義な貢献を果たしつつも、［Ｑ１］に対してはうまく中立を維持できるような原理を見つけ出すことである。[3] 私が元論文で取り組んだのはそのような作業だ。

強調しておきたいが、［Ｑ１］に最終審判を与えず［Ｑ２］に答えようとするこうした探求は、無益な作業ではけっしてない。そのことを確認するために、本書収録の「決定論とは何か」でも登場したキャメロンとバーンズ（Cameron and Burnes 2009）にここで触れておきたい。彼女らは、制限されない二値原理や因果的決定論、そして永久主義といった考えと、開かれた未来が両立すると主張する。ここで詳しく論じることはしないが、その両立は「形而上学的不確定性」のおかげで成立するのだとされる。私がここで彼女たちの議論を取り上げたのは、彼女たちもまた、「未来は開かれているかどうか」という問題にきっぱりと肯定を返そうとしているわけではないからだ。キャメロンらははっきりと、「この論文はすでに開かれた未来のテーゼを受け入れている人に関係するものである」（*ibid.*: p. 304）と述べている。つまり彼女たちは、未来の開放性を前提とした上で、ではそれはどのような原理によって基礎付けられるのかを考えている。その原理

ない」が形而上学的不確定性というわけだ。こうした回答は、二値原理や因果的決定論や永久主義とは関係なく何らかの議論によって、未来が形而上学的に確定される可能性を排除しない。だがしかし、彼女たちの議論が成功を収めるとするならば、永久主義のような見解が開かれた未来と両立することが判明する。これは明らかに重要な達成である。その達成は、永久主義は未来の固定性を含意するのではないかと懸念し、非永久主義的理論を選択した人を転向させるかもしれない。

私が元論文で示したかったのも、このもの主義は未来の開放性と両立するということである。イングラムの段階では、これは十分には示されていなかったと思う。彼はたしかに［AE］や［AW］によって未来の開放性を捉えようとしていた。しかし他方で、元論文で私が触れマルコジアンらも指摘していた「過去の真理の基礎付けについての困難」によって、このもの主義として不整合に陥っていた。それゆえ、森田が述べるように、「アダムスやイングラムがやろうとしていることは、このもの主義的な時間的非対称性の定義とも言えることをしようとしているのであって、時間的非対称性を導こうとしているわけではない」のだと仮定したとしても、その「このもの主義的な時間的非対称性の定義」自体が、マルコジアンらに指摘された困難を内包したものとして提示されていた。私が試みたのは、こうした批判にできる限り応答可能であるような十全なこのもの主義の姿と、時間の非対称性の両立性を示すことだった。すなわち、マルコジアンらの批判を躱すためにはこのもの性は個物に先行せねばならず、そしてだとすれば未来の個物のこのもの性が認められ一見このもの主義は未来の開放性と調和しなくなるように思われるが、しかし「例化の不確定性」によってその不調和は解かれる、それゆえに十全な姿のこのもの主義と開かれた未来は両立する、そのようなことを私は示したかったのだ。

あらためて強調しておくが、私は「未来が開かれている」ことを論証しようとしていない。それゆえ森田が正しく述べるように、私が元論文の最後で掲げた「未来の不確定性」テーゼは、各々の条項の末尾を「決まっている」と修正すれば、決定論的世界に適応する。しかしそれこそが、上で述べた、「「Ｑ２」に対して積極的かつ有意義な貢献を果たしつつも、「Ｑ１」に対してはうまく中立を維持できるような原理を見つけ出すこと」という課題に応えることである。

最後に、「形而上学的主張に反証可能性があることがその主張の美徳となるのかは明らかではない」という点に触れておこう。私は大まかに、「反証可能性」という語に森田が込めた意味を、「アポステリオリに修正されうる」という仕方で理解した。私は上述の点に関して、森田に完全に同意する。形而上学は世界のアプリオリな存在や構造やあり方を探求する営みだと思う。しかし私は、自身の元論文において、「反証可能性」のある主張を行ったという自覚はなかった。たとえば私の主張は、「仮に未来が開かれているならば、今後例化されることが可能なこのもの性のうちどれが例化されるかが定まっていない」とか、「仮に未来が固定されているならば、今後例化されるこのもの性がどれかは定まっている」といったものだった。ここで注意してほしいのだが、私が主張したのはこうした条件文全体であり、そしてこれらの条件文全体に「反証可能性」はない。たしかに私は、このもの性の議論のみから世界にアプリオリな非対称性を与えてはならない（というよりも与えることなどできない）と考えた。だがこのことは、「Ｑ２」に関してアプリオリな原理が与えられないことを意味しない。上の条件文全体は、「反証可能性」のない、アプリオリな対称性ないし非対称性の根拠である。

私の議論は、非常に特殊な立場（このもの主義）に基づく、きわめて限定された目的（「Ｑ１」に中立を保ちつつ「Ｑ２」に答える）に答えるものとして映ったかもしれない。こうした嫌疑に対しては、特にその前半部分に関しては曖昧に頷くことしかできない。しかし私が思うに、我々は誰しも、未来は開かれているのかといった巨大な問題に対して素手で取り組むことはできず、何らかの存在論や概念や論理体系を前提として挑むしかない。そのとき我々の探求課題は、「Ｑ１」ではなく「Ｑ２」へと近づいてゆく。たとえば、永久主義を前提として未来の開放性を考えるならば、「仮に未来が開かれているとするならば、永久主義的観点から、それはどのように基礎付けられるのか」という問いとして（つまり［Q2］的に）精緻化される。そしてこうした問いに答えることは、［Q1］に対して何の貢献も果たさないというわけでもない。たとえば、「永久主義と未来の開放性は両立不可能である」という回答に辿り着いたとしよう。しかし永久主義がその他の点において有望な理論だと判明したならば（たとえば相対性理論との親和性など）、［Q1］への回答はノーとした上で、「では未来は開かれているという我々の錯覚はいかにして生じるのか」という次の問いに進むことができる。これはひとつの哲学的な進歩といってよい。私が前提としたのはこのもの主義であり、これが永久主義に比してマイナーな立場であることは認める。しかし、アダムスやイングラムのようにこのもの主義と時間の非対称性を論じた前例はあり、私の立てた問いにも重要性はあると思う。そして何しろ私は、このもの主義が「その他の点において有望な理論」だと信じている。

## 註

(1)過去が固定されていることと過去が存在することは異なる。多くの現在主義者はもちろん、「過去は存在せず現在と未来が存在する」とする「収縮ブロック説（shrinking block theory）」に親和的なカザーティとトレンゴ（Casati and Torrengo 2011）でさえ、「過去には多くの可能性がある」などとはけっして主張していない。

(2)ここで述べられている「つまり、どの可能世界でも」という補足に関して、私はやや混乱を覚える。現実主義者である私が理解する限り、可能世界とは現実に起こりうる事態を表象する抽象的存在者である。仮に決定論が正しいと判明し、したがって「やがて出来事$E$が起こることが必然である」とされるなら、少なくとも現実から到達可能なすべての世界において$E$が生じているはずだ。$E$が生じないような「非決定論的な世界」はない。もっとも、決定論的な自然法則によって$E$の生起が定められていたとしても、自然法則それ自体が偶然的に変化するという可能性が認められるならば、*E*が起こらない可能世界はあるかもしれない。しかし我々は目下、自然法則の偶然性を自明視しているわけではないし、それを擁護する別立ての論証を手にしているわけでもない。そうした仮定や論証を抜きにして、非決定論的な何らかの極大無矛盾な事態に対して「可能世界」というラベルを貼ったからといって、それが可能となるわけではないと私は思う。

(3) 実際のところイングラムも、「非対称性をどう理解するかについての完全な取り扱いを提案するつもりはないし、リバタリアニズムや宿命論、そして決定論と非決定論といった周辺議論を侵食するつもりもない」(Ingram 2019: p. 6) とはっきり述べていた。しかし他方で、「開放性の非対称性を説明するためには、過去と未来の間の何らかの存在論的差異が必要とされる」(*ibid*.: p. 155) と述べるとき彼は、[AE] という「存在論的差異」によってアプリオリな非対称性を世界に与えてしまう。私が元論文で気をつけたのは、彼と同様の轍を踏まないようにすることだった。

## 参考文献

Casati, R. & G. Torrengo 2011, "The Not So Incredible Shrinking Future", *Analysis* 71 (2): 240-244.

# 未来が開いていないことの論理的証明

森田邦久

## 1　はじめに

本稿では「未来が開いていない」ことの論理的証明を試みる。[1] そのために、まず「いま起きているできごとは、任意の過去において起こることが確定していた」ということを証明しよう。以下ではこれを「運命論」と呼ぶ。第Ⅱ部・序論（以下、序論）で言う「論理的決定論」にあたるが、あとで説明するように、序論で議論されているものとはやや異なるので、ここでは「宿命論」ではなく「運命論」という用語を使おう。序論で紹介された議論では、未来に関する命題にも二値原理が成り立つことが前提とされていたが、本稿での証明は未来命題の二値原理は前提としない。「運命論が成り立つ論理的可能性がある」ということさえ認めれば成り立つような証明である。

運命論を以下のように表現しよう。

［F］　$A \to \mathbb{F}A$

$A$は任意の現在のできごとを表す命題であり、$\mathbb{F}A$は「$A$であることは任意の過去においてすでに確定していた」と読む。それゆえ、[F]は「$A$が真であるならば、$A$が真であることは任意の過去において確定していた」を意味する。たとえば、いま（二〇二一年七月三一日）私は本稿の「はじめに」を書いている。もし[F]が真であるならば、この事実は任意の過去の時点（たとえば一九二一年七月三一日）においてすでにいま（つまり、二〇二一年七月三一日に）真であることが確定していたということである。

ここで注意したいのは、$A$は**必然的に**真ではないということである（序論では「宿命論」は、いま真である命題は必然的に真であるというものだった）。異なる可能世界では$A$は真ではなかったかもしれない。また、[F]は因果的決定論を意味しない。つまり、現在の直前まで現実世界とまったく同じ状態であり、かつ物理法則も同じであるにもかかわらず、（その物理法則が決定論的法則でないならば）現在の状態が現実世界と異なる可能世界がありながら、しかし[F]が成り立っていることはある。すなわち、[F]で否定されているのは、この現実世界の未来が開いていた、ということである。過去において、その世界の過去の時点からみて未来である現在において生じるできごとは$A$しかないということだ。

この私の運命論の定義について異論があるかもしれない。しかしそもそも私たちが興味ある議論は「いま真である（できごとを示す）命題が必然的に真である」ということだろうか？　たとえば序論の第4節で議論された時間モデルと決定論の関係を考えても、私たちが興味があるのは「未来が確定した状態にあるのか、不確定な状態にあるのか」ということではないか？　言い換えると、（既存の宿命論は未来命題の二値原理を前提して議論しているが）むしろ未来命題の二値原理が成り立つか否かこそが私たちの興味のあるところのように思えるし、自由意志の問題を考えるときにも、「この現実世界において」私が何を決断するか既に決まっているかどうかが重要ではないか？　それゆえ、[F]で定義した形の運命論を証明することは意味があることだろう。

さて、次節で［F］の証明を提示するが、これはいわゆる「認識可能性のパラドクス」の証明と同じ構造をしている（Salerno 2009）。また最近、ジャーゴ（Jago 2020）はやはり同じ構造を用いて〈真にするもの〉の全面主義を証明したり、ロス（Loss 2021）は、基礎的な事実が存在しないことを証明したりしている。

## 2 証明

この証明の前提は以下の四つである。

［P1］ $\mathbb{F}(A \land B) \rightarrow \mathbb{F}A \land \mathbb{F}B$

［P2］ $\mathbb{F}A \rightarrow A$

［P3］ $\dfrac{\vdash \neg A}{\vdash \neg \Diamond A}$

［P4］ $A \rightarrow \Diamond \mathbb{F}A$

［P1］から［P3］の前提はほぼ問題がないだろう。［P1］は「（$A$かつ$B$）が真であることが過去において確定していたなら、$A$が真であることは過去において確定していてかつ$B$が真であることも過去において確定していた」ということであり、［P2］は「$A$が真であることが過去において確定していたならば、$A$は真である」ということである。［P3］は運命論の議論とは関係なく一般的に成り立つ。すなわち、$A$でないことが論理的に証明されたならば、それは$A$が不可能であることが論理的に証明されたということで

ある。

問題は［Ｐ４］である。これは「*A*であるならば、*A*であることは任意の過去においてすでに確定していたことは論理的に可能性である」と読む。「論理的に可能である」はかなり弱い前提である。それゆえ、これを否定するのは難しい。なぜなら、運命論が成り立っている、すなわち未来が確定している可能世界が一つでもあればいいからである。言い換えれば、［Ｐ４］を否定するためには運命論が不可能であるということを示さなければならない。だが、私の知る限り、そのような証明は存在しない。

とはいえ、もう少し運命論が可能であることを議論しておこう。第１節で述べたように、既存の運命論の論理的証明が存在する。これらはたとえば「未来においてＰが必然的に真であるか、not-Ｐが必然的に真であるかのいずれかである」もしくは「いま真である命題Ｐは必然的に真である」のような強い主張なので［Ｆ］も含意する。しかし、こうした主張の証明は自明とはいえない前提を用いている点で問題がある。だが同時に、そうした前提は自明とはいえないだけで論理的には真である可能性がある。したがって、運命論は論理的に可能であるといえよう。

しかし、運命論は量子力学と矛盾するのではないだろうか。まず、量子力学そのものがまちがっているという可能性があるので、運命論と矛盾してもそれは運命論が不可能であることを意味しない。たとえば、あらゆる到達可能な可能世界の中にニュートン力学が正しい世界のような因果的決定論が成り立つ可能世界が一つでもあれば、［Ｐ１］は成り立っていることになる。ニュートン力学自体は論理的に整合的な理論なのだから、ニュートン力学が成り立っている可能世界があることを否定するのは難しいだろう。

次に、量子力学が正しいとしても、それは運命論と矛盾するとは言えないことを議論しよう。気をつけるべきことは、量子力学は因果的決定論を否定しているのであって、かならずしも運命論を否定しているわけではないということである。[2] 因果的決定論は、過去／現在の状態によって現在／未来の状態が一意的に決定しているという考えである。それゆえ、因果的決定論は運命論を含意する。しかし、過去／現在の状態によって現在／未来の状態が一意的に決定していないのだとしても運命論は成り立つ。次のような比喩を考えてみよう。

完全にランダムに1か0かを紙に書き出すコンピュータが存在するとしよう（そんなコンピュータはあり得ないという反論はおいておこう。あくまでたとえ話である）。いま、このコンピュータで1と0からなる一〇桁の数列を紙に書き出したとする。それを私が左から右へと読んでいく。現在、六桁目を読んだ。このとき、仮定より七桁目の数値が1か0かは原理的にわからない。だが、すでに七桁目の数値は確定しており、紙に書き出されている。因果的決定論が成り立っていない運命論的世界とはこのようなものである。因果的決定論が成り立っていないのだから、現在の状態から未来の状態を一意的に予測することは原理的に不可能である。だが、それでも未来の状態はすでに確定していることはあり得る。そして量子力学は必ずしもそれを否定していないように思える。たとえば、量子力学の解釈の一つに様相解釈というものがあるが、この解釈では測定前に系の物理量は確定した値を持っていると考える。このことは量子力学がいわゆる「隠れた変数」を持っていることを意味しない。

だが、「未来が確定していない」と量子力学を解釈することも可能ではないか。そのような解釈の一つがいわゆる「標準的解釈」と言われる解釈である。この解釈では、波動関数と言われる関数は系の物理的状態を完全に記述していると考える。それゆえ、ある未来の時刻 $t$ におけるある物理量Qの波動関数を計算したとき、Qの固有関数になっていないならば、時刻 $t$ におけるQは確定していないと考える。しかし、実際に $t$ になってQを測定すると一つの確定した値が得られる。この事実と辻褄を合わせようとすると、測定の瞬間、波動関数は固有関数に「収縮」しなければならない。だが収縮のメカニズムは不明である。

波動関数はシュレーディンガー方程式という方程式によって記述されるが、シュレーディンガー方程式では測定後の波動関数がどうなるかは予測できない。言い換えれば、もし予測できるならば、量子力学において因果的決定論が成り立っているということでもある。それゆえ、この波動関数の収縮はシュレーディンガー方程式以外の物理法則で記述されなければならない。だが、測定時以外の物理状態はすべてシュレーディンガー方程式で記述されるという前提であるから、もし測定時だけシュレーディンガー方程式で記述されるとするならば、なぜ測定時だけ特殊なのかを説明できなければならない。一つの方法は測定過程では人間の意識が介入しており、そしてその介入は物理的過程ではないということである。物理的過程ではないのだからシュレーディンガー方程式では記述できない。しかし、心身二元論、しかも心身因果を受け入れる心身二元論には多くの哲学的問題があり、これを受け入れるのは難しい。

したがって、「標準的解釈」と呼ばれているものの、実際には量子力学の解釈としてこれを受け入れるのは難しく、支持している者はほとんどいないか、いたとしても、次のような主張かそれに類似した主張をしているように私には思える。すなわち、問題としている系だけではなく、環境系も合わせた全体系にシュレーディンガー方程式を適用すると記述できるという主張である。その主張が真である可能性はあると思うが、しかしその場合は量子力学において因果的決定論が成り立っていると主張することと同等である。したがって、運命論とは矛盾しない。(3)

それゆえ、［P4］を否定する理由はない。もし［P4］を否定するならば、否定する側に立証責任があるだろう。というわけで、［P1］から［P4］を用いた運命論の証明（the Novel Argument for Fatalism: NAF）を以下に示す。この論証について一点、注意しておこう。(1)においていきなりこのような前提がおかれていることに読者は戸惑うかもしれない。これは、(4)を導き出したいために形式的においた前提である。すなわち、(4)は(1)の否定になっているので、(1)を前提におくことで矛盾(3)が導かれるならば、(1)が間違っていた、すなわち、(4)が証明されたということである。

| | | |
|---|---|---|
| (1) | $\mathbb{F}(A \land \lnot \mathbb{F}A)$ | 前提 |
| (2) | $\mathbb{F}A \land \mathbb{F}\lnot \mathbb{F}A$ | (1)、［P1］ |
| (3) | $\mathbb{F}A \land \lnot \mathbb{F}A$ | (2)、［P2］ |
| (4) | $\lnot \mathbb{F}(A \land \lnot \mathbb{F}A)$ | (1)、(3)、背理法 |
| (5) | $\lnot \Diamond \mathbb{F}(A \land \lnot \mathbb{F}A)$ | (4)、［P3］ |
| (6) | $(A \land \lnot \mathbb{F}A) \rightarrow \Diamond \mathbb{F}(A \land \lnot \mathbb{F}A)$ | ［P4］ |
| (7) | $\lnot (A \land \lnot \mathbb{F}A)$ | (5)、(6)、モーダストレンス |
| (8) | $A \rightarrow \mathbb{F}A$ | (7)、論理 |

## 3　ありえる反論とそれらへの回答

トゥルーマン（Trueman 2020）は、NAFと同じ議論構造をしているジャーゴとロスの議論へ二つの反論を寄せた。以下ではそれらの反論に対する回答を述べよう。

**［反論1］**　これらの議論の基となった認識可能性のパラドクスとは、「*A*が真であるならば誰かが*A*を知っている」が論理的に可能であるという前提から「*A*が真であるならば誰かが*A*を知っている」

を導き出す議論である。だが「$A$が真であるならば誰かが$A$を知っている」は明らかに偽である。たとえば、私はこの文章を、夏に自宅の窓を背にして書いているのだが、「いま私の後ろの窓に蚊が止まっている」が真であったとしても、そのことをおそらく誰も知らない[4]。

つまり、認識可能性のパラドクスは、むしろ、背理法により、真でありながら誰も知ることができないような命題が存在することを結論する[5]。したがって、NAFは結論を否定することによってむしろ運命論が不可能であることを示しているとも言える。

**[回答]** しかし、認識可能性のパラドクスの場合は、たしかに、その結論がもっともらしくなかったので、そこから前提の否定(誰も知ることができない真理がある)を導くこともっともらしかった。だが、NAFの場合、その結論(運命論は真である)は認識可能性のパラドクスの結論ほどもっともらしくないことはない。

この場合もやはりどちらに立証責任があるのかということになるだろう。まず認識可能性のパラドクスの結論と違い、NAFの結論(すべての真である命題$A$は過去において真であることが確定していた)には明確な反例がない。すでに見たように、量子力学も反例にならない。したがって、結論を否定する作戦を取るならば、何らかの反例をあげるべきであろう。

**[反論2]** たとえば、◎というオペレータを考えてみよう。このとき、◎$A$は「$A$は真であることが過去において確定しておらず、かつ$A$は真である」と読む。すると、「すべてのいま真である命題$A$について、$A$は真であることが過去において確定しておらず、かつ$A$は真である、ことが論理的に

可能である」を認めると、「すべてのいま真である命題$A$について、$A$は真であることが過去において確定していなかった」が結論づけられる。

**[回答]** だが、この場合、NAFにおける[P1]に相当する、$\bigcirc(A \wedge B) \to \bigcirc A \wedge \bigcirc B$がつねに成り立っていない。たとえば$A$はいま真であり過去において真であることが確定していなかったが、$B$はいま真であり過去において真であることが確定していたとしよう。すると、$\bigcirc(A \wedge B)$は真であるが、それにもかかわらず、$\bigcirc A \wedge \bigcirc B$は成り立っていない。

## 4　未来は開いていない

ここまでで「すべてのいま真である命題$A$について、$A$がいま真であることは過去において確定していた」ということを証明した。しかし、未来が開いていないと言うためには「未来で生じるできごとがすべていま（もしくは過去）において確定している」（[F*]）ことを示す必要がある。だが、[F]を示した今、[F*]を示すことは難しくはない。

今日を二〇二一年七月三一日だとしよう。そして命題$A$を「森田は論文を二〇二一年七月三一日に書いている」とする。NAFによると、「森田は論文を二〇二一年七月三一日に書いている」がいま（二〇二一年七月三一日）真であることは、たとえば一九二一年七月三一日には確定したということである。このことは、一九二一年七月三一日が「今」であるときに未来である二〇二一年七月三一日において「森田が論文を書いている」が真であることが確定したということを示している。もしそうでない（一九二一年七月三一日が今であるときに未来である二〇二一年七月三一日に「森田が論文を書いている」が真であったのではない）ならば、[F]はいったいなにを意味しているのかわからない。

しかしもしかしたら、次のようにして反論する読者がいるかもしれない。成長ブロック宇宙説や動くスポットライト説のような過去が存在する時間モデルを仮定しよう。二〇二一年七月三一日が現在であるとき『森田は論文を二〇二一年七月三一日に書いている』がいま（二〇二一年七月三一日）真であることは一九二一年七月三一日には確定していた」（P）とは、現在において過去である一九二一年七月三一日の時点がPという性質をもっているのであって、一九二一年七月三一日が現在のときは一九二一年七月三一日の時点はPという性質をもっていないので、一九二一年七月三一日には未来が確定していなかった。だが、そのような反論は有効だとしてもほんの少しの修正で対処できる。すなわち、［F］を「すべてのいま真である命題Aについて、Aがいま真であることは任意の過去の時点が現在であるときに確定していた」とすればよいだろう。

しかし、こうした議論は未来の命題に二値原理が適用できることを前提としていないか？　そうではない。むしろ、以上の議論で未来の命題にも二値原理が適用できることが証明できたのだ。以上のようにして、未来のできごとは過去／現在においてすでに確定している、それゆえ、未来は開いていないということが論理的に証明された。

**註**

（1）本稿は、Morita（2023）を基にしたものである。また、本稿での議論は、森田（2024）の第三章においても非専門家向けに解説している。

（2）ボーム解釈や多世界解釈などは因果的決定論すら否定していない。

（3）以上の議論はMorita（2020）も参照にせよ。なお、私はMorita（2022）において、量子力学ではむしろ運命論にならざるを得ない（運命論と解釈することが可能ではなく）ということを議論している。

（4）もちろん、この例だけだと「いや、もしかしたら誰かが見てるかもしれないじゃないか」というかもしれないが、これはあくまでたとえばの話であり、同じような命題を考えるとどれかは実際に「真であるが誰も知らない」ような命題があるはずである。

（5）もちろん、これに対して誰にも知られないならばそれは真でも偽でもないという立場をとることでこの結論（誰にも知ることが不可能な真理が存在する）を避けることができる。ただ、この立場は真理の反実在論でも強い立場である。

## 参考文献


Jago, M. 2020, "A Short Argument for Truthmaker Maximalism", *Analysis* 80（1）: 40-4. https://doi.org/10.1093/analys/anz064.

Loss, R. 2021, "There Are No Fundamental Facts", *Analysis* 81（1）: 32-9. https://doi.org/10.1093/analys/anaa008.

Morita, K. 2020, "Did Bohr Succeed in Defending the Completeness of Quantum Mechanics?" *Principia: An International Journal of Epistemology* 24（1）: 51-63. https://doi.org/10.5007/1808-1711.2020v24n1p51.

Morita, K. 2022, "Why the Future Cannot Be Open in the Quantum World", *Principia: An International Journal of Epistemology* 26（3）: 585-95. https://doi.org/10.5007/1808-1711.2022.e84794.

Morita, K. 2023, "A Novel Argument for Fatalism", *Manuscrito* 46（4）. http://doi.org/10.1590/0100-6045.2023.V46N4.KM

Salerno, J. 2009, "Introduction", in J. Salerno（ed.）, *New Essays on the Knowability Paradox:* 1-10. Oxford Scholarship Online. https://doi.org/10.1093/acprof:oso/9780199285495.003.0001

Trueman, R. 2020, "Truthmaking, Grounding, and Fitch's Paradox", *Analysis* 81（2）: 270-74. https://doi.org/10.1093/analys/anaa042.

森田邦久 2024『哲学の世界――時間・運命・人生のパラドクス』講談社現代新書。

# 未来が開かれている(かもしれない)ことの論理的証明

大畑浩志

本稿において私が主張したいのは、ただひとつのシンプルなことである。すなわち、森田が自らの運命論的見解を擁護するために用いたものと同様の論証から、開かれた未来と両立するような見解を引き出すことが可能である。

森田は「任意の現在のできごとを表す命題」として$A$を置き、さらに「〜は任意の過去においてすでに確定していた」というオペレータとして「$\mathbb{F}$」を導入する。以上から、次のテーゼが運命論として掲げられる。

［F］　$A \rightarrow \mathbb{F}A$

［F］によれば、$A$が（現在において）真であるならば、$A$の真理は任意の過去の時点において確定していた。森田はこれを「認識可能性のパラドクス」型の論証によって証明している。

さて私は、$\mathbb{F}$に対して、「〜は現在においてのみ確定する」というオペレータとして「$\mathbb{N}$」を考えたい。すると、「$A$が真であるならば、$A$が真であることは現在においてのみ確定する」というテーゼを次のように表現できる。

［N］　$A \rightarrow \mathbb{N}A$

［N］によれば、今真であるような命題$A$の真理は現在において確定していて、現在以外の時点で確定したのではない。［N］は$A$が過去の時点ですでに確定していたということを許さないから、［F］と［N］は明らかに両立しない。

しかし森田が［F］の証明で用いた「認識可能性のパラドクス」型の論証は、［F］と同じく［N］も導出してしまう。論証の形式自体は彼の論文で詳細に記されているため、ここではその前提だけ確認しておこう。以下では森田と同様に、$A$のほかに$B$もまた現在のできごとを表す命題として置く。

［P*1］　$\mathbb{N}(A \land B) \to \mathbb{N}A \land \mathbb{N}B$
［P*2］　$\mathbb{N}A \to A$
［P*3］　$\dfrac{\vdash \neg A}{\vdash \neg \Diamond A}$
［P*4］　$A \to \Diamond \mathbb{N}A$

［P*1］は、「$A$かつ$B$が真であることが現在においてのみ確定しているならば、$A$が真であることは現在においてのみ確定しており、かつ$B$が真であることは現在においてのみ確定している」と述べる。これは真である。たとえばこの後件を否定するような、「$A$の真理は現在においてのみ確定するが、$B$の真理は過去の時点で確定していた」という状況を考えよう。この状況において前件の真理値はどうなるだろうか。私は、前件の真理値は偽であり、この状況は［P*1］の反例を形成しないと考えている。たとえ$A$と$B$が両方現在

のできごとを表していたとしても、その各々の真理が過去と現在で確定するのであれば、「AかつB」は二つの時点で確定しており、現在においてのみ確定するわけではない。もちろん、「AかつB」が真であるのは時間の順序から現在においてとなるが、しかし目下重要なのは真理を確定させる要因であり、それらが異なる二時点にあることは疑いない。(1)

また「P*2」は、「Aが真であることが現在においてのみ確定するならば、Aは真である」と述べる。これは問題なく成り立つ。また「P*3」は（森田が正しく述べるように）一般的な論理的真理である。「P*4」については、森田が$\mathbb{F}A$を論理的に可能だとみなし「P4」を仮定している以上、私にもまた$\mathbb{N}A$が論理的に可能だと仮定する権利があるだろう。すなわち、Aが真であるならば、Aの真理が現在においてのみ確定することは論理的に可能である。

ただここで一点述べておきたいことがある。私は率直に言って、「P4」およびその対応物としての「P*4」に理解の難しさを感じている。仮に、$\mathbb{F}$が必然オペレータ「□」と同じものであり置き換えられるのであれば、「P4」は「A→◇□A」となり、これは標準的な様相論理体系S5のもとで「A→□A」と同値である。また「F」も「A→□A」となり、「F」と「P4」は同じ主張となる。「F」を導くために「P4」を置くことは論点先取であるし、また「A→□A」は論理的真理とは言えない。そのような認識を共有した上で、しかし森田は、$\mathbb{F}$は□とは異なるがゆえに問題はないと考えている。すなわち、ある命題が「任意の過去において確定していた」ということと「必然的である」ことを区別し、前者が成り立つ論理的可能性は誰もが認めると主張している。しかし本当に、$\mathbb{F}$と□は異なるのだろうか。Aが任意の過去において確定していたということは、Aが不可避だということであり、それは「Aでないことは不可能だ」（¬◇¬A）つまり「必然的にAだ」（□A）を意味するのではないか。このような疑念は$\mathbb{N}$にも向けられうる。Aが現在においてのみ確定するとしても、Aでないことが不可能であるならば、やはり「$\mathbb{N}A$」は「□A」に他ならないということになろう。こうした解釈の余地がある限り、未来の不可避性と必然性の区別をつける何らかの形而上学を紛れ込ませることなく、[P4]や[P*4]を「論理的真理」と認めるのは難しいと考えている。[2] たとえば、様相を可能世界で分析せず個体の本質や傾向性に基礎付けるような本質主義(cf. Fine 1994)や傾向性主義(cf. Vetter 2015)のもとでは、不可避性と必然性は限りなく近づくはずだ。[3] だがここでは議論の都合上、[P*1]から[P*4]までのすべての前提を認めることにしよう。これらから「認識可能性のパラドクス」型の論証は通ることとなり、[N]は証明される。

もっとも[N]は、単独で未来の開放性を保証するものではない。一例として、因果的決定論が正しく「明日海戦が起こるだろう」といった偶然的な未来命題が今真であるならば、その真理が現在においてのみ確定するとしても未来は開かれていない。あるいは形而上学の議論の中で、未来の実在を認める存在論が勝利を収めるかもしれない。こちらのケースでは、未来は実在ブロックとして「ある」のだから、[N]が正しいとしても未来は開かれていないと思われる。

だが因果的決定論や未来の実在性は、あくまで物理学や科学哲学、形而上学の議論の中でその成否が問われるものである。そしていま我々は、あくまで論理法則のみによって未来の(非)開放性にコミットできるかどうかに関心を持っている。先ほど見たように、[N]は開かれた未来を含意しないが、かといってそれを否定することもない。現在主義や成長ブロック説が正しく、かつ偶然的な未来命題の真理は確定していないという見解と[N]は両立する。

いま我々の手元には、[F]と[N]という矛盾をきたすテーゼがある。少なくとも「認識可能性のパラドクス」型の論証のみによっては、このうちの一方に軍配をあげることはできず、これ以上先に進むことはできない。つまりこのタイプの論証から、未来が開かれているかどうかという問題に対する積極的な貢献を引き出すことはできないのだと思われる。付け加えて言えば、この論証はあまりに多くのことを証明してしまえる。たとえば、「〜は一分前において確定し、それ以外の時点で確定するわけではない」というオペレータを考えよう。これもまた［$\mathrm{P}^{*}1$］から［$\mathrm{P}^{*}4$］に相当する前提をパスする。これを$A$に作用させると、「$A$が真であることは一分前に確定し、それ以外の時点で確定するわけではない」となる。すぐ予想されるように、このようなオペレータは「〜は$n$分前において確定し、それ以外の時点で確定するわけではない」（$n$は任意の実数）という形で無数に作ることができる。しかしこれらがすべて［F］や［N］のようなテーゼとして証明されるとすれば、相互に矛盾する無数のテーゼが証明されてしまう。

私は形而上学の問題一般に対して、「認識可能性のパラドクス」型の論証が実質的な貢献を果たすことに懐疑的である。とはいえ本稿の目的は、このタイプの論証それ自体の正当性や意義を深く検討することではない。少なくともここでは、開かれた未来と両立可能な［N］というテーゼがこの論証から導かれるがゆえに、［F］と［N］のどちらが正しいのかについてはまた科学や形而上学の議論になることを確認できれば十分である。我々はおそらく、多くの知見を携えた上で振り出しに戻ったのだろう。

**謝辞**　本稿執筆にあたっては、雪本泰司氏から有益なコメントを数多くいただいた。この場を借りて厚くお礼申し上げる。

## 註

（1）現在主義を前提とすれば、「$A$かつ$B$」の真理の確定は現在においてのみ行われるではないか、と思われるかもしれない。その通りである。しかし現在主義においては、「$A$の真理は現在においてのみ確定するが、$B$の真理は過去の時点で確定していた」という［$\mathrm{P}^{*}1$］の後件否定的状況がそもそも厳密には成り立たない。現在主義はあらゆる真理を現在に基礎付けるから、「$B$の真理は過去の時点で確定していた」ということを文字通りには認めない。これと同様の事態は、「$B$が成り立つ世界だろうという未来時制の性質を持つ世界だったという過去時制の性質を今持つ」といった仕方で現在の観点から表現される。

(2)不可避性と必然性を区別しうるような理論としては、シンレッドライン理論（cf. Borghini and Torrengo 2013）が挙げられるだろう。詳しくは第II部序論「決定論とは何か」を参照。

(3)より正確に言えば、一般に本質主義や傾向性主義においては論理的な様相と形而上学的な様相が峻別されるから（cf. Fine 2002）、実在と関わりのあるような形而上学的必然性と不可避性が近づく。翻って言えば、論理的に可能だが形而上学的に不可能な状況に頼って何かしらの結論が導かれたとしても、それが我々の世界について何かを教えるテーゼだとは言えない。バード（Bird 2007）による「自然法則が現実と異なる可能性」、ウィギンズ（Wiggins 2001: pp. 64-8）による「ロトの妻が塩柱にされた可能性」、クリプキ（Kripke 1980: pp. 128-9）による「水が$H_2O$ではない可能性」などはすべて、おそらく論理的な矛盾を含まないだろうが、彼らが形而上学的に不可能だとみなす例である。

## 参考文献


1 Bird, A. 2007, *Nature's Metaphysics*, Oxford University Press.

2 Borghini, A. & G. Torrengo 2013, "The Metaphysics of the Thin Red Line", in F. Correia & A. Iacona（eds.), *Around the Tree*. Springer.

3 Fine, K. 1994, "Essence and Modality", *Philosophical Perspectives* 8: 1-16.

4 Fine, K. 2002, "Varieties of Necessity", in T. S. Gendler & J. Hawthorne（eds.), *Conceivability and Possibility*, Oxford University Press.

5 Kripke, S. 1980, *Naming and Necessity*, Harvard University Press.

6 Vetter, B. 2015, *Potentiality: From Dispositions to Modality*, Oxford University Press.

7 Wiggins, D. 2001, *Sameness and Substance Renewed*, Cambridge University Press.

# 開いた未来の不可能性の論証

森田邦久

大畑のコメントによると、私が運命論的見解を擁護するために用いたものと同様の論証から、開かれた未来と両立するような見解を引き出すことが可能であるという。しかし、この大畑の批判は本論のトゥルーマンの反論2と本質的に同型のものであり、したがって、すでに本論においてトゥルーマンへの回答として示されている。もっとも、大畑はここにさらに自身の立場を前提とすることによって、この論証（開かれた未来と両立するような見解を引き出す論証）を擁護しようとするが、**論証の前提として用いられる命題はさらなる前提を（なるべく）必要としないものであるべき**である。だが大畑は、「時間をまたぐ〈真にするもの〉は存在しない」という前提を「前提の前提」として用いてしまっている。それゆえ、(1)「開かれた未来と両立するような見解」の論証は失敗しているか、少なくとも説得力に欠ける。さらに、(2)かりに大畑の提案を受け容れたとしても、むしろそれは「開いた未来の不可能性」の論証になることも議論する。

まず、(1)について、より具体的に説明しよう。論点となっている前提は［$P^*1$］、すなわち$\mathbb{Z}(A\land B)\to\mathbb{Z}A\land\mathbb{Z}B$で、大畑はこれが真であると述べるが、少なくともつねに真ではない。なぜなら、「$A$かつ$B$がいま真であることが現在において**のみ**確定している」（$\mathbb{Z}(A\land B)$が真である）状況でも、たとえば$B$がいま真であることが現在において**のみ**確定しているわけ**ではない**状況（$\mathbb{Z}B$が偽）があり得るからだ。すなわち、たとえば、$B$は過去においていま真であることが確定している場合である（$\mathbb{Z}B$が偽）。

この反論に対する大畑の再反論は、私なりに要約すると、「$A$かつ$B$が真であるためには、$A$も$B$もともに現在において〈真にするもの〉を持たなければならないが、『*B*がいま真であることが過去において決定している』のならば、*B*の〈真にするもの〉は過去にあり、現在にはないので、このような反例は成り立たない」というものである。しかしこの再反論はあくまで「時間をまたぐ〈真にするもの〉はない」という立場に立ったときにのみ有効である。もちろん、そのような見解が一般的でもっともらしいならば、それを受け容れることも可能かもしれないが、時間をまたぐ〈真にするもの〉がないことはかならずしも哲学界で一致して支持されている見解ではない（そもそも〈真にするもの〉理論ですら一致して正しい理論とみなされているわけではない。本書第Ⅳ部ではまさにそこが論点になっている）。それゆえ、たとえば、「*B*は過去においていま真であることが確定していて、かつ*B*は現在においても〈真にするもの〉をもつ」ことができるならば［P*1］は成り立たない。そもそも、すでに述べたように、*A*が真であることが現在においてのみ確定しているのだとしても、*B*が過去においていま真であることが確定しているならば、「*A*かつ*B*が真であることが現在においてのみ確定している」が真であること（つまり［P*1］が成り立たないこと）は直観的であり、それが成り立たないような立場を持ってくることの方が不自然である。そういう意味でも、［P*1］は論証の前提として疑わしい。

だが、かりに［P*1］を前提として受け容れたとしても、今度はこの議論はむしろ開いた未来の不可能性を示していることを議論しよう(2)。そもそも、このタイプの論証において、［P4］の「*A*ならば、*A*であることが過去において決まっていた可能性がある」という前提をある程度、正当化することが重要である（私の本論でもこの部分にある程度の紙幅を割いている）。しかし、大畑の議論ではこの前提に対応する［P*4］を「森田が𝔽*A*を論理的に可能だとみなし［P4］［A→◇𝔽A］を真だと仮定している以上、私にもまたℕ*A*が論理的に可能だと前提する権利があるだろう」という簡潔な議論で済ませてしまっている。だが、この前提が問題になるのだ。

すなわち、［$\mathrm{P}^{*}1$］が真であるならば、「（あらゆる$A$について）$A$が真であるならば、$A$が真であることは現在においてのみ確定される」という結論が導かれるが、これは偽であるので、議論の前提のいずれかが間違っているということになり、（［$\mathrm{P}^{*}1$］を真とする以上）［$\mathrm{P}^{*}4$］が偽であるとみなさざるを得ない。つまり、未来が開いていることは不可能なのである。

たとえば、かりに量子力学の標準的な解釈、すなわち、測定前の物理量Qの測定値は**つねに**確定しているわけではない、という解釈をとったとしよう。すると、未来は開いていることになるのではないかと思うかもしれないが、この解釈はあくまで、測定前の波動関数がQの固有関数になっていない場合には測定値が確定しないというだけで、波動関数がQの固有関数になっているならば、その固有値が測定値である。たとえば、運動量は、運動量の保存則から、外力を受けない限り、同じ値をとっているので、EPR型の測定で運動量を測定したならば（その値を$a$としよう）、その値は、外力を与えない限り、いつ測定しても$a$となる（つまり、$A$が真でありながら、$A$が真であることが過去において確定している場合もある）。

この議論で前提とされているのは運動量保存則（もしくは、今回は運動量を例として挙げたが、そのほかの保存量であるならなんでもいい）の正しさであり、量子力学の正しさではないことに注意されたい。つまり、運動量保存則という物理学ではかなり信用のおける法則を前提としている。運動量保存則は、ネーターの定理という数学的な定理によって、系の空間並進対称性と関連づけられている。空間並進対称性とはある系を空間的に移動してもラグランジュアンが変化しないということである。もっと簡単に言うと、どこでも同じ物理法則が成り立つということである。**これは物理学をやっていくうえで前提とせざるを得ないもの**であることは言うまでもないだろう。

もちろん、「それは物理学の都合で、本当はそんなもの成り立っていないかもしれないじゃないか」と強弁することはできる。しかしここで考えてほしいのは、［$\mathrm{P}^{*}1$］や［$\mathrm{P}^{*}4$］のもっともらしさと、空間並進対称性のもっともらしさではどちらが高いかということである。私はどう考えても後者だと思うし、もし前者だと言うなら、それなりの正当化が必要となるだろう。

最後に、もう一つ、大畑が指摘している𝔽と□の違いについてリプライしておこう。すでに本論で書いている以上のことはないのだが、論理的必然は、可能世界を用いた解釈ではあらゆる可能世界で正しいということであり、𝔽はこの現実世界でのみ成り立つということであるので、大きな違いがある。それが「P４」を正当化する際の量子力学の議論とかかわるわけだが、量子力学では量子力学を完全な理論と前提する以上、この現実世界と異なる可能世界がありうる。多世界解釈をとったところで、「ほかの世界」を可能世界と考えると（様相実在論的に考えると）、この世界で起きた出来事に必然性はない。だが、そのうえで、さらに「この世界での未来が開いているか、確定しているか」という問いは成り立つ。それが本論で議論していることであり、本論で定義した運命論は、この意味である。

# III　死の形而上学

# 死はいつ悪いのか

佐々木涉

## 1　はじめに

もし死によって私たちの存在が完全に消滅してしまうのならば、死はとても悪いことのように思われる。しかし、古代哲学者のエピクロスはそうした考えを次のように否定する。

だから、死は、もろもろの災厄のなかでも最も恐ろしいものとされてはいるが、実は、われわれにとって何ものでもないのである。なぜなら、われわれが現に生きて存在しているときには、死はわれわれのところにはないし、死が実際にわれわれのところにやってきたときには、われわれはもはや存在していないからである。したがって死は生きている人びとにとっても、また死んでしまった人びとにとっても何ものでもないのである。（エピクロス 1994 p. 301）

何かが悪いとすればそれが悪い時点が存在するはずだが、死が悪いと思われる時間には、死者はもはや存在しない。それゆえエピクロスは、死の悪さを被る主体は存在せず、死は悪いものではないと結論づける。

しかし、私たちが死を恐れたり、死にゆく人の不幸を想像して不憫に感じたり、死者を弔ったりするのは、死が死ぬ人当人にとって悪いという考えに（少なくとも部分的には）根拠づけられているだろう。それゆえ、この結論は多くの哲学者にとって受け入れ難いものとみなされてきた。これまで、さまざまな哲学者がエピクロスに反論を加えようと試みてきたが、Nagel（1970）によってこの問題が分析哲学に導入されると、議論は様々な側面から展開することとなった。とくに「いつ、死が悪いのか」という問題は、分析形而上学の種々の道具立てを用いることで様々な解決策が与えられるようになった問題である。この問題は、現在ではタイミング問題（Timing Puzzle）と呼ばれて整理され、死の哲学の最も主要なテーマの一つとなっている。

第Ⅲ部では、このタイミング問題を巡って、死が死後に悪いという立場である死後説（Subsequentism）とそれに反対する立場で論争を行う。そこで本稿（序論）では、死後説を含むタイミング問題の主要な学説とその対立構図を整理することにする。構成は次のようになる。まず次節では議論の展開に必要ないくつかの前提や道具立てなどの予備的考察を行う。第3節では、死後説の検討を行い、その内容と問題点を整理する。第4節では、死後説の代替案を評価するため、死後説以外の選択肢を検討し、その内容と問題点を整理する。

## 2　予備的考察

前節のエピクロスの論証をタイミング論証とよぶことにすれば、死後説はタイミング論証の前提のいずれかを否定しその結論を拒否する立場の一つである。そこで、本節ではまずタイミング論証を正確に考察する上で必要となる予備的論点を整理する。2・1では本稿が扱う「死の悪さ」に関して議論のために前提とされる六つの点を明示する。2・2ではタイミング論証を正確に特徴づけ、ありうる応答を分類する。

## 2・1　死の悪さ

本稿では死の悪さに関して、議論のために以下の六つの点を前提とする。

第一に、本稿で死の悪さとして議論されるのは、特定の人物の具体的な出来事としての死そのものの悪さのことであって、死にゆく過程における（身体的・精神的）苦痛の悪さや「どんな人間もいずれ死ぬ」のような一般的事実に関する悪さではない。

第二に、本稿では、死ぬと、人は存在しなくなると仮定する。[1] それゆえ、主体の意識がなんらかの形で死後も継続したり、主体の存在が死体として死後も存続したりする可能性を否定する。ただし、これは議論のための仮定であり、本稿でその是非を論じるわけではない。

第三に、タイミング問題が扱うのは、死ぬ人当人にとっての死が悪いかどうかであり、ある人の死が残された家族や友人、あるいは社会や世界にとって悪いかどうかについては争われていない。

第四に、このような主体にとっての良さ／悪さ（good for/bad for）は「福利（well-being）」と呼ばれるカテゴリにおける価値（反価値）である。[2] 福利とは、ある人の人生（やその一期間）が、その人自身にとって、どの程度良い（悪い）状態にあるかを示す価値である。何が福利の水準を増進させるかに関しては、さまざまな理論が提案されている。例えば、単純な快楽説は、主体の福利の水準を増進させるのは「主体が快楽を得ている」という事態のみであり、減退させるのは「主体が苦痛を得ている」という事態のみであると考える。

第五に、以降の議論で重要となる価値に関する区別を導入する。まず、内在的価値（intrinsic value）は、何かがそれ自体で（in itself）もつ価値のことであり、例えば「私は快楽を得ている」は内在的に良い事態であると言える。[3] 内在的価値ではない価値を外在的価値（extrinsic value）といい、そのうち反事実条件的な比較によって定まる価値を総合的価値（overall value）と呼ぶ。例えば、ある治療に苦痛が伴うとしよう。「私が治療によって痛みを感じている」という事態は内在的に悪い事態だが、もしこの治療を受けなければ、（病気が悪くなって）もっと大きな苦痛を感じることになるならば、この治療を受けることは、私にとって総合的には良いことだと言える。このような価値を、総合的価値と呼ぶ。

第六に、本論では、標準的な見解に従って、内在的価値の担い手（bearer）を事態のような構造的な存在者（とその複合物）だと考える。[4] 事態やその複合物の価値は次のように定まる。まず、もっとも基本的で非派生的な価値をもつ事態、すなわち、自らの価値がその真部分の価値に依存しないような事態を、価値原子（value atoms）とする[5]（Bradley 2009 pp. 5-6）。この価値原子を用いることで、世界や時点のような内在的価値も、事態の複合物の価値として求めることができる。すなわち、ある世界 $w$ の主体 $S$ にとっての内在的価値は、$w$ において成立している全ての価値原子の $S$ にとっての価値の総和であると解釈できる。[6] また、ある時点の価値についても、世界と同様にその時点に成立している価値原子によって以下のように定められる（Bradley 2009 pp. 89-90）。

**時間の内在的価値**（Intrinsic Value at Time, IVT）：主体 $S$ にとってのある時点 $t$ の内在的価値＝ $t$ において成立している全ての価値原子の $S$ にとっての価値の総和

以上の六点を踏まえた上で、２・２ではタイミング論証を詳しく検討する。

## 2・2　タイミング論証

次にタイミング論証を整理し、エピクロスに対抗する立場からのありうる応答を分類する。まず、タイミング論証をもっとも単純な仕方で定式化すると次のようになる。

［P1］何かが悪いとすればそれは特定の時間において悪い。
［P2］死が悪い時点は存在しない。
［結論］死は悪くない。

［結論］を否定するためには［P1］か［P2］のいずれかを否定しなければならない。［P1］を否定して応答するのが無時間説である。［P1］を否定しない場合は［P2］を否定する必要がある。ここで、［P2］はさらに次のような論証によって支えられている。ゆえに、［P2］を否定する立場は、以下の［T1］～［T7］のテーゼいずれかを否定しなければならない。

［T1］どんな出来事も、それが悪いのは、それが生じた後の時点に限る。
　［T1］より、
［T2］どんな出来事も、それが生じる前の時点においては悪くない。
［T3］どんな出来事も、主体が存在しない時点においては悪くない。
［T4］すでに死んでいる人は存在しない。（終焉テーゼ）

| 立場 | 死の悪さを被る時点 | 否定する前提 |
|---|---|---|
| 無時間説(Atemporalism) | 死は無時間的に悪い | P1 |
| 生前説(Priorism) | 死は死の前の時点において悪い | P2(T1, 2, 5) |
| 同時説(Concurrentism) | 死は死と同時点において悪い | P2(T7) |
| 死後説(Subsequentism) | 死は死の後の時点において悪い | P2(T3, 6) |
| 融合時点説(fusionism) | 死は死の前と後の時点の融合において悪い | P2(T7) |

表1

［T2］より、

［T5］死の前の時点において死は悪くはない。

［T1］［T3］［T4］より、

［T6］死の後の時点において死は悪くはない。

［T7］死が悪いとすれば、それは死の前か後の時点に限る。

それゆえ、［T5］［T6］［T7］より、

［P2］死が悪い時点は存在しない。

［T1］を肯定して、［T3］を否定するのが死後説であり、［T3］を肯定して、［T1］そしてその帰結である［T2］を否定するのが生前説である。同時説や融合時点説は［T7］を否定して、生前や死後以外で死の悪さを被る時点があると主張する。上表では、タイミング問題に関して現在提出されている主要な立場を、それぞれが論証のどのテーゼを否定するのかに応じて分類した。それぞれの立場の是非については次節以降で個別に検討する（表1）。

## 3　死は死後に悪いのか

本節では、死は死後に悪いと主張する死後説の主張内容とその問題点を指摘する。そのためにまず3・1では死の悪さの説明として死後説が依拠する剥奪説と時間の比較的価値という考え方を導入し、3・2において時間の比較的価

値に基づいて展開される死後説の主張の詳細、およびその問題点を整理する

### 3・1　剝奪説と時間の比較的価値

死がいつ悪いのかを述べるためには、なぜ死が悪いのかを説明できなければならない。また、その説明は、場当たり的なものであってはならず、死以外の悪さと死の悪さを矛盾なく説明できるものでなくてはならない。なぜなら、エピクロスの主張の眼目は、私たちが普通悪いと考えるものから導き出される悪さの説明は、死が悪い時点を指摘できないということだからである。本小節では、この条件を満たす適切な死の悪さの説明として、（しばしば標準的とみなされる）剝奪説と時点の比較的価値という考え方を導入する。

剝奪説（Deprivation Approach, DA）とは死の悪さを死によって剝奪された生の良さによって説明する考え方であり、現在では、次のような出来事一般の価値に関する反事実条件文として表現される。(7)

DA：主体$S$にとっての出来事$E$の総合的価値は、（現実の）$S$の福利の量と、もし$E$が生じなかったならば、$S$が得られたはず福利の量の差である。

DAはより正確には次のように可能世界の価値の比較として表すことができる。

DA（可能世界バージョン）：ある世界$w$における出来事$E$の主体$S$にとっての総合的価値＝$w$の$S$にとっての内在的価値－《マイナス》$E$が生じていない$w$にもっとも近い世界$w^*$の$S$にとっての内在的価値

例えば、いま私が誰かに毒を盛られたとする。私は毒を盛られたことで体調を壊したり、解毒のための治療費が嵩んだりする他に、予定していた仕事をキャンセルしたり、友人と会う約束を反故にしたりすることになるかもしれない。後者の事態は、内在的には悪い事態ではないかもしれないが、ＤＡによって、総合的には悪いことだと説明できる。

同じように、死によって私たちが存在しなくなってしまうならば、主体にはいかなる内在的に悪い事態も生じないが、もし生き延びていれば、成立したはずの様々な良い事態があることによってその悪さを説明できる。例えば、私が毒をもられた結果、死んでしまったとする。もし、死なければ、来週友人と食事をして、週末京都に出かけることができたはずである。こうした諸事態は、私の快楽や欲求の充足として私の福利の水準を増進させただろう。剝奪説は、こうした、得られたはずの福利の総量こそが、私が今死ぬことで被る死の悪さなのだと説明するのである。

ここで、ＤＡ（可能世界バージョン）によれば、主体$S$の死が悪いことだというとき、私たちは$w$と$w^*$という二つの世界の$S$にとっての価値を比較していることになる。しかし、このことをもって、この$w$と$w^*$の関係が成立している時点を、タイミング問題の答えだと考えるべきではない。かつて、フレッド・フェルドマンは、上記の関係が全ての時点において成立しているとして、主体は「永久に（eternally）」死の悪さを被るという、永久説（Eternalism）[8]を唱えていた（Feldman 1991 pp. 220-1）。これに対して、ニール・ファイトは、フェルドマンのこの回答が「$S$の死が悪いということはいつの時点において真か？」という問いと「$S$の死が時点$t$において悪いということが真であるような$t$はいつか？」という問いの二つの問いを混同していると批判する（Feit 2002 pp. 372-3）[9]。現在では、ファイトの批判は大筋では正しいものであり、タイミング問題が答えるべき問いは、後者の方の問いだと考えられている。

では、DAによって後者の問いにどのように答えることができるだろうか。実のところ、DAだけからは$S$の死がいつ悪いのかを判断することはできない。DAには悪さを被る時点に関する主張は含まれていないからである。一方で、DAに基づいて考えるならば、私が毒を盛られた悪さを被るのは、もし毒を盛られていなければ、私が正の福利の水準をもっていた時点においてだと考えるのが自然である。すなわち、ある出来事$E$の、ある時点$t$における$S$にとっての価値は、$t$における$S$の現実の福利の水準と、もし$E$が生じなかったならば、$S$が$t$において持っていたはずの福利の水準の差に等しいはずである。このことはIVTを利用して次のように定式化できる（Feit 2016 p. 140; Bradley 2009 p. 90）[10]。

**時間の比較的価値**（Comparative Value at Time, CVT）：ある出来事$E$の世界$w$の時点$t$における主体$S$にとっての総合的価値＝$S$にとっての$w$における$t$の内在的価値、－《マイナス》 $E$が生じていない$w$に最も近い世界$w^*$における$t$の内在的価値

CVTによれば、ある出来事が$S$にとって悪いのは、その出来事によって、$S$の福利の水準が、$E$が生じなかった場合と比べて低い場合であると理解できる。そして、それは通常その出来事が生じた後である。このことは「何かが悪いとすれば、それが生じた後に悪い」と述べる［T1］が、もっともらしいテーゼであることを強く示唆する。死後説の支持者は、死という出来事に対しても、CVTを素直に適用し、［T1］を肯定するべきだと主張する[11]。これが、しばしば死後説がもっとも自然な見解であると言われる所以である。

次小節では、こうした死後説の主張の詳細とその問題点を明らかにする。

## 3・2 死後説とその課題

死後説[12]は、ＣＶＴを死に適用して、死はいつ悪いのかという問いに次のように答える。例えば、私が今日の午後に死ぬとしよう。もし死なければ、私は今週中にこの原稿を完成させ、週末は京都に行っていたはずであるし、もっと後の時点では他にも良い事態が多数控えていただろう。死後説によれば、このような、もし死ななければ、諸々の良い事態が成立していたはずの時点こそが、私が死の悪さを被る時間である。というのも、ＣＶＴによれば、私にとって良い事態が成立していたはずの時点は、私の反事実条件的な福利の水準が正の値をとる時点（私の死が生じていないもっとも近い世界において内在的価値が正の値となる時点）であり、いま現実の私が死んでいる期間に占める福利の水準をゼロとすれば、差し引きで負の値が算出されるからである。

ここで、終焉テーゼによれば主体は死ぬと存在しなくなる。もはや存在しない主体はどのようにして死の悪さを被るのだろうか。死後説の支持者は、ＣＶＴが二つの時点の福利の水準の比較によって成立する関係であることに注目する。私は過去の対象である「ソクラテス」を指示して「私はソクラテスよりも背が高い」や「私はソクラテスを尊敬している」といった関係が成立することを確認できる。ＣＶＴはもはや存在しない死者が死後の時点においても悪さを被っているという内在的特徴をもつと主張しているのではない。そのため、主体が死後に悪さを被ることを認めること自体には問題がないはずである。

一方で、死後説は、ＣＶＴによって、もし死なければあり得たはずの良い事態が成立する時点と、現実の同じ時点の福利を比較する。このとき比較が成立するためには、死者がゼロの福利の水準をもつと認めなければならない。ところが、死者の福利の水準には次の二つの対立する見解がある。

**ゼロ説：**死者の福利の水準はゼロである。
**無規定説：**死者にはいかなる福利の水準も帰属しない。

主体の死後の時点において比較が成立するためには、ゼロ説が正しく、無規定説が誤っていなければならない。したがって、現在、死後説をめぐる論争点は概ね死者の福利に関するこれらの対立する見解の是非に帰着しており、ゆえに、続く本書での議論の焦点もこの点に当てられる。

## 4　死が死後に悪いのではないとすれば、死はいつ悪いのか

本節では、死後説以外のタイミング問題への応答を検討し、論争を整理する。死後説はもっとも自然な応答とされるが、ゼロ説の是非に関する論争は継続している。それゆえ、死後説を最終的に採用すべきかどうかは、部分的にはその対抗馬のもっともらしさに依存するだろう。

### 4・1　生前説

生前説(13)は、死の悪さを欲求充足説によって説明する。(14)欲求充足説は、主体の欲求が充足するとき（挫折するとき）、またその時に限って、主体の福利の水準は増進する（減退する）考える。生前説は、この欲求の挫折や充足による福利の水準の変化が、欲求をもつ時点において生じると考えることで、［T3］を否定する。すなわち生前説によると、死が悪いのは、死によって挫折させられる欲求を、生前の主体が持っていた時点である。

ここで、生前説では、死が生前の欲求に逆向きの因果的影響を及ぼすと主張しているわけではない。生前説によれば、死は生前の欲求を因果的に挫折させるのではなく、欲求の挫折を真にするものとしての遡及的に（*retroactively*）責任をもつに過ぎない（Pitcher 1984 pp.187-8; Feinberg 1984 pp. 90-1）。例えば、信念の真偽や、出来事の前後関係などには、より後の出来事によって決定されるものがある。私が「二〇五〇年に人類が火星に到達する。」という信念を二〇二〇年において持ち、二〇五〇年に実際に人類が火星に到達したとすれば、そのことによって、私が二〇二〇年において持っていた信念が真であったことが遡及的に定まるだろう。しかしこのことは、二〇二〇年に私がもつ信念に、いかなる因果的な影響も及ぼさない。生前説は、欲求の充足や挫折によって、主体の福利の水準も同じように、非因果的かつ遡及的に定まるだけだと主張するのである。

ここで、生前説は、死についてのみ、福利が遡及的に定まると主張するわけにはいかない。[15] するとその是非は、結局、次のようなより一般的な原則の是非に依存するように思われる。[16]

**欲求の時点説**：ある主体$S$が時点$t$において、$\phi$が$t^*$において成立することを欲求し、時点$t^*$において$\phi$が成立する（成立しない）とき、主体の福利の水準は$t$において増進（減退）する。

しかし、こうした時点を跨いだ欲求の充足を認める立場は、次のもっともらしい原理と一見して両立しないことが問題となる。[17]

**内在主義**（Internalism）：ある人にとってのある時点の価値は、その時点に成立している価値原子によっ

> て完全に決定されている。(Bradley 2009 p. 18)

デール・ドーシーによれば、欲求の時点説は、次のような理解によって内在主義と両立できる（Dorsey 2013 pp. 166-70)。ドーシーによれば、内在主義は、ある時点の価値はその時点に成立している価値原子によって決定されると述べているだけであり、その時点が別の時点において価値をもつことを否定しない。例えば、私が二〇〇八年に「二〇一〇年にエベレストに登頂する」という欲求をもち、二〇一〇年に実際にエベレストに登頂したとする。ここで、二〇一〇年という時点は、「二〇一〇年にエベレストに登頂した。」という事態によってのみ良いものとなる。しかし、この事態が良いのは二〇〇八年の私の欲求を充足するからなので、二〇〇八年において良いとみなされるのである。

しかし、ドーシーの説明が成立するためには、欲求充足説の価値原子が、欲求の対象φだと考えなければならない[18]。一方で、欲求充足説は、φが実際に成立して初めて、それが主体にとって良いと言えるはずであるから、通常はφではなく「主体がφを欲求し、φが実際に成立する」という事態が価値原子だと考える[19]。ドーシーの上記の方法は、このような欲求充足説の価値原子に関する通常の考え方とは両立できないという別の課題を抱えてしまう[20]。

### 4・2 融合時点説

ダンカン・パーヴスは、欲求充足説をめぐる上記の問題は、次のような時点の融合（fusion）を導入することで、ムーア主義を維持しながら解決することができると主張する。

**時間的福利の融合時点説**：「$S$が$t$において、$O$が$t^*$において成立することを欲求し、$t^*$において$O$が成立する」という形式をもつ事態は全て、$t$と$t^*$を含むあらゆる時点の融合において、$S$にとって内在的に良い。(Purves 2017 p. 805)

ここでは「$S$が$t$において、$O$が$t^*$において成立することを欲求し、$t^*$において$O$が成立する」を価値原子としているが、この事態は$t$と$t^*$に跨っているため、いずれの時点においても成立していない。しかし、融合時点を認めれば、この事態は$t$と$t^*$の時点の融合において成立していると言える。それゆえ、欲求充足説の支持者が、$t$や$t^*$のそれぞれの時点ではなく、$t$と$t^*$を含む時点の融合の内在的価値を考えるのであれば、この融合時点では内在主義を維持することができるというわけである。

パーヴスは、融合時点説は死の悪さについても同様の説明をすることができると主張する。私が$t$と$t^*$の間の時点$t^{**}$において死んだとすれば、私は$t$においては存在するが$t^*$においては存在しない。しかし、$t$と$t^*$を含む融合時点においては、私は存在するといえるならば、私はこの融合時点において死の悪さを被ると言えるはずだからである。

融合時点説は［T7］を否定し、生前と死後の時点の融合を持ち出すことによって、死の悪さを被ることを正当化しようとするわけである。一方で、融合時点説では、主体が死後の時点には存在しないにもかかわらず、生前と死後の時点の融合においては存在すると本当に言えるのかどうかという問題[21]や、$t$と$t^*$を含むあらゆる時点の融合を悪いものとみなす考えが、悪さを多重にカウントしていないかという問題は残るかもしれない。

## 4・3　同時説

同時説も、［T7］を否定し、主体は生前でも死後でもない、死の生じるまさにその瞬間において、死の悪さを被ることができると主張する。

ジュリアン・ラモントはDAのような剝奪を引き起こす死は悪いものであり、その死が生じた時点において剝奪が発生するのだから、死は死と同時に悪いのだと主張する（Lamont 1998 pp. 209-12）。しかし、ラモントの同時説は「ある出来事がどの時点において悪いのか」という問いを「悪い出来事がいつ生じたか」という問いと混同しているとしばしば批判されてきた[22]。

アーロン・ウォルフは、ラモントの同時説より幾分洗練された説明を与える。ウォルフはまず主体がいつ剝奪の悪さを被るのかに関して、死以外の悪さへの考察をもとに、関連する出来事説（the Relevant Events View, REV）が適切であると主張する（Wolf 2018 p. 181）。REVによると、主体がDAによる悪さを被る時間は、(1) 剝奪が生じている期間（すなわちCVTに基づいて主体が悪さを被る時間）と、(2) 剝奪を生じさせた出来事が生じた時点の二つである。ウォルフは福利のゼロ説を認めないため、死に関しては(1)の剝奪が生じている期間は存在しない。しかし、(2)の時点は存在するため、(2)の時点において、すなわち死と同時点において、主体は死の悪さを被るのだと主張する（Wolf 2018 p. 182）。

ウォルフのこの説明にはラモントのような混同はないが、(2)のみの期間では、十分な量の死の悪さを被るのかどうかという疑問が残るように思われる[23]。また、多くの出来事では(1)と(2)の両方の期間が存在するのに、死に関してのみ(2)の期間しかないのだとすれば、後述する無時間説への批判と同様に、統一性がないことが問題となるだろう。

一方、マシュー・ハンサーはDAのような悪さの説明を批判し、代わりに出来事ベース説を提唱する。出来事ベース説は、剝奪の悪さを、（剝奪された状態ではなく）能力や機会の喪失として捉え、そうした喪失を引き起こす出来事が、発生した時点が悪さを被る時点だと主張する。[24] このタイプの同時説は、能力や機会の喪失を悪いことだとする考えに伴う困難を解決する必要があるだろう。例えば、ブラッドリーは、能力の喪失に訴える説明では、全く同じ能力を5分間喪失した人とさらに1年間喪失した人で被る害の大きさが等しくなってしまうと指摘している（Bradley 2009 p. 86）。[25]

## 4・4 無時間説

最後に無時間説[26]を検討しよう。無時間説は［P1］を否定して、主体は死の悪さを無時間的に被ると主張する。それゆえ、無時間説は［P2］を否定する必要がなく、死が悪い時点を特定するために、福利のゼロ説や融合時点の存在、能力の喪失などを認める必要が一切ない。この点において無時間説は他の立場よりも有利である。しかし、無時間説にはそれがエピクロス論証への適切な応答と言えるかが問題となる。タイミング論証の核心は、死以外の悪さについての考察から導き出される［P1］というもっともらしい前提が、［P2］と両立しないという点にある。無時間説がここで「［P2］は、死が［P1］の例外であることを示しているだけだ」と反論するだけならば、エピクロスが納得することはないだろう。これはしばしば統一性からの反論（the Uniformity Objection）と呼ばれる。

イェンス・ヨハンソンは、無時間説は統一性からの反論に適切に応答できると主張する（Johansson 2012a pp. 267-70, Johansson 2014 pp. 161-3）。ヨハンソンによれば、死が悪いということはDAによって説得的に説明される。DAには時点に関する主張は含まれていないため、無時間的に悪いと考えれば良いと主張する。しかしながら、この応答ではDAによって悪いと判定される出来事は全て無時間的に悪いことになってしまう。そこで、ヨハンソンはタイミングに関する問いを次の二つの問いに分ける。

［Q1］いつ、*S*にとっての（全体としての）現実世界の内在的価値は、*S*にとっての（全体としての）最も近い世界の内在的価値より低いのか？

［Q2］いつ、*S*にとっての現実世界の内在的価値は、ある時点ないし期間における*S*にとっての最も近い世界の内在的価値より低いのか？

私たちが日常経験するほとんどの悪さは［Q1］と［Q2］の両方に回答をもつ。すなわち、［Q1］は無時間であり、［Q2］は（例えば、CVTによって）悪いとされる時点である。しかし、死に関しては［Q1］については無時間であると答え、［Q2］については答えがない。このことは、死が部分的には例外的であると認めることになる。しかし、死には確かに他の悪さとは異なる特徴があると考えられ、無時間説のこの応答はその特徴を適切に捉えただけにすぎないと主張するのである。

以上により、タイミング問題への主要な応答を検討することができた。これまで見たように、第Ⅲ部で扱う死後説は、［T1］を認める自然な見解であるものの、死者の福利に関する論争を中心に課題は残されており、未だ通説の立場を確立してはいない。一方で、死後説以外の立場もまた一長一短であり、どの立場も決め手に欠ける。現在も、指摘された弱点を克服する形で次々と新しい立場が提案されている。さらに、タイミング論証を受け入れ、死が悪くはないという結論を保持したままで、私たちの常識的な見解との整合を図ろうとする、穏健なタイプのエピクロス主義[27]も登場している。今後もしばらくは論争が継続すると予想される。

## 註

(1)このような主張を終焉テーゼ(The Termination Thesis)と呼ぶ(Feldman 2000b)。ここで、終焉テーゼはより正確には「死の時点$t$を境に$t$以降の時点において主体の存在が持続しない」ことを指している。

(2)福利の価値は「自愛の思慮に基づく価値(prudential value)」とも呼ばれる。またここでの「良さ」や「悪さ」は道徳的な価値や美的な価値とは区別される価値である。

(3)なお、内在的価値を内在的性質に由来するという狭い意味で用いる場合には、究極的価値(final value)という用語で「それ自体を目的とする(for its own sake)価値」をあらわして両者を区別する場合があるが、本稿では両者を区別することなく用いる。

(4)Lemos(1994)によれば、このように考える理由は概して、価値が生じるためには「良さを生み出す性質(good-making properties)」が存在しているだけでは足りず、そうした性質が例化されている必要があるからである(Lemos 1994 pp. 22-3)。例えば〈快楽をもつ〉という性質や〈知性がある〉という性質は、良さを生み出す性質であるが、こうした性質が存在するにもかかわらず誰にも例化されていない世界には、いかなる内在的価値も見出されないだろう。

(5)このような基礎単位を定める理由は、きめの細かい存在者である事態の価値を二重にカウントしないようにするためである(詳細な議論はFeldman 2000aを参照せよ)。また、価値原子の考えを導入することで、福利の理論は、どのような事態が価値原子となるかを定める理論だということができる。例えば、単純な快楽説では、「主体が快楽を得ている」という事態が価値原子の一つとなる。

(6)主体の人生全体の内在的価値を評価する場合には、このようにして算出した世界の内在的価値を使って議論することができる。そうすることで、ある人の人生を構成する事態をどのようにして過不足なく特定するかといった問題を回避できる（詳細な議論は Bradley 2009 p.7 を参照せよ）。
（7）剝奪説の定式化には Bradley（2009 p. 50）, Johansson（2012a p. 257）, Feit（2016 p. 139）などがある。本論では剝奪説そのものの是非は検討しないが、先回り（preemption）や不作為（omission）などの問題が指摘されている。先回りとは、仮に私が毒を盛られなかったとしても、別の誰かによって銃で狙われていた場合、DAは毒によって死んでから銃によって殺されるまでのわずかな期間の悪さしか計上できないという問題である。出来事一般の害の理論としてのDAの問題点については Bradley（2012）が詳しい。
（8）永久説は、時間論における永久主義（Eternalism）とは別の見解である。
（9）同様の指摘は Li（1999, p. 350）, Luper（2007 p. 240）, Bradley（2009 p. 85）でもなされている。なお、ブラッドリーによればフェルドマン自身ものちにこの見解を撤回している（Bradley 2009 pp. 84-5 n23）。
（10）Feit（2016 p. 140）。Bradley（2009 p. 90）にも同様の定式化がある。
（11）ただし、後述するようにCVTは死後説以外とも両立可能である。
（12）死後説を支持する文献としては、Feit（2002, 2016）, Bradley（2009）, 鈴木（2011）, Kagan（2012）, 吉沢（2015）, Yourgrau（1987）などがある。
（13）生前説を支持する文献としては Pitcher（1984）, Feinberg（1984）, Luper（2007）などがある。
（14）それゆえ、生前説は単純な快楽説とは両立せず、この点がすでに生前説の欠点だと主張する論者もいる（Johansson 2012a p. 261）。
（15）もし、死についてのみ例外的に福利が遡及的に定まるとするならば、後述するように、無時間説で重要な批判とみなされている、統一性からの反論にも答えなければならなくなるだろう。
（16）ここで、欲求充足説を採用するからといって、欲求の時点説を採用しなければならないわけではない。$t$ではなく$t^*$において福利の水準が変化するという立場（対象の時点説）をとることもできるからである。
（17）内在主義のもっともらしさについては Bradley（2009 p. 18-20）で検討されている。
（18）価値原子をこのように取ると、$\phi$は〈$S$に欲されている〉という外在的性質によって価値をもつことになり、$\phi$の価値は（内在的性質に由来するという狭い意味での）内在的価値ではなくなってしまう、という問題がある。この点、ドーシーは、φが外在的性質によって価値をもつとしても、他の事態の価値に依存して価値をもつ訳ではないので、基本的で非派生的な価値をもつということはでき、価値原子として適格であると主張する（Dorsey 2012 pp.282-4)。なお、このような立場はトマス・ホッブスにちなんでホッブス主義と呼ばれる。

(19)この立場は、G・E・ムーアにちなんでムーア主義と呼ばれる。

(20)ただしドーシー自身は、欲求充足説において、連言的事態は内在的価値の担い手にはなれないとして、ムーア主義に懐疑的な立場をとっている。ドーシーによれば、ムーア主義のように「主体Sがφを欲していて、かつφ」という事態が内在的価値の担い手だとすると、実際にSがそれを欲しておらず、かつ、そう欲することも欲していないとしても、この事態が価値をもつことになり、「あるものが内在的に良いならば、主体がそれを促進するよう動機づけられていなければならない」という内在的価値に関する別のもっともらしい原理と衝突するという問題が生ずる（Dorsey 2012 pp.272-4)。

(21)実際パーヴスは、このことに関して「私が木曜日の正午に死ぬからといって、私が木曜日に存在しないことは含意されない。」（p. 811）と指摘するにとどまっている。

(22)Bradley（2009 p. 86), Johansson（2012a p. 261)

(23)関連する批判として、ルーパーは「死が生じる時間は死者に傷つけるには短すぎる」として同時説を批判する（Luper 2009 p. 134)

(24)正確には、それを所持することで主体の人生の幸福の潜在的な構成要素となるようなものを基礎的に良いもの（basic goods）とし、基礎的に良いものを喪失するか、獲得を妨害されるときに、主体は悪さを被る（Hanser 2008 pp. 440-5)。

(25)出来事ベース説による死の悪さの説明への包括的な批判としてはPurves（2016 pp. 93-100）がある。

(26)明示的に無時間説を支持する文献にはJohansson（2012a, 2012b, 2014）がある。Nagel（1970）は「死が悪い時点を特定するのは難しい」と主張するため、無時間説に含められることがある。Silverstein（2010）は「タイミング問題に答えはない」と主張するため、これも無時間説に含められることがある。

(27)Rosenbaum（1993), Hershenov（2007), Smuts（2012), Taylor（2012), Suits（2001, 2020）など。

## 参考文献


Bradley, B. 2009, *Well-being and Death*, Oxford University Press.

Bradley, B. 2012, "Doing Away with Harm", *Philosophy and Phenomenological Research* 85（2）: 390-412.

Bradley, B., F. Feldman & J. Johansson（eds.）2013, *The Oxford Handbook of Philosophy of Death*, Oxford University Press.

Campbell, J. K., M. O'Rourke & H. Silverstein（eds.）2010, *Time and Identity*, MIT Press.

Dorsey, D. 2012, "Intrinsic Value and the Supervenience Principle", *Philosophical Studies* 157（2）: 267-85.

Dorsey, D. 2013, "Desire-satisfaction and Welfare as Temporal", *Ethical Theory and Moral Practice* 16（1）: 151-71.

エピクロス「メノイケウスへの手紙」、ディオゲネス・ラエルティオス『ギリシア哲学者列伝（下）』加来彰俊訳、岩波書店、一九九四年。

Feldman, F. 1991, "Some Puzzles about the Evil of Death", *Philosophical Review* 100（2）: 205-27

Feldman, F. 2000a, "Basic Intrinsic Value", *Philosophical Studies* 99（3）: 319-46.

Feldman, F. 2000b, "The Termination Thesis", *Midwest Studies in Philosophy* 24（1）: 98-115.

Feinberg, J. 1984, *Harm to Others*, Oxford University Press.

Feit, N. 2002, "The Time of Death's Misfortune", *Noûs* 36（3）: 359-83.

Feit, N. 2016, "Comparative Harm, Creation and Death", *Utilitas* 28（2）: 136-63.

Fischer, J. M.（ed.）1993, *The Metaphysics of Death*, Stanford University Press.

Hanser, M. 2008, "The Metaphysics of Harm", *Philosophy and Phenomenological Research* 77（2）: 421-50.

Hershenov, D. B. 2007, "A More Palatable Epicureanism", *American Philosophical Quarterly* 44（2）: 171-80.

Johansson, J. 2012a, "The Timing Problem", in B. Bradley F. Feldman & J. Johansson（eds.）: 255-73.

Johansson, J. 2012b, "The Time of Death's Badness", *Journal of Medicine and Philosophy* 37（5）: 464-79

Johansson, J. 2014, "When Do We Incur Mortal Harm?", in S. Luper（ed.）: 149-64

Kagan, S. 2012, *Death*（The Open Yale Courses Series）, Yale University Press.（柴田裕之訳『死とは何か――イェール大学で23年連続の人気講義』文響社、二〇一九年）

Lamont, J. 1998, "A Solution to the Puzzle of When Death Harms its Victims", *Australasian Journal of Philosophy* 76（2）: 198-212.

Lemos, N. 1994, *Intrinsic Value: Concept and Warrant,* Cambridge University Press.

Li, J. 1999, "Commentary on Lamont's When Death Harms its Victims", *Australasian Journal of Philosophy* 77（3）: 349 -57.

Luper, S. 2007, "Mortal Harm", *Philosophical Quarterly* 57（227）: 239-51.

Luper, S. 2009, *The Philosophy of Death,* Cambridge University Press.

Luper, S.（ed.）2014, *The Cambridge Companion to Life and Death,* Cambridge University Press.

Nagel, T. 1970, "Death", *Noûs* 4（1）: 73-80.

Pitcher, G. 1984, "The Misfortune of the Dead", *American Philosophical Quarterly* 21（2）: 183-88.

Purves, D. 2016, "Accounting for the Harm of Death", *Pacific Philosophical Quarterly* 97（1）: 89-112.

Purves, D. 2017, "Desire Satisfaction, Death, and Time", *Canadian Journal of Philosophy* 47（6）: 799-819.

Rosenbaum, S. E. 1993, "How to Be Dead and Not Care: A Defense of Epicurus", in Fischer（ed.）: 291-303.

Silverstein, H. 2010, "The Time of the Evil of Death", in J. K. Campbell M. O'Rourke & H. Silverstein（eds.）（2010）: 283-95.

Smuts, A. 2012, "Less Good but Not Bad: In Defense of Epicureanism about Death", *Pacific Philosophical Quarterly* 93（2）: 197-227.

Suits, D. B. 2001, "Why Death Is Not Bad for the One Who Died", *American Philosophical Quarterly* 38（1）: 69-84.

Suits, D. B. 2020, *Epicurus and the Singularity of Death: Defending Radical Epicureanism,* Bloomsbury.

鈴木生郎 2011「死の害の形而上学」、『科学基礎論研究』39（1）: 13-24.

Taylor, J. S. 2012, *Death, Posthumous Harm, and Bioethics,* Routledge.

Wolf, A. 2018, "Reviving Concurrentism about Death", *Journal of Value Inquiry* 52（2）: 179-85.

吉沢文武 2015『死と生の形而上学——存在と非存在をめぐる二つの直観について』博士論文。

Yourgrau, P. 1987, "The dead", *Journal of Philosophy* 84（2）: 84-101.（村上祐子訳「死者」、『現代思想——特集＝可能世界／固有名』第二三巻第四号、一九三-二〇八頁）

# 死は死後に悪い

## 死後説の擁護

吉沢文武

## 1　死の害悪に関する死後説

### 災厄は起こってはじめて悪い

はじめに、死が悪いのは死んだ後だとする死後説（subsequentism）が、死の害悪についての素直な発想だということを確認しておきたい。人生のなかで、私たちには、病気や怪我や失業など、さまざまな悪い出来事が起こる。そうした災厄について、たとえば、脚を骨折してしまったとして、まだ骨折していない時から既にその害悪を被っていたのだと言われれば、その意味は容易には理解しがたい。自然な考え方は、骨折は、骨折が起こってはじめて悪い、というものである。死を含めた他の出来事についても、特別な理由がなければ同様に考えるべきである。死も、死ぬ当人にとって、起こってはじめて悪い。死の害悪を否定するエピクロスによる有名な論証も、このことを前提しているように見える。エピクロスは、死後には死が害悪であるところの当の主体が存在しないという理由で、死の悪を否定する。そのとき、死が悪いとすれば死後だということは、認めていると考えられる[1]。

死後説がもつ常識的なもっともらしさについて、別の角度からも確認しておきたい。自身が早死にするような気の滅入る未来を考えるかわりに、事故を紙一重で回避するという幸運な状況を考えてほしい。あなたは死なずに済んで安堵する。死なずに済んであなたが幸福なのが、死を回避した後だということに、異論を挟むのは難しいと思われる。死の悪については、それをちょうど裏返した状況を考えるのがよいのではないか。つまり、死によって不幸なのは、死を回避する幸福を得たはずの、死が起こった後の時間である、と。

もちろん、常識的に思われることが、正しい見解だとはかぎらない。素直な考えがもっともな見解のままであり続けられるのは、それに反対する強い理由がない場合だけである。たしかに、この自然な見解には疑問を向けることができる。主体が存在しない時間に、当の主体にとって何かが良いとか悪いとかということはありうるのか。死が悪いと言われているその当の人は、死後にはもはや存在しないのだ、と。エピクロスの論証が突くのも、この点である。本稿の目的は、こうした疑念に応えることで、死後説を擁護することにある。

## 死後説と福利の形而上学

いま見たように、死後説は素直な考え方である。それゆえ、それに対する疑念を晴らして、反対する根拠が十分なものでないと示すのが、死後説を擁護するための課題になる。したがって、本稿では、死後説に対して向けられている主な反論を検討する。とくに、それらの反論のなかに、福利の概念に対する偏った考え方が含まれるということを示したい。本稿で見るように、死後説の是非をめぐる議論は、福利とは何かという点に踏み込む「福利の形而上学（metaphysics of well-being）」とでも呼べるものになる。そのため、以下では、死後説に対する賛成と反対の両立場が共有する背景についても、序論との繰り返しを恐れずに、いくらか改めて触れることにする。そのさい、賛成と反対の両立場に中立的な整理を行なうように努めるが、本稿で見るように、福利をどのようなものとして捉えるかということ自体が、じっさいのところ、議論を左右することになる。

なお、死後説の是非をめぐって、死後の非存在の主体がそもそも性質をもちうるかという論点はありうる。その論点は、人の持続と時間の形而上学をめぐる議論のなかに適切に位置づけることができる。それについては、別のところで論じたため[2]、本稿では（一部触れるものの）中心的には扱わず、非存在と価値の関係をめぐる議論に焦点を絞りたい。

## 2　福利の形而上学

以降の議論で用いる重要な概念と、いくつかの前提をまとめて整理しておきたい。

### 福利という価値

まず、死が害悪だ――場合によっては利益だ――と言うときに問題になっているのは、「福利（well-being）」という価値のカテゴリーである。福利というのは、大まかに言えば、個人（や個々の動物）がどれくらい良いあり方をしている（be well-off）か、ということである。その価値は、当の個体にとっての価値である。たとえば、人が心地よい状態にあったり健康であったりすることは、他の人を安心させたり、世界全体が良いことに寄与したりするかもしれないが、第一義的には、その当人にとって価値がある。人生のなかで起こるさまざまな出来事が人の福利を左右するが、個人の福利を促進（improve）する出来事は、その人にとって利益（benefit）であり、福利を低下（deteriorate）させる出来事は、害（harm）である。一般的には、福利は、促進するのが好ましく、合理的であり、低下するのを避けないのは、（特段の事情もなく、避けるのが可能な場合には）不合理であるような価値である。

### 福利の性質

福利が個人にとっての価値だという点と関連して、福利が人のもつ側面のひとつだという、当たり前に思える点を確認しておきたい。身長や体重や年齢、きょうだいの人数などが——どれも異なる仕方でとはいえ——人の側面であるように、福利も人の側面である。それらは、素直に考えれば、人がもつ「性質（property）」として捉えることができる。福利に関する性質としては、たとえば、〈$n$の水準の福利をもつ〉や〈正の福利をもつ〉や〈害を被っている〉といったものを挙げることができる。以下では、こうした性質を総称して「福利の性質（well-being property）」と呼ぶことにしたい。

福利の性質は、身長や体重などに比べて、基礎的な性質ではない。つまり、福利の性質は、その性質単独で人がもつような性質ではなく、その性質を人がもつかどうかを基礎づけるような、もっと具体的な性質がある。たとえば、快楽説に従えば、〈快を感じている〉や〈痛みを感じている〉などの性質が、福利の性質を基礎づける。欲求充足説のもとでは、〈満たされた欲求をもつ〉や〈叶わない願いをもつ〉といった性質の所有が、福利の性質の所有を左右すると考えられる。客観的リスト説のような多元主義的な見解のもとでは、福利の性質は、もっと多様な仕方で実現するということになるだろう。福利の性質を基礎づける、より具体的なこうした類いの性質は、「価値を与える性質（value-giving property）」と呼ばれる。(3)

最後に、福利は、時間のなかで変化する。たとえば、個々人について、いま幸せかどうかといった特定の時間の福利を問題にすることができる。この点は、リンゴが〈赤い〉という性質をある時間にもち、後にもたなくなるのと同じように理解できる。

以上をまとめれば、ある主体$S$の$t$時の福利は、$S$が、福利の性質を$t$時にもつこととして捉えることができる。こうした福利に関する素直な捉え方を「性質説」と呼びたい。なお、性質説とは別の捉え方にもあとで触れる。以下では、福利は主体の性質だということを前提して議論を続ける。

## 3　死後説を主張するための条件

### 比較説と死の害悪

死が死ぬ当人にとって害悪だという説明として、「反事実条件的比較説（counterfactual comparative account）」がある（以下では、単に「比較説」と呼ぶ）。あるいは、すくなくとも、比較説で表現されるような価値の理解によって、死の害悪の重要な特徴を捉えられるという考えが、一定の支持を得ている。比較説のもとで、出来事が主体に対してもつ価値は、次のように定式化される（Feit 2016, p. 139、〔　〕は引用者による補足、cf. Bradley 2009, p. 50）。

**比較説（可能世界版）**：出来事$E$が人物$S$に対してもつ価値＝〔$E$が起こる可能世界における〕$S$の福利の量から、$E$の起こらない最近接可能世界における$S$の福利の量を差し引いたもの。

これによって、死が主体にとって害か利益かを特定することができる。すなわち、差し引いた値が負であれば害であり、正であれば利益である、というように。また、この定式化によって、害と利益の度合いも定めることができる。

本稿の関心は、比較説に基づくような害悪が、主体にとっていつ悪いかにある。その問いに答えるものとして提案されているのが、時間に相対化した以下のようなバージョンである（Feit 2016, p. 140、〔 〕は引用者による補足、cf. Bradley 2009, p. 90）。

**時間の比較的価値**：出来事$E$が$t$時に人物$S$に対してもつ価値＝〔$E$が起こる可能世界における〕$S$の$t$時における福利の水準から、$E$の起こらない最近接可能世界における$t$時の$S$の福利の水準を差し引いたもの。

この「時間の比較的価値」は、「あのようなことが起こっていなければ、いまごろはもっと幸せだったはずなのに」のような言い方で私たちが捉えようとする価値だと理解できる。たとえば、友人の旅行の予定を聞いていたとして、その友人が、出発予定の一か月前に不慮の事故で死んでしまったとする。[4]その時に死ななければ、現実には死が起こったその時間の一か月後には、旅行の過程でさまざまな楽しい体験をしていたはずだった。友人の死は、その意味で、死んだ当人にとって悪い。では、いつ悪いのか。あなたは、旅行が予定されていたその時期に、あんな事故が起こらなければ今頃は旅行を楽しんでいたはずなのに、と思うだろう。死んでしまった友人について、あなたがそう思うのは、その友人の死の後の時間である。

**主体の問題**

比較説のもとで、死んだ当人が死んだ後に死の害（あるいは利益）を被っているということが成り立つためには、死という出来事が起こる現実世界と、そのような死が起こらないという点が異なる最近接可能世界との比較において、福利の値の差し引きができなければならない。福利の水準が死後に帰属しないのならば、存在しなくなった時間の主体の福利について、生き続けた可能的な状況の福利との比較はできない。たとえば、快楽説のもとで考えると、死者には、快苦といった正や負の価値をもつ状態は一切生じない。とすれば、死後の福利を数値で表すのなら、「ゼロ」でなければならない。福利の性質について言えば、非存在の時間に〈ゼロの水準の福利をもつ〉という福利の性質をもつ必要があることになる。問題は、もはや存在しない主体が、存在しない時間に何らかの定まった値の福利をもつことが可能なのか、である。死後説にとってのこの一見した困難は、「主体の問題（problem of the subject）」と呼ばれる。

死後の福利が定まったゼロの値だとする見解は、「ゼロ説（Zero View）」と呼ばれる。対立する見解は、「無規定説（Undefined View）」と呼ばれる。(5) それぞれ、以下のように特徴づけることができる。

**ゼロ説**：主体$S$の死後の時間$t$には、$S$の福利の水準はゼロである。

**無規定説**：主体$S$の死後の時間$t$には、$S$には福利がそもそも帰属しない。

## ゼロと無規定

議論を進める前に、二点補足しておきたい。まずは、ゼロ説について、福利を「ゼロ」のように数値化できるという前提は、決して当たり前のものではない。それはあくまで、議論を単純化するための極端な仮定である。「ゼロ」説として特徴づけられている見解の眼目は、死後の主体に対して、福利に関する性質帰属ができるとする点にある。〈ゼロの福利をもつ〉ではなく、〈死の害を被っている〉や〈得られたはずの良いことが奪われている〉といった性質を用いて、主体の問題を特徴づけることも可能なのである。死後説をめぐる議論では、そうした性質を主体が死後にもちうるかが問われている。

他方の「無規定」ということで想定されているのは、死後の主体には、一切の福利の性質が帰属しないということである。すなわち、たとえば、〈水準が無規定の福利をもつ〉という性質であっても帰属しないということである。なお、この意味で「無規定」だと主張することの含意をよく理解する必要がある。死後の時間に福利の性質を主体$S$がもたないということは、$S$に早すぎる死をもたらす可能的な未来が、$S$に対して、福利の価値という観点からは、選ぶべきとか避けるべきとかということを一切告げないことを意味する。たとえば、いま、あなたの未来には二つの選択肢がある。一方を選べば、早すぎる死がおとずれるが、他方を選べば、それを容易に避けることができ、いまのまま、そこそこの幸せを維持できるとしよう。ゼロ説のもとでは、時ならぬ死を迎える選択をした世界における主体の福利の水準（ゼロ）から、生き続ける世界における主体の福利の水準（プラスの値）を引くと、その値はゼロを下回り、その意味で害である。だが、無規定説のもとでは、その前者の未来は一切の福利の価値をもたない。そのため、素直に考えれば、福利に関して、前者の選択肢を避けるべきだという判断を支える根拠がないことになる。

### 比較説と主体の問題

次に、比較説と主体の問題の関係について補足しておこう。比較説は、害に関する見解である。害を可能世界との反事実的な比較によって定義する試みに対しては、すくなからぬ批判も存在する（e.g., Bradley 2012, Hanser 2008）。しかしながら、ベン・ブラッドリーが指摘するように、死が害だと主張するかわりに、死によって、ありえた「より悪い」状況や「より良い」状況になると主張するだけでも、主体の問題は生じることになる。(6) つまり、主体の問題は、比較説が害の理論として適切か否かという論点とも独立の、もっと一般性をもつ問題だと言える。

死後説が正しいためには、主体は死後に福利の性質をもつのでなければならない。ところで、生きている人びとによって、死者が称賛されることがある。こうした例はよく言及される（e.g. Bradley 2009, p. 105）。死者を称賛するとき、死者には〈称賛される（being eulogized）〉という性質が死後に帰属する――このことは問題ないのかもしれない。こうした性質は、死後の時間に主体に性質全般が帰属しない、とまでは言えないことを示すにはよい例かもしれない。だが、無規定説からすれば、問題は、福利の性質をもつ条件を主体が死後に満たしうるか否かにある、と指摘したいはずである。では、どのような条件が必要だと言われているのか。

本稿の残りでは、死後説に対して疑いを向ける議論として、次の三つを検討する。

第４節　人は、存在しない時間には、福利の性質をもつのに必要な応答性をもたない。
第５節　人は、存在しない時間には、福利の性質をもつのに必要な内在的性質をもたない。
第６節　ある人が死後に非存在であるという事態が、その人に対して内在的価値をもつことは、その人が非存在の死後の時間に福利の性質をもつことを意味しない。

## 4　福利と応答性

**応答性**

スティーヴン・ルーパーは、主体が福利の性質をもつための要件となる性質があるとして、そうした性質を「応答性（responsiveness）」と呼ぶ。(7) そのような応答性としては、典型的には、快苦といった心的状態をもつ能力が考えられている。そうした能力をもつには、すくなくとも脳や神経系が機能している必要がある。

無規定説の支持者は、人は死後にはそうした応答性をもたないため、福利の性質をもつことはないと論じる。対するゼロ説の支持者は、死後にも死者は応答性をもちうると論じるか[8]、応答性が福利の性質をもつための要件だということを否定することになる。以下では、応答性が福利の要件だという考えの問題点を指摘しよう。

まず、応答性に訴える方略に対しては、単純な疑問を述べることができる（cf. Bradley 2009, pp. 108-110）。福利に対する応答性と言われている心的能力について、私たちは、その喪失を典型的な害悪だと見なすはずである。そうした害悪について、比較説に基づけば、次のような説明を与えられる。つまり、$t$時に能力を失うことは、$t$時に能力を失わなかった場合に$t$時以降に得られたはずの心地よい体験が得られなくなるから悪いのだ、と。応答性が福利の性質をもつ要件だと主張するとすれば、能力を失ったこうした状態に対しても、ゼロであれ何であれ、福利の価値を帰属させることはできない。これは受け容れ難いと思われる。主体が死に、存在しなくなることで応答性を失うとしても、それ以外の原因で応答性を失うとしても、どちらの喪失も避けるべき害悪だと見なすのがもっともらしいだろう。応答性の喪失を害だと主張したいのであれば、応答性を福利の性質をもつための要件とすることは適切でない。

### 応答性を定義する試み

応答性を福利の要件として明確化するために、ルーパーは次のように、いくつかの「応答性」の定義を示している。

生物が$t$において「応答的」なのは、その生物の福利が$t$時に影響されうるときであり、そのときにかぎる（Luper 2007, p. 244）。

主体$S$が$t$時に福利の水準をもちうるのは、$S$が内在的に良いことと悪いことを得る能力を$t$時にもつときであり、そのときだけである（Luper 2009）。

しかしながら、まず、これらの定義は、内在的に良いことと悪いことを得る能力を「応答性」と呼ぶ、と述べているだけである。だとすれば、応答性が、福利が影響をうけることの条件になるのは当たり前である。さらに、これらの定義は、死後説の是非と関係のあることを述べていないように見える。「福利が影響されうる」とか「良いことと悪いことを得る（attain）」とかというのは、時間的な変化のことだろう。その意味で死後に福利が変化するには、ひょっとすると「応答性」が必要かもしれない。だが、第3節で確認した「時間の比較的価値」に基づいて死後説の支持者が主張するのは、$t$時における現実の福利と、同じ$t$時における別のありえた福利の水準とを比較したときに、現実の福利の水準がより低いということだけである。問題にすべきは、福利が変化しうる条件ではなく、ゼロであれ何であれ、主体が福利の性質をもちうる条件である。

### 他の種との違いに訴える議論

第2節で、〈快を感じる〉といった、価値を与える性質の所有が、福利の性質の所有を左右すると述べた。価値を与える性質だけでなく、さらにそれらの基盤となる能力のような性質が、福利の性質をもつために必要だという考えは、理解できないものではない。応答性のような性質がなければ、数の5や靴もまた、ゼロとはいえ、福利をもつことになってしまうのではないかという指摘が、無規定説の支持者からしばしばなされる（Luper 2007, p. 245, Luper 2012, p. 320）。だが、こうした指摘も、ゼロ説に対する批判としてはうまく働かないと思われる。

まず、福利の性質をもつ対象の範囲から死者を排除したいというのが、無規定説の基本的な動機である。だが、福利の性質をもつ対象をそうした性質をもたない対象から区別する特徴として、ある時間における存在を挙げるだけでは、無規定説の狙いにとって不十分である。存在だけが問題なのであれば、数の5はともかく、靴が福利の性質をもつことになってしまうからである。そのため、先に見たように、存在だけではなく、もっと内容をもった性質として、心的能力のような応答性を挙げることになるわけである。しかし、そうすると今度は、好ましくない帰結が導かれてしまう。つまり、福利の性質をもつと言いたい対象が福利の性質をもたないことになってしまう。たとえば、心的能力を――つまり応答性を――失って不可逆的な昏睡状態にある人については、ゼロの水準の福利をもつとするのが適切だと思われる（Bradley 2009, p. 108）。

このように、福利の要件として提示された応答性という概念には問題がある。そのため、それに訴えてゼロ説を退けようとする議論はうまくいかないと結論づけたい(9)。

## 5　福利と内在的性質

無規定説の支持者は、次のような仕方で「主体の問題」を指摘するかもしれない。福利の性質は内在的性質（intrinsic property）である。あるいはすくなくとも、福利の性質をもつには内在的性質をもつことが必要である。それゆえ、主体は死後に福利の性質をもちえない、と。ある時間に内在的性質をもつには、その時間に存在する必要があるからだ、というわけである。

たとえば、〈称賛される〉という性質を死後に主体がもちうることは広く認められている。他方で、熱さのような性質は、福利のように度合いをもつが、どんな対象も、存在しない時間にもつことはありえない。熱さをもつのに必要な分子は、存在しなければもちえないからである。ブラッドリーは、主体が死後に福利の性質をもちうると論じる過程で、次のように述べる（Bradley 2013, pp. 46-47、〔　〕は引用者による補足）。

次のように考えうるかもしれない。内在的性質と外在的性質には重要な違いがあり、主体が存在しなくなった後の時間に〈称賛される〉〔という性質〕をもちうる理由は、〈称賛される〉〔という性質〕が外在的性質だからだ、と。他方で、熱さは内在的性質である。そして、福利も内在的性質なのだと考えるかもしれない。だが、本当にそうだろうか。

ブラッドリーは、続けて次のように論じる（Bradley 2013, p. 47, cf. Bradley 2009, pp. 105-106）。すなわち、欲求充足説のような価値の理論においては、福利の性質が内在的性質だとは考えにくい。なぜなら、欲求の充足によって主体がどれだけ良いあり方をするか――つまり、福利――は、欲求の対象がどれくらい実現するかという「身体の外部で起こること」（Bradley 2013, p. 47, cf. Bradley 2009, p. 105）に依存するからである。福利の性質に課せられる制約は、どのような福利の理論とも両立するという「価値論的中立性（axiological neutrality）」のような特徴をもつことが好ましいと考えられる。[10][11]

さて、福利の性質をもつために内在的性質が必要だと考えたくなるのは、なぜなのだろうか。

死後説を支持するニール・ファイトは、本節冒頭のように、内在的性質を介在させる形で、主体の問題を次の二つに分けて特徴づける（Feit 2016, p. 146、〔　〕は引用者による補足）。

〔PS1〕人が$t$時に福利をもつのは、その人が内在的性質を$t$時にもつときだけだ。

〔PS2〕人が$t$時に内在的性質をもつのは、その人が$t$時に位置づけをもつ〔すなわち$t$時に存在する〕ときだけだ。

補足を加えたように、人が「$t$時に位置づけをもつ (be located at $t$)」というのは、要するに、人が$t$時に存在するということである。以下でPS1とPS2のそれぞれを検討する。私の考えでは、どちらももっともな条件とは言い難い。(なおファイトは、死後説を擁護するために、PS1のみを退ける方針を採用する。死後説を擁護するファイトの提案はやや独特な部分を含むため、本稿で取りあげることはしない。ファイトに対する批判は Carlson & Johansson 2018 を参照。)

### 内在的性質と福利(PS1)

エリック・カールソンとイェンス・ヨハンソンによれば、PS1の背景にあるのは、福利の性質をもつためには、内在的性質と思われるもののなかでも、心的状態をもつ能力が必要だという考えである (Carlson & Johansson 2018, p. 203)。ここで言われている能力は、前節で見た応答性と同等のものだと考えられる。その問題点はすでに論じたので繰り返さない。こうした指摘の要点として強調したいのは、福利をもつための条件として、単に内在的性質が必要だと考えられているわけではないということである。

PS1がもっともな条件になるには、内在的性質なら何でもよいわけではなく、福利の性質の所有と関連する内在的性質を挙げる必要がある。前節の議論が正しければ、応答性のような性質に訴えることはできない。それならば、次の候補は、〈快を感じている〉や〈痛みを感じている〉などの、価値を与える性質になるだろう。しかしながら、その方針もうまくはいかないと思われる。

　価値を与える性質に訴えるとすれば、ＰＳ１は、存在している主体に適用範囲を限定した場合でさえも、狭すぎる条件になるように見える。価値を与える性質の典型は、〈快を感じている〉や〈痛みを感じている〉のような性質である。それらが典型的な内在的性質でもあるということは、明らかだと言ってよい。さらに、快楽説のもとで、〈正の福利をもつ〉や〈負の福利をもつ〉といった福利の性質をもつためには、そうした内在的性質をもつ必要があるというのもよい。だが、福利の性質のなかには――そもそもの争点であるが――〈ゼロの水準の福利をもつ〉という性質がある。そうした福利の性質をもつためにはむしろ、〈快を感じている〉や〈痛みを感じている〉という、福利と関連する典型的な内在的性質をもたないことこそが必要である。

　それでは、〈快を感じていない（not being pleased）〉や〈痛みを感じていない（not being in pain）〉といった否定的性質はどうだろうか。ブラッドリーによれば、それらも内在的性質だと考えることができる。[12] まず、こうした否定的性質は、主体が存在している時間には、問題なくもつことができると考えられる。たとえば、時間$t$に快も苦も生じていない主体$S$は、$t$にそれらのいずれの性質ももつ、というように。それらをもつことで、$S$は〈ゼロの水準の福利をもつ〉という性質を$t$にもつことになる、とも言ってよいだろう。このように、価値を与える性質のリストに否定的な内在的性質を加えるのであれば、ＰＳ１はもっともな条件になるかもしれない。そうであるなら、問題は、そうした否定的な内在的性質や〈ゼロの水準の福利をもつ〉という福利の性質について、主体は存在しない時間にもちうるか、という点にあることになる。すなわち、論点はＰＳ２に移る。

## 内在的性質と存在（PS2）

先に結論から述べれば、PS2にはもっともな根拠がないと思う。まず、存在しない時間に内在的性質全般をもてないというのは、単純に言い過ぎに見える。ブラッドリーは、存在していない時間にももつ内在的性質として、〈円いか円くない（being either round or not）〉という必然的性質を挙げる（Bradley 2009, p. 107）。他にも、すでに見たように、〈快を感じていない〉や〈痛みを感じていない〉といった否定的性質を挙げる（ibid.）。加えて、〈自分自身と同一である〉や、ひょっとすると〈人間である〉という性質も、存在しない時間にもちうる内在的性質として挙げられるかもしれない（cf. Yourgrau 2000, p. 48）。

問題は、福利の性質に関連する、価値を与える性質である。もちろん〈快を感じている〉という内在的性質を主体が非存在の時間にもつことがないのは明らかである。だが、〈快を感じていない〉のような否定的性質を非存在の時間にもちえないとする、もっともな理由はあるだろうか。

形式的な論点はありうる。否定的性質も性質である以上、その所有は、対象に対する述定として「$Fx$」の形で表現するのが適切だろう。それは、古典述語論理の意味論では「$\exists y\ (y = x\ \&\ Fy)$」と同値である（Johansson 2010, p. 290）。そうだとすれば、ある時間$t$について、「快を感じていない」と述定され、否定的性質をもつと言われている対象は、$t$に存在しなければならない、という指摘も理解できる。だが、そうした形式的問題は、〈称賛される〉などの関係的性質についても同様にある。〈称賛される〉という関係的性質を主体が存在しない時間にもちうることが、主体の問題をめぐる議論において認められるのだとすれば、なぜ、内在的性質だからという理由で当該の否定的な内在的性質は認められないのだろうか。なお、こうした形式的問題は、マイノング主義の意味論（cf. Yourgrau 1987）や、ファイトが提案するように、自由論理

(Feit 2016, p. 152) によって適切に扱える。以上から、ＰＳ２ももっともな条件ではないと結論したい。

### 内在的性質と福利の性質

死後説に反対するために、福利の性質をもつ条件として内在的性質を挙げる理由は、改めてまとめると次のようになるだろう。まず、福利の性質をもつ条件として、死後説の是非をめぐる議論において、単に存在を挙げるわけにはいかない。それは、目下の議論でまさに問われているのが、存在しない時間に福利の性質をもちうるかという点だからである。内在的性質は、対立する両陣営に対して、公平で、説明的な条件として挙げうる候補と見なされていると考えられる。

しかしながら、存在に代わる条件として内在的性質をもち出したくなるのは、身体の内部に位置づけられるという意味で、内在的性質と存在が結びつくように見えるからではないだろうか。たしかに、快苦の感覚や熱さや身長や体重など、内在的性質の典型例は、それをもつ身体の内部に位置づけることができる。だが、そうだとすれば、内在的性質に訴えることによっては、公平な仕方で議論を前進させることはできていない。目下の議論で問われているのは、より正確には、ある時間に位置づけをもたない――その意味で存在しない――対象がその時間に福利の性質をもちうるか、だからである。死者をめぐる目下の文脈では、「対象に内在する」の意味として、身体の内部という意味を含めることはできないと考える。

このように、福利と内在性を結びつけることが正当かどうか自体が疑問である。しかしながら、死者のように、もはや身体をもたない対象に対しても適用できる、対立する両陣営が共有できる内在性の意味もありうるかもしれない。ひとつの候補を示しておきたい。それは、主体の福利が問われている当該の時間 $t$（と世界 $w$）に内在するという意味である。この他に、主体がもつ時間 $t$ の福利と関連のある「内在」の意味を明確にすることは難しいのではないかと思われるし、次のように、この「内在」の意味は十分明確だと考える。たとえば、主体$S$が快を感じている時間$t$には、$S$は〈快を感じている〉という性質を$t$にもち、快を感じていない時間には〈快を感じていない〉という性質を$t$にもつように、その時間の内部で生じていることによって、$S$が$t$にどのような性質をもつかが決まる。その時間において主体がもつ福利の性質も、その時間の内部で生じていることによって決まる。これが、非存在の価値をめぐって福利の性質に対して（課すとすれば）課すことのできる内在性の意味だと考える。そしてこれは、死後説と両立する。

## 6　主体の側面としての福利の概念

ここまでで、死後説に対する批判として、応答性に訴える議論と、内在的性質に訴える議論を見た。そして、どちらの議論も、死後説に対する批判としてうまくいかないと論じた。以下ではさらに、死後説の是非をめぐって提出されている別の論点を取りあげる。それは、主体$S$の時間$t$における福利が、$S$に対して$t$がもつ内在的価値に対して、概念的に先行する、という論点である。私の考えでは、ここまで見た議論とその論点も含め、三つの議論に共通する問題として、福利の概念の捉え方が偏っている、という指摘が可能である。

本節で注目したい論点を明確にするために、まず、福利を「関係」として捉える立場を見る。それは、死後説を擁護するために、性質説を捨てることによって、ＰＳ１を退ける立場である。福利の概念的先行というここで注目したい論点は、その立場に対するある批判に見いだすことができる。（その批判は、死後説に対する批判というよりも、死後説を擁護する試みのひとつに疑念を向けるものである。その疑念を取り除いておきたい。）

## 関係としての福利

ブラッドリーは、福利について、主体$S$と世界$w$と時間$t$とのあいだに成り立つ「関係」として捉えられるとして、次のように述べる（Bradley 2013, p. 47、強調は原文）。

〔……〕福利とは、個体のもつ内在的性質でも個体が世界のなかの何かとのあいだにもつ関係でもなく、個体と世界（と時間）のあいだの関係のことである。それは個体と世界から数値への関数として表現される。

ここで言われている「世界」については、現実世界の福利だけを考えることにして、さしあたり無視しよう。「時間」の方は、その時間に現実世界に成り立つ事態の集合だと考えればよい。時間$t$のなかには、$S$にとって価値のある事態――たとえば、$S$に心地よい感覚が生じていること――もあれば、価値のない事態や負の価値をもつ事態もあり、ひとつの単純な考え方としては、それらの価値の総計によって、$S$に対して時間$t$がもつ価値を計ることができる。こうした見解を、福利に関する「関係説」と呼ぼう。この立場は、前節で見たＰＳ１を退ける方針のひとつとして理解できる（Feit 2016, p. 153）。ただし、性質説のもとでＰＳ１を退けるのではなく、福利をもつのに内在的性質が必要とされないのは、福利がそもそも性質ではないからだ、と論じるわけである。

ただし、じっさいは、このように捉えたからといって、福利が主体の性質だということ自体が否定されるわけではない。関係説のもとでも、たとえば、〈$t$との関係においてこれこれの価値をもつような何かである〉という関係的性質を$S$はもつことになる。死後説をめぐる目下の議論において重要なのは、その関係的性質をいつ$S$がもつのか、という点にある。ひとつめの考え方は、そうした関係的性質は、時間に相対的ではなく、$S$が端的に（*simpliciter*）もつ、というものである。あるいは——時間の情報の重複が気になるかもしれないが——$S$が$t$においてもつと考えることもできる[13]。いずれにしても、無規定説の側から、$t$が組み込まれたそうした性質を$S$がもつためには、$t$において$S$が何らかの条件を満たさなければならないと論じることも可能ではある。ただし、応答性に訴える議論の問題点はすでに確認した（第4節）。また、この場合の福利の性質は、それ自体が関係的性質であるため、内在的性質に訴える議論（第5節）は機能しない。

注目したいのは、関係説に対するファイトの指摘である。ファイトは、ブラッドリーの関係説について、福利についての説明を後戻りさせていると批判して、次のように述べる（Feit 2016, p. 154. 強調は原文、〔 〕は引用者による補足）。

> 〔……〕福利の概念は、そのような〔福利の水準という〕値を決める、人と世界（と時間）のあいだの関係という概念に先行する。別の言い方をすれば、ある人にとっての世界（と時間）の価値についての語りは、その人がその世界（と時間）においてどれくらい良いあり方をしているか（how well off）ということ、すなわち、福利の水準についての語りに他ならない。

この説明は明快とは言い難いと思うが、興味深いものなので、敷衍してみたい。

性質説のもとで、時間$t$の主体$S$の福利の水準を決めるには、まず、〈快が生じている〉といった、価値を与える性質を$S$が$t$にもつかどうかが特定される。そのような性質をもつことが直接、たとえば、〈+10

の水準の福利をもつ〉という性質を$S$が$t$にもつことを基礎づける。前者の所有については、$t$時に$S$に快が生じているという事態を考えることができる。後者については、$t$時に$S$は正の福利の水準をもつという事態を考えることができる。さらに、それらの事態を含む時間$t$が$S$にとって正の内在的価値をもつと言うこともできる（時間をその時間に成り立つ事態の集合と捉える、という点を思い出されたい）。そのように言うとき、福利の概念は、事態や時間の内在的価値より先に登場する。これが、性質説における$S$にとって価値ある事態や時間についての語り方である。

対照的に、関係説のもとでは、まず、$t$に含まれるさまざまな事態について、$S$にとっての内在的価値が特定される。なお、このとき、その事態の要素として$S$が含まれているかどうかは問われないように見える。いずれにせよ、福利の概念は、内在的価値の後に登場する。つまり、事態や時間の価値が定まってから、その後に、時間$t$と$S$との関係が$S$の$t$における福利だと言われている。ファイトはこの点を問題視する。ファイトによれば、関係説は、事態や時間（や世界）がもつ内在的価値に対して先行すべき福利の概念を捉え損ねている[14][15]。

## 福利の概念の先行性？

だが、関係説が福利の概念を適切に捉えていないというファイトの批判は正しくないと思う。関係説のもとでも、主体にとっての内在的価値の担い手は、事態や時間だと見なすことになると考えられる。そして、そうした見方は、性質説における考え方ととりたてて違いがないはずだからである。まず、主体にとって価値をもつ基本的な事態は、〈快を感じている〉のような価値を与える性質と主体によって構成される。価値を与える性質のリストには、他にも前節で見たような、〈快が生じていない〉や〈痛みを感じていない〉といった否定的な内在的性質が含まれると考えることができる。あるいは、主体がそうした否定的な内在的性質をもつという事態のかわりに、主体が〈快が生じている〉や〈痛みを感じている〉という性質をもたないという事態に着目することもできるだろう。そうした事態が、それらを含む時間における主体の福利を基礎づける。ここまでの考え方は、性質説でも関係説でも変わらない。そして、このとき、価値を与える性質のリストのなかに何が認められるかは、ここまでで見てきたように、(i) 快楽説や欲求充足説や多元主義のうちどの価値の理論を採るか、(ii) 否定的な内在的性質を認めるか否か、(iii) 非存在の時間に内在的性質をもつことを認めるか否か、によって変わる。それらが、死後説の是非をめぐる論点なのである。注意すべきなのは、それら三つがみな、性質説を採るか関係説を採るかとは独立の理論的選択肢だということである。

私の考えでは、福利を関係として理解するかどうかは、もっぱら、形式的な表現の問題である。ブラッドリーのように、ある時間の主体の福利を時間と主体の関係として表現することには利点がある。それは、主体の福利について考えるさいに、主体の時間的位置づけを予め特定しなくてよいという立場を明示できる点である。福利を〈主体、時間〉の関係によって表すことで、主体が福利をもちうる時間の範囲が、形のうえで、主体が存在する時間に限定されなくなる。もちろん、そのうえで、別の根拠があれば、福利をもちうる時間に制約を加えるべきだと論じることもできる。

付言すれば、こうした表現は、内在的性質という概念にしつこくつきまとう「身体の内部」という暗黙の想定から、福利の概念を自由にしてくれる。第2節で述べたように、福利の性質は、基礎的な性質ではない(そのことは、福利の性質が実在的でないことを意味しない)。福利について、それ自体としては、身体や意識や空間的位置と直接の概念的な繋がりをもつ性質だと考えるもっともな理由はない。福利をもつには応答性が要ると言うときに、予め身体や意識といった性質に限定して考えたり、福利は内在的性質だと言うときに、身体の空間的内部を暗に想定したりするとき、その背景にはおそらく、空間的位置づけをもたないものは実在性を欠くという、偏った考え方がある。こうした偏った見方を取り除くなら、次の結論も受け容れられるのではないかと思う。すなわち、人は、明確な空間的位置づけを失った死後にも福利をもちうるのであり、時ならぬ死を迎える場合、死んだ当人にとって、死は死後に悪いのである。

## 註

(1)死後説の常識的なもっともらしさについては、吉沢 2012、四頁も参照。

(2)吉沢 2012。他の文献としては、とくに鈴木 2011 を参照。

(3)Feit 2016, p. 160. 他にも、"good-making property" および "bad-making property" などと呼ばれる（Bradley 2009, p. 19）。

(4)イェンス・ヨハンソンは、死後説に反対するものの、こうした例を挙げて、死後説が自然な考え方だと認めている（Johansson 2012, p. 264）。

(5)無規定説の支持者としては、一例として、Draper 2004, p. 95, Hanser 2008, p. 437, Hershenov 2007, p. 174, Luper 2007, p. 247, Luper 2012, p. 321 など。

(6)Bradley 2013, p. 45. ただしブラッドリーは、その箇所では、誕生の価値について述べている。

(7)Luper 2007, p. 244.「応答」というのは、主体に対して価値をもつと思われる何かが起こったときに、それに応じて、福利の点で、主体に変化が生じるという意味合いである。応答性に訴える議論への批判は、吉沢 2015 第１・４節でもまとめた。

(8)ブラッドリーは、ゼロ説と両立する応答性の必要条件として次を示す。「人 $S$ が時間 $t$ において応答的であるのは、$S$ が正または負の水準の福利を $\langle w, t_n \rangle$ でもつような世界 $w$ と時間 $t_n$ が存在するときにかぎる」（Bradley 2009, p. 104）。この条件は、靴が福利の水準をもつことを排除する（ibid.）。

(9)ルーパーはのちに、心的能力を失った状態と死の状態について、主体にとって等しくゼロの価値をもつと認めている。そのうえで、ある時間に成立する事態が主体にとって内在的価値をもつことと、その時間にその主体が福利をもつこととを区別する（Luper 2012, pp. 320-321）。だが、そのような区別が可能かは疑問である。どのような意味で、その事態の価値を福利と区別して理解することができるのだろうか。本稿の注（14）も参照。

(10)Cf. Bradley 2012, p. 394. ブラッドリーは、この条件を害の理論が満たすことが望ましいものとして挙げている。

(11)ファイトは、福利の性質自体が内在的性質だとすることは、欲求充足説を排除してしまうため、論点先取的だと述べる（Feit 2016, p. 145）。そのため、何らかの内在的性質をもつことを要求するという条件を主張するのがよいと主張する（*ibid.*）。

(12)Bradley 2009, p. 107. ブラッドリーは、内在的性質の定義として、すべての複製（duplicate）が共有するという規準を挙げる。ある対象に快が生じていないのであれば、その複製にも快は生じていないはずだから、〈快を感じていない〉という否定的性質は、複製が共有するという当該の内在的性質の定義を満たす（*ibid.*）。複製を用いた定義については Lewis 1983, pp. 355-356〔邦訳書一六六–一六七頁〕を参照。ただし、こうした内在的性質の規準がそれ自体としてもっともなものか、さらに、非存在の死者に適用できるのかは疑問である。死者を含めた多くの非存在者は、否定的性質や必然的性質を共有するだろうから、空疎に複製だということになってしまうのではないだろうか。死者にとって重要だと思われる「内在」の意味は、本文ですぐに示唆を行なう。

(13)さらに、ブラッドリーによるこうした方針を、時間的性質が一般に時間との関係だという見解と比較してみよう。たとえば、ある時間におけるリンゴの赤さも、リンゴと時間との関係として理解できるとしよう。そうだとして、存在しない時間には赤さという性質をもつことがなく、福利の性質はもちうると主張するのであれば、結局のところ、その差は何によるのかが問題になる。つまり、どのように性質帰属一般を理解するかとは独立の問題は残る。

(14)ヨハンソンも、ファイトの主張を参照しながら、ナタリア・デング（Deng 2015, esp. p. 428）の見解が、福利の概念と世界の内在的価値の概念の先後関係を誤って捉えている可能性があると指摘する。ヨハンソンは次のように述べる。「人にとっての世界の内在的価値という観念は、その人が内在的に良いあり方か悪いあり方をしているということによって解明できるのであり、その逆ではない」（Johansson 2017, p. 247）。ここでヨハンソンは、世界（やその時間的部分）が人に対して内在的価値をもつことと、その人の福利とを区別している。だが、その区別が意味をなすとすれば、そこで言われている内在的価値とは何なのだろうか。

（15）こうした論点は、福利の価値を主体の選好や合理的熟慮によって還元的に説明する適合態度分析（Fitting-Attitude Analysis）的な立場（cf. Arrhenius & Rabinowicz 2015, Bradley 2009, p. 110）に対しても当てはまるだろう。

## 参考文献


Arrhenius, G. and W. Rabinowicz 2015, “The Value of Existence”, in I. Hirose and J. Olson（eds.）, *The Oxford Handbook of Value Theory*, Oxford University Press: 424-43.

Bradley, B. 2009, *Well-Being and Death*, Oxford University Press.

Bradley, B. 2012, “Doing Away with Harm”, *Philosophy and Phenomenological Research* 85（2）: 390-412.

Bradley, B. 2013, “Asymmetries in Benefiting, Harming and Creating”, *The Journal of Ethics* 17（1-2）: 37-49.

Bradley, B., F. Feldman and J. Johansson（eds.）2012, *The Oxford Handbook of Philosophy and Death*, Oxford University Press.

Carlson, E. and J. Johansson 2018, “Well-Being Without Being?: A Reply to Feit”, *Utilitas* 30（2）: 198-208.

Deng, N. 2015, “How A-Theoretic Deprivationists Should Respond to Lucretius”, *Journal of the American Philosophical Association* 1（3）: 417-32.

Draper, K. 2004, “Epicurean Equanimity Towards Death”, *Philosophy and Phenomenological Research* 69（1）: 92-114.

Feit, N. 2016, “Comparative Harm, Creation and Death”, *Utilitas* 28（2）: 136-63.

Hanser, M. 2008, “The Metaphysics of Harm”, *Philosophy and Phenomenological Research* 77（2）: 421-50.

Hershenov, D. B. 2007, “A More Palatable Epicureanism”, *American Philosophical Quarterly* 44（2）: 171-80.

Johansson, J. 2010, “Being and Betterness”, *Utilitas* 22（3）: 285-302.

Johansson, J. 2012, “The Timing Problem”, in Bradley, Feldman and Johansson 2012: 255-73.

Johansson, J. 2017, “The Lucretian Puzzle and the Nature of Time”, *The Journal of Ethics* 21（3）: 239-50.

Lewis, D. 1983, “New Work for a Theory of Universals”, *Australasian Journal of Philosophy* 61（4）: 343-77.（「普遍者の理論

のための新しい仕事」、『現代形而上学論文集』柏端達也・青山拓央・谷川卓編訳、勁草書房、二〇〇六年、一四一–二二八頁）
Luper, S. 2007, "Mortal Harm", *The Philosophical Quarterly*, 57 (227): 239-51.
Luper, S. 2009, "Review of Ben Bradley, *Well-Being and Death*", *Notre Dame Philosophical Reviews*, 2009.07.16, URL = 〈https://ndpr.nd.edu/reviews/well-being-and-death/〉.
Luper, S. 2012, "Retroactive Harms and Wrongs", in Bradley, Feldman and Johansson 2012: 317-35.
Yourgrau, P. 1987, "The Dead", *The Journal of Philosophy* 84 (2): 84-101.（村上祐子訳「死者」、『現代思想――特集＝可能世界／固有名』第二三巻第四号、一九三–二〇八頁）
Yourgrau, P. 2000, "Can the Dead Really Be Buried?", *Midwest Studies in Philosophy* 24: 46-68.
鈴木生郎 2011「死の害の形而上学」、『科学基礎論研究』第三九巻第一号、一三–二四頁。
吉沢文武 2012「死者の問題のためのいくつかの形而上学的枠組みについて――マイノング主義の検討」、*Contemporary and Applied Philosophy* 第四巻、一–一八頁。
吉沢文武 2015「死と生の形而上学――存在と非存在をめぐる二つの直観について」、千葉大学大学院人文社会科学研究科、博士学位論文。

# 死後説は擁護されたか

佐々木渉

## 1 はじめに

吉沢論文では、次のような流れで死後説が擁護された。まず、死後説が素直で常識的な見解であることが確認された。次に、死後説が依拠する、死者の福利に関するゼロ説について、対立する無規定説（やそれを支持する応答性の議論）に疑問を呈しながら、福利の性質をもつために対象が内在的性質をもつ必要があるという議論が退けられた。その上で、福利を関係として捉える立場が提案された。

本コメント論文では、吉沢の提起した上記の議論の中から、死後説が常識的な見解であるかどうかという点、無規定説や応答性について指摘される問題点、そして、福利の関係説という三つの論点について、コメントを加えることにしたい。

## 2 死後説のもっともらしさに依然として残る不満

吉沢は、死後説のもっともらしさを示すものとして、よくある議論に加えて、次のような議論を与えている（吉沢論文二〇五–二〇六頁）[1]。まず、ある人が事故を紙一重で回避し、自分が死なずに済んで安堵するというケースを考える。死なずに済んで幸福なのが、死を回避した後だということはもっともらしい。それゆえ、死の悪さ[2]については、それをちょうど裏返した状況を考えて、死の後に悪さを被るのがもっともらしいといえるはずだ、というものである。

これに関して、私は「裏返した状況を考える」という部分に依然として疑問を感じる。すなわち、死なずに済んで幸福なのが死を回避した後だとしても、そこから直ちに、それをちょうど裏返した時点が、死の悪い時点だと考えることはできないと思う。例えば、仮に、この状況を私が経験したとしよう。私は確かに死なずに済んで安堵すると思うが、それは、（ひょっとしたら事故の時点で失われていたかもしれない）私の（内在的に）良い人生が、今も無事に続いているからであって、同じ時点に死んでいたら今より悪い状態だったからではないかもしれない。(3) 実際、「もし、私が死んでいたとすれば、私は、今のような良い状態にはなかっただろう。」という反事実条件文は、死後説に反対する論者であっても真だと認めるものである。一方、死後説が示さなければならないのは「もし、私が死んでいたとすれば、私は、今より悪い状態にあっただろう。」ということである。しかし、上記の事例からは、もし私が事故で死んでいれば、私がたった今死なずに済んで安堵しているのとちょうど同じ時刻に私が不幸な状態に陥っていたと考えるのが自然だとまでは言えないように思われる。(4)

## 3　無規定説と応答性について

**無規定説と意思決定**　吉沢は、無規定説のもとでは、主体の生死に関わる意思決定が困難になると指摘する（吉沢論文二一二頁）。なぜなら、無規定説によれば、死後の主体には一切の福利の性質が帰属しないため、主体が、すぐに死んでしまうという選択肢と生き続けるという選択肢をもつとき、ゼロ説のように、（ゼロの福利の水準をもつ）死んでいる状態と（正の福利の水準をもつ）生きている状態を比較することで、福利の観点から後者を選び取ることができないからである。

しかし、無規定説の支持者は、次のように考えることでこの問題を回避できると思われる。それは、生死にまつわる意思決定を、それぞれの選択肢において主体に帰属する福利の水準の比較によって行うのではなく、それぞれの選択肢によって決まる主体の人生全体の福利の比較によって行う、というものである[5]。例えば、上記の例では、主体が死を選んでしまえば、死んでいる状態の福利の水準がゼロだろうが、それ以上その主体が享受する福利の総量（人生全体の福利）は増加しない。だが、生き続ける選択をすれば、幸福な人生が続くことで（人生に正の福利の水準が帰属することで）、さらに多くの福利を享受できるかもしれない（最終的な人生全体の福利を増加させられるかもしれない）。それゆえ、主体は後者を選ぶ根拠をもつというわけである。

**応答性の喪失**　次に、吉沢は無規定説を支える応答性というアイデアについて、まず「単純な疑問」を述べる（吉沢論文二一四頁）。それは次のようなものである。もし、応答性を対象が福利の性質をもつための必要条件だとすると、応答性をもたない対象は福利の水準をもたない。いま、ある主体 $S$ が時刻 $t$ より前まで応答性をもち、$t$ 以降に応答性を喪失するとする。福利の水準を $S$ にもたらすような応答性という能力の喪失は、$S$ にとって悪いことだと考えられるが、当の応答性を失うことで $S$ は福利の主体ではなくなってしまうので、応答性の喪失を $S$ にとって悪いことだと考えることが不可能になってしまう。つまり、応答性はそれ自体が福利の要件となっているがために、その喪失を悪いことだとみなすことができない、という批判である。

この批判に対して私は「応答性の喪失を悪いことだとみなす必要はないし、そうすべきではない」と単純に応答する。

そもそも、応答性は福利の水準が正の値になったり負の値になったりするための基盤のようなものである。それによって人生が良いものとなるかどうかは福利の水準が示すのであって、応答性が示すのではない（例えば、生まれた時から苦痛しか感じることのできない人生があるとすれば、応答性の喪失が悪いことだとは考えづらいだろう）。加えて、それでも応答性が良い（悪い）ものだと考える必要があれば、比較説に基づいて、その喪失が無時間的に悪いとみなすことはできる（時刻$t$よりも後にも応答性によって正の福利を享受する世界と、それを$t$までしか享受できない世界の価値を比較すればよい）。それゆえ、私は、この問題が、応答性のアイデアを棄却しなければならないほど、重大な矛盾を孕んではいないと考える。

**応答性とゼロ説**　続いて吉沢は、応答性の支持者がしばしば持ち出す「他の種との違いに訴えかける議論」がゼロ説への批判としては機能しないと主張する（吉沢論文二一五―二一六頁）。ここで「他の種との違いに訴えかける議論」とは、もし対象が福利をもつために応答性のような条件が要求されなければ、数や靴のような、明らかに福利をもちえない対象が福利の水準をもちうることになり、不都合だと主張するものである。ゼロ説への批判にこの考えを用いるならば、死者を福利をもたない対象の範囲に含められるようにする必要があるが、吉沢によると、このとき、福利の水準をもちうるかどうかを区別する特徴を、存在するかどうかだと考えるならば、数や靴が福利をもつことになり不都合である一方、心的能力のような具体的な能力に制限された応答性で区別するならば、昏睡状態のように、心的能力を失いつつも福利が帰属しそうな状態を、福利が帰属しない範囲に含めることになってしまい、やはり不都合になるという。

しかしながら、そもそも「他の種との違いに訴えかける議論」によって応答性の支持者が行いたいことは、福利の水準の有無に関係するような、なんらかの性質の存在を認めなければ、福利が帰属しうる対象とそうでない対象が存在することをうまく説明できないと指摘することにある。逆に、もし応答性の存在を認めず、ゼロ説を擁護し、それでも数や靴に福利が帰属しないと考えるならば、どうやってそれらを区別するのか、応答性（やそれに類似する考え）を一切用いずに説明できなければならない。そして、その見通しは決して明るくないように思われる[6]。一方で、もし応答性を認めつつ、さらにゼロ説も正しいと主張するならば、今度は死者が応答性をもつと主張しなければならなくなってしまう。

加えて、もし応答性を認めるとしても、それを心的能力に限定する必要はない。むしろ、福利の性質をもちうる対象とそうでない対象を区別するという、応答性の目的を考えれば、実際に心的能力をもっているかどうかよりも、対象がそのような心的能力をもつことを可能にする内在的特徴をもつかどうかを、応答性とすべきかもしれない。いずれにせよ、応答性というアイデア自体のもっともらしさと、それがうまく定義できるかどうかという問題は、切り離して考えるべきである。少なくとも、応答性には福利をもちうる対象とそうでない対象を区別するという、もっともらしい役割がある。にもかかわらず、ゼロ説がそのアイデアとうまく適合しないのならば、それはゼロ説を採用する際のデメリットの一つになると私は思う。

## 4 福利の関係説について

最後に、吉沢が唱える「関係としての福利（福利の関係説）」という考えを検討したい。吉沢はブラッドリーを参照しながら、福利の関係説とは、福利を個体のもつ内在的性質ではなく、個体と世界や時間の関係だとする考え方であると述べる（吉沢論文二二三―二二七頁）。

福利の関係説と、（通常の考え方である）福利の性質説をこの定義だけから区別するのは難しい。なぜなら、性質説においても、福利は、時点や世界（において成立する事態）の主体にとっての価値だからである。吉沢によれば、性質説と関係説の決定的な違いは、福利の特定の仕方にある。ある時点$t$の主体$S$にとっての福利の水準を決定するとき、性質説においてはまず$S$が$t$においてどのような「価値を与える性質」を例化しているかを特定することから始まる（吉沢論文二二四―二二五頁）。そして、それによって$S$が$t$においてどのような水準の福利をもつか（$t$が$S$にとってどのような価値をもつか）が決まる。一方、関係説においては、主体がどのような価値を与える性質を例化しているかを決めずとも、$t$と$S$の関係において$t$の$S$

にとっての価値が直接定まる。ここに両者の違いがある。そして、福利をこのように関係的に捉えることの利点は、福利を〈主体$S$, 時間$t$〉のような関係として表すことで、主体が福利をもちうる時間の範囲が、形のうえで、主体が存在する時間に限定されなくなることだという(吉沢論文二二六頁)。

私はこのような福利の関係説に対して、次のような疑問をもつ。それは、主体がどのような価値を与える性質を例化するかを決定することなしに、時点の価値を決めることが本当にできるのかというものである。例えば次のような事例を考えよう。ある主体$S$は幼少期にはシュークリームが大好きだったが、大人になってからシュークリームを嫌いになったとする。$S$のこの選好の変化が起きた時点を$t_1$とし、さらに、議論のために快楽説を仮定しよう。ここで、任意の時点$t$において、$S$がシュークリームを食べるとする。$S$の$t$における福利の水準はどのようにして定められるだろうか。

性質説では、次のように素直に答えることができる。「$t$における$S$の福利は、$t$が$t_1$より前の時点ならば正の水準をもち、$t_1$より後の時点ならば負の水準をもつ。なぜなら、前者の場合、$S$は自分の好きなものを食べることになり、そのことによって時点$t$において快楽が生じる(正の価値を与える性質が例化される)が、後者では、$S$は自分の嫌いなものを食べることになり、そのことによって時点$t$において苦痛が生じる(負の価値を与える性質が例化される)からである」と。

関係説ではどうだろうか。関係説によれば、$t$における$S$の福利は、価値を与える性質を介さずとも「$S$と$t$の関係」として直接定まるはずである。しかし、それだけでは$S$の福利を特定することはできない。なぜなら、シュークリームに関する$S$の選好は、$t_1$を境に変化しているため、「$S$」が、$t_1$より前の時点の$S$を指示するのか、$t_1$より後の時点の$S$を指示するのかによって、$S$の福利の水準は異なるはずだからである。

ここで関係説の支持者は、時点$t$と関係をもつ「$S$」は「その時点$t$においてシュークリームを食べている$S$」を指示するのだと単純に応答するかもしれない。そうすることで、シュークリームを好きな時点において$S$がシュークリームを食べているときには、「シュークリームを好きな$S$」が$t$との関係として正の福利の水準をもち、シュークリームを嫌いになった後の時点において$S$がシュークリームを食べているときには、「シュークリームを嫌いな$S$」が$t$との関係として負の福利の水準をもつとすれば良い、と反論するかもしれない。しかしその場合、$t$が$S$の死後の時点であれば、福利の水準を定めることができないことになってしまう。なぜなら、$t$が$S$の死後の時点ならば、「$t$における$S$」を持ち出そうとしても、$S$はもはや存在しないからである（終焉テーゼ）。

ひょっとすると、関係説は、ちょうど持続についての耐続説（Endurantism）が「一時的内在的性質の問題」[7]に応答する際に、ある時点における対象への述定を、耐続する対象とその時点との間の関係として捉えるときと同じように[8]、時点$t$と関係をもつのは、端的に存在する$S$そのものだと考えているのかもしれない。そうすると、「$S$と$t$の関係」は、このような、言わば無時間的に存在する$S$と$t$の関係ということになる。さらに、$S$がシュークリームに関してもつ選好も$S$と$t$とシュークリームの三項関係として理解することができる。その結果、$t$が$t_1$より前の時点であるか、後の時点であるかによって、三者の関係は異なるものとなり、それに応じて$t$の価値を適切に定めることができる[9]。

しかしながら、私は、関係説がこのような説明を必要とするならば、既に持続に関する特定の立場を前提してしまっているのではないかという疑念をもつ。実際、持続についての他の考え方である、延続説（Perdurantism）や段階説（Exdurantism）の支持者が、同様の考えを利用できるかどうかは疑わしい[10]。それゆえ、福利の関係説を擁護するためには、さらに追加の形而上学を擁護する必要があるかもしれない。

## 5 まとめ

以上のような議論により、私は依然として死後説には疑問が残ると考える。このような問題が解決されない限りは、私たちは死が悪い時点として別の時点を探すことを、もっと検討すべきである。

## 註

(1)以降では、吉沢論文はページ数のみで参照することにする。

(2)死の「悪さ」は、吉沢論文では死の「害悪」または「悪」と呼ばれている。

(3)この点については、次のような事例を考えることでより明確になる。私は死なずに済んで安堵していたが、次の瞬間、手に持っていた紙で指を切ってしまった。私の人生は、それ以外は全くの平穏無事で、指の痛みだけが私のその時点の福利の水準を（ほんの少しだけ）下げたとする。このとき私は「この瞬間に関してだけは、死んでいた方がよかった」と後悔するだろうか、いや、しないだろう。

(4)加えて、エピクロス主義者ならば、「安堵する私」が存在するからこそ生き延びた私の人生は良いものなのであって「死の不幸を嘆く私」が存在しえない以上、これらは決して裏返しの関係にはなりえないと指摘するかもしれない。

(5)出来事の価値を人生全体の福利の総量で考えるやり方は Feldman（1991）に既に提案されている。さらに Purves（2016）では、総量型の比較説によって、ゼロ説にコミットしない形で死の悪さを説明する方法が提案されている（Purves 2016 pp. 103-105）。また、私の考えでは、Frugé（2019 p. 198）で提示されている比較説（剝奪説）も、ゼロ説にコミットメントのないタイプの比較説として理解できるため、このような場面で無規定説の支持者が利用できる定式化であるように思われる。

(6)実際、ゼロ説を支持する Feit（2016）は、このような困難を認めたうえで、靴のような対象にゼロの福利が帰属すると言って構わないと主張する（p. 145, 160）。しかし、ゼロ説を擁護するために、このような帰結を受け入れることは、私には本末転倒であるように思われる。

(7)「一時的内在的性質の問題」（the problem of temporary intrinsics）とは、ある対象Oがある時点においては〈曲がっている〉というような内在的性質をもち、別の時点では〈まっすぐである〉というような内在的性質をもつとすると、$O$が〈曲がっている〉と〈まっすぐである〉という両立しない性質を例化することになってしまうという問題である（Lewis 1986 pp. 202-4 邦訳二三一－四頁）。

(8)〈曲がっている〉のような一時的内在的性質は、実は時点との関係であり、$O$は（それ自体では何の形ももたず）それぞれの時点との関係において〈曲がっている〉と〈まっすぐである〉というような関係的性質をもち、それゆえこれらは実は両立可能なものなのだとする考え方のこと（Lewis 1986 p.204. 邦訳二三三頁）。なお、耐続説は現在主義と組み合わされた場合にはこれとは別の応答の仕方をする（Lewis 1986 p. 204. 邦訳二三三頁）。

(9)また、このように説明することで、死後の福利に関しても、端的に存在する$S$と$S$の死後の時点$t$との関係として定めることができる。

(10)例えば、延続説においては、主体$S$が時点$t$において価値を与える性質を例化することは、$S$の$t$における時間的部分がこの価値を与える性質を例化することとして理解されるだろう。にもかかわらず、$t$における$S$の福利については、$S$の四次元ワームと$t$との関係として理解すべきだと主張するのは一貫性に欠ける。また、このことと関連して、どのような持続の理論を採用するかという問題と、主体が死の害を被ることができるかどうかという問題の関連性は、鈴木（2011）で既に指摘され、詳しく論じられている。

## 参考文献


Feit, N. 2016, "Comparative Harm, Creation and Death", *Utilitas* 28 (2): 136-63.

Feldman, F. 1991, "Some Puzzles About the Evil of Death", *Philosophical Review* 100 (2): 205-27.

Frugé, C. 2020, "Epicureanism and Skepticism about Practical Reason", *Canadian Journal of Philosophy* 50 (2): 195-208.

Lewis, D. 1986, *On the Plurality of the World* Wiley-Blackwell.（デイヴィッド・ルイス『世界の複数性について』出口康夫監訳、佐金武＋小山虎＋海田大輔＋山口尚訳、名古屋大学出版会、二〇一六年）

Purves, D. 2016, "Accounting for the Harm of Death", *Pacific Philosophical Quarterly* 97 (1): 89-112.
鈴木生郎 2011「死の害の形而上学」、『科学基礎論研究』39 (1): 13-24.

# 死者にとっての福利

吉沢文武

## 1　はじめに

拙論に対する佐々木のコメントは、死後説を常識的見解と見なすことへの批判（本リプライ第2節）、応答性概念の擁護（第3節）、福利の関係説に対する批判（第4節）の三つにまとめられる。以下で順に応えたい[1]。

## 2　死後説はやはり常識的だと思われる

拙論では、死の悪を被る時間について、死を回避した状況と照らして考えてみることを提案した。すなわち、死を回避できた後に良かったと安堵するように、死については、ちょうど裏返した状況を考えて、死後に（死を回避できずに）悪いと考えるべきだ、と論じた。死後説のもとでは、死を回避して安堵するのは、回避後に起こる良いことが、死んでいた場合の状況がもつゼロの価値と比較して、より良いからだと説明できる。佐々木はこの主張に疑問を呈し、死を回避した状況においては、回避後に生じる内在的に良いことをもって、死んでいた場合の状況がもつ価値との比較なしに、良かったと安堵する根拠になると主張する。

佐々木が指摘するように、たしかに、死を回避した状況について、「もし、私が死んでいたとすれば、私は、今のような良い状態にはなかっただろう」という反事実条件文が真であるために、死後説を採る必要があるわけではない。死を回避した後の時間に内在的に良い経験が当該の主体に生じていることで、その文は真である。だが、問題は、死が悪いものであるためには、この文が真であるだけでは足りない、という点にある。「もし、私が死んでいたとすれば、私にとって、今のこの時間はより悪いものだっただろう」もまた真である必要がある。この点をより詳しく述べよう。

内在的な価値だけでは、死の回避の良さを捉えるにも、死の悪を捉えるにも不十分である。そのことを確認するために、次の状況を考えてみよう。あなたには、職場から家に帰るために日常的に通る道が二つある。AルートでもBルートでも、同じ時間で家に着く。ケース1として、Aルートでは、いつも見かける猫の姿を目にすることができ、少し幸せな気持ちになる。Bルートでは、いつもあなたの帰宅時間に飼い主と散歩している犬を目にして、同じだけ幸せな気持ちになる。あなたは、その猫も犬も好きなのである。Aルートを帰ることであなたが猫を見かけたら「もし、Bルートを通っていれば、私は、猫を見る今のような良い状態にはなかっただろう」は真である。ここで重要なのは、Bルートでは犬を見かけていたはずだったという点である。Bルートを通ることは、現実にAルートを通ったことよりも悪いわけではない。どちらを行っても、あなたは同じだけ幸せであり、Bルートにいる犬を見ることを避ける必要はない。次に、ケース2として、現実にはAルートを通るが、もしAルートを通らなければ、Bルートで事故に遭って死んでしまっていたとしよう。この場合、Aルートを通ることで経験した内在的に良いことの内容は、ケース1と変わらない。あなたは猫を見かけて少し幸せになる。しかしながら、ケース2では、ケース1と異なり、Bルートは避けるべきである。ケース2でAルートを通ることの良さは、生き延びた状況で生じる内在的に良いことを参照するだけでは足りない。足りないのは、生き延びたことがより良い状況だということである。生き延びて安堵するには、価値の比較も必要なのである。そして、死を回避して回避後に安堵するのと同じように、死は、死後に悪いと考えるべきである。これが、拙論で死の回避を持ち出した狙いである。

死の回避を安堵することが適切であり、死を避けるべきだと言うためには価値の比較が必要だとして、ゼロ説および死後説は必要ないと思われるかもしれない。佐々木が指摘するように、死後の時間の価値ではなく、人生全体の価値を比較することが可能だと考えたくなるかもしれない。こうした反論に応じるには、福利に対する関心が未来向きだという点について述べる必要がある（Bradley 2013, pp. 47-48）。この点を述べることは、佐々木によるコメント第3節の前半の論点に対する応答にもなる。まず、すこし先の未来に、内在的に良いことが起こる場合を考えてみてほしい。たとえば、何かおいしいものを食べられるとしよう。こうした未来の経験について、あなたの人生全体の幸福の総量が増えるからあなたにとって良いと考えることもできる。この良さは、無時間的なものである。他方で、常にそう考える必要はない。死後説は、死について、福利に対する私たちの未来向きの関心を捉えようとしている。人生全体の評価がそれ自体として不適切だというわけではない。どちらの評価の仕方も説明できることが好ましいのである。

　この点と関連して、佐々木がコメントの註（3）で補足する内容は、整理しておくとよい論点だと思う。佐々木は、死後説が正しい場合、死を回避したあとに紙で指を切ってしまったとして、(1)「この瞬間に関してだけは、死んでいた方が良かった」と後悔することになるが、それは奇妙だと指摘する。たしかに、これは、実際に真面目に言われるとは思えない、奇妙な表現だろう。だが、この状況について、死後説を採用するかに依らず真である、(2)「もし、私が死んでいたとすれば、私は、紙で指を切ることはなかっただろう」という反事実条件文もまた、実際に口にするとすれば奇妙ではないだろうか。これらの表現の奇妙さは、出来事の影響について、一部分にだけ殊更に言及することと関係していると思われる。当該の部分は、出来事の評価を構成はしているのだが、そこにだけ注目することは、恣意的なのである。死後説を構成する「時間の比較的価値（CVT）」はたしかに、時間ごとに価値の比較を行なうという見解である。そこから導かれる評価の例として(1)を述べてもよいだろう。だが、それは、(3)「死んでいた方が良かった」――つまり、死という出来事が起こった方が良かった――ということをまったく含意しない。おそらく、問題の奇妙さは、

⑴や⑵が⑶を含意すると誤って思ってしまうことに由来している。全体として楽しかった旅行について、少し不快な思いをしたからといって、その旅行をその悪い事態で代表させて、「不快な思いをした旅行だった」とまとめるのは、ひねくれた人である。素直な人は、良い事態で代表させて、「おいしい食事を楽しむなど、良い体験をした旅行だった」と言うだろう。どちらの言い方もＣＶＴは許容する。そして、どちらの言い方が自然かは、理論とは別の事情が関係している。

　佐々木による指摘で明確化されたと考えるが、拙論の書き方は、次の点で、注意深さを欠いていたと思う。拙論で挙げた死の回避の例や、佐々木論文へのコメントのなかで挙げる旅行の例について、ＣＶＴによって求まる各時点の比較的価値と、出来事の起こった後の時間についての日常的な価値評価とを、直接結びつけられるかのように議論を進めた。たとえば、友人について「あんな事故が起こらなければ今頃は旅行を楽しんでいたはずなのに」と思う時間こそが、死が悪い時間だ、というように。それはたしかに、死が悪い時間の一部ではある。だが、前段落の観察が正しければ、そうした直接的な繋がりが成り立つのは、出来事の価値評価の全体を代表する部分についてだけである。すなわち、死によって全体として良い未来が奪われたのなら、奪われた一部の良さに言及することは、日常的な自然な表現と合致する。そうした例は、死後説を支持すると思われる。だが、代表部分以外には、うまく当てはまらない。すなわち、死によって全体として良い未来が奪われた場合に、その未来に含まれる悪い部分を取り出せば、自然な表現とは合わない。しかし、そのことは、死後説に反対する理由を与えるわけではない。出来事とその結果について、部分にだけ言及することが不適切な場合があるということは、理論とは独立の事情に由来するし、死に限らず、一般に成り立つと思われるからである。

## 3 応答性はやはり疑問だ

応答性に対して拙論で述べた疑義について、その要点がどこにあったのかを補足したい。拙論では、応答性の喪失——不可逆的な仕方で脳の機能を失うことなど——は、典型的な不幸な出来事だと主張した。佐々木は、応答性の喪失自体が不幸だと考える必要はないと指摘する。私もこの点に異論はない。意図していたのは、そうした事例について、私たちは悪いものだと見なしたくなるはずだ、という常識的理解に訴えて論じることである。そうした事例は、典型的には、避けるべき悪い出来事の事例である。先に見たように、無規定説のもとでも、無時間的な価値の比較に訴えて、こうした事例を悪いと主張することはできるだろう。だが、無時間的な価値の比較では足りないという点は、前節で述べた通りである。

続けて、「他の種との違いに訴えかける議論」について、佐々木は、福利をもつ対象とそうでない対象を区別するという、応答性のもつ役割を強調する。この点に応答しよう。次のような状況を考えてみられたい。あなたは、時刻$t_1$において、少し未来の時刻$t_2$の状況について、世界全体や身近な範囲の対象の福利が今からどのように変化するのかを気にしているとする。その場合に、応答性には果たす役割があるだろうか。つまり、(I)応答性をもつかどうかによっていったん福利をもちうる対象の範囲を定めてから、(II)その対象がもつ福利を気にする、という(I)のステップを踏む必要があるだろうか。(I)の段階を踏む場合、$t_1$と$t_2$の間に死ぬ人$S$がいたとして、その$t_2$における死者$S$は、福利に関して気にかけるべき対象に含まれてしかるべきである。$t_1$には間違いなく福利をもっているのだから。このことから、$S$は気にかけるべき対象に含まれると仮定しよう。さらに、応答性概念の擁護者が主張するように、$S$は$t_2$に応答性をもたないとも仮定しよう。さて、(I)のステップは、$t_2$における死者$S$を排除するだろうか。排除するなら、$S$を気にかける必要がないことになり、仮定に反する(実践的に不適切でもある)。排除しないなら、応答性が果たす役割はない。

## 4　関係説の含意

福利の関係説は、まだ明確にしなければならない部分のあるアイデアだと思う。佐々木の指摘に応答を試みることで、明確化の作業をすこし進めたい。佐々木によれば、関係説のもとでは、主体のもつ選好の変化がうまく説明できない。佐々木の挙げる例は次である。人物$S$は、幼少期$t_1$にはシュークリームが大好きだったが、大人になった$t_2$には嫌いになる。佐々木によれば、性質説においては、「$t_1$にシュークリームを食べている」という事態は、$S$が$t_1$にもつ選好に合うため$t_1$の$S$にとって正の価値をもつと主張できる。関係説のもとでも、この事例自体は容易に扱うことができる。すなわち、「$t_1$に選好に合うものを食べている」という事態が正の価値をもつと考えることによってである。このときの「選好」は、$t_1$に$S$がもつ選好である。

問題は、$S$の死後の時間に成立する事態の価値をどう考えるかである。$S$の死後のある時間を$t_3$としよう。たとえば、$S$にとって「$t_3$に死んでいる」という事態はどのような価値をもつだろうか。もちろん$S$の$t_3$時の選好は存在しない。すでに死んでいるからである。

死後に成立する事態は、選好の内実がどうあれ、$S$にとっての価値はゼロになるはずだから、死後の事態の価値は選好を参照せずに定めればよい、と応答すればどうだろうか。ここで指摘しうる問題は、死後に成立する事態は主体の選好を参照せずに評価するという、生前の事態を評価する方法との不統一である。この不統一を解消するには、まず、佐々木が提案するように、生前の事態も死後の事態も、評価のさいには$S$の無時間的な選好を参照すればよい。この方針は、佐々木によれば、人の持続と時間に関する特定の形而上学的見解を擁護するという、追加の課題を生じさせる。

佐々木の指摘は、さらなる検討が必要な興味深い論点だと思う。それをここでさらに追究することは難しいので、別の応答を記しておこう。私の考えでは、関係説は、すでに論じた方法でもこの指摘に応じることができる。つまり、死後の時間に$S$が選好をもたないことによって、死後に成立する事態が$S$にとってゼロの価値をもつのである、と。このように捉えると、佐々木の指摘は、関係説にせよ性質説にせよ、ゼロ説に対して当てはまるものになる。結局のところ、ここで「選好」には、応答性と同じ役割が期待されている。すなわち、事態を$S$にとって価値があるものにするために必要な条件になり、しかも、死後には失っているような性質になっている。ここでもまた、$S$が選好をもたない時間――「$S$が応答性をもたない時間」と言い換えても同じである――が、$S$にとってゼロの価値をもつか、ということが問われている。だとすれば、ゼロ説はもつと答える。無規定説は、もたないと答える。論点と応答は、本論とコメントで論じてきたものと同じである。

## 5 まとめ

本リプライの第2節の議論が正しければ、死後説は、最も自然なデフォルトの立場としての地位を変わらずにもつことになる。そうだとすれば、死後説の課題は、やはり、理論的な困難の解消ということになる。それも、第3節と第4節の議論が正しければ、いまのところは、うまく行っていると結論したい。

### 註

(1)佐々木によるコメントと本リプライの節番号は、内容上の対応がある。ただし、佐々木は無規定説について第3節で論じているが、その論点に対しては、本リプライの第2節で応じる。

## 参考文献


Bradley, B. 2013, "Asymmetries in Benefiting, Harming and Creating", *The Journal of Ethics* 17 (1-2): 37-49.

# 死は死後に悪いのではない

佐々木渉

## 1 はじめに

死後説によれば、死は死後に悪い。死後説の支持者は、それがもっとも自然な見解であり、その見かけ上の困難は全て解消可能であると主張する。本論文ではこうした見解に異議を唱える。まず次節では死後説は決して自然な見解ではないと指摘する。死後説は私たちの常識的な見方に照らして不自然な帰結を含意するだけでなく、生と死の悪さに関する重要な非対称性を台無しにする。それゆえ、死後説は理論上有益な点がなければ優先して擁護されるべき見解ではないと結論づけられる。第3節以降では、死後説の理論的側面を検討する。第3節ではまず死後説が死者の福利に関するゼロ説に依拠していることが確認される。その上でゼロ説を（対立する立場である）無規定説よりも正しいと考える積極的な動機は存在しないことを示す。続く第4節では、無規定説の側からゼロ説に提示される反論を二つのテーゼとして整理し、それに対するゼロ説の応答がどれも不十分であることを、応答性に基づく議論を援用することによって示すことを試みる。以上の議論が正しければ、死は少なくとも死後に悪いのではない。もしエピクロス論証を受け入れないならば、死がいつ悪いのかに関して、私たちは死後以外の時点を探す必要がある。

## 2　死後説は自然な見解ではない

死後説の支持者は、死後説がもっとも自然な立場だと考えている。[1] そしてこのことは死後説を支持しない立場にさえも、しばしば共有されている。[2]

確かに、死以外の悪さについて考えるとき「何かが悪いとすれば、それはその出来事が生じた後である」という原理はもっともらしいように思われる。[3] 例えば、階段で足を躓いて足が痛むのは、躓いた後のことであって、躓く前やその瞬間ではないし、まして躓きの悪さが無時間的であるといったこともないだろう。それゆえ、このような一般原理を死の悪さにも一貫して適用できる死後説は、一見すると魅力的である。しかしながら、以下に示すとおり、死後説の説明は、かえって不自然な帰結を多数含んでいる。私の考えでは、死の悪さについての私たちの素朴な観察に照らしあわせたとき、死後説の帰結は決して自然な見解ではない。むしろ死後説を採用することは、私たちが死に対して抱く自然な考え方の少なくともいくつかに、重大な改訂を迫るものである。そして、死後説は他の立場と比べて、それを採用することに理論上よほど有益な点がない限り、優先して擁護されるべき立場ではない。

**死後説の奇妙な帰結**

死後説は、タイミングについての一貫性を、次の「時間の比較的価値（Comparative Value at Time, CVT）」を死後の時点にも拡張することで手に入れる。[4]

CVT：時点$t$におけるある人$S$にとっての出来事$E$の価値＝$t$における$S$の福利の水準、−《マイナス》$E$が生

じていない最も近い世界での$t$における$S$の福利の水準

この立場によれば、ある人の死が悪い時点は、もしその人が死ななかった場合にありえた人生において、内在的に良い状態が続いたはずの期間に一致する。すなわち、ある人の死は、その人の死の直後に悪くなりはじめ、しばらく経つと完全に悪くなくなる。なぜなら、ありえた人生においても、主体は別の時点でやがて死を迎えるからである。ハリー・シルヴァーステインは死後説のこのような説明に、次のような詳細な事例を持ち出して異を唱える。

例えば、私の母親は二〇〇〇年の六月に八六歳で亡くなった。……（中略）……ここで、もし母がその事故で死ななかった場合……（中略）……母のありえた人生は実際の人生より五年長く、例えば二〇〇五年の六月頃まで続いただろうと述べることはもっともらしいように思われる。もしそうならば、ブラッドリーの見解〔死後説〕によると、私と私の姉たちは、例えば二〇〇五年の六月のどこかで、直近五年間は母の死は悪いものだったが、もはやそうではなくなったという事実を祝うために、家族パーティーを計画するのが適切だったことになるはずである。そしてこのことは（少なくとも私には）「甚だしく奇妙なこと」に思われる。(Silverstein 2010 p. 288.〔　〕内は筆者)

死後説を支持するベン・ブラッドリーはこの批判に対して、死後説がある時点を境に死が悪い期間が終了すると説明することは認めるものの、CVTは「どのような状況で、あるいはどの時点において、幸福感を感じたり、パーティーを開いたりするのが適切なのかについては何も語っていない」(Bradley 2009 p. 93) と反論する。さらにブラッドリーは、CVTによって悪いとされる出来事や事態が終了することが、肯定的反応の対象になるには、単に悪い出来事や事態が終了するだけでなく、その終了によって、内在的に悪い状態が終わったり、これまで剝奪されてきた内在的に良い状態を回復する見込みを得たりする必要があると示唆する。[5] そして、死はいずれの場合にも当てはまらないのだから、たとえ死後説を採用しても、死の悪さを被り終わることが肯定的反応の対象となることはないと結論づける（p. 94）。

しかし、私はブラッドリーのこの応答は不十分であると考える。第一に、私の考えでは、シルヴァーステインの批判の力点は、いつ肯定的反応をするべきか（いつパーティーを開くべきか）というところではなく、ある時点を境に死の悪さを被り終わるという死後説の説明そのものにある。シルヴァーステインの批判の眼目は、既に死んでしまった主体がある時点を境にその悪さを被らなくなるという説明を認めると、主体が死の悪さを被り終わったにもかかわらず、周囲がそれを祝福することが適切ではないことになってしまうということにある。つまり、そのような死の悪さと周囲の反応の不対応こそが奇妙にうつるのである。そして、私たちは主体が悪さを被っているからこそ、その人を弔うのであって、その悪さが終了したにもかかわらず、それを祝福するのが不適切になってしまうのは不自然である。問題がこの点にあるならば、単に、死後説が「いつ肯定的反応をすべきか」という問いに適切な答えを与える方法をもつと主張するだけでは、十分な応答とは言えない。

第二に、この点に対してブラッドリーは、総合的な良さ／悪さとは別に、肯定的／否定的反応を適切にする条件を与えるが、問題はその条件が、総合的な悪さに対する反応は、むしろ主体の内在的状態によって定まると示唆しているように思われることである。このことは、総合的な悪さがどのような価値なのかを分かりづらくする。というのも、もし総合的な悪さが主体やその周囲の反応を決定づけないのならば、死後説とエピクロス主義者の違いは曖昧なものになってしまうからである。なぜなら、もし死がもはや悪くはないのに、死者を弔い続けることが適切ならば、最初から死が悪くないと考えるエピクロス主義者も、同様の主張を行うことができるはずだからである。しかし、このような主張は認めてしまえば、そもそも死後説を支持する理由がなくなってしまうだろう。

## 生と死の悪さの非対称性

死後説の死の悪さの描写が決して自然なものではないことを示すために、（近年の文献ではあまり言及されることがないが私には重要だと思われる）もう一つの点を確認したい。それはトマス・ネーゲルの古典的な論文に記された、次のような指摘である。

> 生きていることが良いことであるとすれば、そのよさは人生のそれぞれの時点における当の人物に帰属しているはずである。それはバッハの方がシューベルトより長生きしたというただそれだけの理由で、バッハの方がより多く持っているような良さである。これに対して、死は、シェークスピアの方がプルーストよりも長く死んでいるという理由で、シェークスピアの方がより多く持っているような悪さではない。（Nagel 1979 p. 3, 邦訳四–五頁）

生きている間に私たちが経験することは、それが良いことなら長く続けば続くほど良いものであり、逆にそれが悪いことなら長く続けば続くほど悪いものであるという特徴をもつ。しかし、死の悪さにこのような特徴を見出すことはできない。生と死の悪さにはこのような重要な「非対称性」がある。私たちは長く死んでいることや存在しない状態それ自体を不幸だとは考えない。なぜなら「死が悪いとすれば、そこで忌み嫌われているものは、死んでいる状態や非存在の状態、あるいは無意識の状態ではなく、生の喪失」(p. 3) だからである。

そして死後説は、こうした生死に関する「非対称性」を台無しにする。死後説は、ずいぶん前に死んだ人と、ごく最近死んだ人では、前者の方がすでにたくさんの悪さを被ったと (多くの場合において) 言わねばならないし、後者の人はこれから時間が経つにつれてさらにたくさんの悪さを被っていくと言わねばならない。だが、こうした見解は私たちの常識的見解に反するものだ(6)。

**死後説の一貫性**

このように、死後説はその一見した魅力とは裏腹に、死の悪さに関しては、私たちの常識的な見方をうまくなぞるものにはなっていない。私の考えでは、このことは、死後説のもつ一貫性が必ずしも維持されるべきものではないことを示している。私たちは「何かが悪いとすればそれはその出来事が生じた後である」という一般原理のもっともらしさと、それを死にも適用することのもっともらしさは区別するべきである。前者はもっともらしいが、後者はもっともらしくない。そしてこのことは、死の悪さは、死以外の悪さとは異質なものだということを示唆するように思われる(7)。私たちは、死以外の悪さに関するタイミングの原理を死の悪さにも拡張するのではなく、死の悪さの異質性を損なわない形で、説得力のある悪さのタイミングを提示する道を探るべきなのかもしれない。

このように死後説の説明は決して自然なものではないばかりか、その一貫性は必ずしも維持されるべきものではないかもしれないことが示された。他方、上記のような問題点は、死後説を最終的に却下できるほどには重大な困難ではないかもしれない。たとえ死後説の描写にさまざまな問題が含まれているとしても、そのような一見奇妙な帰結は、死後説の理論的欠陥によるものではなく、むしろ正しい考察によって得られた新たな知見かもしれないからである。それゆえ、問題の焦点は死後説が理論的にも許容可能かどうかという点に移ることになる。

## 3 死者の福利

本節以降では、死後説が理論的にも問題含みな立場であるということを示す。本節では、まず、死後説が死者にはゼロの福利の水準が帰属するという立場（ゼロ説）に依拠していることを確認する。死後説がゼロ説に依拠しないためにはCVTに修正を試みる必要があるが、その修正が恣意的なものでないためには、ゼロの割り当てが正しいと考える積極的な理由が必要となる。これはゼロ説が無規定説よりも正しいと考えられる理由を示す論証によって主張されるが、ここではその論証がうまくいかないことも示す。

### ゼロ説と無規定説

CVTを死後の時点にも適用するには、主体の死後の時点における福利の水準と主体のありえた人生の同時点における福利の水準の比較が可能でなければならない。しかし、終焉テーゼによれば、死者は死後の時点においてはもはや存在しない。ここで、例えば、快楽説を仮定すると、もはや存在しない人にはいかなる快苦も生じていないのだから、死者の福利の水準が正の値や負の値になることはない。それゆえ、もし死者が比較可能な福利の水準をもつとすれば、それはゼロに限られるだろう。(8) 問題は、死者の福利の水準には、次のようにゼロ説と対立する無規定説という見解があることである。

**ゼロ説：**死者の福利の水準はゼロである。

**無規定説：**死者にはいかなる福利の水準も帰属しない。

無規定説によれば、死者の福利の水準にはゼロも含めたいかなる値も帰属しない。すなわち、死者の福利の水準を、ありえた人生における福利の水準と比較することは不可能であり、CVTを死後の時点に拡張することもできない。それゆえ、死後説の支持者はゼロ説を擁護しなければならなくなる。

### CVTの修正

なおここで、もし無規定説が正しいとしても、CVTを修正してしまえばよいだけだと思われるかもしれない[9]。すなわち、例えば、主体の死の時点$t$以降では0から差し引きすると規約してしまうことで、死者の福利が無規定でも見かけ上、差し引きが成立すると取り決めてしまうのである。しかし、このような場当たり的な修正は、死後説擁護の観点からは奏功しない。なぜなら、このような修正は、死後説がもつ一貫性を著しく損なうからである。死後の時点においては死者の福利の水準ではなく0から差し引きする理由が、死が悪いということを擁護するためならば、エピクロス主義者からすればそれは論点先取以外の何物でもない。

それでも、ゼロを割り当てることに何らかの積極的理由があるならば、この様な一見恣意的な修正も正当化されるかもしれない。例えば、ニール・ファイトはCVTの修正を肯定的に検討し、ゼロを割り当てることが正当だと考える理由として、第一に死者が良い状態にも悪い状態にもないこと、第二に、主体が、自分が存在はしているが福利の水準はゼロのシナリオと、自分が存在していないシナリオの違いに対して無関心である（indifferent）ことは合理的であるというブラッドリーの論証を挙げる（Feit 2016 pp. 147-8）。

後者の点は、そもそもゼロ説が無規定説よりも適切な考え方だといえる理由はあるかという問題とも関係している。ブラッドリーの論証はゼロ説を支持する積極的な根拠として提示されている。そこで、まずはこの論証の是非を検討する。

**ゼロの価値を割り当てる積極的な理由**

ブラッドリーによれば、次のような論証によって、死者の福利が無規定ではなく、ゼロだと考える積極的な理由を与えることができる。それは、次のような状況のもと、二つの未来に関するクリスの（無）関心を考察することによって提示される。

> イシャーニが明日クリスの頭の上に鉄床を落としてしまうとしよう。そして、クリスにとっての二つの可能な未来を考えてみよう。一方の未来$F_1$では、クリスは即死する。もう一方の未来$F_2$ではクリスは二度と意識を取り戻すことのない昏睡状態に陥って、一〇年後に死んでしまう。(Bradley 2009 p.108)

ここで、ある人が昏睡状態にあるとき、その人には快楽も苦痛も生じていない。しかし死の場合とは異なり、その人は存在している。ゆえに、$F_2$におけるクリスの福利の水準はゼロだと考えてよい。すると、次のように、$F_1$と$F_2$の福利の水準が一致することを通して、死者の福利をゼロだと推定することができる（Bradley 2009 pp. 108-9）。

(1) クリスが自分の福利を気にかける限り、彼が$F_1$と$F_2$の違いに関心をもたないことは合理的である。
(2) もし(1)が正しいならば$F_1$におけるクリスの福利の水準と$F_2$におけるクリスの福利の水準は等しい。
(3) もし$F_1$におけるクリスの福利の水準と$F_2$におけるクリスの福利の水準は等しいならば、クリスが死んでいる時点に福利の水準を割り当てることは合理的である。
(4) それゆえ、主体が死んでいる時点に福利の水準を割り当てることは合理的である。

この論証を受け入れるならば、(4)より、私たちは死者の福利を無規定ではなく、ゼロだと考えるべきであることになるだろう。しかし、私の考えではブラッドリーのこの論証は成功していない。

まず、(2)が成立することが疑わしい。デイビッド・ハーシノフは、私たちは福利の水準の値を比べることなしに、一対のシナリオに対して、両者の違いに無関心でいることができると指摘する(Hershenov 2007 p. 174)。例えば、自分が存在しない二つの可能世界について考えるとき、私たちは、その二つの世界の違いについて無関心でありうる。ここで、単に可能的な人物が福利の水準をもつと主張することは、全くもっともらしくないように思われるから、私たちは二つのシナリオに対して、両者の福利の水準の値を比べることなしに、その違いに無関心であることになる(Hershenov 2007 p. 174)[10]。

しかしながら、ハーシノフのこの批判は不十分であるか、論点先取を含むかもしれない。なぜなら、無規定のシナリオ同士の違いに無関心であることは、ゼロのシナリオと比較されたシナリオが無規定であることまでは導かないし、そもそも自分の存在しない可能世界では福利が帰属しないという考えは、無規定説の考えそのものだからである(Bradley 2009 p. 109, Feit 2016 p. 149)。だが、この点に関して、デイビッド・スーツは、私たちは無規定なシナリオとゼロのシナリオの間の違いにさえ無関心でいられることがあると指摘している（Suits 2020 p. 108）。例えば、無規定なシナリオとして「三角形になること」を考えよう。このとき、自分が昏睡状態になることと、三角形になることを想像して、両者の違いに無関心でいることは、合理的な態度である。しかし、明らかに、三角形にはいかなる福利の水準も帰属しない。すなわち、ある一対のシナリオに無関心であることが合理的態度であるとしても、ゼロと比べられたシナリオには、無規定である可能性が残る。ゆえに、たとえ(1)が成立していても、(2)の後件が導けるとは限らないことになる。このことは、ブラッドリーの上記の論証を掘り崩すことになるだろう。

さらに、私は、そもそも(1)が成立しているかどうかも疑わしいと考える。ブラッドリーは、ゼロが帰属するシナリオとして他に「快楽の経験も苦痛の経験ももたずに椅子に座っているとき」（Bradley 2009 p. 106）を挙げているが、これを$F_2$としたとき、即死するシナリオ$F_1$と、ただ椅子に座っている状態であるシナリオ$F_2$の間で、クリスは無関心ではいられないように思われる。椅子に座っている状態と昏睡状態の間でさえ、無関心ではいられないかもしれない。もしそうならば、そもそも(1)は成立していない[11]（あるいは、元の$F_1$と$F_2$はいずれも無規定であったことになる）。

このように、ブラッドリーの論証は前提の(1)か(2)もしくはその両方に問題を抱えている。いずれにせよ、私にはブラッドリーの論証はゼロ説が正しいと考える積極的な理由を十分提示できているようには思われない。

以上により、ＣＶＴに恣意的に修正する方向性や、ゼロ説を積極的に正しいと考える方向性はうまくいかないことが示された。それゆえ、死後説の擁護は、ゼロ説が許容可能な立場であるという方向性へと大きく後退する。そして、ゼロ説が許容可能であるという論証は、しばしば、無規定説の側からの批判に対する再応答という形をとる。次節では、このようなゼロ説の許容可能性を検討する。

## 4 主体の問題

本節では、ゼロ説が許容可能な立場であるという主張を退ける。この主張は、「主体の問題（The Problem of Subject）」として知られるゼロ説批判への反論として提示される場合が多いので、まず問題を［PS1］［PS2］というテーゼによって整理し、それを取り巻く問題を概観する。そして［PS1］と［PS2］それぞれに対する死後説の反論を検討し、それらがいずれも成功していないことを示す。

### 問題の整理

終焉テーゼが正しいとすれば、死者は死後の時点においてはもはや存在しない。それゆえ、もしゼロ説が正しいとすれば、それは非存在の対象である死者が福利の水準をもつことを意味する。ここで、ある対象が福利の水準をもつならば、その対象は〈福利の水準をもつ〉という性質をもつだろう。それゆえ、ゼロ説の下では、非存在の対象である死者が〈ゼロの水準の福利をもつ〉という性質をもつはずである。こうした〈水準 $n$ の福利をもつ〉という性質は内在的性質である。さらには、こうした福利の水準をもたらすような性質である、例えば〈快楽を得ている〉や〈苦痛を味わっている〉といった、良さをもたらす性質（good making properties）や悪さをもたらす性質（bad making properties）、すなわち価値をもたらす性質（value making properties）もまた、内在的な性質である。しかし、非存在の対象がこうした内在的性質を例化することができるのかどうかは、疑問の余地がある。[12]

それゆえ、主体の問題は次のような二つのテーゼとゼロ説の衝突として理解することができる（Feit 2016 p.146)。

［ＰＳ１］　ある人が時点 $t$ において福利の水準をもつならば、その人は $t$ において内在的性質をもつ。
［ＰＳ２］　ある人が時点 $t$ において内在的性質をもつならば、その人は $t$ において位置をもつ（＝存在する）。

死者は死後の時点において存在しないから、死後のある時点を $t$ とすると［ＰＳ２］によって死者はその時点においていかなる内在的性質をもたない。すると［ＰＳ１］によって死者はその時点において福利の水準ももたないことになる。それゆえ、［ＰＳ１］と［ＰＳ２］の少なくとも一方を否定しなければ、ゼロ説は成立しない。ゼロ説の支持者は概ね［ＰＳ１］を否定する方針をとるが、本節の残りの部分では［ＰＳ１］と［ＰＳ２］のそれぞれに関して、ゼロ説の代表的な応答を検討することにする。

### ［ＰＳ２］をめぐる論争

ブラッドリーは死者が内在的性質をもつことができないという主張を否定する（Bradley 2009 pp. 106-7)。ブラッドリーによれば、死者はたとえ「内在的性質のパラダイム的事例」についてはもつことができないとしても、それ以外の内在的性質（例えば〈丸いか丸くない〉という自明な性質や、〈快楽をもっていない〉といった否定的性質）をもつことはできる（p. 106)。それゆえ［ＰＳ２］は否定され、死者も内在的性質をもちうると考えるべきだという。

この応答はシンプルだがあまり成功していないように思われる。第一に、ブラッドリーが死者ももちうる性質としてあげる否定的性質や自明な性質は、そもそも性質に含まれないかもしれない。例えば、まばらな性質概念を支持するならば、否定的性質や選言的性質は性質のリストに加えられないだろう。そして、もしそのような性質が真正の性質ではないならば、［ＰＳ２］だけでなく［ＰＳ１］も否定しなければ、ゼロ説の根拠とすることはできないように思われる。

第二に、イェンス・ヨハンソンが指摘するように、ある述語$F$に関して「$Fx$」と「$\exists y$（$y = x$ & $Fy$）」が論理的に同値であることを考えれば、たとえ否定的な性質や自明な性質であっても、それを例化する対象は存在していなければならない（Johansson 2010 p.290）。これに対して、ファイトは上記の論理的同値が成立するのは古典論理の意味論においてであるから、非古典論理（例えば自由論理）を用いることにすれば、問題にはならないと反論する（Feit 2016 p. 152）。しかしながら、［ＰＳ２］を否定するためだけに古典論理を放棄することは、コストが釣り合っていないように私には思われる。

最後に、仮に上記二つの点が問題ではないとしても、単に特定の種類の内在的性質を非存在の対象が例化できるということだけからは、死者が福利の水準をもつことまで導くことはできない。なぜなら、そうした性質が、主体が福利の水準をもつことに寄与できるものかどうかは別の問題だからである。そして、主体が福利の水準をもつために例化されるべき性質は、〈$n$の福利の水準をもつ〉という性質や〈快楽をもつ〉という性質などの価値を与える性質であって、非存在の対象が例化しうるような性質のリストにそうした性質が含まれているかどうかは依然として疑わしい。

以上のように、［ＰＳ２］を否定する方向性にはあまり見込みがない。それゆえ、近年の主たる争点は［ＰＳ１］をめぐる論争となっている。

## 【PS1】をめぐる論争

「PS1」に対するゼロ説側の代表的な応答は、次のニルス・ホルトゥグの主張[13]のように、特定の性質をもたないことに訴えかけるものである[14]（以下の議論での「正の価値」や「負の価値」は、福利のカテゴリの価値と同様のものであるとみなすことができる）。

> ある人に正の価値も負の価値も生じていないとき、あるいは正の価値と負の価値が相殺されているとき、またそのときに限って、その人にとって存在（あるいは非存在）がゼロの価値をもつとしよう。ここで、ある人が存在はしているが、その人には正の価値も負の価値も生じていないとしよう。正の価値も負の価値も生じていないため、この人の人生の価値はゼロである。同じように、存在していない人には正の価値も負の価値も生じていないのだから、同様の理由によって、私たちはその人の非存在にゼロの価値を割り当ててもよいだろう。(Holtug 2001 p. 381)

ここでホルトゥは、ある主体に正の値も負の値も帰属していなければ、その主体にはゼロを割り当ててよいという単純な主張をしているわけではない。なぜなら、ジョン・ブルームが指摘する通り、例えば、温度には正の値と負の値があるが、「論理学」には正の値も負の値も帰属しないからといって、「『論理学』の温度は0℃である」という主張は導けないからである[15]。ホルトゥグはむしろ、価値を与える性質（良さを与える性質や悪さを与える性質）の不在によって、存在する主体にゼロの福利の水準がもたらされるのならば、非存在の主体にも同じように、価値を与える性質をもたないことによって、ゼロの福利の水準がもたらされるはずであると主張しているように思われる。[16] すなわち、ホルトゥグの方針でゼロ説を擁護するためには、次の(A)が真であることから、(B)も真であると議論を進める必要があると考えられる。[17]

(A) ある人$S$が存在し、その人が良さを与える性質も悪さを与える性質ももたないならば、その人の福利の水準はゼロである。

(B) ある人$S$が存在せず、その人が良さを与える性質も悪さを与える性質ももたないならば、その人の福利の水準はゼロである。

無規定説の支持者から見ると、(A)が真であることから、(B)も真であると考えることこそが誤りである。しかし、その批判が説得的であるためには、なぜ(A)は真でありながら、(B)は真ではないのかについて、相応の理由を与えなければならない。

### 応答性に基づく議論

ここで、(A)が真であることから、(B)も真であるとは言えないことを示すために、スティーブン・ルーパーの「応答性に基づく議論」を援用することができるだろう。ルーパーによれば、ある対象が福利をもつのは、その対象が福利をもちうるような対象である場合に限る。例えば、人間（あるいは一部の動物）には（少なくともそれが生きている限りは）なんらかの福利が帰属すると考えられる一方で、靴や電子や数字といった対象には、いかなる場合でも福利が帰属するようには思われない。ルーパーによれば、こうした、福利の帰属しうる対象と帰属しえない対象を線引きする基準が、応答性（responsiveness）と呼ばれる観点であり、これは次のように特徴づけられる。

〔ある対象が〕 $t$ において「応答的（responsive）」なのは、その対象の福利が $t$ に影響されうるとき（すなわち、ある条件が満たされれば上昇し、別の条件が満たされれば下降するとき）、またそのときに限る。

(Luper 2007 p. 244)

例えば、私はいま机に向かって論文を書いている。もし論文を書いていなければ、遊びに出かけたり、好きなものを食べたりすることができたかもしれない。このとき、私の福利の水準はありえた条件に応じて、上昇したり下降したりしうる（遊びに出かけていれば、現実よりもずっと高い福利の水準を得られたかもしれない）。一方で、靴や電子は、それらを取り巻く条件がいくら変化しても、その福利の水準が変わることはない（もし靴紐が解けていなければ、靴自身の福利が向上するというようなことはない）。それゆえ、私には応答性があり、靴や電子には応答性がないと言える。同様にして、存在している対象には応答性があり、存在していない対象には応答性がないということが言えれば、存在している期間には良さを与える性質も悪さを与える性質ももたないことによってゼロの福利の水準が帰属するとしても、存在しない期間においては同様の理由からゼロの水準の帰属を認めることはできないことが説明できる。このようにすれば、応答性によって、(A)が真であるとしても、(B)は真でないことを説明できるだろう。

しかしながら、応答性に関する条件は、その条件自体が曖昧であるという問題を抱える。例えば「対象の福利が $t$ に影響されうる」という条件を、単に「対象が $t$ において福利を持つことが（形而上学的に）可能である」と解釈するならば、死者は明らかにこの条件を満たす（Bradley 2009 pp. 102-3）。一方で、応答性を

「対象が $t$ において福利の水準をもつための能力（capacity）」のようなものだと考えるならば[18]、今度はなぜ非存在の対象がそのような能力をもつことができないのかを説明する必要がある。だがそれを、そのような能力をもつためには内在的性質をもつ必要があるからだと主張すると、それは［PS1］そのものである。ゆえに、能力としての応答性に訴えかける議論は、目下の議論では循環を招いてしまう。

だがそれでも私は、応答性に基づく議論は、無規定説が正しいと考える動機をよく示していると考える。なぜなら、私たちが死者に福利が帰属するということに抵抗を覚えるのは、そもそも死者が福利の帰属するような存在者ではないように思われるからである。したがって、本節の残りの部分では、この応答性のアイデアを、別の形で実質化する方法を考えたい。

**福利の水準と価値を与える性質**

ゼロ説の支持者が、(A)が真であることをもとに、(B)も真であると考える理由は、「正の価値も負の価値も生じていないとき、あるいは正の価値と負の価値が相殺されているとき、またそのときに限って」福利の水準がゼロとなると考えるからであった。しかしこのことは次のような一般的な原理によっても説明できる。

ある対象 $S$ が「水準 $n$ の福利をもつ」のは、$S$ が「$a$ 単位の正の価値を与える性質」または「$b$ 単位の負の価値を与える性質」をもち、$a+b=n$ であるとき、またそのときに限る。

$n=0$ のときこの原理は福利の水準がゼロとなる場合を説明するが、このとき $S$ は合わせてゼロになるように価値を与える性質をもつか、「0の価値を与える性質」をもつ。このように考えることは、0のときに限って価値を与える性質の不在に訴えかけるという恣意性を排除するため、より一貫的なはずである。そしてこのように考えるとき、福利の水準をもつ対象は常に何らかの価値を与える性質を例化している。このような性質は内在的な性質であり、かつ自然な性質であるから、非存在の対象が例化することはできない。

加えて、このような考え方は、福利をもつ対象ともたない対象をより鮮明に線引きする。ここまでの議論では、どのような対象が価値を与える性質を例化するのかについては、争われてこなかった。例えば、快楽説を仮定した上で、〈$a$単位の快楽をもつ〉という性質や〈$b$単位の苦痛をもつ〉という性質を例化するためには、その主体が$a$単位の快楽や$b$単位の苦痛を感じる対象である必要があることには異論がない。このことを別の角度で確認しよう。例えば、論理学や直線は、〈赤い〉や〈熱い〉というような性質を例化できないがために、〈色をもつ〉や〈温度をもつ〉という性質を例化できないが、このとき、論理学や直線が「色応答性」や「温度応答性」のような能力をもつかどうかを議論する必要はない。同じようにして、論理学や直線が福利の水準をもたないことを理解することができる。少なくとも快楽説のもとでは、論理学や直線が〈+3の快楽をもつ〉という性質や〈-9の苦痛をもつ〉という性質を例化できないことは明白だからである。

そして、私の考えでは、価値を与える性質を例化できる対象こそが、応答性をもつ対象である。応答性と呼ばれてきたものは、福利の水準をもつために必要な能力なのではなく、価値を与える性質を例化するために必要な条件なのである。そしてこのように考えれば、対象は価値を与える性質をもたないときにも、応答性をもつ限りにおいて、福利の水準をもつなどと説明する必要はない。なぜなら(A)と(B)は双方とも退けられるからであり、対象が福利の水準をもつのは、価値を与える性質を例化しているときに限り、それは水準が0であるときも例外ではないからである。

この議論が正しければ、ゼロ説の支持者は［ＰＳ１］を否定することで、その主張を擁護することも難しいことになるだろう。よって、ゼロ説はそれを支持する積極的な理由がないだけでなく、許容可能な立場でもないことになる。

## 5 まとめ

以上の議論によって、死後説は自然な見解ではないこと、それゆえ優先して擁護されるべき立場ではないこと、そして、死後説が理論的に依拠するゼロ説を擁護することは難しいことが示された。死後説は積極的に擁護すべき理由がないどころか、理論的にも問題含みな立場である。それゆえ、もしエピクロス論証を受け入れないならば、死がいつ悪いのかに関して、私たちは死後以外の時点を探す方が良い。

**謝辞** この論文の草稿に丁寧なコメントを下さった藤田翔さん、佐藤宏紀さん、中塚海渡さんに感謝します。

### 註

(1)明示的か非明示的かにかかわらず、死後説の支持者のほとんどはこのような考えを前提にしているように思われる。死後説の自然さについて特に言及したものとしては、吉沢（2012 p. 4, 2015 p. 6）がある。

(2)例えば、デイビッド・ベネターはタイミング問題について明確な答えを与えていないものの「死が悪いのはそれが生じた後であると述べるのは自然に思われるし、少なくとも死以外の悪いものが生じるタイミングと一貫する」(Benatar 2018 p.112）として死後説を評価しているし、イェンス・ヨハンソンは、最終的には無時間説を支持しつつも「私の死はそれが生じた後に悪いということは、非常に自然な考え」であると認めている（Johansson 2012 p. 264)。

(3)ニール・ファイトによればエピクロス自身も「何かがある時点より後に生じたとすれば、その時点より前の人々にとってそれが悪いということはありえない」という原理にコミットしているという（Feit 2002 p. 359）。

(4)Bradley（2009 p. 90）; 吉沢（2015 p. 8）, Feit（2016 p. 146）. 以下の定式化は Feit（2016 p. 146）による。ブラッドリーや吉沢は別の名称を用いているが実質的に同じ原理である。なお、死後説を支持するとされるその他の文献のうちGrey（1999 esp. p. 364）や Feit（2002 esp. p. 372）などは、厳密にはこうした定式化を経ていないが、基本的な考え方は同じであり、以降の考察においても大きな影響はない。

(5)例えば、転んで怪我をした人が被る総合的な悪さが、「もし転んだ痛みを感じていなければ、平穏に過ごしていただろう」という反事実的条件によって定まっている場合には、その痛みを感じなくなる時点において、その総合的な悪さを被り終わると同時に、痛みを感じているという内在的に悪い状態が終了する。さらに、痛みが治ることでハイキングに出かけられるようになるならば、それまで剥奪されていたハイキングに行くという良い状態が回復する見込みを得る。ブラッドリーによれば、このような場合には、総合的な悪さの終了が、肯定的反応の対象として適切になる。

(6)一方で、この問題は死後説のみが被る問題点である。なぜなら、死後説以外の立場は、たとえ死の悪さの説明に関して、同じCVT（やその元になる剥奪説）を用いていても、その悪さを（同時説ならば死の瞬間に、無時間説ならば無時間的に）一度に被ると考えていて、死後説のように時間が経つにつれて悪さを徐々に被るとは考えていないからである。

(7)Wolf（2018）は、死以外のケースと死のケースでタイミングに関する答えが一致しない立場をとりながら、死以外の剥奪に関する理論によってタイミング問題への応答を動機づける試みとして、同時説を提唱している。また、死以外の剥奪のタイミングに関しても、必ずしも答えが一致するわけではないと指摘している（sec. 3）。

(8)ここで、ゼロの値をとることは、福利の水準に具体的な数値が割り当てられる、もしくはそれが測定可能であるということを要求しない。福利の水準が数値化できなくとも、CVTによる比較でありえた人生における福利の水準と順序づけが可能であれば十分だからである。

(9)Feit（2016）の第Ⅳ節ではこのような立場が検討されている（Feit 2016 pp.146-8）。

(10)なお、ブラッドリーは、ハーシノフのこの事例は、ある可能世界に立って、その世界で可能的にしか存在しない人物の福利を考えているように見えるため、ルイスの指標的な現実性の概念のようなものを前提とすると批判している（Bradley 2009 pp.109-10）。なお、次の段落で検討するスーツの事例では、このような問題は生じないように思われる。

(11)なおブラッドリーは、もしハーシノフの批判が正しく、(2)が福利の水準に関して成立しないとしても、主体の選好に関する新たな用語「福利*」を用いて、CVT（ブラッドリーの用語法ではDMPT）を作り替えればいいだけだと示唆する（Bradley 2009 p. 110）。もしそのような主張が正しければ、前述したCVTの修正は擁護されうるが、このような試みも、そもそも(1)が不成立であれば成り立たない。

(12)ただし、存在しない対象といえども、いかなる性質も例化しないわけではないだろう。死者に関しては、例えば「ソクラテスは哲学科の学生から尊敬されている」や「ナポレオンは弔われている」といった命題はソクラテスやナポレオンが死んだ後の時点においても真になりうる。しかしこうした性質は関係的な性質であって内在的な性質ではない（こうした議論の詳細は Ruben 1988 を参照せよ）またここで、死者は死によって端的に存在しなくなるのではなく、死後の時点において存在しないだけであるという指摘があるかもしれない。しかし、問題は死者が死後の時点において内在的性質をもちうるかという点であり、ある対象が自らの存在しない時点において内在的性質を例化できるかという問題である。

(13)ただし、Holtug（2001）が擁護するのは「生まれてくることのなかった人々」のような可能的対象を含めた、非存在の対象一般が、ゼロの水準をもちうるという主張であり、これは、死者の福利のゼロ説よりも、強い主張である。

(14)E.g. Feldman（1991 p. 210）

(15)ホルトゥグとブルームにおける個人的な会話による（Holtug 2001 pp. 381-2 n. 38）。同様の指摘は Luper（2009）でもなされている。

(16)同様の議論によってゼロ説（やそれに類する主張）を擁護する試みとしては、他に Roberts（2003）や Feit（2016）がある。

(17)(A)と(B)は Bykvist（2007 p. 343）の(1)と(2)に対応する。ただし、Bykvist（2007）は Holtug（2001）に対して批判を

おこなっているため、Bykvist（2007）で実際に検討されているのは次の(B′)に相当する主張である。

(B′) ある人が存在せず、その人が良さを与える性質も悪さを与える性質ももたないならば、その人の福利の水準はゼロである。

だが、死後説を擁護する目的では、(A)から(B′)までを導く必要はなく、かつて存在した人が、存在しない期間にも福利をもつという(B)の主張で足りることになる。

（18）実際、Luper（2009）や Luper（2012）ではそのような見解が示唆されている。

## 参考文献


Benatar, D. 2018, *The Human Predicament*, Oxford University Press.

Bradley, B. 2009, *Well-being and Death*, Oxford University Press.

Bradley, B., F. Feldman & J. Johansson（eds.）2012, *The Oxford Handbook of Philosophy of Death*, Oxford University Press.

Bykvist, K. 2007, "The Benefits of Coming into Existence", *Philosophical Studies* 135（3）: 335-62.

Feldman, F. 1991, "Some Puzzles about the Evil of Death", *Philosophical Review* 100（2）: 205-27.

Feit, N. 2002, "The Time of Death's Misfortune", *Noûs* 36（3）: 359-83.

Feit, N. 2016, "Comparative Harm, Creation and Death", *Utilitas* 28（2）: 136-63.

Grey, W. 1999, "Epicurus and the Harm of Death", *Australasian Journal of Philosophy* 77（3）: 358 - 64.

Hershenov, D. 2007, "A More Palatable Epicureanism", *American Philosophical Quarterly* 44（2）: 171 - 80.

Holtug, N. 2001, "On the Value of Coming into Existence", *The Journal of Ethics* 5（4）: 361-84.

Johansson, J. 2010, "Being and Betterness", *Utilitas* 22（3）: 285-302.

Johansson, J. 2012, "The Timing Problem", in B. Bradley *et al.*（eds.）: 55-273.

Luper, S. 2007, "Mortal Harm", *Philosophical Quarterly* 57（227）: 239-51.

Luper, S. 2009, "Review of Ben Bradley, *Well-Being and Death*", *Notre Dame Philosophical Reviews* 2009（7）.

Luper, S. 2012, "Retroactive Harms and Wrongs", in B. Bradley *et al.*（eds.）: 317-335.

Nagel, T. 1979, *Mortal Questions* Cambridge University Press.（トマス・ネーゲル『コウモリであるとはどのようなことか』永井均訳、勁草書房、一九八九年）

Roberts, M. 2003, "Can It Ever Be Better Never to Have Existed At All? Person-Based Consequentialism and a New Repugnant Conclusion", *Journal of Applied Philosophy* 20: 159-85.

Ruben, D-H. 1988, "A Puzzle about Posthumous Predication" *Philosophical Review* 97（2）: 211-36.

Silverstein, H. 2010, "The Time of the Evil of Death" in J. K. Cambell, M. O'Rourke & H. Silverstein（eds.）, *Time and Identity*. MIT Press: 283-95.

Suits, D. B. 2020, *Epicurus and the Singularity of Death*. Bloomsbury.

Wolf, A. 2018, "Reviving Concurrentism About Death", *Journal of Value Inquiry* 52（2）: 179-85.

吉沢文武 2012「死者の問題のためのいくつかの形而上学的枠組みについて――マイノング主義の検討」*Contemporary and Applied Philosophy*（4）: 1-18.

吉沢文武 2015「死と生の形而上学――存在と非存在をめぐる二つの直観について」千葉大学大学院人文社会科学研究科、博士論文。

# 死後説の自然さ

吉沢文武

## 1　はじめに

佐々木が指摘する死後説の問題点は、主に次の三つにまとめられる。(A) 死後説は自然な見解だと前提されることが多いが、その前提は疑わしい。それゆえ、(B) これまで死後説に対して指摘されてきた理論上の困難が解消できるという消極的な根拠を示すだけでは、死後説を擁護するのに十分でない。そして、死後説を擁護に値する立場だと見なすべき積極的な利点は示されていない。さらに、(C) 死後説は、そもそも理論上の困難を解消できない。本稿では、この三つの指摘に対して、批判的にコメントを加える[1]。

## 2　不自然な帰結

本節では、(A) 死後説は自然な見解ではないという指摘について、(A-1) 死の悪を被る時間に終わりがあるという死後説の帰結は奇妙だという指摘と、(A-2) 死後説は死と生の非対称性を捉え損ねているという指摘に分けて、順に検討する。

**2・1　終了する死の悪**　まず、(A-1) 死後説が奇妙な帰結をもつ、という指摘を検討する。佐々木は、死以外の出来事について、一般に、出来事が起こった後に悪いという原理が成り立つことを認める。そのうえで、死がそうした一般原理が適用されない特殊性をもつと指摘する。佐々木によれば、死後説には、その特殊性と

照らして奇妙だと見なされうる帰結がある。それは、「ある時点を境に死の悪さを被り終わる」という死後説の含意である。(2)

まず、時間の比較的価値（CVT）とゼロ説を組み合わせれば、そうした含意をもつことになるのは確かだろう。そのうえで問い返したいのは、死の悪がいつか終わるということは奇妙か、ということである。生きているあいだに起こる剝奪の例として、怪我をしてしまい海外旅行に行けなかった人を考えてみよう。怪我をしたことの害悪の説明には、旅行に行くことができていれば得られたはずの、さまざまな良いことの「剝奪」が含まれる。旅行に行けなかったその人は、出発したはずだった時間になって「怪我をしていなければ、いまごろは心を躍らせて空港にいた」と思うだろうし、さらに時間が経てば「いまごろ観光を楽しんでいたのに」と思うだろう。この例について、旅行に行っていたはずの時間が過ぎたとしよう。さらに、旅行の思い出に浸るはずだった幸福な時間を含め、旅行に行ったことの良い結果が起こったはずの時間も過ぎたとする。その時でもなお、旅行に行けなかったことは、まだ悪いことだろうか。CVTによれば、もはや悪くないと言うのが正しい。そして、この事例に関して、実感に合わないとは私には思われない。(3)

死の事例に関しても、死の害悪が終わることが奇妙だという主張はもっともらしいだろうか。私たちは、二〇二四年で生誕四六〇年を迎えるシェークスピアについて、死によっていまなお害を被っていると、本当に言いたいだろうか。

さらに、かりに、死の悪を被り終わることが死後説の奇妙な帰結だとしてみよう。それを認めたとしても、他の候補となる説がもつ含意よりはずっと良いと思われる。死後説によれば、死は死後に悪く、その悪は、死ななければ生き続けていたはずの時間が過ぎることで終わる。佐々木は、死が死後に悪いという考え自体に対しては、奇妙さを指摘していない。しかし、他の候補である無時間説も生前説も、奇妙ではないその考えに沿う説明を与えることができない（死の悪は死後に被り始めるが被り終わることはないという「死後永久説」があれば佐々木にとって最も違和感のない見解になったかもしれないが、それを有力な候補として擁護する議論はおそらくまだ存在しない)。死後説は、部分的にかもしれないが、死がいつ悪いのかについて、他のどの見解よりも自然な説明を与えるように見える。[4]

**2・2 累積する死の悪**　続いて、(A-2) 死後説が生と死の非対称性を台無しにする、という指摘を検討する。佐々木は、トマス・ネーゲルによる次の観察に注目する。「[……] 死は、シェークスピアの方がプルーストよりも長く死んでいるという理由で、シェークスピアの方がより多く持っているような悪なのではない」(Nagel 1970, p. 75〔邦訳書四頁〕)。ネーゲルを引いて佐々木が指摘するのは、生きているときに経験する良いことや悪いことは長く続けば続くほど累積するが、それとは異なり、死の悪は累積しない、ということである。佐々木によれば、死後説は、死の悪を累積的に増えるもののように扱う点で不適切である。[5]

佐々木は、死後説に従えば、「ずいぶん前に死んだ人と、ごく最近死んだ人では」、前者の方が（典型的には）被り終わった死の害が多いことになり奇妙だ、と述べる。だが、プルーストについて、たとえば一九二七年には「一九二二年に亡くならなければ、『失われた時を求めて』の全巻を手にとって眺めることができたのに」と言える（亡くなったからこそ完結した可能性は措くとして）。こうした事実こそが、死後説のもとで主張される、死によって死後に被る剥奪の悪を構成する当のものである。二〇二四年には、この事実は成り立たない。その意味で、ずいぶん前に亡くなったプルーストは、死の害を被り終えているということになる。この帰結が奇妙であるとは、私には思われない。

また、注意すべきなのは、ネーゲルが指摘するのが、状態や活動や体験とそれらの喪失との違いだということである。私には、問題になっている非対称性について、生と死の違いではなく、内在的価値と総合的価値の違いに由来していると考えるのが素直なように見える。総合的な負の価値をもつ死以外の例として、再度、生きているときに起こる剝奪を考えてみよう。ＣＶＴによれば、つま先をぶつけてテニスができなくなる悪や、野球の観戦チケットを盗まれたことの悪もまた、ある期間にわたって被り、いつか被り終えるようなものである。前者についてはたしかに、つま先が治るまでの期間、悪を累積的に徐々に被っていくように感じられるだろう。しかしそれは、剝奪の悪を内在的に悪いつま先の痛みと混同しているからかもしれない。他方で、後者はどうだろうか。チケットを盗まれたことの悪について、時間が経つにつれて累積的に被っていくように感じられるだろうか。かりに後者に関するＣＶＴの説明が適切でないとすれば、それは、死に適用する場合についてだけではない。だとすれば、比較説に共通の課題であり、死後説がとりわけ抱える困難なのではない。

## 3　積極的利点の欠如

続いて、(B) 死後説には積極的利点がないという指摘を検討する。佐々木が注目するのは、ベン・ブラッドリーによる論証である。(6) ブラッドリーは、当人にとってどちらの未来を選ぶことが合理的かという観点に注目する。ゼロ説をめぐって問題になっているのは、死後の時間に主体がゼロの水準の福利をもつか、である。ブラッドリーによれば、福利の水準がゼロだと考えられる、死以外の状況と、死とのあいだには、本人にとって選ぶべきかどうかという合理性の点で違いがない。それゆえ、死後の福利の水準もゼロだと考えるべきである。

佐々木が疑問を投げかける主な点は、次である。ブラッドリーは、ゼロの福利が帰属する状況として、「快楽の経験も苦痛の経験ももたずに椅子に座っているとき」(Bradley 2009, p. 106) を挙げる。佐々木によれば、この状況にゼロの水準の福利が帰属するなら、この状況と死とのあいだで（さらに、昏睡状態とのあいだにも）選択の合理性の観点で違いがないということになるが、それはおかしい。そのため、死後の福利をこの状況と同じようにゼロだと考える理由はない、というわけである。この指摘に対しては、死と比較すべき状況が何かを明確にすることで、応じられると思われる。比較すべきなのは、問題の状態が死ぬまで変わらずに一切の変化がなく続くシナリオである。それは、一定期間のなかで意識経験の変化が起こることで福利の水準が上下するが、差引するとゼロになる状況ではない。死ぬまでずっと変わらずにゼロの状況である。それは、当人の観点からすれば、ゾッとするような未来ではないだろうか(7)。

## 4 理論的困難

最後に、(C) 死後説は理論的困難を解消できないという指摘を見る。とくに、ゼロ説を採る場合、福利の水準の定義が恣意的なものになるという指摘を検討する(8)。佐々木によれば、「価値を与える性質」の有無によって、ゼロ説を許容するように福利の度合いを定義するためには、ゼロの福利になる場合にだけ適用される、価値を与える性質をもたない場合には福利の水準はゼロである、といった但し書きを加えることになる。佐々木は、ゼロの福利だけ「価値を与える性質」をもつことではなく、それを欠くことによって定義するのは恣意的だと指摘する。

佐々木は、主体の福利がどれくらいの水準かを定めるものとして、次の原理を提案する。

> ある対象Sが「水準 $n$ の福利をもつ」のは、$S$が「$a$単位の正の価値を与える性質」または「$b$単位の負の価値を与える性質」をもち、$a+b=n$ であるとき、またそのときに限る。

佐々木によれば、この原理は「0のときに限って価値を与える性質の不在に訴えかけるという恣意性を排除する」。

だが、私の見るところ、佐々木による原理も、ゼロの福利を定義するさいの恣意性を免れることは難しい。まず、この原理を踏まえると、ある時点における主体の福利の水準 $n$ が0であるのは、次の四つの場合になるだろう。

(1) $a$、$b$が0でなく、$a=-b$であるような「$a$単位の正の価値を与える性質」と「$b$単位の負の価値を与える性質」をもつ

(2) 「0単位の正の価値を与える性質」をもち、負の価値を与える性質をもたない

(3) 「0単位の負の価値を与える性質」をもち、正の価値を与える性質をもたない

(4) 「0単位の正の価値を与える性質」と「0単位の負の価値を与える性質」をもつ

問題は、「0単位の正の価値を与える性質」と「0単位の負の価値を与える性質」とは何なのか、である。簡単のため快楽説が正しいと仮定しよう。まず、(1)は、快楽と苦痛が、同時に打ち消しあうような程度で生じているという状態である。[9] 残りの(2)と(3)と(4)については、主体に生じている現象に違いがあるとは考えにくい。「0単位の正の価値を与える性質」という表現によって、主体に快楽が生じていない状態として指されているのは、苦痛が生じていない状態でもある。そしてそれは「0単位の負の価値を与える性質」によって指される状態でもあるはずである。つまり、「0単位の正の価値を与える性質」と「0単位の負の価値を与える性質」として区別される別々の性質は存在しないと思われる。

別の仕方で問題を指摘しよう。「$a$単位の正の価値を与える性質」という表現は、さまざまな程度で生じる〈快楽が生じている〉という自然な性質と関連づけることができる。たとえば、福利の水準が10のときには、〈10単位の快楽が生じている〉という性質をもつ、というように。だが、「0単位の正の価値を与える性

質」と関連づけることのできる〈0単位の快楽が生じている〉という性質は存在しないだろう。$n=0$のときに関連づけられるのは、主体がいかなる程度であれ〈快楽が生じている〉という性質をもたない状態である。以上が正しければ、佐々木の定義にも、自身がゼロ説に指摘したのと同じように、$n=0$の場合にのみ当てはまる但し書きを加えなければならない。

佐々木は、$n$がいかなる値をとる場合にも、主体が「0の価値を与える性質」をもつ必要があると考えているのかもしれない。そうした表現と関連づけうる自然な性質の候補は、〈機能する神経系を有する〉といった、「応答性」と呼ばれてきた性質だろう。このように、$n=0$の場合にも、こうした性質を主体がもつ必要があるのなら、たしかに、どのような福利の水準の場合にも、価値を与える性質をもつ必要があることになるだろう。佐々木が「対象が福利の水準をもつのは、価値を与える性質を例化しているときに限り、それは水準が0であるときも例外ではない」と述べるのは、このように考えているからかもしれない。

だが、このように応答性を捉えるのであれば、それはもはや「価値を与える性質を例化するために必要な条件」ではない。応答性は、〈快楽が生じている〉や〈苦痛が生じている〉という価値を与える性質の例化なしに、主体の福利の水準をゼロにする種類の、価値を与える性質になる。このような性質を導入すれば、こんどは、福利の水準がゼロの場合にだけ当てはまる「正と負の価値を与える性質のどちらももたない場合には『福利の水準をゼロにする性質』をもつことで」といった別の但し書きを加えることになる。

私の見るところ、ゼロ説を採るか無規定説を採るかにかかわらず、福利の水準が0になる条件の説明には、「正の価値を与える性質」と「負の価値を与える性質」だけでは足りない。ゼロ説を排除する佐々木の定義に対しては、正の福利と負の福利に関する快苦のような性質の他に、0の福利の場合にだけ用いられるような別の条件（応答性などの性質の所有）を加えることで、説明を補完することはできる。ゼロ説のもとでは、ゼロの福利の場合にだけ、価値を与える性質を欠くことでも福利の水準をもつ、という条件を加えることができる。だが、それらはいずれにしても、佐々木の言い方では「恣意的」な定義になるだろう。福利の水準がゼロの場合にだけ当てはまる但し書きをどのようなものにするにせよ、そうした但し書きがなぜもっともらしいかについて、別の根拠が必要なのである。

## 5 まとめ

以上の議論が正しければ、死後説は、最も自然なデフォルトの立場としての地位を変わらずにもつことになる。そうだとすれば、死後説の課題は理論的な困難の解消ということになる。それも、いまのところは、うまく行っていると結論したい。

### 註

(1)(A)が佐々木論文と本コメントの第2節、(B)が第3節、(C)が第4節に対応する。
(2)佐々木が「悪さ」と表現するものは、拙論では「悪」や「害悪」という語で指している。
(3)佐々木は、死の悪を被り終えるなら、それを祝うことが適切になり、その帰結は私たちの実感と照らして奇妙だとも指摘する。これに対しては、まず、時間の比較的価値(CVT)に基づく素直な説明を述べておきたい。死の害を被り終わった後の時間の総合的価値はゼロなので、お祝いのような肯定的態度を向けることは適切でない。怪我による剝奪の害についても(剝奪それ自体としては)同様である。CVTの課題は、むしろ、お祝いをすることが適切な状況には何が備わっているか、を示すというものになる。このように課題を描き直せば、佐々木が引くブラッドリーによる応答の説得力が増すのではないかと思う。生きているあいだに生じる状況には、この説明に使える様々な要素を見つけ出せそうだからである(怪我が回復して活動できるようになることなど)。
(4)佐々木は、死に対してどのような感情を示すべきかについて、エピクロス主義と死後説の差が曖昧になり、死が悪いと主張しようとしまいと明確な違いがなくなる、とも指摘する。だが、その指摘をかりに認めたとしても、死後説のもとでは、死の悪を被る当人にとって死が「避けるべきものだ」ということや、それが「起こらない方を望むという選好をもつべきものだ」――さらに、それに合う反応を示すべきものだ――と依然として主張できる。こうした主張は、死の悪を否定するエピクロス主義者には可能でないだろう。

(5)おそらく、総合的な悪を被り続ける過程は、借金の件数の増加よりも、返し始めた一件の借金の残額に似ている。別々の悪いことが続いて起こる過程にいることと、一定期間にわたって起こる、ひとまとまりの悪の一部分を被っていくことは区別できる。前者の種類の悪についての素直な理解が、後者の種類の悪に当てはまるとはかぎらないだろう。

(6)佐々木は、ゼロ説を擁護するためにCVTを(ゼロ説に有利に、エピクロス主義者に対して論点を先取りするように)修正する提案は恣意的だという指摘も行なっている。そうした指摘に対する応答として、ニール・ファイトは、ブラッドリーの応答を参照しているので、本文でそちらを取りあげることで、佐々木によるその指摘への応答に代えたい。なお、ファイトは、ある時間に主体がゼロの水準の福利をもつか否かによらず、その時間の総合的価値を求めるために、可能的状況の価値とゼロとの差を求めると規約すればよいと提案する(Feit 2016, pp. 146-147)。付言すれば、死後説はCVTを死後の時間に「拡張」しているのではない点は、強調しておきたい。議論になっているのは、死後の時間を含まないようにCVTを制限する理由があるかである。とくに、終焉テーゼがその理由になるかが問われている。

(7)ブラッドリーの例にも不注意な点はあるかもしれない(この例が議論のなかで果たす役割を踏まえれば、読者が各々適切に例を調整すればよいとはいえ)。椅子に座っているときに生じる、「快楽」や「苦痛」と呼ばれないような意識経験や体験のもつ価値を、あまり低く見積もるべきではないだろう。そのような価値を許容することは、快楽説の枠組みのなかでさえ可能だと思われる。

(8)佐々木は、ゼロ説が採用しうる性質や述定に関する主張のコストが大きいとも指摘する。とくに、ゼロ説の支持者が内在的性質として否定的性質を候補に挙げる点を批判する。この点は、拙論が応答になっていると考える。また、佐々木は、死後の性質帰属を認めるために古典論理を放棄することは問題だと述べる。だが、パレ・ユアグローが指摘するように（Yourgrau 2000, p. 51）、死者について有意味なことを述べるという目的にとって、古典論理は貧弱すぎるのである（古典論理の範囲での提案としては、鈴木 2011 を参照）。

（9）佐々木の定式化は、一定期間のなかで上下する福利の水準を差引きするとゼロになる状況も許容するかもしれない。ここでは、ある時点における福利の水準を問題にしていると理解した。

**参考文献**

Bradley, B. 2009, *Well-Being and Death*, Oxford University Press.

Feit, N. 2016, "Comparative Harm, Creation and Death", *Utilitas* 28 (2): 136-63.

Nagel, T. 1970, "Death", *Noûs* 4 (1): 73-80（「死」、永井均訳『新装版 コウモリであるとはどのようなことか』（勁草書房、二〇一三年）所収、ただし邦訳書は Nagel, T. 1979, *Mortal Questions*, Cambridge University Press に基づく。）

Yourgrau, P. 2000, "Can the Dead Really Be Buried?", *Midwest Studies in Philosophy* 24: 46-68.

鈴木生郎 2011「死の害の形而上学」、『科学基礎論研究』第三九巻第一号、一三–二四頁。

# 死後説に残る不満

佐々木渉

## 1　はじめに

吉沢コメント論文では、拙論の第2、3、4節における議論のそれぞれに対して、反論が提示されている(吉沢コメント論文二七三頁)[1]。本リプライ論文では、吉沢によるそれぞれの反論に対して、応答を試みる。

## 2　死後説の不自然さに対する応答について

拙論の第2節で、私は、死後説が不自然な帰結を含むと指摘した。吉沢は、私の議論のうち、(1) ある時点を境に死の悪さを被り終わるという帰結の不可解さに基づく批判と、(2) 生きている間に被る悪と死の悪の非対称性に基づく批判のそれぞれに対して、反論を提示している。以下、順に検討する。

### 2・1　ある時点を境に死の悪さを被り終わることについて

拙論では、死後説には「ある時点を境に死の悪さを被らなくなる」という帰結があることを示し、シルヴァースティンの議論を援用しながら、この帰結が、出来事に対する私たちの常識的な反応に合致しないことを指摘した。さらに、シルヴァースティンへのブラッドリーの応答を検証し、その応答が不十分であると結論づけた。ここで、ブラッドリーは、死後説の帰結が、出来事に対する私たちの常識的な反応と衝突することを認めつつ、死後説の帰結とは別の説明によって、出来事への常識的な反応を維持する方法を提示しようとした。

一方、吉沢は、死後説が「ある時点を境に死の悪さを被らなくなる」という帰結をもつことを認めつつ、その帰結が常識に反するという主張自体に異を唱える。吉沢はまず、怪我で旅行に行きそびれた人の例を挙げ、死後説と同じ考え方によって、その人は本来旅行に行っていた期間に剥奪の悪を被ることを確認する。その上で、本来旅行に行っていた期間から十分長い時間が経過し、旅行に関連するさまざまな良いことの「剝奪」が終了してしまった後には、旅行に行けなかったことによる悪さは被り終わったと考えても問題ないと主張する。そして、同様の理由により、死による剝奪の場合でも、例えば、死後数百年経った人が未だに死の悪を被り続けているとは考えづらい以上、その悪が死後のどこかの時点で終了するという考えに問題はないはずだと示唆する（二七三－二七四頁）。

確かに、吉沢の述べる通り、死後数百年経ったシェイクスピアが、現在もなお死の悪を被っていると考えるのは、不合理である。だが、この点について、私（やシルヴァースティン）は、「本当は『死後永久説』がもっともらしいはずなのに、途中で死の悪を被り終わってしまう死後説はおかしい」と主張しているわけではない。[2] 私（やシルヴァースティン）が問題だと考えるのは、死ななかった場合にありえたシナリオのみによって、「ある時点までは死が悪く、ある時点を境に死が悪くなくなる」という変化が生じることなのである。[3] この点に関しては、私は吉沢の反論は十分ではないと感じる。[4]

さらに、吉沢は、仮に上記の点が死後説の不自然な点を指摘しているとしても、「他の候補となる説がもつ含意よりはずっと良いと思われる」以上、死後説が、他の候補よりは自然であるという、相対的な地位は揺らがないように見えるとも指摘する（二七四－二七五頁）。

確かに、拙論では、死後説の不自然さについて、他の候補がもつ含意と比較考量することまではできなかった。しかし、それゆえ私は、死後説の上記の帰結が「死後説を最終的に却下できるほど重大な困難ではないかもしれない」と認めている（佐々木二五五頁）。もちろん、吉沢の言う通り、死後説がたとえ多少問題含みな理論であるとしても、最終的にはもっとも自然な見解だったということになる可能性はある。しかし、そのことは、前理論的に明らかなのではなく、あくまで議論を経たうえでわかることなのである。

**2・2 生と死の非対称性について** 次に私は、死後説は、少なくともある時点までは、「長く死んでいる状態が続いている人が、そうでない人よりも、たくさんの死の悪さを被り終わったことになる」と主張するため、ネーゲルが指摘する「非対称性」を台無しにすると述べた。吉沢はこのことに関して、ネーゲルの非対称性が、生きている間に被る悪と死の悪の間に存するのではなく、内在的な悪と総合的な悪の間に存するのではないかと指摘する（二七五－二七六頁）。例えば、野球の観戦チケットを盗まれたことで被る悪さは、総合的な悪であり、その悪は、CVTによれば、本来野球を見に行っていたはずの時間に徐々に累積する。しかしこのことは、つま先を痛めてできた傷が徐々に回復していく場合のような、内在的な悪の累積の事例と比べれば、自然さを欠くように見える。それゆえ、問題となる非対称性は、むしろ内在的悪と総合的悪の違いに関するものであると見ることができるのである。そして、吉沢は、もしそうであれば、自然さを欠く説明を生むのは、死後説ではなく、CVTの方であり、死後説に固有の問題点ではない、と続ける。吉沢のこうした分析を受け入れるとしよう。それでも私は、「この問題は比較説に共通する問題であるから、死後説に固有の問題ではない」という主張は、死後説の救出にはあまり役立たないと感じる。生前説やマシュー・ハンサーの同時説はCVTを用いないため、このような説明を回避するからである。ここでも、死後説の自然さは、他の説の（不）成功に委ねられている。

## 3 ブラッドリーの論証について(5)

拙論の第3節では、死者の福利がゼロであることは「（福利の水準がゼロである）生のシナリオと死のシナリオの間に、差異が見出されないことによって、積極的に支持される」というブラッドリーによる論証を批判した。すなわち、死のシナリオと（ブラッドリー自身がゼロの状態だと認める）生きてはいるが椅子に座ったままずっと何も起きない状態のシナリオの間に、利害関心の観点から差異が見出されない、という主張に疑問を呈した。これに対して、吉沢は、椅子に座った状態で「死ぬまで変わらず一切の変化がなく続く」状態は「当人の観点からすれば、ゾッとするような未来」ではないか（それゆえ、死と同じくらい回避したいシナリオではないか）と反論する（二七七頁）。

だが私は、「椅子に座り続けるシナリオは『ゾッとするような未来』である」という主張は、「椅子に座り続けるシナリオの福利はゼロではなく、実は負である」と主張しているだけではないかという疑念をもつ。確かに、私も椅子に座らされ続けるのは嫌である。だが、それは椅子に座り続けるのが明らかに苦痛だからである。問題は椅子に座り続けるかどうかではなく、福利の水準がゼロのまま生きているという状況が、死と同じくらい避けたい未来だと、それほど明確に主張できるのか、ということである。私には、生き続けているが福利の水準はゼロだと言えそうな、どんなシナリオを想像しても、それが死と同じくらい避けたい未来だと断言することはできないように感じる。

このことは、次のように議論を修正した場合に、より鮮明になる。椅子に座り続けるシナリオにおいて、福利がゼロの状況がとても長く続いたのち、（例えば椅子に仕掛けられた電極によって）途中〇・〇一秒だけ極めて軽微な電気ショックが生じ、ほんの僅かな苦痛が与えられるとしよう。このシナリオでは、途中に受けた電気ショックの分だけ福利が減退するので、ずっとゼロが続くとされる死のシナリオよりも避けたいはずである。だが、両者を比較して、死のシナリオの方がマシだと本当に言えるだろうか。私にはかなり難しいように思われる。

## 4　0の価値を与える性質について

拙論第4節では、ゼロ説の支持者が次の(A)が真であることから(B)も真であると考え、ゼロ説を正しいと主張するのに対して、(A)が真であるからといって(B)も真であるとは言えないというよくある議論とは別に、そもそも(A)が真ではないと主張した。

(A)　ある人$S$が存在し、その人が良さを与える性質も悪さを与える性質ももたないならば、その人の福利の水準はゼロである。

(B)　ある人$S$が存在せず、その人が良さを与える性質も悪さを与える性質ももたないならば、その人の福利の水準はゼロである。

その際、私は、『福利がゼロの水準の時にのみ、価値を与える性質をもたない』という例外を設けること」を恣意的だと批判し、次のような原理を提案することでその恣意性を排除できると主張した。

ある対象$S$が「水準$n$の福利をもつ」のは、$S$が「$a$単位の正の価値を与える性質」または「$b$単位の負の価値を与える性質」をもち、$a+b=n$であるとき、またそのときに限る。

これに対して吉沢は、私のこの提案では、水準ゼロの福利の説明について「恣意性」を排除できていないと反論する。吉沢によれば上記の原理に従って、主体の福利の水準がゼロとなる場合には次の四つの場合がある（二七八頁）。このような但し書きが必要な以上、「恣意性」(6)は残り続けるというわけである。

(1) $a$、$b$が0でなく、$a=-b$であるような「$a$単位の正の価値を与える性質」と「$b$単位の負の価値を与える性質」をもつ
(2)「0単位の正の価値を与える性質」をもち、負の価値を与える性質をもたない
(3)「0単位の負の価値を与える性質」をもち、正の価値を与える性質をもたない
(4)「0単位の正の価値を与える性質」と「0単位の負の価値を与える性質」をもつ

正直に言えば、私は自分の提案する原理がこのように解釈されることを想定していなかった。私がここで想定していたのは、福利の水準がゼロとなるとき、主体は関連する価値を与える性質同士によって与えられる福利が差し引き0になっているか、（正でも負でもない）「0の価値を与える性質」を例化していなければならない、ということだけである。それゆえ、主体がゼロの福利をもち、かつ(1)でないとき、(2)から(4)のような場合分けをする必要はなく、主体はただ「0の価値を与える性質」を例化していれば良い。このとき、私が主張する「恣意性」とは、「福利がゼロのときだけ、価値を与える性質をもたないことに訴えかける必要がある場合がある」ということであり、「恣意性の排除」とは、「主体の福利はいつでも何らかの価値を与える性質をもつことによって根拠づけられている」ということである[7]。

だが、この点について、私の表現は的確ではなかったかもしれない。というのも、私は「$a$単位の正の価値を与える性質」において「単位（units）」という表現を通常想定されるのと異なる意味で用いていたかもしれないからである。すなわち、ここで「単位」という言葉によって、私は、その性質が「例化されている量」ではなく、「注目している価値の定量的な値」のことを意味しているつもりであった。例えば、「プラス10単位の正の価値を与える性質をもつ」とは、「（何らかの）正の価値を与える性質」を「10単位もつこと」

ではなく、『『プラス10単位の正の価値』を与える性質』をもつことだと考えていた。それゆえ、私は、前述の原理において、$a$または$b$が0のときには「$a$単位の正の価値を与える性質」や「$b$単位の負の価値を与える性質」によって、もとより「0単位の正でも負でもない価値を与える性質」のことを意味しているつもりだったのである。だが、そのことは表現上明確ではなかった[8]。

ここで私は、代わりに「度合い（degree）」のような表現を用いるべきだったかもしれない。そうすれば、「プラス10度合いの正の価値を与える性質」は、主体の福利の水準をプラス10引き上げるような性質として、適切に理解されただろう。そして「0度合いの価値を与える性質」とは、「主体の福利の水準を引き上げることも引き下げることもしない性質」として、適切に理解されただろう[9]。

しかしながら、吉沢は、私のこのような説明に対しても、依然として疑問を呈すると思われる。なぜなら、吉沢は、「0の価値を与える性質」が、対応する自然な性質をもつこと自体を疑問視しているからである（二七八―二七九頁）。例えば、快楽説のもとでは、「正の価値を与える性質」には「快楽が生じている」という自然な性質が対応し、「負の価値を与える性質」には「苦痛が生じている」という自然な性質が対応する。それゆえ、「0の価値を与える性質」に対応するものは、素直に考えれば、「快楽や苦痛が生じていない」という性質なのであり、結局は同じような但し書きが必要になると考えられるからである（二七八―二七九頁）。

私は、この問題には次のように応答したい。すなわち、快楽説のもとであっても、「0の価値を与える性質」に対応するものは、「快楽や苦痛が生じていない」という性質では**ない**。「0の価値を与える性質」に対応するのは、むしろ「快楽でも苦痛でもない状態が生じている」という性質である。もちろんここで、私は「快楽でも苦痛でもない状態」とはどのような状態なのかを明確に述べる必要がある。しかし、それは全く困難なことではない。「快楽でも苦痛でもない状態」とは典型的には「椅子に座っている状態」のような、快楽でも苦痛でもないような経験のことである。そして、そのような経験は確かに存在する。快楽説の支持者たちは、自分のもつさまざまな経験から、正の福利の水準に貢献するものを快楽と名づけ、負の福利に貢献するものを苦痛と名づけている。だが、両者の間に、正でも負でもないニュートラルな経験も多数存在していることを否定しないだろう。

だがここで、そのような状態は、結局のところ「快楽でも苦痛でもない状態」というように否定的に特徴づけられているため、問題が先送りされただけに過ぎないという反論がありうるだろう。しかし、ある状態を否定的にしか特徴づけられないことは、その状態が何かを欠いた状態であることを必ずしも意味しない。「快楽でも苦痛でもない状態」は肯定的に想像可能な状態であり、そのとき私たちは、快楽や苦痛の不在ではなく、特定のニュートラルな経験を想像することができる。それゆえ、私は、そのような状態には、ただ肯定的な記述方法が欠如しているだけであり、そのような状態が、何かの不在に訴えかけることによってのみ理解可能なわけではないと考える。

## 5 まとめ

吉沢の反論によって、私が死後説に提示した問題のいくつかは解消したり、論点がより明確になったりした。しかしながら、本論での私の応答が成功しているなら、死後説は問題含みな立場のままであるだろう。

### 註

(1)以降では、吉沢のコメント論文はページ数のみで参照することにする。

(2)この点はシルヴァースティンも同様であると思う。実際、シルヴァースティンは無時間説の支持者である。

(3)このことは、私のコメント論文の註（2）で述べた例とちょうど反対の事例を考えることでよく示される。ある人*S*は死んでしまったが、もし死なずに済んだとすれば、全体として幸福な人生を送ることができたとする。しかし、あり得た人生では、(現実世界では死後の時間に相当する)ある時点*t*において、手に持っていた紙によって指を切ってしまうとする。そのことを知っている私たちは、*S*の死を悼みながら時点*t*がやってくると「この瞬間に関してだけは、*S*は死んでいてよかった」と祝福すべきだろうか、いやそうではないだろう。

(4)なお、類似した論点を提示した私のコメント論文の註(3)に応答する形で、この点について吉沢は別の応答を提示している(吉沢リプライ論文二四三―二四四頁)。この応答は大変興味深いものだが、この論文においては十分な再応答を提示することができなかったため、今後の課題としたい。

(5)なお、拙論ではこのブラッドリーの論証を取り上げる前に、ゼロ説と無規定説の対立がCVTを死後の時点に「拡張」できるかどうかを決めると論じた(佐々木二五六頁)。だが、吉沢は、死後説はCVTを「拡張」しているのではなく、死後説以外の立場がCVTを生きている時間のみに「制限」しているのだと指摘している(二八一頁註(6))。これは確かに吉沢の指摘する通りであり、私の誤りである。

(6)恣意性というよりは理論の「不統一性(disunity)」と呼ぶ方が適切であったかもしれない

(7)それゆえ、私は「*n*がいかなる値をとる場合にも、主体が『ゼロの価値を与える性質』をもつ必要があると考えている」(吉沢二七九頁)わけではない。主体の福利の水準がゼロでない場合には、正の価値を与える性質や負の価値を与える性質のみを例化している可能性があってもよいし、ゼロである場合にも、両者の差し引きがゼロになっているならば、「ゼロの価値を与える性質」を例化していなくても構わないからである。

(8)快楽説の支持者の多くは、快楽にhedonという最小単位があると考えているため、私の議論は彼らにとって、とりわけ誤解を招くものだったと思う。

(9)ここで、「主体の福利の水準を引き上げることも引き下げることもしない性質とは、「価値を与えない性質」であるから、この性質が「価値を与える性質」であることと矛盾する、というような反論がありうるかもしれない。しかし、私がここで述べているのは、「価値を与えない性質」ではなく、あくまで「0の価値を与える性質」なのである。そして、この区別が、主体がこの性質しかもたないときにも福利が無規定ではないことを根拠づけている。

# Ⅳ　真理の形而上学

# 〈真にするもの〉の理論の概説

高取正大

## はじめに

我々の用いる文や命題が真であるとき、それが真であるということはいったい何に存している（consist in）のだろうか？　この問いに対する、一つのごくもっともらしい応答の方針は、それが真であることは世界もしくは実在が特定のあり方をしていることに存している、というものである。それでは、文や命題の真理がそれに存しているような世界／実在の特定のあり方とは、もう少し詳しく述べればどのようなものなのだろうか？　この問題に対して、近年の分析形而上学においては、次のような考え方が一定の支持を集めている。すなわち、ある文／命題は、その真理の根拠となるような存在者が世界（実在）の中に存在することによって真となる、という考え方である。この、**真理の根拠**（**ground**）[1]としての役割を果たす存在者のことは、こんにちの形而上学者たちの間で「**真にするもの**（**truthmaker**）」の通称で呼ばれている。そしてまた、真なる文／命題とそれを真にするものとの間の関係は、「**真にする関係**（**truthmaking relation**）」と呼称される。これらを巡る様々な論点は現代の形而上学の中で重要な問題領域の一つを形成している。

本序論は、この〈真にするもの〉というアイデアを巡る、代表的な論点の概説を与えることを目標とする。

ただし、こんにちのこの分野における議論は質・量ともに極めて多岐にわたっており、本稿で紹介できるのは、主として第Ⅳ部の以降の内容に関わってくるような、ごく基本的な範囲の事項に限られる。[2] なお以下では、日本語圏でしばしば見られる表記の慣例を踏襲して、「真にするもの」を適宜「ＴＭ」と表記し、「真にする関係」のことは「ＴＭ関係」と略記する。また「ＴＭ理論」という表現は、(「〇〇理論」というかたちの言い回しによく見られるように)「ＴＭについての理論的考察を行う分野」という意味合いと、「より具体的に展開されたＴＭについての個別の理論体系」という意味合いの両方で用いられる。

## 1　歴史的背景

〈真にするもの〉というアイデアの歴史的起源は、しばしばアリストテレスに求められる。例えば「カテゴリー論」の次の一節は、このアイデアを端的に表明したものだと解釈されることがある。

> 〔……〕もし人間が存在するならば、「人間が存在する」とわれわれが語る言表は真である。〔……〕だが、真なる言表のほうはいかなる意味においても事象それ自体のあること(存在)の原因ではない。しかし事象のほうは、言表が真であることの何らかの意味での原因であると思われる。なぜなら事象が存在する、あるいは存在しないことに依拠して、言表が真である、あるいは偽であると語られるからである。(アリストテレス「カテゴリー論」、邦訳八二頁)

ここで現れている「言表の真理は事象の存在／非存在に依拠しているがその逆ではない」という見解は、以下の第2節でも確認するように、ＴＭ関係の重要な特徴を述べたものだと理解することができる。ただし、現代のＴＭ概念に近いアイデアを本当にアリストテレスに帰させられるのかどうかについては、より慎重な検討が必要だろう。

いずれにせよ、多くの形而上学者が〈真にするもの〉の概念に関する現代的な議論の始まりとして認識しているのは、はるかに時代が下った二〇世紀序盤の、Ｂ・ラッセルおよびＬ・ウィトゲンシュタインによる論理的原子論の哲学である（Russell (1918), Wittgenstein (1922)）。彼らが展開した、命題を真にする役割を果たすものとしての事実（もしくは事態）の形而上学は、ＴＭを巡るこんにちの議論に対しても直接的な影響を与えている。

とはいえ、ラッセルおよびウィトゲンシュタインの論理的原子論においても、まだ〈真にするもの〉という概念そのものが大々的な脚光を浴びたわけではなかった。この概念およびそれについての一般的理論が分析形而上学の中で主要なトピックの一つとなるにあたり、重要な貢献をなしたと見なされている人物の一人は、オーストラリアの哲学者Ｄ・Ｍ・アームストロングである[3]。彼は二〇世紀末から二一世紀初頭にかけて最も影響力のあった分析形而上学者の一人であるが、彼の仕事の各所において〈真にするもの〉のアイデアに訴えた議論が登場する（e.g. Armstrong (1989), Armstrong (1997)）ことは、この概念の普及にあたって大きな役割を果たしたと考えられる。彼（と彼の同僚）の影響のもと、こんにちのオーストラリアは、ＴＭ理論の研究において一大中心地となっている。また、この主題に関する彼の集大成的な著作である Armstrong (2004) は、ＴＭ理論に関する基本的文献としての地位を得ているように思われる。

その他に、現代のＴＭ研究の端緒となった文献としてしばしば言及されるのは、Ｋ・マリガン、Ｐ・サイモンズ、Ｂ・スミスらによる論文（Mulligan, Simons & Smith (1984)）である。彼らの論文は、上述したラッセルやウィトゲンシュタインの論理的原子論の哲学を、ＴＭを主題とする議論の文脈に明示的に接続した、メルクマール的な著作として評価されている。同時に、この論文は、TMの役割を果たすものとしてトロープ（第4節も参照）に着目したという点でも重要である。[4] 彼らの研究につらなるTM研究の潮流は、上記のアームストロングらによるオーストラリア的伝統と対比される意味で、「ヨーロッパ的伝統」と形容されることがある（Rami（2009））。

## 2 〈真にする〉関係の形式的特徴

真なる文や命題とそれを真にするもの（TM）との間の関係――すなわちTM関係――の本性に分析を与えることは、TM理論の最も基礎的な部分に関わる問題であるが、同時に、専門的研究者の間で大きく意見が分かれる論点でもある（cf. MacBride（2022), sec.1）。とはいえ、TM関係の一部の形式的側面については、比較的多くの形而上学者の間で見解の一致が見られる。それらのうち、いくつかのごく基本的な特徴を挙げれば、以下のようなものがある。

### カテゴリー横断性[5]

TM関係の基本的な特徴の一つは、それが**カテゴリー横断的**（**cross-categorial**）な関係だということである。つまり、関係の片方の項――〝真にするがわ〟の対象――は世界／実在に属する存在者であるのに対し、もう片方の項――〝真にされるがわ〟の対象――は言語的な存在者だからである。TM関係、ひいてはTMに関わる論点の全般は、いわゆる言語‐世界の二分法を前提しており、両者は非常に基本的な区分において異なる領域であると見なされている。

TM関係の項の片方はTMであるわけだが、もう片方の〝真にされるがわ〟である言語的対象は、一般的に「真理の担い手（truth-bearer）」と呼ばれる。ＴＭの本性を巡っては多くの関心が集まるのに対して、真理の担い手の本性に関して興味がもたれることは相対的に少ない。真理の担い手の候補となるのは、文、発話、命題、信念といったものであるが、ＴＭを巡る議論の文脈では**命題**（**proposition**）が第一義的な真理の担い手として想定される場合がほとんどである。本稿でも、以降では、真理の担い手として第一義的には命題を想定しておくことにする。(6)

**非対称性**(7)

ＴＭ関係がもつとされる形式的特徴のうち、しばしば最も強調されるのは、〈真にする〉という関係はＴＭが命題を真にするという方向性の関係であって、その逆向きではない、ということである。言い換えれば、ＴＭ関係は**非対称的**（**asymmetric**）な関係である。この点は、ＴＭというアイデアの基本的な着想を反映していると言える。つまり、命題の真理が世界／実在の一定のあり方に存しているのであって、決して世界／実在のあり方が命題の真理に存しているのではない。この非対称性はよく、「真理が実在に依存しているのであってその逆ではない」とか「実在のあり方が命題の真理を説明するのであって、その逆ではない（ある命題が真であることが実在のあり方を説明するなどということはない）」などといった語り口でも表現される。

**非一対一対応性**(8)

一般に、真なる命題とそのＴＭとは、一対一対応しているわけではない。つまり、ある真なる命題に対して、そのＴＭの役割を果たす存在者が複数存在していても構わない。また反対に、ある単一の存在者が、複数の命題のＴＭになっていても構わない。例えば、大部分のＴＭ理論においては、「人間が存在する」という種に関する一般存在命題に対しては、高取、北村、柏端……、といった人間個体のどれもが、それぞれTM関係に立つことが想定される。また反対に、高取という存在者は、「高取が存在する」という単純な存在命題のＴＭであると同時に、「高取が存在するまたはネッシーが存在する」という選言的真理のＴＭでもあると考えられる。

**必然化条件**(9)

本節の初めでも触れたように、ＴＭ関係の分析を与えようとする試みの中で、形而上学者の間で広く合意を得られたものは、いまのところは存在しない。しかしながら、ＴＭ関係の必要条件に関しては、大部分の論者の間で、次の要件を課すことが受け入れられている。

**必然化条件**：存在者 $a$ が命題 $P$ のＴＭである ⇒ 必然的に（$a$ が存在する ⇒ $P$ が真である）

つまり、もしある対象 $a$ が命題 $P$ のＴＭであるならば、$a$ は、それが存在するだけで、$P$ が真であることを必然的に含意するようなものでなければならない。必然性の概念を可能世界の語法を用いてパラフレーズすると、$a$ が $P$ のＴＭであるならば、$a$ が存在するいかなる可能世界においても $P$ が真でなければならないということである。

この必然化条件は、ＴＭの基本的なアイデアの、全てではないにしろその重要な要素を反映したものだと言える。本稿冒頭で述べたように、ＴＭは、命題の真理の根拠となるような存在者として導入されたものである。対象 $a$ が命題 $P$ の真理の根拠としての役割を果たすためにどんな条件を満たしているべきかということを検討してみたとき、次のように考えるのはごくもっともらしい。つまり*a*は、それが*P*の真理の根拠であると形容されるからには、それが存在するだけで*P*が真であることを自動的に保証するようなものであるべきだ、という考えである。言い換えれば、*P*が真であることの根拠たるような存在者*a*は、ただそれが存在するというだけで*P*が偽である可能性を排除する力をもっている必要があると考えられる。この考え方を定式化したのが必然化条件であり、ある対象が何らかの命題のＴＭであるための必要条件として、ＴＭ理論について論じる多くの形而上学者から受け入れられている。

## 3　どの範囲の命題がＴＭをもつのか——全面主義と非全面主義

ＴＭの理論をより具体的に展開するに際しては、次の二つの要素を特定する必要がある。一つは、どの範囲の真なる命題がＴＭをもつと考えるかである。もう一つは、ＴＭとしてより具体的にどのような種類の存在者を想定するかである。以下、本節では前者について、次節では後者について解説する。

どの範囲の真理がＴＭをもつか、ということを定める主張は、「**〈真にするもの〉原理**」（**Truthmaker principle;** 以下「**ＴＭ原理**」）の名で知られる。この原理の素朴なバージョンは次のものである[10]。

**無制限のＴＭ原理**：任意の偶然的命題*P*について、*P*が真である ⇕ ある対象*a*が存在し、*a*が*P*のＴＭである

無制限のＴＭ原理によれば、ＴＭの基本的なアイデアにそぐわないごく一部の真理[11]を除いては、全ての真なる命題がＴＭをもつことが要請される。これは要するに、真なる命題はそのＴＭが存在することによって真

となっているという考え方を、シンプルに命題一般に対して適用したものである。無制限のＴＭ原理は、しばしば、どの範囲の真理がＴＭをもつかということに関するデフォルトの見解であると見なされる（このことにより、無制限のＴＭ原理は、修飾句なしで単に「ＴＭ原理」／「〈真にするもの〉原理」と呼ばれることも多い）。無制限のＴＭ原理を支持する立場は、**全面主義（maximalism）**と呼ばれる。著名な全面主義者としては、先述のアームストロングがいる。(12)

無制限のＴＭ原理は素朴な見解ではあるけれども、真剣に支持しようとするならば、いくつかの見過ごせない困難に直面することになる。代表的な困難の一つは、否定的真理のＴＭの問題である。例えば、「ユニコーンは存在しない」という否定的真理のＴＭがどんなものになるか考えた場合、世界の中のどのような対象を想定すればよいか、全く明らかではないだろう。直観的には、「ユニコーンは存在しない」という命題が真であるのは、まさに一定の種類の対象が存在しないことによるのであって、この命題の真理の根拠となるような対象が存在すると主張するのは、倒錯的であるように思われる。否定的真理のＴＭを、形而上学者が通常問題含みでないと見なすような存在者のカテゴリーから探し出すのは、容易ではない。あるいは、もし否定的真理のＴＭのために新たな存在者のカテゴリーを措定せねばならないとしたら、それは存在論的なコストを、質的にも量的にも大幅に増大させることになるだろう（次節も参照されたい）。

以上のような困難を背景として、一部の論者は、無制限のＴＭ原理ではなくより制限された範囲の命題に適用されるＴＭ原理を採用することを提案している。そのような提案としては、例えば、ＴＭをもつことが要求される命題の範囲を、原子文のかたちをした偶然的真理に限定する、といったものがある。(13)このような、あくまで一部の範囲に制限されたＴＭ原理を擁護する立場は、**非全面主義（non-maximalism）**と呼ばれる。

## 4　TMはどのような種類の存在者か

ここまでは、具体的にどのような種類の存在者がTMの役割を果たすのかという点について、ほぼオープンなまま話を進めてきた。さて、一部の真なる命題については、そのTMを考えることは比較的容易である。例えば、「人間が存在する」という種に関する一般存在命題のTMであれば、高取や北村やあなたのような、個々の人間であると想定して問題はない。しかしながら、一般的には、TMを用意することはこれほど単純ではない。例えば、原子的な述定のかたちをした真なる命題として、「高取は哲学研究者である」を考えてみよう。この命題のTMは、高取ではないのはもちろんのこと、〈高取と同一でありかつ哲学研究者であるもの〉という記述により特徴づけられる対象でもない。つまり、高取と同一でありかつ哲学研究者である対象は、哲学研究者ではないことが可能なものであり、従って、必然化条件を満たさない――それが存在するだけで「高取は哲学研究者である」という命題の真理が必然的に含意されるわけではない――からである。そのようなわけで、論理形式上は最も単純な部類の命題ですら、そのTMの役割を果たしうる存在者を用意するためには、独立の考慮が必要となる。

それでは、具体的にどのような種類の存在者がTMの役割を果たせるのだろうか？　代表的には、これまで以下のようなカテゴリーの存在者が提案されてきた。

**事態**

TMの候補として伝統的に検討されてきたのは、**事態**（**state of affairs**）と呼ばれる種類の存在者である。(14)これは大まかに言って、個体とそれが例化する普遍者から構成される複合的な対象である。例えば、高取という個体と哲学研究者性という普遍者から構成される複合的対象が、それにあたる。事態は通常、それに内容的に対応する命題を用いて、「～という事態」のような話法で記述される。よって、個体高取と哲学研究者性という普遍者から構成される複合的対象とは、要するに、高取が哲学研究者であるという事態に他ならない。以上のようにして特徴づけられた事態については、一般に、*P*という事態はそれが存在するならば必然的に命題*P*が真になるということが言えるため、必然化条件を満たすことができる。

ＴＭの役割を果たすものとしての事態の形而上学は、第１節で言及したラッセルおよびウィトゲンシュタインの、論理的原子論の哲学において展開された。また、アームストロングのＴＭ理論も、大規模な事態の存在論を含むことで有名である。

### トロープ

**トロープ**（**trope**）とは、個別的性質とも呼ばれるもので、大まかに特徴づけるならば、個別的かつ具体的な存在者として理解された性質のことである。例えば、高取のもつ哲学研究者性トロープは高取の占める時空領域と全く一致するような時空的位置づけをもつ。また、高取のもつ哲学研究者性トロープは、北村のもつ哲学研究者性トロープとよく類似しているが、それらは数的には異なる存在者である。高取の哲学研究者性トロープは高取がもつ限りでのものであり、北村の哲学研究者性トロープは北村がもつ限りでのものである。

高取がもつ哲学研究者性トロープは、高取によってもたれることが本質的なものであり、また哲学研究者性トロープがそれ以外の種類のトロープであることは（当然ながら）不可能である。よって、高取の哲学研究者性トロープは、それが存在するならば必然的に「高取は哲学研究者である」が真となるようなものであり、必然化条件を満たしている。

トロープがＴＭの役割を果たすという主張は、第１節で触れたMulligan, Simons & Smith（1984）の中で支持されている。また、この主張を全面的に展開した近年の日本語の著作として、秋葉（2014）を挙げることができる。

### 否定的存在者

前節で見た全面主義を受け入れる場合、「高取は哲学研究者である」のような原子的な命題だけでなく、論理的により複雑な命題のためのＴＭについても考慮せねばならない。とりわけ、前節でも触れたように、否定的真理のＴＭとして機能しうる存在者を措定せねばならない。[15] 否定的真理のＴＭの要求に対して真正面から応答する方針は、何らかの意味で〝否定的〟と形容するほかないような存在者のカテゴリーを導入し、それらこそが否定的真理のＴＭだと論じるものである。そのような否定的存在者の候補として、これまで検討されてきた存在者のカテゴリーの中には、例えば以下のようなものが含まれる。(1) **否定的事実（negative fact）**もしくは**否定的事態**。[16] この提案によれば、「ユニコーンは存在しない」という否定的真理のＴＭは、〈ユニコーンが存在しない〉という否定的な事態である。(2) **不在（absence）**もしくは**欠如（lack）**。[17] このアイデアによれば、「ユニコーンが存在する」という命題のＴＭの欠如こそが、「ユニコーンは存在しない」のＴＭに他ならないとされる。(3) 一階で成立することがらの全てについて、「それらこそが成立することがらの全てである」ということを述べる**二階の事態**、あるいはこの提案の支持者の一人であるアームストロングの用語法では**総体的事態（totality states of affairs）**と呼ばれるもの。[18]

こういった存在者のいずれも、何らかの意味合いで〝否定的〟な種類の存在者であると言える。[19] 否定的存在者を巡っては、その身分に対して拭いがたい疑念がある。例えば、欠如や不在を存在者として扱うのは、根本的な意味でカテゴリーミステイクではないだろうか。あるいは否定的事態説を真剣に受け止めるなら、二重否定をどう扱うかといった問題に対処せねばならない〈〈高取は哲学研究者でないわけではない〉という事態は、〈高取は哲学研究者である〉という事態と同一だろうか、それとも異なる対象だろうか?〉。そして、こういった存在者のカテゴリーを認めねばならないとしたら、存在論的なコストは質的にも量的にも増大せざるをえない。

## 5　TM理論の存在論的帰結

以上の二つの節で紹介したような仕方で、どの範囲の命題がTMをもつかならびにTMがどのような種類の存在者になるかについて一定の立場を受け入れ、具体的なTM理論を展開したとしよう。このとき、いくつかの顕著な存在論的帰結がもたらされるということにぜひ注意すべきである。

まず、全面主義を受け入れた場合、存在論的な負荷が増大するのは明らかだろう。つまり、否定的真理のTMに代表される、一定のエキゾチックな種類の存在者を導入することを、真剣に検討せざるをえない。しかしながら、非全面主義の何らかのバージョンを採用したとしても、一定の存在論的コストを引き受けねばならないことに変わりはない。つまり、TM原理の適用範囲を原子的な偶然的真理に絞ったとしても、TMの役割を果たす他の存在者のカテゴリーを新たに提案できない限り、事態やトロープの存在論を認めることになるからである。そしてこういった存在論的コストは、何らかのTM理論を採用するのでなければ、必ずしも受け入れる必要が生じないものである。

より一般的に、次の論点を指摘できる。つまり、制限されたものであれ無制限のものであれ一定のバージョンのＴＭ原理を採用し、何らかの具体的なＴＭ理論を受け入れることは、いわゆるクワイン的な存在論的コミットメントの基準からの逸脱を意味すると考えられる。クワイン的な存在論的コミットメントの基準とは大まかに言って、「ある命題が真であるために必要な存在者とは、その命題を量化子と変項を用いて表現した際に束縛変項の値として必要となる対象のことである」と要約可能なテーゼである。[20] この基準の採用は、分析形而上学の〝標準的〟な方法論を構成する要素の一つであると見なされている。さて、この基準に従えば、「高取は哲学研究者である」が真であるために存在していなければならない対象は、「∃$x$（$x$＝高取＆$x$は哲学研究者である）」が真であるために束縛変項の値として必要とされるものである。そのような対象には、高取と同一であるもの、哲学研究者であるもの、そして高取と同一でありかつ哲学研究者であるという条件を満たすものが含まれる。しかしながらこの基準のもとでは、高取が哲学研究者であるという事態も高取の哲学研究者性トロープも、この命題が真であるために必要な存在者には含まれない。従って、ＴＭ理論が、「高取は哲学研究者である」が真であることはそういった事態なりトロープなりの存在を要請すると主張するのであれば、それはまさにクワイン的な存在論的コミットメントの基準からの違反を意味している。以上のようなわけで、一定のＴＭ理論を受け入れることは、単に特殊な種類の存在者を色々認めねばならないという意味での存在論的帰結をもたらすだけでなく、方法論的なレベルでの存在論的帰結をもつのである。[21]

## 6　ＴＭ理論の応用

一定のＴＭ理論を援用することで、形而上学の他のトピックに対して実質的な貢献をなしうる、と主張されることがある。そのような話題の一部には、例えば以下のようなものが含まれる。

## 現在主義への反駁[22]

現在主義は、時間の形而上学における(極端な)立場の一つであり、過去や未来の時点ならびにその時点において存在すると考えられている対象は実際には存在せず、存在するのは現在の時点および現在において存在する対象だけだと主張することで知られている。この現在主義に対しては様々な反論が提出されているが、その中の一つに、TMのアイデアを利用するものがある。この反論によれば、現在主義は過去や未来についての真なる命題がTMを欠くことを認めざるをえず、従って(過去や未来についての真理がTM原理の適用範囲内であると考える限り)TM原理に違反するという点で問題を抱えている。例えば、「かつて恐竜が存在した」という、種に関する過去時制の一般存在命題について、そのTMの候補として有力なのは、過去の時点において存在した個々の恐竜個体である。しかし現在主義は当然ながら、そのような対象を認めることができない。言い換えれば現在主義は、「かつて恐竜が存在した」という命題は、それが真であることの根拠が実在のうちに存在することで真になっていると認めることができない。だが、「かつて恐竜が存在した」のような命題に関してこれを認められないというのは、不条理な帰結であるように思われる。

以上のような反論は、現在主義に対する定番の批判の一つであると言える。一方で、現在主義者からの再反論の試みも多数寄せられている。[23]

## 非クワイン的な存在論的コミットメントの基準の提案

第5節では、一定のバージョンのTM理論を受け入れることがクワイン的な存在論的コミットメントの基準からの逸脱を帰結するということを述べた。しかし、存在論的コミットメントの基準を巡る議論の中ではむしろ、ＴＭ概念を利用することで、従来のクワイン的基準に替わるオルタナティブな存在論的コミットメントの基準を定式化することができる、という見解も提出されている。この見解によれば、ある命題の存在論的コミットメントを特定するうえで決定的役割を果たすのは、その命題における束縛変項の現れではない。代わりにこの見解は、大まかに言って、「命題$P$の存在論的コミットメントとは、$P$が真であるために$P$のＴＭとして存在することが要請されるものだ」という内容を主張する。[24]

ＴＭの概念に基づくオルタナティブな存在論的コミットメントの基準については、それを採用することで倹約的な存在論のプログラムを達成する道が開けると論じられることがある。しかし他方では、メタ形而上学的な観点からの批判的なコメントもある。[25]

## 7 〈真にするもの〉に対する疑念

本概説の最後に、そもそも〈真にするもの〉というアイデアの基礎に疑わしい部分があるのではないか、という論点に触れておきたい。

ＴＭの発想の出発点にあったのは、命題が真であるとき、それは、実在が一定のあり方をしていることによって真である、という考え方であった。この考え方はしばしば**実在論的直観**（**realist intuitions**）と呼ばれる。さて、確かにこの実在論的直観は、少なくとも形而上学的実在論を前提している限りはもっともらしい。だが実のところ、実在論的直観だけでは、ＴＭのアイデアを得られるかどうか非常に疑わしいと言わざるをえない。というのも、命題の真理が存する実在のあり方が、それ自体として一つの存在者である、という主張まで含まなければ、〈真にするもの〉という考え方の枠組みに到達できないからである。しかしながら、もともとの実在論的直観は、果たしてこのような主張まで正当化する内容を含んでいるだろうか？

〈真にするもの〉というアイデアを巡る論争点は多岐にわたるが、以上の疑念は、このアイデアの最も基盤的な部分に対する批判の一つである。[26] 第Ⅳ部の以下の議論においても、結局この疑念と関連する話題に焦点が当てられることとなる。[27]

## 註

(1)より言葉を補えば、根拠の中でも「**存在論的な根拠**(**ontological ground**)」と呼称されることが多い。

(2)例えば、本稿で取り上げられなかったトピックの一つとして、スーパーヴィーニエンスの概念に基づいてTM関係を理解しようとするアプローチがある。この方針の代表的な支持者としては、Bigelow (1988), Lewis (2001) などを参照。ただし、このアプローチのもとでは、TM関係は、命題／文と世界の対象の間に成り立つ真正の関係としては扱われない。そして、私の認識する限りでは、TM概念に対する〝正統的〟なアプローチと見なされているのは、本稿のように、TM関係を真正の関係として捉えるタイプのものである。加えて、スーパーヴィーニエンスに基づくアプローチに対しては、(第2節で見る) TM関係の非対称性を適切に反映することができない、というよく知られた批判もある (Rodriguez-Pereyra (2005))。

また近年では、形而上学的基礎づけ (metaphysical grounding) の概念とTM関係の結びつきといったトピックも、非常に重要なものとなっているが、本稿では触れる余裕がなかった。関心のある方は、MacBride (2022), sec.1.6 などを手引きとして、関連する文献をあたられたい。

(3)なおアームストロング自身は、〈真にするもの〉のアイデアを、同僚であったC・B・マーティンから得たと述べている (cf. Armstrong (2004), p. 1)。

(4)ただしこの論文では、主にフッサールの言葉遣いに依拠しているという事情から、「トロープ」という語そのものではなく、「モメント」という名称が用いられている。

(5)Cf. Armstrong (2004), pp. 5f.; Rodriguez-Pereyra (2006); Bigelow (2009).

(6)ただし、本稿および第Ⅳ部の以降の議論の範囲では、命題はほぼ、文タイプと交換可能なものとして扱われる。

（7）Cf. Rodriguez-Pereyra（2005）.

（8）Rodriguez-Pereyra（2006）, p. 193; 秋葉（2014）、六一頁。

（9）Cf. Armstrong（2004）, pp. 5-7; Rodriguez-Pereyra（2006）, p. 188; Rami（2009）, pp. 16f. また以下の説明は、特に秋葉（2014）、四四–四五頁の叙述から影響を受けている。

（10）「どの範囲の真なる命題がＴＭをもつか」という内容を直接的に述べているのは左辺から右辺への含意であるが、右辺から左辺への含意もＴＭ概念の意味から直ちに導かれるため、ＴＭ原理は双条件法のかたちで述べられることも多い。

（11）無制限のＴＭ原理がＴＭを要求しないタイプの真なる命題は、必然的に真であるような命題である。しかし、必然的真理とは全ての可能世界において真であるような命題であり、これは言い換えれば、世界のあり方によらずに真であるような命題として理解することができる。よって、必然的真理はそもそも初めから、本稿冒頭で述べた考え方の埒外にあるものとして位置づけることが許されるだろう。

（12）ただし厳密に言えば、アームストロングは、必然的真理もＴＭをもつと主張する、より極端な立場を擁護しようとしている（Armstrong（2004））。

（13）この立場をとる代表的な哲学者は、Russell（1918）, Wittgenstein（1922）である。秋葉（2014）もこの立場を擁護している。

（14）用語法の流儀によっては、「事実（fact）」と呼称されることもある。

（15）その他にも、全称命題、時制つき命題、あるいは反事実的条件法などについて、それらのＴＭをいかにして用意するかが課題となる。

（16）Cf. Russell（1918）, 3rd Lecture.

（17）Cf. Martin（1996）.

（18）Armstrong（2004）, chs.5-6.

（19）二階の事態／総体的事態については、一見したところ分かりにくいが、否定的な要素を含むということが指摘されている。Cf. Molnar（2000）, sec.7; Dodd（2007）, sec.2.

(20)クワイン的な存在論的コミットメントの基準を定式化した文献としては、Quine（1948）などが代表的である。

(21)ＴＭ理論の採用が、クワイン的な存在論的コミットメントの基準との衝突を来たすということは、ＴＭ理論の基本的な帰結の一つとして、様々な文献の中で指摘されている。Cf. Armstrong（1989）（esp. p. 89), Beebee & Dodd（2005b), Macbride（2005).

(22)ＴＭの概念を用いて一定の哲学的立場を論駁するタイプの議論としては、この他に、現象主義や行動主義に対する論駁などが知られている。Cf. Armstrong（2004), pp. 1ff..

(23)以上で要約したような反論の整理および展開としては、例えばAsay & Baron（2014）を参照。現在主義の立場からの再反論としては、例えば佐金（2015）を参照。

(24)Cf. Armstrong（2004), p. 23; Cameron（2008),（2010); 北村（2014).

(25)Cf. Bricker（2014), sec.3. また拙論ではあるが、高取（2021）も参考にされたい。

(26)Cf. Dodd（2007); Liggins（2008); 北村（2014), sec.1.

(27)本サーヴェイの草稿に対して、秋葉剛史氏から多くの有益なコメントをいただいたことに、深く感謝したい。もちろん、本稿に残された誤りや問題含みな叙述については、著者にその全ての責任がある。

## 参考文献

Armstrong, D. M. 1989, *Universals: An Opinionated Introduction*, Westview Press.（デイヴィッド・M・アームストロング『現代普遍論争入門』秋葉剛史訳、春秋社、二〇一三年）

———1997, *A World of States of Affairs*, Cambridge University Press.

———2004, *Truth and Truthmakers*, Cambridge University Press.

Asay, J. & S. Baron 2014, "The Hard Road to Presentism", *Pacific Philosophical Quarterly* 95: 314-35.

Beebee, H. & J. Dodd（eds.）2005a, *Truthmakers: The Contemporary Debate*. Oxford University Press.

———2005b, "Introduction", in Beebee & Dodd 2005a: 1-16.

Bigelow, J. 1988, *The Reality of Numbers*, Oxford University Press.

———2009, "Truthmakers and Truthbearers", in R. Le Poidevin P. Simons A. McGonigal & R. P. Cameron (eds.), *The Routledge Companion to Metaphysics*, Routledge: 389-400.

Bricker, P. 2014, "Ontological Commitment", in E. N. Zalta (ed.), *The Stanford Encyclopedia of Philosophy* (Winter 2014 Edition), URL= 〈http://plato.stanford.edu/archives/win2014/entries/ontological-commitment/〉

Cameron, R. P. 2008, "Truthmakers and Ontological Commitment: or How to Deal with Complex Objects and Mathematical Ontology without Getting into Trouble", *Philosophical Studies* 140: 1-18.

———2010, "How to Have a Radically Minimal Ontology", *Philosophical Studies* 151: 249-64.

Dodd, J. 2007, "Negative Truths and Truthmaker Principles", *Synthese* 156: 383-401.

Lewis, D. 2001, "Truthmaking and Difference-making", *Noûs* 35: 602-15. Reprinted in Lowe & Rami 2009: 102-14.

Liggins, D. 2008, "Truthmakers and the Groundedness of Truth", *Proceedings of the Aristotelian Society* 108: 177-96.

Lowe, E. J. & A. Rami (eds.) 2009, *Truth and Truth-Making*. McGill-Queen's University Press.

MacBride, F. 2005, "Lewis's Animadversions on the Truthmaker Principle"in Beebee & Dodd 2005a: 117-40.

———2022, "Truthmakers", in E. N. Zalta & U. Nodelman (eds.), *The Stanford Encyclopedia of Philosophy* (Fall 2022 Edition), URL= 〈https://plato.stanford.edu/archives/fall2022/entries/truthmakers/〉.

Martin, C. B. 1996, "How It Is: Entities, Absences, and Voids", *Australasian Journal of Philosophy* 74: 57-65.

Molnar, G. 2000, "Truthmakers for Negative Truths", *Australasian Journal of Philosophy* 78: 72-86.

Mulligan, K., P. Simons & B. Smith 1984, "Truth-makers", *Philosophy and Phenomenological Research* 44: 287-321. Reprinted in Lowe & Rami 2009: 59-86.

Quine, W. V. O. 1948, "On What There Is", *Review of Metaphysics* 2: 21-38. Reprinted in Quine 1953/1961/1980, *From a Logical Point of View*. 2nd ed, revised edition. Harvard University Press.（W・V・O・クワイン『論理的観点から』飯田隆訳、勁草書房、一九九二年）

Rami, A. 2009, "Introduction: Truth and Truth-making", in Lowe & Rami 2009: 1-36.

Rodriguez-Pereyra, G. 2005, "Why Truthmakers", in Beebee & Dodd 2005a: 17-31. Reprinted in Lowe & Rami 2009: 227-41.

———2006, "Truthmakers", *Philosophy Compass* 1: 186-200.

Russell, B. 1918/1956, "The Philosophy of Logical Atomism", in R. C. Marsh (ed.) 1956, *Logic and Knowledge*. Allen and Unwin.（バートランド・ラッセル『論理的原子論の哲学』高村夏輝訳、ちくま学芸文庫、二〇〇七年）

Wittgenstein, L. 1922, *Tractatus Logico-Philosophicus*. Routledge.（ウィトゲンシュタイン『論理哲学論考』野矢茂樹訳、岩波文庫、二〇〇三年）

秋葉剛史 2014『真理から存在へ』春秋社。

アリストテレス「カテゴリー論」中畑正志訳、『アリストテレス全集１』岩波書店、二〇一三年、一―一〇二頁。

北村直彰 2014「存在論の方法としての Truthmaker 理論」、『科学哲学』47（1): 1-17.

佐金武 2015『時間にとって十全なこの世界』勁草書房。

高取正大 2021「適切な存在論的コミットメントの基準はどのような制約を満たすべきか」、*Contemporary and Applied Philosophy* 13: 1-36.

# 〈真にするもの〉原理ともの存在論的描像

高取正大

## はじめに

〈真にするもの〉（truthmaker; 以下「ＴＭ」）の理論に対する最も基本的な批判の一つとして、次のものがある。すなわち、いわゆる**〈真にするもの〉原理**（**truthmaker principle**; 以下「**ＴＭ原理**」）――「真なる命題はＴＭをもつ」という内容のテーゼ――に関して、ＴＭ理論の支持者は十分な正当化を与えていない、という批判である。ＴＭ理論の支持者によれば、ＴＭ原理は、「真理は実在に根拠づけられている」という、形而上学者であれば問題なく受け入れるような単純な直観に依拠しているとされる。しかしながら、批判者からたびたび指摘されてきたのは、ＴＭ理論支持者のそのような主張が疑わしいということである。「真理は実在に根拠づけられている」という単純な直観だけではＴＭ原理を導くのに十分でない、という指摘は、ＴＭ理論の基礎的な部分に対する批判として、よく知られたものの一つである。

著者自身も、この指摘は正しいものであると考える。そのうえで、本稿で試みたいのは、ではどのような直観ないし形而上学的描像であればＴＭ原理の源泉として機能しうるのか、という点について、批判的に検討することである。実際のところ、以下で論じるように著者は、ある種のかなり素朴な形而上学的描像さえ前提すれば、そこからTM原理を実質的に引き出すことができると考えている。他方で、その形而上学的描像は非常に素朴であるがゆえに、ひとたび明示的に述べられてしまったならば、同時にその問題点も明らかになるようなものである。「TM原理は直観に依拠している」という主張がなされる一つの理由として、実は非明示的に前提された、この種の素朴な形而上学的描像があるのではないか、というのが著者の推測である。

以下、本稿の構成を述べる。第1節では、TM原理を引き出すためには、「真理は実在に根拠づけられている」という直観（「実在論的直観」と呼ばれる）だけでは十分ではないという、上述のすでに知られた批判を確認する。第2節では、真理と実在の関係について、（TM理論支持者に限定されない）形而上学者一般にとって許容されるであろう、穏当な考え方を定式化する（「穏健な制約」と形容される）。そして、その考え方とTM原理を受け入れることとの間にギャップがあることを再び確認したうえで、ある前提を採用すればこのギャップを埋められるということを述べる。先取りすればこの前提は、「いかなる実在の部分的なあり方も、単称存在文（『αが存在する』というかたちの文）によって表現することができる」という内容のものである。そのうえで第3節では、上記の前提が、「もの存在論」と一般的に呼ばれる形而上学的描像をごく素朴な仕方で敷衍したバージョンから引き出される、ということを論じる。翻って第4節では、前節で見た素朴なバージョンのもの存在論的描像にはいくつかの問題含みな側面があり、特殊な立場の形而上学者を除いて採用がためらわれるようなものであることを指摘する。

# 1　TM原理と実在論的直観

## 1・1　TM原理の標準的定式化

ある命題のTMとは直観的に言って、その命題が真であることの根拠となるような、実在のがわの存在者のことである。そしていわゆるTM原理とは、一般的にある命題が真であるならば、その命題のTMが存在していなければならない、ということを主張するテーゼである。TM原理のより正確な定式化にはいくつかのバージョンがあるが、ここでは次のものを採用しよう[1]。

**［TMP］**　任意の偶然的命題$p$について、$p$が真である $\Leftrightarrow$ 何らかの対象$x$が存在し、$x$は$p$のTMである

［TMP］に関していくつかコメントを加えておく。まず、定式化［TMP］は、制限されていないかたちの（つまり全ての偶然的命題に対して適用される）TM原理である。言い換えれば［TMP］は、この分野においていわゆる「全面主義（maximalism）」と呼ばれる立場を含んでいる。TM原理を巡る議論においては、この原理のバージョンとして、あくまで一部の偶然的命題に制限されたものが検討されることも多い（e.g. 秋葉（2011），（2014））。しかしながら著者が理解する限り、「TM原理は直観に依拠している」と言われるときに念頭に置かれているのは、基本的には特別な制限のないTM原理である（cf. Liggins（2008））。

次に、〈$x$は$p$のTMである〉という概念のより詳しい特徴づけに関してであるが、本稿では、いわゆる必然化条件を仮定するだけに留めておく。すなわち、「$x$は$p$のTMである $\Rightarrow$ $\Box$（$x$が存在する $\Rightarrow$ $p$が

真である〉」が成り立つことを仮定するに留める。必然化条件は大部分のTM理論支持者によって、〈$x$が$p$のTMである〉という概念が満たすべき要件であると見なされている。TM概念の更なる分析を巡っては、TM理論の内部では多くの議論があるが、本稿ではこれ以上立ち入る必要はない。

最後に、[TMP]はあくまで一般的なテーゼに過ぎず、実質的なTM理論を展開する場面ではその内容がより肉付けされるということに注意しよう。つまり、何らかの実質のあるTM理論が展開される際には、様々な命題のTMが具体的にどんな存在者になるのかということが、必ず記述されるからである。例えば、〈太郎は太っている〉という命題のTMとしては、アームストロング型のTM理論であれば、太郎が太っているという事態を指定するだろう(Armstrong (2004))。あるいは秋葉(2014)のように、述定的真理のTMとしてトロープを措定するTM理論であれば、この命題のTMとして、太郎のもつ太っているトロープを指定するだろう。そしてこれらのTM理論において重要なのは、この命題の真理を根拠づける存在者として、上記のような対象がそれぞれ具体的に指定されているということなのである。言い換えれば、単に「真なる命題は何らかのTMをもつ」と述べるだけでは、具体的なTM理論を提示したことにはならない。TM理論にとっては、命題が真であるときそれらのTMが具体的に何であるのかということこそが、不可欠な情報である。この点に注意しておくことは、以下の第2節でTM原理の再定式化を考慮する際に有用となる。

### 1・2 実在論的直観とのギャップ

いま、〈太郎は太っている〉という命題が真であるとしよう。このとき、「この命題が真であることの根拠を説明せよ」と求められたら、どのように答えられるだろうか？　一つの直観にかなった説明の仕方は、次のようなものだろう。つまり「世界もしくは実在(の一部)が、一定のあり方をしている(要するに、太郎という個体とそれが所有する性質について一定の事実が成り立つ）というのがその根拠だ」というものである。この説明の背景にある直観を一般的なかたちで述べるなら、「ある偶然的命題が真であるということは、実在（の一部）が一定のあり方をしていることに根拠づけられている」といったものになるだろう。以上の直観——要約すれば「真理は実在に根拠づけられている」と表現できる——のことを、以下では先行文献にならい、「**実在論的直観**」と呼ぼう。[2] 実在論的直観はいわば、形而上学的議論の出発点の一つとなるようなアイデアであり、実質的にいかなる（分析）形而上学者でも受け入れているであろう前提だと言える。

さて、少なくないＴＭ理論の支持者が採用する見解によれば、「ＴＭＰ」は、この実在論的直観を精緻化したものに他ならない。「ＴＭＰ」は、「いかなる偶然的に真である命題についても、その真理の根拠となる何らかの対象が実在のうちに存在する」という内容を主張している。つまり、「真理は実在に根拠づけられている」という直観は、「ＴＭＰ」において「各々の（偶然的）真理について、それらの根拠がまさに存在者として実在のがわに存在する」という主張として正確化されるのである。このような考えに基づき、ＴＭ原理とは実在論的直観をごくもっともらしい仕方で反映したものに過ぎない、と解説することは、ＴＭ理論の教科書的な導入においてごく一般的なものとなっている。[3]

しかしながら、ＴＭ理論の批判者からたびたび指摘されているように、以上のような見解は実際のところかなり不満足なものである。[4] つまり「ＴＭＰ」は、実在論的直観に含まれているとは言いがたい内容のことまで主張しているからである。実在論的直観の内容をもう一度確認すれば、「各々の偶然的真理について、それが真であることは、実在（の一部）が一定のあり方をしていることに根拠づけられている」と表現できる。だがある程度注意して読めば分かるように、この直観においては、真理を根拠づける実在のあり方が、それ自体として存在者であることまでは要請されていない。にもかかわらず、「ＴＭＰ」が各々の偶然的真理に対して課しているのは、まさにこの要請なのである。再び、〈太郎は太っている〉という命題が真であるケースを例にとろう。［ＴＭＰ］によれば、この命題が真であることの根拠となる実在のあり方は、まさに存在者として用意されねばならない。そしてこの要請を満たすために、［ＴＭＰ］の支持者は、太郎が太っているという事態や太郎のもつ太っているトロープといった対象の存在を措定することになる[5]。しかしながら、別にそのような存在者を持ち出さずとも、〈太郎は太っている〉という命題の真理が実在のあり方（の一部）に根拠づけられているということは、問題なく記述することができる。つまり単純に、「この命題の真理は、実在の一部が、太郎が太っているというあり方をしていることに根拠づけられている」と言えばよい。あるいは性質の存在論を積極的に認める場合、（この命題の真理は）「実在の一部が、太っている性が太郎に例化されるようなあり方をしていることに根拠づけられている」などと言えばよいからである[6]。一般的に言って、実在論的直観が述べていることに従うためには、個々の偶然的真理について、次のかたちの主張を認められれば十分である。つまり、「この命題が真であることは、実在（の一部）がこれこれのあり方をしているということに根拠づけられる」というかたちの主張さえ認めればよい。そして、現にＴＭ理論に反対する形而上学者は、偶然的真理を根拠づける実在のあり方の記述として、このかたちのものを採用していると見なせる[7]。

以上の指摘に対して、ＴＭ理論の擁護者は、次のように応答するかもしれない。つまり、確かに実在論的直観から［ＴＭＰ］が帰結するわけではないが、この直観は［ＴＭＰ］の動機づけとしては機能するのであり、自分たちの目的にとってはそれで十分である、と応答するかもしれない。このような応答が満足のいくものであるかどうかは、更に議論を要するだろう。とはいえ、さしあたり次の点については、ＴＭ理論の擁護者も譲歩せざるをえないと考えられる。すなわち、実在論的直観だけでは［ＴＭＰ］を導出するのに不十分であり、従ってまた、この直観のみに依拠して［ＴＭＰ］を正当化することはできない。

## 2　問題の再定式化――穏健な制約とＴＭ原理[8]

命題の真理と実在のあり方の関係について、ＴＭ理論の支持者だけでなく（実在論的直観を受け入れるような）形而上学者一般にとって許容可能な定式化は、どんなものだろうか？　ここで検討したいのは、およそどんな立場の形而上学者であってもそれに従った主張を行うことが可能であるような、真理と実在のあり方を関連づけるミニマルな制約である。実例に基づいて考えよう。前節では、〈太郎は太っている〉という命題の真理と実在の（一部）のあり方の関係について、次のように主張される例を見た。つまり、(1)「この命題の真理は、実在の一部が、太郎が太っているというあり方をしていることに根拠づけられている」、あるいは、(2)「この命題の真理は、実在の一部が、太っている性が太郎に例化されるようなあり方をしていることに根拠づけられている」などというものである。こういったかたちの主張を許容しうる緩やかな制約の候補として、著者がここで提案したいのは、次のようなものである。[9]

制約Ｍ　$p$が真である iff $A$

ただし、$p$は偶然的命題であり、$A$は、$p$が真である場合にそのことを根拠づけるような、実在の部分的なあり方を表現した文である。

例えば、(1)が主張される場合は、$p$に「〈太郎は太っている〉」が代入され、$A$に「太郎が太っている」が代入される（つまり代入例として「〈太郎は太っている〉が真である iff 太郎が太っている」が得られる）。また(2)

が主張される場合は、$p$は同上で$A$には「太っている性が太郎に例化される」が代入される（つまり代入例として「〈太郎は太っている〉が真であるiff太っている性が太郎に例化される」が得られる）。

ごく素朴に考えただけでも、(1)を主張する立場の形而上学者であれ、(2)を主張する立場の形而上学者であれ、制約Mのこれらの代入例を特に支障なく認めることが予測されるだろう。とはいえ、必要な箇所について更にコメントを加えておく。まず「～が…を根拠づける」という言い回しは、「$x$が$p$のTMである」という（関係を表わす）語の言い換えではなく、より緩やかかつ直観的な意味合いで用いられている。実際のところ、狭義の関係ではなく、より緩やかな意味での「根拠づける」という言い回しは、そもそもの実在論的直観においても(1)や(2)の例においても、ごく普通に用いられている（あるいは、そもそものような「根拠づける」の用法は、テクニカルタームとして導入される以前から、形而上学者の使用する語彙に備わっていると言える）。従って、制約Mにおける「根拠づける」の用法は、特別な問題なく理解可能であると思われる[10]。次に、「実在の部分的なあり方を表現する」という言い回しも、テクニカルなものではなくごく中立的な、形而上学者が日常的に用いる語彙の範疇にあるものである。つまり、形而上学者は、文によって実在のあり方を、更にはその部分的な（partial）あり方を表現することができるのであり、この言い回しを理解する際にそれ以上のことは要求されない。

以上の確認に基づけば、偶然的真理を根拠づける実在のあり方としてどんな条件を指定する形而上学者であっても、個別のケースについては、Mの実例となるような主張を受け入れることが期待される。つまり、制約Mは、実在論的直観を引き受ける形而上学者であればおよそ誰であれ、それに沿った主張を行うことが可能となるような、穏健な制約であると言える。

さて、穏健な制約Mを踏まえたうえで、実質的なTM原理に相当するものを、この制約の形式を制限したバージョンとして、再定式化することが可能となる。

制約S　$p$が真である iff $\alpha$が存在する

ただし、$p$は偶然的命題であり、「$\alpha$が存在する」は、$p$が真である場合にそのことを根拠づけるような、実在の部分的なあり方を表現した文である。「$\alpha$」は単称名であり、固有名であるか、もしくはその指示対象の個体本質——ただしいわゆる世界に指標づけられた（world-indexed）性質の類は除外する[11]——を記述するような確定記述であるとする（従って、$\alpha \equiv \iota x \phi x$ の場合、「$\square$（$x$が存在する $\Rightarrow$ $\phi x$）」が成り立つ[12]）。

つまり制約Sは、Mの右辺$A$の形式を、「$\alpha$が存在する」[13]という単称存在文のかたちに制限したものである（確定記述が代入される場合の限定は、必然化条件を満たすためのものである）。

具体的なTM理論の展開を考慮すると、各々の$p$の実例についてSを満たす双条件文を主張することは、［TMP］を受け入れるのと実質的に等しい仕方で機能すると言える。つまり、Sの実例となる双条件文は、個々の命題について、［TMP］の右辺で言及される存在者を具体的に示すものだからである。1・1の最後で確認したように、実際のTM理論を展開するにあたって重要となるのは、あくまで、各々の命題のTMとして具体的にどんな存在者が措定されるのか、ということである。例えば、具体的なTM理論においては命題〈太郎は太っている〉のTMとして、太郎が太っているという事態や（アームストロング的理論）、太郎のもつ太っているトロープ（トロープ説支持者の理論）が、それぞれの理論において具体的に指定される。それらのTM理論においては、「〈太郎は太っている〉が真である iff 太郎が太っているという事態が存在する」や「〈太郎は太っている〉が真である iff 太郎のもつ太っているトロープが存在する」が主張される。そして、具体的なTM理論にとっては、こういった双条件文の実例を各々の命題について主張できれば、それで十分なのである。

定式化から見てとれるように、制約SはMより顕著に強い制約である。つまり、制約Mに従った主張を行う形而上学者が、Sには従っていないというようなケースがある（例えば、Mの説明の際に見た主張(1)や(2)はそのようなケースである）。そういうわけで、形而上学者一般が従うことが可能である制約Mと、TM理論支持者が従うことになる制約Sとの間には、やはりギャップが残されている。それでは、このギャップを補完する方法はあるだろうか？　ここで、MからSへの移行を可能にするものとして考えられるのが、次のテーゼである。

［PRS］　いかなる実在の部分的なあり方についても、それを表現する「$\alpha$が存在する」というかたちの文が存在する。

もし［PRS］が仮定されたならば、制約Mと制約Sの強さは実質的に変わらなくなる。つまり、Mの右辺$A$は、左辺の命題$p$が真である場合にそれを根拠づけるような、実在の部分的なあり方を表現した文であるとされていた。［PRS］によれば、そもそもいかなる実在の部分的なあり方についても、それは「$\alpha$が存在する」というかたちの文により表現することができる。よって、Mのインスタンスを主張するときはいつでも、その右辺を（それに対応する）「$\alpha$が存在する」というかたちで書き直した、Sのインスタンスを主張することができるからである。

そうすると、興味の対象となるのは、前提として［ＰＲＳ］が採用される理由があるかどうかということである。そして著者の見立てでは、実際のところ、現代形而上学においてごく馴染み深いアイデアもしくは形而上学的描像の一つが、［ＰＲＳ］の起源として機能しうる。そのアイデアとは、一般に「もの存在論」と呼ばれる形而上学的描像である。著者の考えでは、もの存在論をあるかなり素朴な仕方で敷衍し定式化を与えたとき、その敷衍されたバージョンのもの存在論的描像から［ＰＲＳ］を引き出すことができる。次の第3節ではこの点について議論する。

## 3　素朴なもの存在論的描像

**もの存在論**（**thing ontology**）とは、世界もしくは実在は（ある広い意味での）ものの集まりである、という形而上学的描像である。[14] もの存在論の描像は、こんにちの分析形而上学者の間で広範に受容されたものだと言える。[15] ただしこの描像は、それ自体としてはかなり大まかなアイデアを述べたものに過ぎず、その内実に関しては、更に様々な仕方で正確化される余地がある。いずれにせよ、もの存在論的描像の最も基本的なバージョンを、次のように定式化しておこう。

**もの存在論のテーゼ（［ＴＯ］）**　実在とは存在者の集まりである。

ここで「存在者」とは単に「もの」の言い換えに過ぎない。また「集まり」については、クラスに類比的な何かとして理解しておけば十分だろう。[16] ただし、議論を不必要に複雑にするのを避けるため、この〝集まり〟それ自体は存在者ではないとしておく。

さて、［TO］がごく素朴な仕方で理解された場合、暗黙のうちに次の［RN］をも受け入れてしまうというのは、少なからずありえそうに思われる。以下では「存在者の名前」という語句で、存在者の固有名か、その存在者の個体本質を述べたような確定記述[17]のことを意図する（後者は固定指示子であるため、その意味で、固有名に準じて「名前」と形容することが許されるだろう）。

［RN］実在のあり方は、存在者の名前の列挙により表現される。

［TO］から［RN］への移行は、おおむね次のような発想に基づく。つまり、［TO］によれば実在とは存在者の集まりであるのだから、実在のあり方の描写／表現はそれらの存在者の名前を全てリストアップすることに尽くされるはずである。[18] 実際のところ、このような発想は、もの存在論的描像を受容するかなり多くの場面において生じているのではないかという疑いがある。例えば、もの存在論について解説する際に、次のような模式図が使われたりするというのは、大いにありがちだろう（"α"、"β"、"γ"、……は存在者の名前であることが意図されている）（図1）。

このような図がもの存在論的描像を理解する際のイメージとして機能するのは、まさに［RN］のような主張が非明示的に想定されているからであるように思われる。つまり、図1を通じて示されているのは、実在のありさまが、それをかたちづくる存在者の名前の列挙により表現されるという状況に他ならないだろうからである。

さて、［RN］が受け入れられているとき、もう一歩素朴に思考を進めたとしたら、次の［PRN］に到達してしまうことは、比較的容易であるように思われる。

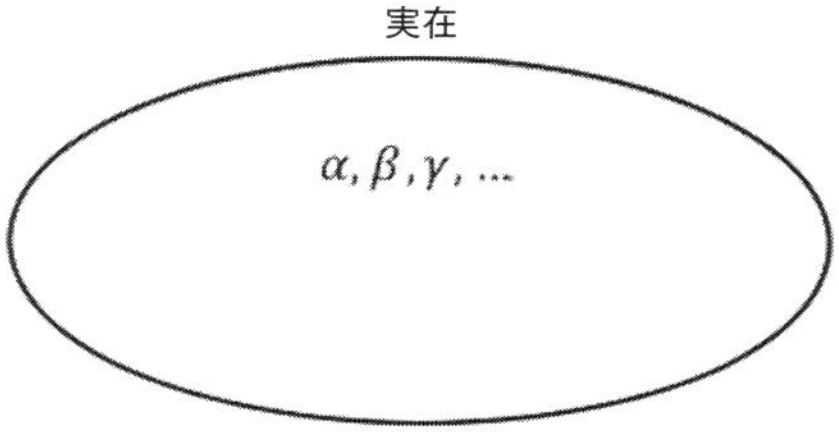


図1

**［PRN］**　いかなる実在の部分的なあり方についても、何らかの存在者の名前$\alpha$により表現される。

［RN］によれば、実在のあり方の表現は、存在者の名前の（無限の）リストに尽くされる。そうであるならば、実在のあり方のどの部分も、そのリストのどこかの要素によって表現されているはずである。こういった発想の道筋を辿れば、［RN］から［PRN］に移行してしまうことはかなり容易いステップであることが指摘できるだろう。

（もちろん、論理的・概念的に注意深い形而上学者であれば、このように安易な仕方で思考を進めることはないだろう。また、上述のように明示的に書き下されてしまえば、［TO］から［RN］へ、および［RN］から［PRN］への移行に対しては、直ちに疑念を呈することが可能である。しかしここで述べたいのは、上述のような思考の道筋が、明示化されていない直観あるいは描像のレベルにおいて進行しうるのではないかということである。）

以上の展開を踏まえたうえで、ここで、次の「同等テーゼ」と呼ぶものを認めることには、特に問題がないと考えられる。

**同等テーゼ**　存在者の名前$\alpha$が表現する実在の部分的なあり方は、「$\alpha$が存在する」という文が表現する実在の部分的なあり方と同一である。

αは存在者の名前であるのだから、それが表現する実在の（部分的な）あり方は、「αが存在する」という単称存在文が表現する実在の（部分的な）あり方と等しい。このテーゼに異論を唱える理由は特にないように思われる。

そして、［PRN］と同等テーゼからは、目標であった

［PRS］　いかなる実在の部分的なあり方についても、それを表現する「αが存在する」というかたちの文が存在する。

が帰結する。前節で論じたように、［PRS］を前提すれば、形而上学者一般にとって受容可能な制約Mから、実質的なTM原理としての機能をもつ制約Sを得ることができる。(19)

上述のように、［PRN］は、もの存在論的描像を、ある素朴な思考の道筋で発展させることで到達したテーゼである。そういうわけで、ある種の素朴なもの存在論的描像を前提すれば、そこから実質的なTM原理に相当する主張を引き出すことができるのである。

## 4　素朴なもの存在論的描像はもっともらしいか？

以下では「素朴なもの存在論的描像」という名称で、前節で見た［TO］、［RN］、［PRN］、同等テーゼ、そして［PRS］のことをまとめて指す。さて、素朴なもの存在論的描像は確かに、もの存在論の基本

的テーゼ［TO］から、ある種の素朴な発想を展開することで得られるものだと言える。しかしながらこの描像は、前節のような仕方でひとたび明確化されたならば、その問題点も容易に指摘できるようなものである。

まず前節の叙述を見たうえで直ちに指摘可能なのは、(1)［TO］から［RN］への移行、そして、(2)［RN］から［PRN］への移行が、それぞれ論理的に妥当な推論によるものではないということだろう。(1)については、実在とは存在者からなるクラス様のものであるという（無害な）主張と、実在のあり方の表現がそれをかたちづくる存在者の名前のリストに尽くされるという主張の間には、当然ながら大きな論理的隔たりがある。仮に［TO］について解説する場面で［RN］的なイメージが助けになる（図１）としても、両者を混同するのは誤りである。(2)についても、仮に［RN］を受け入れて、実在のあり方を表現することは存在者の名前のリストによって尽くされると認めたとしよう。しかしだとしても、実在のあり方についていわば任意の部分的な切り取り方をしたときに、リストの中にその切り取り方に対応する名前が載っているという保証はないだろう。

とはいえ、これらのテーゼ間の移行が論理的に保証されていないという点は、素朴なもの存在論的描像にとって第一義的な問題となるわけではない。仮に［PRS］や［PRN］が、［RN］ひいては［TO］から帰結しないとしても、［PRS］／［PRN］がそれ自体として擁護可能な主張であるかどうかは、また異なる論点である（もし［PRS］／［PRN］を支持する独立した理由があれば、それらが他のテーゼから論理的に帰結するかどうかは問題とならない）。そして、真に問題なのは、［PRS］（および同等テーゼのもとでそれと同値になる［PRN］）がそれ自体として、多くの形而上学者にとって支持することが難しいような側面をもつということである。本節の残りの部分では、それについてもう少し詳しく述べたい。

［ＰＲＳ］の最大の特徴は、実在の（部分的な）あり方というものに対して極端な制限を課すことにある。つまり［ＰＲＳ］によれば、実在の部分的なあり方として許容されるのは、存在者の名前（固有名か、個体本質を表現した確定記述）を主語にとる単称存在文という、非常に単純な形式の文によって表現されるもののみだからである。だがこのような極端な制限は、いくつかの問題を容易に引き起こしてしまう。以下では特に二つの点を指摘する。

第一に、［ＰＲＳ］のもとでは、いかなる実在の部分的なあり方も、偶然的な事柄について語るものではなくなってしまう。［ＰＲＳ］内の「αが存在する」に現れる「α」は固有名か、もしくはその指示対象の個体本質を表現した確定記述である。従って、この「α」の部分で、その指示対象がもつ偶然的特徴について表現することはできない。［ＰＲＳ］のもとでは、実在の部分的なあり方は、いわば存在者の端的な存在によってしか表現できないのである。しかしながら、このような帰結は、大多数の形而上学者にとって受け入れがたいものだろう。実在のあり方の様々な部分が、存在者が偶然的特徴をもつことでかたちづくられているというのは、いわゆるムーア的事実に分類されるべきことであるように思われる。

この問題に対して、次のような応答の方針が考えられるかもしれない。ＴＭ理論支持者の中には、Armstrong (2004) のように、全ての述定ならびに性質例化は必然的であるという立場を採用する形而上学者もいる。この立場であれば、上記の帰結を引き受けることに支障はない、と応答する道が考えられるかもしれない。しかしながら、述定と性質例化に関するアームストロングのこの立場は、彼のＴＭ理論とはいちおう独立しており、しかも彼の形而上学の中でもかなり問題含みな教説の一つであると見なされている。[20] 特殊な動機づけを有する論者を除いて、ＴＭ理論の支持者であれそれ以外の形而上学者であれ、この立場を積極的に引き受ける理由がないことに変わりはない。

第二に、より大きいレベルの問題点として、［PRS］は、実在の部分的なあり方が存在文以外の論理形式によって表現されるものである可能性を排除してしまう。つまり、［PRS］のもとでは、「実在の中にどんな対象が存在しないか」ということを述べた文によって実在の部分的なあり方が与えられることはない。また他には、実在の部分的なあり方が、様相言明や時制つき言明を通じて表現されるようなものであるといったことも、もちろん生じえない。しかし、実在の（部分的な）あり方に関してこういった可能性が排除されるというのは、著しい制約であると言える。これらの制約のうち、様相や時制に関しては、そもそも実在の諸部分が様相的なあり方や時制つきのあり方をしているという主張を支持する理由がない、と考える形而上学者も多いかもしれない。しかしながら、実在のあり方を表現するうえで「実在の中に何が存在しないか」という非存在を述べた文を用いることができないというのは、形而上学的探究における表現力を甚だしく奪うものである。非存在を述べた文は論理的には全称文と同値であるから、［PRS］を採用する形而上学者は、実在の部分的なあり方を表現するうえで、全称文を用いることすら許されない。［PRS］を受け入れるということは、実在のあり方の記述において、通常の量化言語の表現力すらまともに使えないということを意味するのである。このような帰結は、やはり一部の特殊なモチベーションを有する形而上学者を除き、決して肯定的に評価できるものではないだろう。

以上の指摘に基づけば、［PRS］（ならびに［PRN］）は、もの存在論の基本テーゼ［TO］から帰結するかどうかとは関係なく、それ自体で問題含みな主張だと言える。従ってまた、素朴なもの存在論的描像全体に関しても、問題含みな側面を抱えており、多くの形而上学者にとって採用がためらわれるようなものだと評価できる。

## 結語

ここまで述べてきたことを整理すれば以下のようになる。つまり、TM理論の支持者の間では「TM原理は実在論的直観に依拠している」という見解が受け入れられがちだが、批判者から繰り返し指摘されているように、この直観だけからTM原理を導くことはできない。他方で、素朴なもの存在論的描像を前提すれば、命題の真理と実在のあり方の関係に対する穏健な制約のもとで、実質的なTM原理に相当するものを導くことができる。そして素朴なもの存在論的描像は、第3節で見たように、こんにちの形而上学者の間で広範に受容されたもの存在論の基本的テーゼ［TO］を、ごく素朴な思考を通じて膨らませたものである。以上の点を踏まえれば、次のような推測を働かせる余地が生じる。つまり、「TM原理は直観に依拠している」と主張されるとき、実はその直観の源泉の一つとして、素朴なもの存在論的描像が非明示的な仕方で機能しているのではないか、という推測である。もちろん、以上はあくまで推測であり、TM原理を引き出すことが可能な直観や描像を他に探し求める試みは、依然として開かれている。更には、もし本稿の推測があたっているとすれば、第4節で論じたように素朴なもの存在論的描像は様々な問題点を抱えているわけだから、TM理論の支持者にとっては全く助けになるようなものではない。しかしながら、著者としては次の点を強調したい。すなわち、実在論的直観とTM原理のギャップがたびたび指摘されるにもかかわらず、TM理論支持者の間で「TM原理は直観に依拠している」という主張が紋切り型に受容され続けているという議論状況は、それ自体が解明を必要とする。もしこの点に対して、いくばくかの考察をなしえているのであれば、本稿の主要なモチベーションは達成されたと言える。(21)

## 註

（1）cf. Rami (2009), 秋葉 (2011). なお本文の「ＴＭＰ」のうち、左辺から右辺への含意のみを指して「ＴＭ原理」と呼ぶことも多いが、ＴＭという概念の趣旨を考慮すれば、右辺から左辺の含意もトリヴィアルに認められる（cf. 秋葉（2011）、一三二頁）。

（2）秋葉（2011）,（2014）; 北村（2014）.

（3）cf. 秋葉（2014）, ch. 2; Armstrong（2004）, p. 7;（1997）, p. 128; Bigelow（1988）, pp. 121-127.

（4）cf. Liggins（2008）, sec.3; Hornsby（2005）; Dodd（2002）,（2007）; 北村（2014）, sec.1. 同趣旨の批判をやや別の角度から述べたものとしては、Williamson（1999）, sec. 2 も参照。

（5）ここで、（単なる）太っている太郎を、この命題の真理を根拠づける存在者の候補として提案することはできない。なぜなら、ある命題の真理を根拠づける存在者（i.e. その命題のＴＭ）は、１・１で注意した必然化条件を満たすことが要求されるからである。太っておりかつ太郎と同一である対象（そのような確定記述を満たす対象）は、太っていないことが可能なものであり、従って、それが存在するだけで必然的に〈太郎は太っている〉という命題が真になるわけではない。

（6）従って、ここで引き合いに出される実在のあり方の表現は、引用解除型に限定されないということに注意されたい。この点は、次節で穏健な制約Ｍを定式化する際にも影響する。

（7）cf. Liggins（2008）; Hornsby（2005）; Dodd（2002）,（2007）.

（8）Cameron（2018）におけるＴＭ理論の定式化に、本節の議論と類似した点があるということを指摘していただいたことについて、秋葉剛史氏に感謝する。ただし著者が理解する限りでは、キャメロンの定式化と本節の内容の間には、議論の文脈においても主張の要点においても、かなり大きな隔たりがある。

（9）制約Ｍの形式を満たす双条件文が実在論的直観を反映したものとなっているという点については、Liggins（2005）から示唆を受けた。

（10）更に付け加えれば、「根拠づける」のこのような用法を形式化しようとするアプローチについても、すでにいくつかの研究がある。cf. Melia（2005）, Schnieder（2006）.

(11) ある対象の個体本質（individual essence）とは、その対象が存在する限り必然的にもち、かつその対象以外の存在者がもつことが不可能であるような性質である（cf. Chisholm (1976), p. 29）。〈太郎が太っているという事態である〉という性質や〈太郎のもつ太っているトロープである〉という性質は、いずれも個体本質の事例であると見なすことができる。ただし、個体本質に分類される性質の中には、〈現実世界において、［x＝太郎、かつ、xは太っている］〉といったもののように、（特定の）可能世界への言及を含むことで上記の特徴づけを満たす性質もある。この種のいくぶんトリッキーな個体本質――「世界に指標づけられた（world-indexed）」個体本質と呼ばれる（cf. Plantinga (1976)）――ならびにそれを表現するような確定記述は、以下の議論では除外して考える。

(12) 別の述べ方をすれば、ここで「α」は固定指示子として機能するということである。

(13) ここでの「存在する」はひとまず存在述語として捉えておけばよい。存在述語を更に分析するかどうかは、以下の議論には影響しない。

(14) 本節での考察は、TM理論を批判するHorwich (2008)における、以下のリマークから、重要な示唆を受けている。

［……］存在者（*being*）が基礎的であると――もしくは言い換えれば、世界は「もの」の総体であり文よりも単称名によって捉えられると前提することは、誤謬なのである。(Horwich (2008), p. 273. 強調は原文)

他方で、同論文においてこのリマークが述べられるに至る議論は、本稿のそれとは大きく異なるものである。本稿の論旨は、ホーウィッチの示唆を、彼自身とは異なる着眼点から肉付けし展開することにあると言える。

(15) ほんの一例を挙げれば、Sider (2001)は、多くの形而上学者が〝典型的〟と見なすような分析形而上学の研究書だろうが、同書の序論では議論の枠組みとしてもの存在論の採用が宣言されている。

(16) ここで、「集まり」をメレオロジー的和のこととして解釈したとしても、ある自然な仕方で「TO」を理解できるように思われるかもしれない。確かに「実在とは存在者のメレオロジー的和である」というテーゼ（あるいはこれに類するテーゼ）も、現代形而上学においてしばしば目にする見解である。しかしながら、そのように解釈された「TO」はもはや、もの存在論のテーゼを表現したものではないと考えられる。つまり、「実在とは存在者のメレオロジー的和である」というテーゼは、単に部分全体関係に関する一つの形而上学的立場（特にメレオロジー的普遍主義に準じる立場）を表した主張として読まれるのが、自然であるように思われる（またその場合、「実在」は「宇宙（cosmos）」に近しい意味合いで理解されているだろう）。そして、部分全体関係を巡るどんな形而上学的立場もまず間違いなくもの存在論を前提しているだろうが、もの存在論を採用したからと言って、部分全体関係に関する何か特定の形而上学的立場が帰結するわけではない。

(17)前節で制約Ｓを定式化する際に補足したように、ここで個体本質（ならびにそれを表現する確定記述）には、世界に指標づけられた性質（およびそれを表現する確定記述）のようなものは含めないことにしておく。

(18)ここでの列挙ないしリストアップは、順序は問題とならない。また、この手法で実在のあり方を十全に表現できるのは、（無限の列挙／リストアップには問題がないとして）存在者の数がたかだか可算無限個である場合に限られるという点にも、注意が必要である。もし存在者の数が非可算無限個になる場合は、存在者の列挙／リストアップという方法では実在のあり方を表現しつくすことはできない。しかしこの問題については、おおむね次のようにして対処する方針が考えられる。すなわち、存在者が非可算無限個になる場合は、［ＲＮ］に現れる「実在のあり方」という表現を、「表現可能な範囲の実在のあり方」などと修正することで、一定のもっともらしさが保たれるだろう。この修正のもとでは、［ＰＲＮ］および［ＰＲＳ］の「実在の部分的なあり方」という表現も、「表現可能な範囲の実在の部分的なあり方」に置き換えることになる。そしてこれらのテーゼが、実在の部分的なあり方の全てではなくあくまで〝表現可能な範囲の〟実在の部分的なあり方についてのテーゼとなったとしても、多くの形而上学者にとっては、制約ＭからＳへの移行を導く際の議論において本質的な障害とはならないだろう。

(19)以上の議論について、次のような批判があるかもしれない。つまり、「実在の部分的なあり方」というものの本性について全く明らかにされないまま論証が進んでいる、ということが問題視されるかもしれない。しかしながら、本節での要点はむしろ、「実在の部分的なあり方」というものの内実を特定せず極めて緩やかな理解のままでも、上述のような議論が構成できる、ということにある。特に、［ＰＲＮ］と同等テーゼから［ＰＲＳ］が帰結するというのは、全く形式的な事実である。

(20)問題点の簡単な整理としては、Mumford（2007), ch. 11 などを参照。

（21）本稿の執筆過程においては、秋葉剛史、鈴木生郎の両氏から有益なコメントをいただいた。深く感謝したい。

## 参考文献


秋葉剛史 2011「Truthmaker 原理はなぜ制限されるべきか」、『科学哲学』44（2）: 115-34.

———— 2014『真理から存在へ』春秋社。

Armstrong, D. M. 1997, *A World of States of Affairs*, Cambridge: Cambridge University Press.

————2004, *Truth and Truthmakers*, Cambridge: Cambridge University Press.

Bigelow, J. 1988, *The Reality of Numbers*, Oxford: Oxford University Press.

Beebee, H. & J. Dodd（eds.）2005, *Truthmakers: The Contemporary Debate*, Oxford: Oxford University Press.

Cameron, R. P. 2018, "Truthmakers", in Glanzberg, M. 2018, *The Oxford Handbook of Truth*, Oxford: Oxford University Press: 333-54.

Chisholm, R. M. 1976, *Person and Object: A Metaphysical Study*, La Salle, Illinois: Open Court.

Dodd, J. 2002, "Is Truth Supervenient on Being?", *Proceedings of the Aristotelian Society* 102: 69-85.

————2007, "Negative Truths and Truthmaker Principles", *Synthese* 156: 383-401.

Hornsby, J. 2005, "Truth without Truthmaking Entities", in Beebee & Dodd 2005: 33-47.

Horwich, P. 2008/2009, "Being and Truth", *Midwest Studies in Philosophy* 32: 258-73. Reprinted in Lowe & Rami（2009）: 185-200.

北村直彰 2014「存在論の方法としての Truthmaker 理論」、『科学哲学』47（1）: 1-17.

Liggins, D. 2005, "Truthmakers and Explanation", in Beebee & Dodd 2005: 105-15.

————2008, "Truthmakers and the Groundedness of Truth", *Proceedings of the Aristotelian Society* 108: 177-96.

Lowe, E. J. & A. Rami（eds.）2009, *Truth and Truth-Making*, Ithaca: McGill-Queen's University Press.

Melia, J. 2005, "Truthmaking without Truthmakers", in Beebee & Dodd 2005: 67-84.

Mumford, S. 2007, *David Armstrong*, Stocksfield: Acumen.

Plantinga, A. 1976, "Actualism and Possible Worlds", *Theoria* 42: 139-60.
Rami, A. 2009 "Introduction: Truth and Truth-making", in Lowe & Rami 2009: 1-36.
Schnieder, B. 2006, "Truth-Making without Truth-Makers", *Synthese* 152: 21-47.
Sider, T. 2001, *Four-Dimensionalism*, Oxford: Oxford University Press.（T・サイダー『四次元主義の哲学』中山康雄監訳、小山虎＋齋藤暢人＋鈴木生郎訳、春秋社、二〇〇七年）
Williamson, T. 1999, "Truthmakers and the Converse Barcan Formula", *Dialectica* 53: 253-70.

# 〈真にするもの〉原理の正当化の背後を探る

北村直彰

高取正大の論文「〈真にするもの〉原理ともの存在論的描像」における議論の中心は、〈真にするもの〉原理を支持する立場が暗黙のうちに前提していると高取が推測する形而上学的描像——高取はそれを「素朴なもの存在論的描像」と呼ぶ——を浮き彫りにする第3節と、その描像が抱える問題点を指摘する第4節にある。このコメントでは、これら二つの節それぞれにおける高取の議論に反論したい。まず、第3節の議論を批判的に検討し、〈真にするもの〉原理の正当化の背後で何が前提されているのかに関する高取の推測に対して疑念を提示する。そのうえで、第4節の議論への反論として、「素朴なもの存在論的描像」はそこで述べられているような問題を引き起こさない、と主張する。なお以下では、「真にするもの（truthmaker）」を「TM」と略記する。

## 1　TM原理の正当化の背後に何があるのか

「素朴なもの存在論的描像」の内実と高取の推測　高取は、以下の五つのテーゼをまとめて「素朴なもの存在論的描像」と呼ぶ。

［TO］　実在とは存在者の集まりである。

［RN］　実在のあり方は、存在者の名前の列挙により表現される。

［PRN］　いかなる実在の部分的なあり方についても、何らかの存在者の名前$\alpha$により表現される。

［同等テーゼ］　存在者の名前$\alpha$が表現する実在の部分的なあり方は、「$\alpha$が存在する」という文が表現する実在の部分的なあり方と同一である。

［PRS］　いかなる実在の部分的なあり方についても、それを表現する「$\alpha$が存在する」というかたちの文が存在する。

高取によれば、一般に「もの存在論」と呼ばれる広く受けいれられた描像は［TO］のように定式化することができ、それを出発点として［RN］へ、さらに［RN］から［PRN］へと至るような素朴な思考の道筋を想定することができる。さらに同等テーゼを補助的な前提として用いれば、［PRN］と同値な命題として［PRS］が得られ、そこから（真理と実在を関連づけるミニマルな前提としての「制約M」さえ認めれば）TM原理に相当する主張（「制約S」）を導くことができる。このことをふまえて高取は、次の推測を提示する――TM原理を支持する者は、暗黙のうちにこれらのテーゼを前提する（［TO］から［PRS］に向かって非明示的な推論を行う）ことによってTM原理を導出しているのではないか。

**もの存在論と「素朴なもの存在論的描像」のあいだの距離**　高取のこの推測は疑わしいものであると私は考えている。注目すべきは、［TO］（すなわち、もの存在論の基本的主張）と、その主張の素朴な理解から導かれるとされる［RN］とを隔てるギャップの大きさである。高取は、［TO］から［RN］に至る思考の筋道について次のように述べている。

［TO］から［RN］への移行は、おおむね次のような発想に基づく。つまり、［TO］によれば実在と

は存在者の集まりであるのだから、実在のあり方の描写／表現はそれらの存在者の名前を全てリストアップすることに尽くされるはずである。実際のところ、このような発想は、もの存在論的描像を受容するかなり多くの場面において生じているのではないかという疑いがある。（三二六頁）

実在とは存在者からなるクラス様のものであるという（無害な）主張と、実在のあり方の表現がそれをかたちづくる存在者の名前のリストに尽くされるという主張の間には、当然ながら大きな論理的隔たりがある。（三二九頁、強調原文）

このようにして高取は、問題の二つのテーゼを繋ぐ発想の生じやすさを強調するとともに、それらを隔てるギャップに注意を促す。だが私には、もの存在論の基本的主張から［ＲＮ］を導くような推論がなされている場面が多くあるようには——その推論がどれほど非明示的なものであったとしても——思えない。むしろ、そうした推論を経てＴＭ原理を支持するに至る者は皆無であるとすら思われる。というのも、もの存在論の基本的主張と［ＲＮ］のあいだのギャップが、それを埋めるような発想が促されるにはあまりにも大きすぎるからである。

高取は自らの指摘した「大きな論理的隔たり」の内実を述べていないが、私の理解では、それは次のように説明できる。もの存在論は、「何が存在するか」に関する大局的な立場、言い換えれば「実在はどのようなカテゴリーの存在者を含んでいるか」という問いへの一つの答えである。もの存在論と対比される立場（の一つ）は材料存在論（stuff ontology）——この世界は、互いに区別された「もの」から成るのではなく、一つ・二つ・……と数えることのできないような「材料」から成る、という立場——であり、その対比をふまえれば、もの存在論の基本的な主張は「この世界に存在するのは（究極的には）材料ではなくものだけである」すなわち「実在はものだけを存在者として含む」というように捉えられる。この主張にしたがえば、実在の様々なあり方のうち、どのようなカテゴリーに属する存在者を含んでいるかに関するあり方は、一つ一つのものの名前を列挙することによって（最も一般的なカテゴリーに関しては）表現し尽くされる（特に、実在が一つ一つ互いに区別された「もの」だけから成ることがそのような列挙によって表現される）、と考えてよいかもしれない。しかし、実在のその他のあり方、特に、どのような具体的・偶然的特徴をもつ存在者を含んでいるか（例えば、赤い色をした存在者を含んでいるか）に関するあり方をめぐっては、もの存在論の基本的主張は何も含意しない。[1] したがって、実在のあり方一般が存在者の名前の列挙によって表現し尽くされると主張する［RN］をもの存在論の基本的主張から導くことは――特定の存在論的カテゴリーに属することにとって色のような具体的な特徴もまた本質的であると考えないかぎりは――不可能である。[2]

もの存在論と［RN］のあいだのギャップをこのように理解するならば、それらを繋ぐ推論は、存在者が特定のカテゴリーに属することで（当の存在者とそれを含む実在全体に）備わる一般的・本質的な特徴と、それらだけからは決定されない具体的・偶然的な特徴とのあいだの違いを無視することにほかならない。もしそのような推論が促されることがあるとすれば、その要因は、もの存在論という広く受けいれられた描像の素朴な理解というよりもむしろ、その基本的主張に対する根本的な誤解だろう。もの存在論を存在論的探究の枠組みとして受けいれた者のあいだでそうした根本的誤解が蔓延しているという推測が自然であるようには思えない。[3]

**「素朴なもの存在論的描像」とTM原理のあいだの距離**　もの存在論を起点とする「素朴なもの存在論的描像」がTM原理の正当化の背後にある、という高取の推測に対する私の疑念は、ここまで述べてきたように、もの存在論という広く受けいれられた描像と「素朴なもの存在論的描像」とのあいだの距離が大きすぎるということに根拠づけられている。だがもう一つ、高取の推測について指摘しておきたいことがある。それは、ここまで述べてきたこととは対照的に、「素朴なもの存在論的描像」とＴＭ原理とのあいだの距離が小さすぎる、という点である。

「素朴なもの存在論的描像」を構成する五つのテーゼのうち、ＴＭ原理（三一七頁のテーゼ［ＴＭＰ］）と最も直接的に結びついているのは、それに相当する主張としての制約Ｓを（制約Ｍという基本的前提から）導くことを可能にする［ＰＲＳ］（および、同等テーゼのもとでそれと同値な［ＰＲＮ］）である。しかし［ＰＲＳ］は、制約Ｓを導くために十分であるだけでなく、必要でもある。というのも、仮に［ＰＲＳ］が成り立たないとすると、「αが存在する」という形式の文によっては表現されない（すなわち、いかなる単称存在文とも対応づけられない）ような実在の部分的なあり方があることになるが、そのあり方を表す命題を$p$とすれば、制約Ｓ、すなわち「$p$が真である iff αが存在する」の右辺のαに何を代入しても当の双条件文は真にならない——つまり、［ＴＭＰ］の反例が存在する——ことになるからである。

このことが示唆するのは、［ＰＲＳ］（および［ＰＲＮ］）は実質的に（無制限の）ＴＭ原理にほかならない、ということである。それが正しければ、少なくとも次の二つのことが言える。まず、［ＰＲＳ］を一部に含む「素朴なもの存在論的描像」がＴＭ原理の正当化の背後にあるという高取の推測は、ＴＭ原理の正当化は論点先取であるという推測へと帰着する。また、高取の論考の第４節で指摘される［ＰＲＳ］の問題点は、ＴＭ原理の正当化の背後にある形而上学的描像の問題点というよりもむしろ、ＴＭ原理そのものの問題点であることになる。これらのことは、高取の議論全体の眼目が実際のところどこにあるのかの理解に影響をもたらすように思われるが、ここではその点には立ち入らず、節を改めて、「素朴なもの存在論的描像」の問題点に関する高取の指摘の正否を検討する議論に移りたい。

## 2　「素朴なもの存在論的描像」の何が問題なのか

**「素朴なもの存在論的描像」に対する高取の論難**　「素朴なもの存在論的描像」にとっての根本的な問題は、「ＰＲＳ」（および、同等テーゼのもとでそれと同値な「ＰＲＮ」）にあるとされる。高取の議論が正しければ、「素朴なもの存在論的描像」が「ＰＲＳ」を含むかぎり――「ＴＯ」から「ＰＲＳ」へと至る発想が維持可能か否かはともかく――その描像は採用しがたいものであることになる。高取は、「ＰＲＳ」が抱える問題として次の二つを挙げている。

> 第一に、「ＰＲＳ」のもとでは、いかなる実在の部分的なあり方も、偶然的な事柄について語るものではなくなってしまう。「ＰＲＳ」内の「αが存在する」に現れるαは固有名か、もしくはその指示対象の個体本質を表現した確定記述である。従って、この「α」の部分で、その指示対象がもつ偶然的特徴について表現することはできない。
>
> 〔……〕
>
> 第二に、より大きいレベルの問題点として、「ＰＲＳ」は、実在の部分的なあり方が存在文以外の論理形式によって表現されるものである可能性を排除してしまう。〔……〕実在のあり方を表現するうえで「実在の中に何が存在しないか」という非存在を述べた文を用いることができないというのは、形而上学的探究における表現力を甚だしく奪うものである。（三三〇–三三一頁、強調原文）

これら二つの指摘は、「ＰＲＳ」が、存在者の名前を主語とする単称存在文によって表現されるもののみを実在の部分的なあり方として許容するという特徴をもつことに依拠している。しかし、「ＰＲＳ」が実在のあり方をそのように画一的に捉えるということからは、高取の述べるような帰結は導かれないと思われる。

**非全面主義の直観的正当化の可能性**　そのことを論じる前に、実在のあり方を画一的に捉えるという［ＰＲＳ］の特徴と、ＴＭ原理の適用範囲との関係について、重要だと思われる点を一つ指摘しておきたい。先に述べたように、［ＰＲＳ］は、真理と実在を関連づけるミニマルな前提（制約Ｍ）からＴＭ原理に相当する主張（制約Ｓ）を導くことを可能にするテーゼである。ここで注意しなければならないのは、制約Ｓが、無制限のＴＭ原理――すなわち、ＴＭの存在が要求される真理の範囲に対して制限を（偶然的である、という制限以外には）まったく課さない仕方で定式化されるＴＭ原理――に相当するということである。つまり［ＰＲＳ］は、無制限のＴＭ原理を得ることを可能にする役割を担っている。そして、［ＰＲＳ］が実在のあり方を上記のように画一的に捉えるのは、このテーゼがそのような役割を担っているからにほかならない。というのも、特定の範囲の偶然的真理についてだけＴＭの存在を要求するような制限付きのＴＭ原理を得ることが目標である場合には、その範囲の真理を根拠づけるような実在の部分的なあり方に関してだけそれを表現する単称存在文の存在を主張し、単称存在文によっては表現されないものもまた実在のあり方として許容するテーゼが、当のＴＭ原理を導くための役割を担うことになるからである。つまり、ＴＭ原理になんらかの制限が課される場合、［ＰＲＳ］は、当のＴＭ原理の制限に対応する制限を付されたテーゼへと修正される。そのような制限付きの「素朴なもの存在論的描像」は、［ＰＲＳ］のような仕方で実在を画一的に捉えるわけではないため、その描像に対しては高取の論難は効力をもたない。(4)

ただし、実在論的直観に依拠してＴＭ原理を支持しつつ後者の主張内容に制限を加える、という立場がそもそも正当に主張可能なものであるかどうかに関しては議論の余地がある。(5)私の考えではそのような立場を正当に主張することは可能であるが、ここではその議論には立ち入らず、「素朴なもの存在論的描像」とＴ

M原理に制限を付すことによって高取の論難を回避する、という選択肢に注意を促すにとどめる。以下では、一切の制限なく画一的に実在を捉える［PRS］が上記の二つの問題を抱えるという高取の主張に議論の焦点を絞りたい。

**［PRS］の擁護・その1**　高取が指摘する第一の点から考えよう。たしかに、「$\alpha$が存在する」という文によって$\alpha$自身の偶然的特徴を表現することはできないだろう。だが、これとは別の単称存在文によってそれを表現することはできる。$\alpha$として京都タワーをとれば、白いという京都タワーの偶然的特徴は、〈京都タワーは白い〉という命題のTMの存在を主張する文、例えば「京都タワーの白さトロープが存在する」や「京都タワーが白いという事態が存在する」といった単称存在文によって表現することができる。

ここで、TMが必然化条件をみたすということが懸念の種になるかもしれない。すなわち、京都タワーの白さトロープのような存在者は〈京都タワーは白い〉という命題が真であることを必然化する以上、「京都タワーの白さトロープが存在する」という単称存在文によって京都タワーの偶然的特徴が表されていることにはならない、という懸念が生じるかもしれない。

しかし、「命題$p$が真であることを存在者$\alpha$が必然化する」ということが意味するのは、$\alpha$の存在が$p$の必然的真理性を含意する、ということではなく、$p$が偽であることと$\alpha$の存在が両立しない――いかなる可能世界においても、$\alpha$が存在するならば$p$は真である――ということでしかない。それゆえ、京都タワーの白さトロープが偶然的に存在するものであるかぎり、それが現実に存在することは、京都タワーの色が別様でありうること――京都タワーの白さトロープが存在しない可能世界で「京都タワーは白い」が偽であること――と両立する。したがって、京都タワーの白さトロープが〈京都タワーは白い〉のTMとしてこの命題を必然化することは、「京都タワーの白さトロープが存在する」という単称存在文によって京都タワーの偶然的特徴が表現されることの妨げとはならない。

一般に、偶然的に真なる命題のTMとして措定されるものは偶然的存在者である――そうでなければ、必然化条件によって、当の命題が必然的真理であることになってしまう。したがって、TM原理が適用される命題が偶然的真理であるかぎり、TM理論の主張する「αが存在する」という形式の文はいずれも偶然的な事柄を――まさにαが存在するという偶然的事実を――表現している。また、先述のように、αがなんらかの偶然的述定文の表す命題のTMである場合には、「αが存在する」という単称存在文によって（α自身の偶然的特徴は表現されないが）当の述定文の主語が表す対象の偶然的特徴が表現される。

以上のことから、次のように言える。［PRS］を受けいれて、実在の部分的なあり方として認められるものを、存在者の名前を主語とする単称存在文によって表現されるものに限定したとしても、実在のあり方に存在者の偶然的特徴が含まれないということは帰結しない。

**［PRS］の擁護・その2**　続いて、高取が指摘する第二の点を考えよう。［PRS］にしたがえば、いかなる実在の部分的なあり方も、なんらかの存在文によって表現される。だがこのことは、ある命題の真理性を根拠づける実在の部分的なあり方が、存在文以外の形式をもつ文によっても表現される、という可能性を排除しない。例えば、〈ユニコーンは存在しない〉という命題のTMとしてなんらかの存在者αが措定されるとき、ある種の生物の非存在を表す命題の真理性を根拠づける実在の部分的なあり方が、「αが存在する」という単称存在文によって表現される。しかし［PRS］は、そのような実在の部分的なあり方が、「ユニコーンは存在しない」という否定存在文によっても、また、「いかなるものもユニコーンではない」という全称文によっても表現される、と考えることを妨げない。したがって、［PRS］を受けいれることからは、「実在のあり方を表現するうえで「実在の中に何が存在しないか」という非存在を述べた文を用いることができな

い」（三三一頁）ということも、「実在のあり方の記述において、通常の量化言語の表現力すらまともに使えない」（三三一頁）ということも帰結しない。

同様に、〈京都タワーは白い〉という命題のTMとして京都タワーの白さトロープが措定されるとき、特定の建造物が特定の色をもつことを表す命題の真理性を根拠づける実在の部分的なあり方が、「京都タワーの白さトロープが存在する」という単称存在文によって表現される。しかし［PRS］は、そのような実在の部分的なあり方が、「京都タワーは白い」という単純な述定文によっても、また、「京都タワーが白いという性質を例化している」という関係的な述定文によっても表現される、と考えることを妨げない。

一般に、文φによって表される命題〈φ〉のTMとして存在者αが措定されるとき、〈φ〉の真理性を根拠づける実在の部分的なあり方が、「αが存在する」という単称存在文によって表現される。しかし［PRS］は、そのような実在の部分的なあり方が、φやそれと同値な文によっても表現される、と考えることを妨げない。したがって、［PRS］の主張内容によって、「形而上学的探究における表現力」（三三一頁）に対する制約は課されない。

もっとも、ある命題の真理性を根拠づける実在の部分的なあり方が単称存在文を含む複数の形式の文によって表現されるとき、TM理論の観点からは、TM原理の主張する単称存在文がなんらかの仕方で特権視されることになる。例えば、〈ユニコーンは存在しない〉という命題の真理性を根拠づける実在の部分的なあり方が、「αが存在する」という単称存在文によっても、「ユニコーンは存在しない」という否定存在文によっても、また、「いかなるものもユニコーンではない」という全称文によっても表現されるとしよう。このときTM理論の観点からは、「αが存在する」という単称存在文こそが、当の命題の真理性を受けいれることがどのような存在論的コミットメントを伴うのか——あるいは、〈ユニコーンは存在しない〉という命題の真理性を根拠づける基礎的な実在のあり方がどのようなものか——を（最も明瞭に）示している、といったように捉えられる。そうでなければＴＭ理論は、真理を根拠づける実在のあり方の多様な表現の一つとして一般にある種の単称存在文があるという、自然言語の表現力に関する主張をするにとどまり、実質的な存在論的・形而上学的主張を含む理論としての身分を得られないことになるからである。しかし、単称存在文をそのような仕方で特権視することは、特定の存在論的・形而上学的含意を他の形式の文から引き出せるということの否定ではあっても、それらの文が実在のあり方の表現であるということ自体の否定ではない。したがって、［ＰＲＳ］の主張内容に加えて単称存在文の特権視という点を考慮した場合でも、高取の述べるような問題は生じない。

## おわりに

以上で私は、ＴＭ原理の正当化の背後で何が前提されているのか、そしてその前提が抱える根本的な問題は何か、という二つの論点の双方について、高取の議論に反論した。その結論は次のようにまとめられる。まず、もの存在論を起点とする形而上学的描像としての「素朴なもの存在論的描像」がＴＭ原理の正当化の背後にあるという推測は疑わしい。また、仮にこの推測が正しいとしても、当の形而上学的描像は、高取が述べているような問題を抱えてはいない。

### 註

（１）「実在とは存在者からなるクラス様のものであるという（無害な）主張と、実在のあり方の表現がそれをかたちづくる存在者の名前のリストに尽くされるという主張の間には、当然ながら大きな論理的隔たりがある」（三二九頁）という指摘において高取は「表現」という語を強調しているが、私としてはむしろ「実在のあり方」という語句を強調したい。

（2）もの存在論の描像の理解を促すために使われていそうな模式図として高取が提示している図1（三二七頁）と「RN」とを隔てるギャップの大きさについても同様に説明することができる。「α、β、γ、……」というように存在者の名前を列挙することによって、どのようなカテゴリーに属する存在者を含んでいるかに関する実在のあり方が（最も一般的なカテゴリーに関しては）表現し尽くされる（つまり、実在はそれぞれ一つのものとして互いに区別された存在者（α、β、γ、……）だけから成る）――もの存在論の描像を表す模式図として図1が用いられるのであれば、その図から読みとれるのは（せいぜいのところ）これだけだろう。どのような具体的・偶然的特徴をもつ存在者を含んでいるか（例えば、特定の色をしたものを含んでいるか）に関してもそうした列挙によって実在のあり方が表現し尽くされる、というように図1を理解しうるとすれば、その理解が可能になるのは、もの存在論の描像の理解を促すということ以外の役割が当の図に担わされているときだけであるように思われる。

（3）高取の推測が自然に感じられるとすれば、その主な要因は、高取がもの存在論の基本的主張を定式化する仕方、すなわち「TO」の表現にあると思われる。「TO」のように「*A*とは*B*である」という形式をもつ文は、定義を述べるさいの典型的表現の一つであり、なんらかの定義が問題となっているような文脈では、*A*は*B*として余すところなく捉えられる、という含意をもつ。この含意が必要以上に強く意識された場合に、「実在とは存在者の集まりであるのだから、実在のあり方の描写／表現はそれらの存在者の名前を全てリストアップすることに尽くされるはずである」（三二六頁、強調引用者）という推論がなされることはあるかもしれない。だが、本文で述べたようなもの存在論の通常の理解には、「TO」の「とは」という表現に対するそうした強すぎる解釈を促す側面は見あたらない。

（4）高取は、適用範囲に制限のないテーゼとしてTM原理を定式化するさいに、「著者が理解する限り、「TM原理は直観に依拠している」と言われるときに念頭に置かれているのは、基本的には特別な制限のないTM原理である」（三二七頁）と述べ、その後、制限付きのTM原理については言及していない。「基本的には」という留保の趣旨は定かではないが、実在論的直観に基づいて制限付きのTM原理を正当化しようとする（より精確に言えば、その直観を精緻化したものとして制限付きのＴＭ原理を捉えようとする）議論は実際に存在する。Rodriguez-Pereyra（2005）はその代表例である。秋葉（2014: 140-141）も参照。ただし、秋葉自身がそこで目指しているのは、あくまで実在論的直観によって制限付きのＴＭ原理を動機づけることであり、実在論的直観から制限付きのＴＭ原理を導出することではない。なお、Rodriguez-Pereyra（2009: 247）では、彼がＴＭ原理に付す制限に対応する制限が、当の原理の依拠する実在論的直観にも課されることが述べられている（と解釈しうる）。

（５）ジュリアン・ドッドは、そのような立場を正当に主張することはできないと論じている（Dodd（2007: 393-394）を参照）。ＴＭ原理が基づく実在論的直観の全域的な適用可能性をふまえれば、ＴＭ原理に制限を加えることは恣意的な選択でしかない、というのがその論拠である。なお、前註で挙げた秋葉（2014）の第４章の議論は、全体としてドッドの議論への応答であり、実在論的直観の全域的な適用可能性を受けいれたうえで制限付きのＴＭ原理を採用する、という選択肢の正当性を示すものとして提示されている。

## 参考文献

Dodd, J. 2007, "Negative Truths and Truthmaker Principles", *Synthese* 156（2）: 383-401.

Rodriguez-Pereyra, G. 2005, "Why Truthmakers?" in H. Beebee & J. Dodd（eds.）, *Truthmakers: the Contemporary Debate*, Oxford University Press: 17-31.

Rodriguez-Pereyra, G. 2009, "Postscript to 'Why Truth-makers?'" in E. J. Lowe & A. Rami（eds.）, *Truth and Truth-making*, Acumen: 242-50.

秋葉剛史 2014『真理から存在へ――〈真にするもの〉の形而上学』、春秋社。

# 素朴なもの存在論的描像を巡って

高取正大

北村直彰による拙論文へのコメントは、拙論に独自の推測が多く含まれ、また後述するように不用意な叙述が散見されるにもかかわらず、極めて丹念に検討を加えたものである。以下では、寄せられたコメントのうち、私の議論の問題点を明確に指摘しようとした項目に対して、可能な範囲でのリプライを述べていきたい。

## 1　もの存在論と「素朴なもの存在論的描像」のあいだの距離

本項目において北村は、もの存在論の基本的主張である

［TO］　実在とは存在者の集まりである。

について、「どのような具体的・偶然的特徴をもつ存在者を含んでいるか〔……〕に関する実在のあり方をめぐっては、もの存在論の基本的主張は何も含意しない」ことを指摘する。そしてこの点を踏まえれば、［TO］と、

［RN］　実在のあり方は、存在者の名前の列挙により表現される。

の間のギャップは大きすぎるものであり、仮にどれほど非明示的な推論であったとしても、［ＴＯ］から［ＲＮ］への移行が生じるとは思われない、と北村は主張する。北村によれば、もしそのような移行が生じているとしたら、それはもの存在論の基本的主張に対する根本的誤解が生じているということであり、「もの存在論を存在論的探究の枠組みとして受けいれた者のあいだでそうした根本的誤解が蔓延しているという推測が自然であるようには思えない」。

以上のコメントに対する私の応答は、「実際のところそのような誤解が蔓延しているのではないか」という（大胆な）ものである。私の見立てでは、もの存在論の描像は、多くの形而上学者にとって、思考の枠組みを形成する基本的な要素の一つであるけれども、それ自体に議論の焦点が当たる機会は極めて少ない。よって大部分の形而上学者は、ふだんこの描像についてかなり漠然とした理解しか抱いていない。その結果として、［ＴＯ］がしばしば［ＲＮ］にすり替わってしまっていたとしても決して不自然ではないというのが、私の推測である。北村による「もの存在論の基本的主張は実在のあり方についてごく限定的な内容しか含意しないのだから、それと［ＲＮ］の間には甚大な距離がある」という指摘は、全く正当である。しかし、少なくとも一部の形而上学者はその点に気づけないほど混乱しているのではないか、ということを私は疑っている。

とはいえ、今回の拙論での推測は、テクスト上の証拠に基づいているわけではなく、純然たる推測である。従って、その価値はもっぱら、専門家が読んだ際に合理的再構成としてどれだけもっともらしさを感じるかという点にかかっている。もし拙論の叙述に対して北村が全く説得性を感じなかったというのであれば、それは、今回の私の議論が失敗したものとして、甘んじて受け止めざるをえない。

## 2 「素朴なもの存在論的描像」とTM原理のあいだの距離

本項目において北村は、［PRS］および［PRN］は実質的にTM原理と同等だと見なせることを指摘したうえで、(1) だとしたらこれらを構成要素とする素朴なもの存在論的描像によってTM原理を正当化するのは論点先取であり、(2) そして第4節で論じられる素朴なもの存在論的描像の問題点とは結局のところTM原理の問題点に他ならない、と述べている。

　この点については、私は基本的に北村の指摘に同意する。私の言う「素朴なもの存在論的描像」とは、本来はごく弱い主張である、もの存在論のテーゼ［TO］に混乱が伴った結果、実質的にTM原理に相当する主張が含まれるに至ったものだと捉えられる。そして、素朴なもの存在論的描像の問題点として私が指摘したものがTM原理自体の問題点に帰着するというのも、その通りであるように思われる。実際のところ、本リプライの以下の部分で論じられるのは、TM原理の支持者と反対者との間で従来から対立が生じてきた論争点と同趣旨のものだと言ってよい。

## 3 ［PRS］の擁護・その1

　この箇所については、まず、確かに私の論述が不用意であったことを認めねばならない。特に、段落冒頭の「いかなる実在の部分的なあり方も、偶然的な事柄について語るものではなくなってしまう」という一文については、北村の指摘する通り明白な誤りである。

　ただそれでも、同段落後半の「［PRS］のもとでは、実在の部分的なあり方は、いわば存在者の端的な存在によってしか表現できないのである」という指摘の趣旨は維持されるように思われる[1]。つまり［PRS］のもとでは、実在の中で成り立つ偶然的な事柄は全て、〈αが存在する〉というかたちの事柄――ここで「$\alpha$」は固有名であるか、個体本質を表現した確定記述である――の成立が偶然的であることに還元されると言えるからである。私の理解する限り、この点はコメントの中で北村自身も認めている。そして私の考えでは、これこそが受け入れるのが難しい帰結である。「実在のあり方の様々な部分が、存在者が偶然的特徴をもつことでかたちづくられているというのは、いわゆるムーア的事実に分類されるべきことである」と書いた（ここでの「偶然的特徴」には、当然ながら、その存在者が単に存在するということ以外の様々な特徴が含まれると理解されたい）。「ムーア的事実」と述べたのは言い過ぎかもしれないが、「実在のあり方の様々な部分が、存在者が（それが存在するということ以外の）様々な偶然的特徴をもつことでかたちづくられている」というのは、他の何かに還元されることなくそのまま認められるべきだ、というのが私の見解である。

### 4 ［PRS］の擁護・その2

この点についても、まずは私の叙述に誤りおよび混乱があったことを謝罪せねばならない。北村の指摘する通り、［PRS］は、「ある命題の真理性を根拠づける実在の部分的なあり方が、存在文以外の形式をもつ文によっても表現される、という可能性を排除しない」。

そのうえで、なおも私は、［PRS］の受容は形而上学的探究における表現力に顕著な制限を課すと考える。というのも、［PRS］は結局、いかなる実在の部分的なあり方についても、それが必ず何らかの単称存在文によって表現可能であることを要求するからである。従って、もし［PRS］を受け入れたうえで探究に従事する形而上学者がいるとすれば、そのひとは、どのような実在の部分的なあり方についても、それを単称存在文で表現することを目指さねばならないだろう。言い換えれば、そのような形而上学者は、実在の部分的なあり方を表現するいかなる文についても、それを単称存在文に翻訳することを目指さねばならないだろう。よって、［ＰＲＳ］のもとで探究を行う形而上学者は、単称存在文のみを用いて実在のあり方全般を記述しようとするプロジェクト——実在のあり方の諸表現を単称存在文に翻訳するプロジェクト——に従事することになる。だが、そのように限定的な論理形式のみを用いて実在のあり方を記述することが求められるとしたら、それはまさに「形而上学的探究における表現力を甚だしく奪う」と評するのが適当であるように思われる。単称存在文のみを用いて実在のあり方を記述せねばならないとしたら、「通常の量化言語の表現力すらまともに使えない」と形容せざるをえないだろう。

しかしながら以上のような帰結は、実質的には、全面主義のＴＭ原理（ＭＴＭ原理）の支持者であれば、進んで引き受けるようなものではないかと考えられる。例えば、北村が自身の論文の中で再構成している、ＭＴＭ原理を正当化するためのキャメロンの議論は、まさに実在のあり方を記述する文の論理形式を単称存在文に制限することを主張したものだと解釈できる。補足すると、彼ら自身が提示するところによれば、論理形式が単称存在文に制限されるのはあくまで基礎的真理についてである。しかし私の論文のように、真理に基礎的／非基礎的という階層を設けない枠組みにおいて北村＝キャメロンの主張を解釈するならば、それはほぼ、上述した［ＰＲＳ］の含意と同等であると見なせる。そういうわけで、表現力に顕著な制限を課したうえで実在のあり方を記述するというプロジェクトは、ＭＴＭ原理の支持者にとっては、むしろ正面から取り組むべき課題として位置づけられるだろう。

すると、私が［ＰＲＳ］ひいては素朴なもの存在論的描像の問題含みな帰結として指摘したものは結局、ＴＭ理論の支持者（特にＭＴＭ原理の支持者）にとっては、積極的に引き受けることを意図した理論的課題なのだと言える。私の意見では、そのような課題が生じる理論的枠組みは、単に採用がためらわれるものでしかない。しかし、ＴＭ理論の支持者は、私が原論文において形容したところの、「一部の特殊なモチベーションを有する形而上学者」なのだろう。

### 註

(1)正確には、次節で述べるように「端的な存在によってしか表現できない」というのは言い過ぎである。この引用箇所は（大まかには）以下のように修正される必要がある。「［PRS］のもとでは、実在の部分的なあり方が、存在者の端的な存在によって表現できないということは許されない」。しかし私の見るところでは、まさにこれこそが、ごく特殊な動機づけを有する形而上学者を除いて引き受ける理由のないような描像である。

# 〈真にするもの〉原理はいかにして正当化されるべきか

北村直彰

## はじめに

〈真にするもの〉原理（Truthmaker Principle／以下、「真にするもの」を「ＴＭ」と略記）の支持者と反対者の対立は根深い。一方で支持者は、（なんらかのバージョンの）ＴＭ原理が正当であることを疑わず、それを出発点にして多岐にわたる存在論的探究を繰り広げる。他方で反対者――実在の探究としての形而上学それ自体の可能性には疑いを抱いてない者も含めて――は、単なるドグマとしてＴＭ原理を斥け、それを出発点とする支持者たちの探究の意義を否定する。

反対者がしばしば指摘するのは、ＴＭ原理を正当化する論証の欠如である。デイヴィッド・アームストロングはＴＭ原理の代表的な支持者であるが、包括的なＴＭ理論の展開にその全体を費やした著書においてすら、ＴＭ原理を受けいれることそれ自体については例えば次のように述べて、実質的な議論を提示しない。

ある真理は、そしていかなる真理も、その「外にある」何か、すなわち、真理がそれによって真であるところのものにその真理性を依存している――この考えの魅力が、実在論的な性向をもつ哲学者によっ

て即座に感じとられることを願う。(Armstrong (2004: 7))

反対者の不満の種は多くの場合、TM原理の正当性を自明視するこのような支持者の態度にあるだろう。だが、TM原理の正当性を無批判に信じる支持者ばかり、というわけではない。一部の支持者は、自らの受けいれているTM原理が実際に受けいれるべきものであることを正面から論証すること——TM原理のもたらす様々な帰結を個別に擁護するのではなく、そもそもTM原理を探究の出発点とすること自体の正当性を示すこと——を試みている。本稿で取り上げるのはそうした試み、特に、ゴンザロ・ロドリゲス＝ペレイラ、秋葉剛史、ロス・キャメロンがそれぞれ提示した、互いに性格の異なる三種類の論証である(本稿で取り上げられなかった論証については註(29)を参照)。

それらの論証の性格がいかに互いに異なっているかは本論で述べるが、はじめに断っておきたいのは、本稿の議論の大半が、TM原理の正当化の試みを否定的に評価することに費やされるということである。私は、TM原理(しかもその最も強いバージョン)を支持したいと考えている一方で、TM原理を探究の出発点とすることを正当化しようとするこれまでの論証のほとんどは成功していない(具体的には、ロドリゲス＝ペレイラと秋葉による論証はいずれも失敗しているか、少なくとも、十分に練り上げられてはいない)とも考えている。本稿ではそうした否定的な評価の理由を示すが、そのために多くの紙幅を費やすのは、成功していないと思われる論証を仔細に検討することによって、TM原理が(もし正当化しうるとすれば)いかに正当化されるべきかについての重要な示唆を得ることができる(具体的には、キャメロンによる論証の方針が有望であることが明らかになる)からである。以下の三つの節で、右に挙げた三人それぞれの論証を順に取り上げてそのことを示そう。

## 1　ロドリゲス゠ペレイラによる演繹的正当化の試み

ロドリゲス゠ペレイラは、ＴＭ不要説（ＴＭ原理の依拠する実在論的直観はＴＭに訴えることなく十分に具体化できると考える立場）への応答として書かれた二〇〇五年の論文において、実在論的直観からＴＭ原理を演繹的に導出する論証を二つ提示している。一つは、事物のあり方の区別に基づく論証であり、もう一つは、根拠づけの関係項の存在に基づく論証である。[1] 本節ではそれらを順に検討しよう。

### 事物のあり方の区別に基づく論証

ロドリゲス゠ペレイラはまず、ＴＭ不要説を「命題の真理性は事物の存在そのものによってではなく、事物がいかに存在するかによって根拠づけられている」という主張として特徴づけたうえで、その主張における「事物がいかに存在するか（how things are）」すなわち「事物のあり方」として複数のものを区別する必要があることに注意を促す。例えば、〈このバラは赤い〉という命題と〈このバラは軽い〉という命題がいずれも真であるとき、これら二つの命題の真理性の根拠を、単純に「事物のあり方」と表現される同じ一つの何かに求めることはできない。これらの命題は（特定のバラという主題を共有してはいるが）互いに異なる内容をもつ以上、それらの真理性には、互いに異なる根拠、すなわち「このバラは赤い」という事物のあり方と「このバラは軽い」という事物のあり方がそれぞれ対応していると考えなければならない。そもそも、「真理は実在に根拠づけられている」という短いフレーズで表現される実在論的直観には、「相異なる内容をもつ複数の命題の真理性はそれぞれ相異なる実在の特徴に根拠づけられている」という考えがはじめから含まれている、とも言える。

このことを確認したうえで、ロドリゲス＝ペレイラは次のように論じる。

> だが、〔事物が存在する〕仕方（ways）を区別することは、それらを同定すること、数えること、量化することができるということを前提している。もし〔事物が存在する〕仕方を同定し、数え、量化することができるならば、仕方というものが存在することになる。つまり仕方とは、結局のところＴＭのことであるのだが、それらはまさしく存在者（entities）なのである。（Rodriguez-Pereyra（2005: 23））

このように、命題の真理性を根拠づける「事物のあり方」として複数のものを区別することの必要性から、それら「事物のあり方」がそれ自体としてそれぞれ一つの存在者であることを導き、それによって、ＴＭ不要説の主張が結局のところ「命題の真理性は事物の存在そのものによって根拠づけられている」というＴＭ原理の主張に帰着することを示そうとするのが、ロドリゲス＝ペレイラの第一の論証である。

この論証に対して、ＴＭ不要説の支持者の一人であるジェニファー・ホーンズビーは次のような反論を提示している。(2) 命題の真理性の根拠として様々な「事物が存在する仕方」を区別するために、個々の（述定的な）命題に全体として対応するような存在者（例えば、〈このバラは赤い〉という命題に全体として対応する、「このバラが赤いこと」という存在者）を措定する必要はない。様々な「事物が存在する仕方」を互いに区別するために必要になるのは、せいぜいのところ、様々な性質を互いに区別することである。〈$a$は赤い〉という命題$R$と〈$a$は軽い〉という命題$L$の真理性の根拠が互いに異なるというのは、$a$という一つの個体が相異なる二つの性質、すなわち「赤い」という性質と「軽い」という性質をもっているということにほかならない。つまり、「$a$が「赤い」という性質を例化しているがゆえに$R$は真であり、$a$が「軽い」という性質を例化しているがゆえに$L$は真である」というように、一つの個体と二つの性質の存在（およびそれらのあいだの例化関係）を引き合いに出す説明さえ与えられれば、「$a$は赤い」という命題や「$a$は軽い」という命題に全体として対応するようなさらに別の存在者に訴えることなく、それら二つの命題が互いに異なる根拠をもつということを十分に捉えることができる。

この反論に対するロドリゲス＝ペレイラの再反論は次のようにまとめられる[3]。命題の真理性を根拠づける「事物のあり方」の区別を先述のような説明によって捉えるためには、当然、「$a$が「赤い」という性質を例化している」ということと「$a$が「白い」という性質を例化している」ということが互いに区別されなければならない。しかし、その区別が何に存するのかの解明は結局のところ、「$a$が「赤い」という性質を例化していること」という存在者と「$a$が「白い」という性質を例化していること」という存在者が互いに異なる、というように、個々の命題に全体として対応する存在者どうしの区別によって与えられるほかないはずである。したがって、性質に関する区別に訴えても、TMの必要性を否定することはできない——これが、ホーンズビーの反論に対するロドリゲス＝ペレイラからの再反論である。

実在論的直観からTM原理が導出されることを示そうとする以上のような議論に対しては、少なくとも二つの難点を指摘することができる。第一の難点は、この議論によって、個々の命題に全体として対応するような存在者の必要性は示されていない、という点である。たとえ、「$a$が「赤い」という性質を例化している」ということと「$a$が「白い」という性質を例化している」ということの区別が、「$a$が「赤い」という性質を例化していること」という存在者と「$a$が「白い」という性質を例化していること」という存在者の区別を要求するとしても[4]、後者の存在者どうしの区別は、〈$a$が「赤い」という性質を例化している〉と〈$a$が「白い」という性質を例化している〉という命題どうしの区別として捉えることができる。すなわち、

「$a$が「赤い」という性質を例化しているがゆえに$R$は真である」という説明と「$a$が「軽い」という性質を例化しているがゆえに$L$は真である」という説明における説明項の違いは、〈$R$は真である〉という命題が〈$a$が「赤い」という性質を例化している〉という命題に根拠づけられるのに対して、〈$L$は真である〉という命題は〈$a$が「白い」という性質を例化している〉という別の命題に根拠づけられている、ということとして捉えることができる（この点は、ロドリゲス＝ペレイラの第二の論証を検討する以下の議論でも注目する）。そして、〈$a$が「赤い」という性質を例化している〉という命題と〈$a$が「白い」という性質を例化している〉という命題の区別を与えるのは、「赤い」という性質と「白い」という性質の区別であって、それらの命題にそれぞれ全体として対応する存在者どうしの区別ではない。したがって、「$a$が「赤い」という性質を例化していること」という存在者と「$a$が「白い」という性質を例化していること」という存在者の区別が必要になるとしても、そのことは（述定命題に対する）ＴＭの存在を含意しない。

第二の難点は、たとえ個々の命題に全体として対応するような存在者の必要性が上記の議論によって示されているとしても、そのことから、そうした存在者がＴＭとしての役割を果たすことは帰結しない、という点である。ＴＭ不要説の支持者は、〈$a$は赤い〉という述定命題の真理性に加えて、例えば〈$a$が赤いという事態が存在する〉という存在命題の真理性を認めつつ、どちらの命題の真理性に対しても同様にＴＭに訴えない説明を、すなわち「$a$が「赤い」という性質を例化しているがゆえに、……という命題は真である」という説明を与えることができる（さらに、$a$が赤いという事態に関するその他のいかなる真理に対しても、当の事態を構成する要素のあり方に訴えた説明を与えることができる）。このとき、〈$a$は赤い〉という命題に全体として対応する「$a$が赤いという事態」の存在は認められるが、当の事態は、対応する命題のＴＭとしての役割は果たさない。このような主張が成立する余地があるかぎりで、個々の命題に全体として対応する対象の存在を認めても、そのことから、それらの命題に対するＴＭの存在は帰結しない。

以上のように、ＴＭ不要説の支持者は、事物のあり方の区別に関するロドリゲス＝ペレイラの議論をその基本的な部分に関しては受けいれながらも、ＴＭの必要性という結論そのものに関しては拒否することができる。

**根拠づけの関係項の存在に基づく論証**

実在論的直観からＴＭ原理を導出しようとするロドリゲス＝ペレイラの第二の論証を引用しよう。(5)

1　真理は〔実在に〕根拠づけられている（Truth is grounded［in reality］）。

2　根拠づけ（grounding）は関係である。

3　関係は存在者どうしを結びつける。

4　したがって、真理は存在者に根拠づけられている。

第一前提は実在論直観の内容を端的に述べたテーゼであり、ＴＭ不要説の支持者にも受けいれられるものである。第三前提は、関係が存在する（ないし例化される）ためにはその関係項が存在しなければならない、というきわめてもっともらしい主張であり、これもＴＭの存在に関する立場によらず（また普遍者の実在に関する立場にもよらず）受けいれられるだろう。引用した論証は演繹的に妥当であるから、これらのことから、論証の成否は第二前提が正しいか否かにかかっていると言える。

第二前提が受けいれられるものであることを示すためにロドリゲス＝ペレイラは、根拠づけを関係として理解しなければ実在論的直観の内容を適切に捉えることができない、という趣旨の議論を展開している。[6] 例えば、〈このバラは赤い〉という真理が実在に根拠づけられているということを、「「このバラは赤い」が真であるのはこのバラが赤いとき、かつそのときにかぎる」というT文の真理性や、「このバラが赤くなかったならば「このバラは赤い」は真でなかっただろう」という反事実的条件文の真理性として理解することはできない（特に、真理とその根拠たる実在のあいだの非対称的な関係をこれらの文の真理性よって捉えることはできない）。こうした指摘については特に反論すべきところはないだろう。しかし、その指摘から、根拠づけを関係として理解せずに実在論的直観の内容を捉える道が閉ざされていると結論づけることはできない。

そのことを確認するために、まず、何かが何かに根拠づけられていることを表す主張（根拠づけの主張）の適切な形式は何か、という問題に関して二つの代表的な立場があることに注目したい。一つは述定主義（predicationism）であり、もう一つは結合子主義（connectivism）である。[7] 前者は、「$x$は$y$に根拠づけられている」というように関係述語を用いることで根拠づけの主張を定式化すべきだと考える立場であり、後者は、「$\psi$ゆえに$\varphi$（$\varphi$ because $\psi$）」というように（説明を表す）文結合子を用いることで根拠づけの主張を定式化すべきだと考える立場である。根拠づけの関係項の存在に基づく論証の第二前提は述定主義の表明として理解することができるが、そうであれば当然、結合子主義はこの前提を拒否することになる。ここでは述定主義と結合子主義の対立をめぐる論点には立ち入らないが、[8] 重要なのは、根拠づけの本性に関する立場として結合子主義が述定主義よりも劣っていることはけっして明らかではないということ、そして、第二前提に関するロドリゲス＝ペレイラの議論において結合子主義の可能性が検討されていないということである。ロドリゲス＝ペレイラは第二前提と対立するいくつかの考え方を斥けるさいに、実在論的直観の内容、特に真理とその根拠たる実在のあいだの非対称的な関係を引き合いに出しているが、その点は結合子主義にとって問題とはならない。〈このバラは赤い〉という真理が実在に根拠づけられているということは、「このバラが赤いがゆえに〈このバラは赤い〉は真である」が成り立ち、かつ「〈このバラは赤い〉が真であるがゆえにこのバラは赤い」が成り立たないという（関連するT文や反事実的条件文の真理性には還元できない）because 文の非対称性によって十分に捉えることができるからである。以上のことから、根拠づけの関係項の存在に基づく論証の第二前提は十分に正当化されていないと言える。[9]

さらに言えば、たとえ第二前提が真であるとしても、この論証によって導かれる「真理は存在者によって根拠づけられている（Truth is grounded in entities）」という結論そのものは、ＴＭ原理を含意しない。というのも、根拠づけを関係として理解するとき、あくまでも命題どうしの関係としてそれを理解することが可能だからである。[10] このとき、〈このバラは赤い〉という真理が実在に根拠づけられているということは、〈〈このバラは赤い〉は真である〉という、ある表象の意味論的特徴に関する命題が、例えば〈このバラが性質「赤さ」を例化している〉（あるいは単純に〈このバラは赤い〉）という、世界がそれ自体としてもつ特徴に関する命題に根拠づけられていることとして捉えられる。このような仕方で、命題どうしの関係として根拠づけを理解し、何が真かに関する命題と実在の特徴に関する命題とのあいだの根拠づけ関係として実在論的直観の内容を捉えるならば、命題もまた存在者である以上、もちろん問題の論証の結論は導かれるが、その主張はＴＭ原理の否定と両立する。すなわち、ＴＭ不要説の支持者はこの論証を全体として受けいれたうえで、〈このバラは赤い〉の真理性は〈このバラが赤いという事態が存在する〉（といった存在命題）ではなく〈このバラが性質「赤さ」を例化している〉（あるいは〈このバラは赤い〉）という命題に根拠づけられている、と主張することができる。[11] したがって、たとえ根拠づけの関係項の存在に基づく論証が健全であるとしても、それによってＴＭ原理が正当化されるわけではない。

以上の検討から、TM原理を演繹的に正当化しようとするロドリゲス゠ペレイラの試みは成功していない、と結論づけることができる。[12]

## 2　秋葉による帰納的正当化の試み

秋葉は、TM不要説への応答として、TM原理を受けいれることから得られる（そしてTM不要説には得られない）利点を示そうとしている。[13] 秋葉の議論は、TM原理を採用する立場の理論的美徳に訴え、真理（とりわけ述定命題の真理性）の説明としてTMの存在に訴える理論が最善であるという主張に基づいて当の理論の正しさを導く、いわゆる最善の説明への推論（IBE）として理解できるものであり、（広義の）帰納によってTM原理を正当化する試みであると言える。その点で秋葉の議論は、ロドリゲス゠ペレイラによるTM原理の演繹的正当化の試みと好対照をなすものである。

本節では、TM原理を受けいれることの利点として秋葉が挙げる三つの点を確認したうえで、秋葉の議論が抱える問題点を大きく分けて二つ指摘する。第一に、秋葉の挙げる「利点」はいずれも議論の余地のある（あるいは、慎重な検討を要する）前提を認めてはじめて成立する。第二に、たとえそれら三つの点を利点として認めることに問題がないとしても、当の利点はTM原理を受けいれなくても得ることができる。これらのことを以下で順に示そう。

### 因果的説明の正しさ・自然言語の意味論・知覚経験による経験的信念の正当化

TM原理を受けいれることの第一の利点とされるのは、因果的説明の正しさに関して自然で明確な理解が得られるようになる、という点である。[14] まず秋葉は、因果的説明「*P*なぜなら*Q*」の正しさが何に存するかについての理解の大枠として、ある種の実在論的な見方に注目する。すなわち、因果的説明の正しさは、その説明項と被説明項が、世界において実際に原因と結果として結びついているものを正しく記述していることに存する、という見方である。このような理解の仕方の自然さを強調したうえで秋葉は、それに含まれる「正しく記述する」ということがどういうことかに関して、TMの存在に訴えることによって明確な理解が得られることを次のように指摘する。

> まず*P*とQは、まさにそれぞれを真にする存在者を記述するものであることによって真となっている。そして、「*P*なぜならQ」という説明は、*P*とQそれぞれのTMが、因果関係項として実際に原因と結果の関係に立つことによって、全体として正しいものになっている。このように考えれば、「*P*なぜならQ」という説明が全体としてどのように実在からその正しさの根拠を受けとっているかは自然に理解できる。（秋葉（2014: 67））

TM原理を受けいれることの第二の利点とされるのは、自然言語の様々な現象に対して優れた分析を与えられるようになる、という点である[15]。その一例として秋葉は、副詞的修飾句の消去や入れ替えによる推論の妥当性に対するデイヴィドソン流の分析を挙げる。「太郎は大声で叫んだ」という前提から「太郎は叫んだ」という結論への推論は、それぞれの文を、ある述定文に全体として対応する存在者（この場合は出来事）への量化を含む文として分析する——前提の文は「ある出来事があり、それは太郎が叫んだという出来事であり、かつ、その出来事は大声でなされた」という文として分析され、結論の文はこの量化文に現れる二つめの連言肢を除去した文として分析される——ことによって、いわゆる連言除去による推論として捉えられることになり、その見かけどおり形式的に妥当な推論として理解できるようになる。同様に、「花子は横になっている」といった文に対応する状態を含め、状況意味論（situation semantics）において一般に「状況」と呼ばれる（それぞれある述定命題に全体として対応するような）存在者を認めることによって、類似の推論関係やその他の多様な言語現象を体系的かつ統一的に説明することができる、とされる。

TM原理を受けいれることの第三の利点とされるのは、我々の経験的な信念体系と実在との関係を適切に理解できるようになる、という点である。[16] このことを明らかにするために秋葉は、次のようなマクダウェル流の（彼が解釈するカントの洞察に由来する）「経験」の捉え方に訴える。

〔……〕経験においては、われわれは世界のあり方を受動的に受けとっている、しかし他方で、〔……〕経験の成立においては、すでに概念能力の協働が不可欠なものとして含まれており、経験の内容はすでに概念的に構造化された命題的内容である。（秋葉（2014: 71））

このような仕方で、経験を単に受容性のはたらきによるもの（いわゆる「所与」）としてではなく、我々の自発性のはたらきによって概念的・命題的な内容が備わったものとして捉えるならば、世界についての我々の信念体系は、経験によって単に因果的に実在世界へと関係づけられているだけでなく、正当化や改訂といった合理的な（理由関係に基づく）制約を経験から受けるという仕方で世界のあり方に応答するものとして——すなわち、信念体系と実在との結びつきに関して受けいれるべきと考えられる見方に合致する仕方で（その意味で適切に）——捉えられることになる。そして秋葉によれば、命題的内容をもっている経験が、世界のあり方を受動的に「受けとっている」と言えるためには、そもそも世界の側に命題的な（とりわけ、述定的な命題に全体として対応するような）存在者が含まれていなければならない。

## 誰にとっての利点か

以上のような秋葉の議論はたしかに、ＴＭ原理を受けいれることによって様々な事柄について魅力的な分析や理解が可能になることを示しているように見える。しかし、以下で私が指摘したいのは、秋葉の挙げている三つの点のいずれに関しても、それが「利点」として成立するためには論争の的となるような前提を認める必要があるということ、またそれゆえ、ＴＭ原理を受けいれることの「利点」を享受できるのは、それぞれ、ある論争において特定の立場を採用する者に限られるということである。

まず、因果的説明の正しさに関して自然で明確な理解が得られるようになるという点については、二つの前提を指摘することができる。第一に、この「利点」は当然のことながら、正しい因果的説明があるということを前提している。秋葉は、「言うまでもなく、〔……〕因果的説明の中には、正しいものもあれば正しくないものもある」と述べているが[17]、正しい因果的説明があるかどうかに関しては実際のところ議論の余地がある。「因果の消去主義」と呼ばれる立場は、まさに「正しい因果的説明は存在しない」と主張する[18]。この立場を採用する者にとっては、その否定を前提した「自然な理解」は利点とはならないだろう。

第二に、因果的説明の理解に関する「利点」は、因果的説明の説明項と被説明項にそれぞれ対応する二つの存在者のあいだに成り立つ関係として因果という現象を捉える見方を前提している。というのも、先に確認したように、ＴＭの存在に訴えることによって得られる因果的説明の理解は、次のような実在論的な見方をその土台としていたからである。すなわち、因果的説明の正しさは、その説明項と被説明項が世界において実際に原因と結果として結びついているものを正しく記述していることに存する、という見方である。しかし、因果的説明に関して大枠として実在論的な見方を前提するとしても、その具体化の仕方には別の可能性もある。特に、「因果のプロセス理論」と呼ばれる立場は、因果的説明の説明項と被説明項にそれぞれ対応する二つの存在者のあいだに成り立つ関係としてではなく、いくつかの個体が様々な性質を例化していく（特に、様々な傾向性を顕在化させていく）一連のプロセス——その「プロセス」は特定の命題に全体として対応するような単一の存在者ではない——として因果という現象を捉える。[19] この立場を採用する者にとっては、因果に関して根本的に別種の捉え方を前提した「自然な理解」はやはり利点とはならないだろう。

ただし、因果の消去主義やプロセス理論は多数派の見解であるとは言えない（特に消去主義に関しては、それが誤っているという考えが因果をめぐる現代の哲学的議論においてコンセンサスを得ていると言ってよい）。[20] このことをふまえるならば、それらとは相容れない立場を前提にした「利点」に訴えることにはそれほど大きな問題はない、と考えられるかもしれない。だが、たとえそうだとしても、当の利点は実際のところＴＭ原理を受けいれなくても得ることができる。そのことを論じる前に、ＴＭ原理を受けいれることの利点とされる第二・第三の点がそれぞれ何を前提としているかを確認しよう。

ＴＭ原理を受けいれることの二つめの「利点」、すなわち、自然言語の様々な現象に対して優れた分析を与えられるようになるという点については、自然言語が映し出す存在論の探究と、言語から独立した実在の探究としての形而上学とのつながりに関する前提を指摘することができる。ＴＭ原理は後者の探究に属する主張であるから、自然言語の文の真理条件や推論の妥当性の分析において認められるある種の存在者をＴＭとみなすためには、そうした分析が言語独立的な実在の基礎的な特徴に関する含意をもつことを前提しなければならない。しかし、それを否定する立場も十分に可能である。実際、自然言語が映し出す存在論をそうした分析によって明らかにしようとする分野（自然言語存在論）においては、その探究をいわゆる「記述的形而上学」に属するものとみなし、実在の基礎的な特徴に（少なくとも主題的には）関わらないものとして捉えるのが標準的な（暗黙のうちに広く共有された）見方である。[21] そのような見方を採用するならば、自然言語の現象の分析からＴＭ原理を支持する根拠を引き出すことはできないことになるだろう。

最後に、経験的な信念体系と実在との関係を適切に理解できるようになるという点については、知覚経験を先述のように命題的内容をもつものとして捉えるマクダウェル的な立場――一般に「概念主義」と呼ばれる――が依拠する二つの前提を指摘することができる。一つは、知覚は信念に対して、それを正当化するという関係（また、その他の理由付与的な関係）に立つ、という前提であり、もう一つは（秋葉が明示しているとおり）「一般にある二つのものが正当化などの合理的（理由付与的）関係に立てるのは、両者がともに概念的に構造化された命題的内容をもつときに限られる」という前提である。[22] 概念主義の観点からはこれらの前提は自明なものとみなされるかもしれないが、どちらの前提にも反論の余地がある。まず二つめの前提に対しては、概念的な内容をもたない経験であっても（その非概念的な内容が反省的に捉えられて事後的に概念化されることによって）信念を正当化しうる、という趣旨の反論が非概念主義の立場から提示されている。[23]

さらに、そもそも知覚が信念を正当化するという第一の前提が十分に正当化されていない、という反論がやはり非概念主義の立場から提示されている。その反論は次のようなものである。例えば「京都タワーは白く見える」という前提が「京都タワーは（実際に）白い」という結論を正当化するとき、実際に起こっているのは知覚による信念の正当化ではなく、あくまでも前者の文で表される内容をもつ信念（および、「その知覚の原因は京都タワーが実際に白いことだと考えられる」という信念）から後者の内容をもつ信念への（ＩＢＥによる）推論にすぎないのではないか。[24] また、たしかに我々は、自らの信念の理由を問われたときにしばしば知覚を引き合いに出すが――「なぜ京都タワーは白いと思うのか」と尋ねられれば「京都タワーは白く見えるからだ」と答える――そのような実践があることは、知覚に基づく信念の形成過程において、知覚が実際に理由として考慮されることによって当の信念が導出されているということを含意しない。むしろ、我々はその信念の理由を考慮することなく、知覚に引き続いて端的に信念をもつにすぎないのではないか[25]。

こうした反論を起点の一つとするような概念主義と非概念主義のあいだの論争に関して、概念主義の側が優位に立っているという判断を簡単に下すことはできないだろう。そのことをふまえるならば、概念主義的な前提に基づく「利点」を引き合いに出すことの効力は限定的なものであると言える。

### 「利点」はTM原理がなければ得られないのか

以上のように、TM原理を受けいれることの利点として秋葉が挙げる三つの点は、いずれも議論の余地のある(場合によってはその余地の大きい)前提を認めてはじめて成立するものであるように思われる。もちろん、論争の果てにそうした前提は正しいと考えられるかもしれない(特に因果的説明の理解に関する前提については、先に述べたように議論の余地はあまり大きくないと言えるかもしれない)。また、ある論争において特定の立場を採用する者のみが享受しうるものであっても、ともあれそうした立場にとっては利点であることに変わりはない、とも考えれるかもしれない。だが問題は、そうした「利点」が、本当にTM原理を受けいれることなしには得られないものであるか、という点にある。本節の残りでは、TM原理を受けいれなくても当の利点を得ることができる、ということを示そう。

因果的説明の正しさに関して自然で明確な理解が得られるようになる、という利点についてまず指摘したいのは、TMの存在に訴えることによって得られる因果的説明の理解の土台となる自然な見方、すなわち、因果的説明の正しさはその説明項と被説明項が世界において実際に原因と結果として結びついているものを正しく記述していることに存する、という見方は、必ずしも、説明項・被説明項（例えば〈花子が花瓶を落とした〉と〈花瓶が割れた〉）のそれぞれに全体として対応するような存在者を認めなくても具体化・明確化することができる、という点である。

この点を明らかにするために、デイヴィッド・ルイスによる因果の分析を考えよう。ルイスは、反事実的条件文を用いて定義される出来事どうしの依存関係によって因果を分析するが[26]、その分析において出来事という存在者は、ある時空領域がもつ性質として捉えられる[27]。ルイスは一般に性質を可能な個体のクラスとして分析するから、ルイスにしたがえば出来事とは、可能な時空領域のクラスである。そして、ある出来事 $e$ が世界 $w$ で起こるとは、$e$（特定のクラス）に $w$ のある時空領域が要素として含まれている、ということにほかならない。このような出来事の捉え方のもとで、出来事どうしのある種の依存関係として因果を分析するならば、「花子が花瓶を落としたから、花瓶が割れた」という因果的説明の正しさはたしかに、ある依存関係で結びついている二つの出来事をその説明項・被説明項が正しく記述しているということに存するわけだが、それらによって記述されているのはあくまでも、特定のクラス（すなわち出来事）と時空領域、そして両者のあいだの要素関係であって、〈花子が花瓶を落とした〉と〈花瓶が割れた〉にそれぞれ全体として対応するような単一の存在者の対ではない。つまり、TMの存在に訴えなくとも、先述の自然な見方に沿った明確な因果的説明の理解を得ることは可能である。

もちろん、このようなルイス流の（あるいは、右に述べたのと同様の帰結をもたらす別種の）因果の分析が最終的に維持可能であるかどうかに関しては大いに議論の余地がある。しかし仮に、因果的説明の正しさについての自然な見方を具体化・明確化するために命題的な存在者の措定が不可欠であるとしても、そのことから、そうした因果の理解を得るためにTM原理を受けいれることが必要であるということは帰結しない。

というのも、第一節でロドリゲス゠ペレイラによる第一の論証を批判したさいに指摘したとおり、個々の命題に全体として対応するような対象が存在するということは、そうした存在者がTMとしての役割を果たすということを含意しないからである。TM不要説の支持者は、〈花子が花瓶を落とした〉という説明項が、それに全体として対応する因果関係項 $c$ を記述しているということを認めつつ、〈花子が花瓶を落とした〉という命題と〈$c$ が存在する〉という命題のどちらに対しても同様にTMに訴えない説明を——単に花子と花瓶、そして両者のあいだの関係だけに訴える説明を——与えることができる（さらに、$c$ に関するその他のいかなる真理に対しても、$c$ を構成する要素のあり方に訴えた説明を与えることができる）。このとき、〈花子が過敏を落とした〉という命題に全体として対応する対象（すなわち $c$）の存在は認められるが、当の対象は、対応する命題のTMとしての役割は果たさない。[28] こうした主張が成立する余地があるかぎりで、因果的説明の正しさの自然な理解を得るために命題的な存在者が要求されるとしても、その要求はTM原理を受けいれることなしにみたすことができる。

このように、個々の命題に全体として対応する対象が存在するか否かということと、そうした対象がTMとしての役割を果たすか否かということは区別しなければならない。このことは、TM原理を採用することの利点として秋葉が挙げる第二、第三の点についても同様にあてはまる。すなわち、自然言語の様々な現象に対して優れた分析を与えるために、また、われわれの経験的な信念体系と実在との関係について適切な理解を得るために、個々の命題に全体として対応する存在者を認める必要があるとしても、そのような存在者を認めて当の分析や理解を得ることは、TM原理を受けいれないことと両立する。つまり、問題の三つの点がTM原理を採用することの利点として認められるとしても、それらの利点はいずれもTM原理を受けいれることなく得ることができる。

以上の検討から、ＴＭ原理を帰納的に正当化しようとする秋葉の試みは成功していない、と結論づけることができる。

## 3　キャメロンによる帰納的正当化の試み

ここまでの議論から、最終的な結論として次のような主張を導きたくなるかもしれない——ＴＭ原理に対しては演繹的な正当化も帰納的な正当化も失敗しているから、正当化の仕方によらずその試みが成功する見込みはない、と。だが、そう結論づけるのは性急である。たしかに、実在論的直観からの導出の試みを検討した第一節での議論をふまえると、そうした穏当で直観的にもっともらしい（ＴＭ原理に対して懐疑的な者にも受けいれられるような）一般的前提に基づいて演繹的にＴＭ原理を正当化しようとする道は絶望的だと言えるかもしれない[29]。しかし、帰納的な正当化の試みを検討した前節での議論が示しているのはあくまでも、個々の命題に全体として対応するような存在者を認めることの利点に訴えるだけでは——そうした存在者がＴＭとしての役割を果たすかどうかが別の問題である以上——ＴＭ原理の正当化として不十分である、ということにすぎない。したがって、その教訓を活かして次のような道を探る余地はまだ残されている。すなわち、ＴＭ原理を受けいれる立場の理論的美徳に訴えてＩＢＥによってＴＭ原理を正当化する、という基本的方針を保ちつつ、直接的に、ＴＭとしての役割を果たす存在者を認めることの利点に訴える、という道である。

最終節である本節では、そのような論証の試みとしてキャメロンの議論を取り上げる。ＴＭ原理には、それが適用される真理の範囲をどのように考えるかに応じて様々なバージョンがあるが、キャメロンが正当化しようとするのは、すべての（偶然的な）真理に対してＴＭが存在することを主張する全面主義のＴＭ原理

(Maximalist Truthmaker Principle／以下「ＭＴＭ原理」と略記）である。以下ではまず、キャメロンの議論をもとにＭＴＭ原理を正当化するための論証を再構成し[30]、その論証の基本的方針が、他のバージョンのＴＭ原理を正当化するためにも利用できることを確認する。そのうえで、そうしたキャメロン的な正当化戦略の強みを明らかにしたい[31]。

## ＭＴＭ原理に関するキャメロンの論証の再構成

ＭＴＭ原理を正当化するための論証の土台となるのは、ＭＴＭ原理を採用することの理論的美徳に訴えて、その原理を受けいれるべきある程度の（pro tanto）理由があるという主張を導く、次のような論証である[32]。

1　ＭＴＭ原理によれば、基礎的な真理はいずれも、純粋な存在命題（ある対象が存在することを、そしてそれだけを主張する命題）である。

2　ＭＴＭ原理によれば、非基礎的な真理はいずれも、究極的にはなんらかの純粋な存在命題によって根拠づけられている（すなわち、いかなる非基礎的な真理に対しても、それを根拠づける基礎的な純粋存在命題が存在する）。

3　ＭＴＭ原理を採用する理論は、それを採用しない理論に比べて、基礎的な真理の種類に関して倹約性が高く、かつ、非基礎的な真理の説明に関して統合性が高い。

4　したがって、ＭＴＭ原理を採用すべきある程度の理由がある。

ここで、ある真理が基礎的であるということは、その真理がいかなる真理によっても根拠づけられていない

（それによって他の真理が説明されうる一方で、それ自体はいかなる真理によっても説明されない）ということとして捉えられる[33]。

第一前提と第二前提は、「いかなる真理に対してもそのＴＭが存在する」というＭＴＭ原理の主張と、「真にする」という関係に対する次のような定義から帰結する。

**［「真にする」の定義］**　$x$は命題$p$を真にする（$x$は$p$のＴＭである）⇕（i）$p$は〈$x$が存在する〉という基礎的な真理である、もしくは、（ii）$p$は〈$x$が存在する〉という基礎的な真理によって根拠づけられている[34]。

この定義は、基礎的な存在者（その存在が基礎的な真理であるような対象）としてのＴＭの役割を捉えたものである。すなわち、ある対象が特定の命題のＴＭであると主張することは、その対象を基礎的な存在者として位置づけたうえで、その存在によって当の真理が究極的な根拠づけを得ている（あるいは、その存在そのものを述べているのが当の真理である）と主張することである――ＴＭを引き合いに出す説明の眼目がこのように捉えられることを明示化したものが、この定義にほかならない[35]。例えば、メレオロジー的ニヒリズム（存在するのは真部分をもたない対象（素粒子）だけであると主張する立場）を支持する論者がどのようにＴＭに訴えるかを考えよう。ある素粒子の集まりが特定の配列で並んでいるという事態を〈机が存在する〉のＴＭとして引き合いに出すことは、その事態を基礎的な存在者として位置づけたうえで、〈机が存在する〉という真理がその存在によって究極的な根拠づけを得ていると主張することであり、また、電子を〈電子が存在する〉のＴＭとして引き合いに出すことは、電子という基礎的な対象の存在を述べているのが当の真理であると主張することである。

あらゆる真理にそのＴＭが存在することを主張するのがＭＴＭ原理であるから、先述の定義をふまえればその主張は、「いかなる真理も、何らかの対象の存在を、そしてそれだけを述べた基礎的真理であるか、もしくは、そうした基礎的真理によって根拠づけられている」と言い換えられる。つまりＭＴＭ原理によれば、いかなる真理も、もし基礎的であるならば純粋な存在命題であるし（第一前提）、もし非基礎的であるならば究極的にはなんらかの純粋な存在命題によって根拠づけられている（第二前提）。こうして、ＭＴＭ原理の主張と、「真にする」関係に対する先述の定義から、第一前提と第二前提が帰結する。

第三前提は、第一前提と第二前提で述べられたＭＴＭ原理の帰結をそれぞれ、基礎的真理の種類に関する倹約性――基礎的な真理を構成する命題は、純粋な存在命題という一種類の命題のみである――と、非基礎的な真理の説明に関する統合性――多様な非基礎的真理は、究極的にはすべて、純粋な存在命題という一種類の命題によって根拠づけられる――という理論的美徳として捉えたものである。そして、ＭＴＭ原理の採用がそのような理論的美徳をもたらすということから、その原理を採用すべきある程度の理由があるという結論が導かれる。

ただし、この結論が意味するのはあくまでも、もし他の条件が等しければ、ＭＴＭ原理を採用する理論を受けいれるべきであるということにすぎない。そしてもちろん、他の条件は等しくない。ＭＴＭ原理を採用する理論は、そうでない理論が措定しないような対象を措定するからである。ＴＭ不要説はそもそも事態やトロープといった種類の存在者を（ＴＭの役割を担うものとしては）措定しないし、単純な述定命題に対してＴＭを認める立場であっても、現在主義の理論は、今は存在しない過去の対象を措定せず、否定的真理（とりわけ否定存在命題）のＴＭを認めない非全面主義の理論は、〈ユニコーンは存在しない〉を真にする

（なんらかの意味で）否定的な対象を措定しない。ＭＴＭ原理を採用する理論は、こうした存在者を措定する点で、他の理論に比べて存在論的な倹約性が低い。[36]

他方で、ＭＴＭ原理を採用しない立場の理論的美徳については、それを採用する立場の場合と対照的なことが言える。「真にする」関係に対する先述の定義をふまえれば、「$p$という真理にＴＭは存在しない」と主張することは、「$p$は基礎的な純粋存在命題ではなく、かつ、$p$を根拠づける基礎的な純粋存在命題は存在しない」と主張することにほかならない。この主張が正しいならば、$p$は純粋存在命題ではない形式をもつ基礎的真理であるか、もしくは、そうした基礎的真理によって根拠づけられている。[37]したがって、ＴＭをもたない真理を認めることは、純粋存在命題ではない形式の基礎的真理があることを認めることだと言える。その場合も、少なくとも一つの純粋存在命題は――例えば素粒子の存在を述べる命題が――基礎的真理として認められるだろうから、ＭＴＭ原理を採用しない理論は、少なくとも二種類の基礎的真理を認めることになる。徹底したＴＭ不要説であれば、性質例化に関する真理や、過去時制の文で表される真理、何かの非存在に関する真理など、様々な種類の真理を基礎的なものとして認めることになるだろう。このように、ＭＴＭ原理を採用しない理論は、倹約的な存在論で済ますことの代償として、基礎的真理の種類に関する倹約性や非基礎的真理の説明に関する統合性が低くなることを受けいれなければならない。

したがって問題は、ＭＴＭ原理を採用することによる便益・コストを（他の選択肢のそれとの比較において）総合的にどう評価すべきか、という点にあると言える。[38]ＭＴＭ原理に反対する立場にとっては、この原理の採用による便益はそのコスト――存在論的な倹約性の低下という犠牲を払うこと――に値しない。そこでＭＴＭ原理の支持者は、その原理に基づく存在論を、可能なかぎりコストが小さくなるように――量的・質的な豊富さを最小限にするとともに、措定されるＴＭができるだけ問題の少ないものになるように――構築することを目指さなければならないことになる。そうした理論構築を経て、ＭＴＭ原理の支持者は最終的に次のようにして先述の論証を補完することになるだろう。

5　ＭＴＭ原理を採用する特定の理論――その採用に伴うコストを最小限に抑えた理論――の便益・コストをそれ以外の諸理論の便益・コストと比べたとき、前者の理論が最善である。

6　したがって、ＭＴＭ原理を採用することについて、すべてを考慮に入れたうえでの（all-things-considered）理由がある。

## 一般化されたキャメロン的論証戦略とその強み

キャメロン自身の議論においては、ＭＴＭ原理以外のＴＭ原理（すなわち、なんらかの限られた範囲の真理がＴＭをもつと主張する非全面主義のＴＭ原理）は言及されていないが、以上の論証戦略は、非全面主義のＴＭ原理を正当化するためにも利用することができる。例えば、否定存在命題のＴＭを認めない非全面主義のＴＭ原理を正当化しようとする場合には、それを採用することによってもたらされる理論的美徳がＭＴＭ原理を採用する場合と比べてやや劣る――存在に関する真理に加えて非存在に関する真理もまた基礎的であり、様々な非基礎的真理を説明するために存在命題に加えて否定存在命題もまた必要になる――ことを認めつつ、全面主義が認めざるをえないような（なんらかの意味で）否定的な存在者を認めずに済ませられるという別種の理論的美徳を強調し、総合的に見てそのような非全面主義的ＴＭ原理を採用する理論が最善であることを示す、という仕方で、これまで述べてきた論証を（その中心的発想を維持しつつ）組み立て直すことになるだろう。

以上のように再構成・一般化されたキャメロン的な論証と、前節で批判的に検討した論証は、TM原理を受けいれる立場の理論的美徳に訴え、IBEによってTM原理を正当化しようとする、という基本的方針を共有しているが、前者には後者と比べて次のような特徴と強みがある。第一に前者は、ある真理についてTMの存在を主張するということがいかなることであるのかを明確にしたえうえで、まさにその主張が要求するTMとしての役割を担うような存在者を認めることの利点に直接的に訴えている。それゆえ前者に対しては、後者に対してなされた二つめの批判、すなわち「当の利点はTM原理なしでも得られる」という批判は効力をもたない。第二に、TM原理を受けいれることの利点として前者が引き合いに出すもの（基礎的な真理の種類に関する倹約性と、非基礎的な真理の説明に関する統合性）はいずれも、後者の論証の検討において確認したような個別の哲学的論争において特定の立場を採ることを前提しない――ただし、基礎的な真理と非基礎的な真理という区別に意味があり、なんらかの仕方でそれを精緻化できる、という一般的前提は必要とする。それゆえ、少なくともTM不要説――様々な非基礎的真理について、TM理論とは別の仕方で基礎的真理による説明を与えようとする立場――に抗してなんらかのTM原理を擁護する、という観点から評価するならば、前者の論証は、個々の哲学的立場に依存しない一般的効力をもっていると言える。

## おわりに

本稿では、TM原理を正当化するためのこれまでの試みとして、ロドリゲス゠ペレイラによる演繹的な論証（実在論的直観からの導出）と、秋葉およびキャメロンによる（広義の）帰納的な論証（TM原理の採用がもたらす理論的美徳に訴えたIBEによる正当化）を検討し、前者の路線が成功する見込みが薄いこと、また、後者の路線のうち、TMの役割を果たす存在者を認めることによって基礎的真理の捉え方に関する理論的美徳が得られることに着目する道（キャメロン的な正当化戦略）が有望である、ということを論じた。ただし、その戦略が有望であるということは、当の論証によってＴＭ原理の正当化がすでに済んでいると考える余地が大きいことを意味しているわけではない、ということに注意しなければならない。最終節での議論から明らかなように、キャメロン的な正当化戦略が全体として主張しているのはあくまでも、ＴＭ原理に基づく理論構築――その原理がもたらす便益を最大限に享受しつつ、それに伴うコストを最小限に抑えることのできるような理論の探求――が、取り組まれるべき（そして実際に取り組まれている）有意義な「リサーチ・プロジェクト」[39]だということだからである。だがそれが意味するのは、ＴＭ原理を出発点にして――最終的にその原理が捨て去られるべきことが明らかになる可能性を視野に入れつつ――様々な存在論的探究に取り組むことの正当性にほかならない。

## 註

（1）それぞれ、Rodriguez-Pereyra（2005）の第六節と第七節で展開されている。なお、ロドリゲス＝ペレイラは第二の論証を「主論証」だと考えている（Rodriguez-Pereyra（2009: 246））。

（2）Hornsby（2005: 40）.

（3）Rodriguez-Pereyra（2005:24-25; 2009: 246）.

（4）ホーンズビーの考えでは、「$a$が「赤い」という性質を例化している」ということと「$a$が「白い」という性質を例化している」ということの区別は明白なものであり、それが何に存するかについての実質的な解明が求められるようなものではない（Hornsby（2005: 40-41））。だがロドリゲス＝ペレイラによれば、単にその区別の明白さを指摘しても、その区別がＴＭの存在に訴えることなく維持可能であることを示せたことにはならないし、「赤い」という性質と「白い」という性質の違いに訴えたとしてもそれは変わらない（Rodriguez-Pereyra（2009: 246））。ＴＭ

不要説の支持者は、ロドリゲス＝ペレイラのこの主張（のとりわけ後半部）に反論することができると思われるが、ここではその点に立ち入らず、問題の区別が（複数の性質を区別することには尽きない）実質的な解明を要求するものであるということを仮定したうえで議論を進める。

（5）Rdriguez-Pereyra（2005: 25）.

（6）Rdriguez-Pereyra（2005: 27-31）.

（7）この用語法は Bliss and Trogdon（2014）による。

（8）Fine（2001: 16）は、根拠づけの関係項としての命題的な存在者を要求しないという結合子主義の特徴に注目している。述定主義と結合子主義の対立をめぐる論点を整理したものとしては、Bliss and Trogdon（2014: section 1.2）や Correia and Schnieder（2012: section 3.1）を参照。

（9）この段落で述べた批判に類するものは、Liggins（2008: 189）でも提示されている。

（10）Cf. Fine（2012: 46）.

（11）もちろんロドリゲス＝ペレイラは、「真理は存在者に根拠づけられている」という結論をＴＭ原理の表現として、すなわち「真理は（事物がいかにあるかではなく）事物の存在そのものによって根拠づけられている」――根拠づけを命題どうしの関係として捉えたうえで言い換えれば、「何が真かに関する命題は一般に、なんらかの対象の存在（だけ）を主張する存在命題によって根拠づけらている」――というテーゼとして意図しているだろう。だが私が示したのは、そのように解釈された結論を、実在論的直観、および根拠づけに関する述定主義（そして関係一般の本性）だけから導出することはできない、ということにほかならない。

（12）ロドリゲス＝ペレイラの論証に対する別種の批判（彼が前提しているように見える「説明的実在論（explanatory realism）」と呼ばれる考え方への批判）として、Liggins（2008: 190-191）も参照。なお、Dodd（2007）にもロドリゲス＝ペレイラの論証に対するさらに別種の反論が含まれているが、その反論に対しては Rdriguez-Pereyra（2009: 249-250）において的確な再反論がなされている。

（13）秋葉（2014: 63-72）. なお、本稿で採用している「ＴＭ不要説」という呼称は同箇所での秋葉の用語法に倣ったものである。

(14)秋葉（2014: 66-67）.
(15)秋葉（2014: 67-69）.
(16)秋葉（2014: 70-72）.
(17)秋葉（2014: 66）.
(18)その点で因果の消去主義は、一般に「因果の反実在論」と呼ばれることの多い主張、すなわち「因果は世界の基礎的な（還元不可能な）特徴ではない」という主張よりも強い立場である。Russell（1913）は、とりわけ基礎的な物理学が扱う領域に関して因果の消去主義を主張している。物理学における因果に限らず、因果一般の消去主義を擁護した近年の研究として、van't Hoff（2022）がある。
(19)Cf. Chakravartty（2005）, Dowe（2000）, Mumford and Anjum（2011）, Salmon（1998）.
(20)そのコンセンサスは、因果に関していわゆる不可欠性論証（indispensability argument）が成り立つという考えに基づいている。因果に関する不可欠性論証の代表例は Cartwright（1979）である。なお、注（18）で挙げた van't Hoff（2022）は、不可欠性論証に抗して因果の消去主義を擁護するものである。
(21)Cf. Moltmann（2022: section 2.1）. ただし、そのような見方は、実在の基礎的な特徴の探究としての形而上学（基礎論的形而上学）を記述的形而上学と完全に切り離した仕方で展開することが可能であるという主張を含意しない。Fine（2017）にしたがえば、前者の探究はむしろ、（ある種の）記述的形而上学をその出発点として前提することによってはじめて可能になる（ファインは、ストローソン的な意味での記述的形而上学に類する探究（実在と対比された「現象（appearance）」を主題とする形而上学）を基礎論的形而上学と区別して「素朴形而上学」と呼び、その重要性を強調している）。
(22)秋葉（2014: 70）. 代表的な概念主義者の一人であるビル・ブルーアーも、Brewer（2005）においてこの前提を明示的に述べている。
(23)Cf. Heck（2000）. ただし、ここでは立ち入らないが、このような反論に対しては概念主義の立場から説得的な再反論がなされている。例えば Speaks（2005: 375）を参照。
(24)Cf. Gauker（2012: 27）.

(25)Cf. 信原（2003: 9-11).

(26)ルイスは一連の著作において因果の分析を次第に洗練させているが、その最初のバージョンはLewis（1973）で提示されている。

(27)Cf. Lewis（1986).

(28)秋葉（2014: 67）は、「〔……〕*P*やQが「記述する」という仕方で対応関係に立つような（その意味で「命題的」と呼べるような）存在者を認めておきながら、それらは*P*やQを真にするものではないと主張する立場は、「*P*なぜならQ」という説明が正しい場合に、なぜ*P*とQがともに真であるのかを謎として残してしまうだろう」と主張しているが、本文で述べたとおり、*P*やQに対応する対象の存在を根拠づける実在のあり方が、*P*とQがともに真であることの根拠づけも与えている、と考えることができる。

(29)本稿では取り上げられなかったが、Jago（2020）は、穏当で直観的にもっともらしい（ように見える）一般的前提からＴＭ原理を——しかもその全面主義バージョンを——演繹的に導出することを試みている。その論証は、アロンゾ・チャーチがフレデリック・フィッチにその原型を提示したいわゆる認識可能性のパラドクス（cf. Church (2009)）に含まれる論法を利用した巧妙な——結論となるＴＭ原理を受けいれていない者にとってはまさにパラドクシカルな——ものであり、その健全性をめぐってごく最近に至るまで論争が続いている（cf. Bondar（2022), Jago (2021), Nyseth（2022), Stigall（2023), Trueman（2021））。この論争の検討と評価は別の機会に譲りたい（私は今のところ、問題の論証は（その修正版も含めて）成功していないというNyseth（2022）の主張に賛成したいと考えている）。

(30)ＴＭ原理に対するキャメロンの捉え方には著作によって（ときには、一つの著作の中でも節によって）比較的大きな違いがあるように思われるが、本稿で取り上げるのはCameron（2008: 123-127; 2018: 350-353）における議論である。

(31)本稿で取り上げるキャメロンの議論は秋葉（2014: 125-127）においても注目されているが、そこで秋葉は、「全面主義は不経済な立場である」という主張が全面主義を拒否するための理由として不十分であることを示す説得的な議論としてそれを取り上げている（そのうえで秋葉は、非全面主義を採用するための良い理由を示すことを試みている)。全面主義はある意味できわめて経済的であるというキャメロンの主張には本稿でも注目するが、私が強調したいのは、その主張を根拠（の一つ）として、全面主義の帰結に対する論難から全面主義を擁護することができるだけでなく、全面主義（をはじめとする様々なバージョンのＴＭ原理）を採用すべきことを積極的に論証することができる、という点である。

(32) Cameron（2008: 124-126; 2018: 350).

(33) キャメロンは根拠づけを命題どうしの（一対一の）関係として捉えている（つまり述定主義の一形態を採用している）が、その点はキャメロンの議論において本質的ではない。すなわち、結合子主義（あるいは別の形態の述定主義）を採用した場合も、ここで再構成するのと本質的に同じ論証を構成することができる。

(34) Cameron（2018: 338). なお、キャメロンの議論では、ある命題に対して複数の対象が総体として「真にする」という関係に立つことを許容する定義が用いられているが、ここでは単純化のために、標準的な考え方にしたがって一対一の関係として「真にする」を定義する。

(35) 非基礎的な存在者にも適用しうるものとしてＴＭ概念を理解する選択肢もあるが（cf. Asay（2023: 3-4))、その選択肢を採る場合には、本節の議論を、基礎的なＴＭを措定する原理の正当化に関するものとして読み替えればよい。

(36) ＭＴＭ原理を採用する理論が他の理論に比べて劣る点として、Cameron（2008: 126）はさらに、他の理論との整合性、特に、ある種の現在主義や現実主義のような（ＴＭに関する議論とは独立の論拠によって動機づけられた）諸理論と両立しない、という点を挙げている。

(37) 厳密には、この条件文を導くためには根拠づけ関係の整礎性の仮定が必要である。

(38) Cameron（2008: 126; 2018: 353).

(39) Cameron（2008: 126).

## 参考文献


Armstrong, D. 2004, *Truth and Truthmakers*, Cambridge University Press.

Asay, J. 2023, *Truthmaking*, Cambridge University Press.

Beebee, H. and J. Dodd（eds.）2005, *Truthmakers: the Contemporary Debate*, Oxford University Press.

Bliss, R. and K. Trogdon 2014, "Metaphysical Grounding", in E. N. Zalta（ed.）, *The Stanford Encyclopedia of Philosophy*（Winter 2021 Edition）: URL = https://plato.stanford.edu/archives/win2021/entries/grounding/.

Bondar, O. 2022, "A Short Argument against Truthmaker Maximalism", *Metaphysica*, 23（1）: 27-36.

Brewer, B. 2005, "Perceptual Experience Has Conceptual Content", in E. Sosa and M. Steup（eds.）, *Contemporary Debates in Epistemology*. Blackwell: 217-30.

Cameron, R. P. 2008, "Truthmakers, Realism and Ontology", *Royal Institute of Philosophy Supplement* 62:107-28.

Cameron, R. P. 2018, "Truthmakers", in M. Glanzberg（ed.）, *Oxford Handbook of Truth*, Oxford University Press: 333-54.

Cartwright, N. 1979, "Causal Laws and Effective Strategies", *Noûs*, 13（4）: 419-37.

Chakravartty, A. 2005, "Causal Realism: Events and Processes", *Erkenntnis* 63（1）: 7-31.

Church, A, 2009, "Referee Reports on Fitch's 'A Denition of Value'", in J. Salerno（ed.）, *New Essays on the Knowability Paradox*, Oxford University Press: 13-20.

Correia, B. and F. Schnieder（eds.）2012a, *Metaphysical Grounding: Understanding the Structure of Reality*, Cambridge University Press.

Correia, F. and B. Schnieder 2012b, "Grounding: an Opinionated Introduction", in Correia and Schnieder 2012a: 1-36.

Dodd, J. 2007, "Negative Truths and Truthmaker Principles", *Synthese* 156（2）: 383-401.

Dowe, P. 2000, *Physical Causation*, Cambridge University Press.

Fine, K. 2001, "The Question of Realism", *Philosopher's Imprint* 1（2）: 1-30.

Fine, K. 2012, "Guide to Ground", in Correia and Schnieder（2012a）: 37-80.

Fine, K. 2017, "Naive Metaphysics", *Philosophical Issues*, 27（1）: 98-113.

Gauker, C. 2012, "Perception without Propositions", *Philosophical Perspectives* 26（1）: 19-50.

Heck, R. 2000, "Nonconceptual Content and the 'Space of Reasons'", *Philosophical Review* 109（4）: 483-523.

Hornsby, J. 2005, "Truth without Truthmaking Entities", in H. Beebee and J. Dodd（2005）: 33-47.

Jago, M. 2020, "A Short Argument for Truthmaker Maximalism", *Analysis* 80 (1): 40-4.
Jago, M. 2021, "Which Fitch?" *Analysis* 81 (3): 436-39.
Lewis, D. 1973, "Causation", *Journal of Philosophy* 70 (17): 556-67.
Lewis, D. 1986, "Events", in D. Lewis, *Philosophical Papers, Volume 2*, Oxford University Press: 241-69.
Liggins, D. 2008, "Truthmakers and the Groundedness of Truth", *Proceedings of the Aristotelian Society* 108 (2): 177-96.
Moltmann, F. 2022, "Natural Language Ontology", in E. N. Zalta and U. Nodelman (eds.), *The Stanford Encyclopedia of Philosophy* (Winter 2022 Edition): URL = https://plato.stanford.edu/archives/win2022/entries/natural-language-ontology/.
Mumford, S. and R. Anjum 2011, *Getting Causes from Powers*, Oxford University Press.
Nyseth, F. 2022, "Fitch's Paradox and Truthmaking: Why Jago's Argument Remains Ineffective", *Analysis* 82 (3): 451-54.
Rodriguez-Pereyra, G. 2005, "Why Truthmakers?" in Beebee and Dodd (2005): 17-31.
Rodriguez-Pereyra, G. 2009, "Postscript to 'Why Truth-makers'", in E. J. Lowe & A. Rami (eds.), *Truth and Truth-making*, Acumen: 242-250.
Russell, B. 1913, "On the Notion of Cause", *Proceedings of the Aristotelian Society* 13: 1-26.
Salmon, W. 1998, *Causality and Explanation*, Oxford University Press.
Speaks, J. 2005, "Is There a Problem about Nonconceptual Content?" *Philosophical Review* 114 (3): 359-98.
Stigall, J. 2023, "Not Every Truth Could Have a Truthmaker", *Theoria* 89 (1): 7-13.
Trueman, R. 2021, "Truthmaking, Grounding and Fitch's Paradox", *Analysis* 81 (2): 270-74.
van't Hoff, A. 2022, "In Defense of Causal Eliminativism", *Synthese* 200 (5):1-22.
秋葉剛史 2014『真理から存在へ――〈真にするもの〉の形而上学』春秋社。
信原幸弘 2003「捉えがたき明晰さ――知覚内容の非概念性」、『思想』九四九号、岩波書店、一四二―一六〇頁。

# 倹約性の観点に基づく〈真にするもの〉原理の正当化はどれくらい説得的か

高取正大

北村直彰の論文「〈真にするもの〉原理はいかにして正当化されるべきか」は、「〈真にするもの〉原理」（以下「TM原理」）の支持者たちからこれまで提出されてきた、この原理の正当化の試みを批判的に検討したうえで、北村自身が有望と考えるアプローチを提示したものである。第1節と第2節は、それぞれゴンザロ・ロドリゲス゠ペレイラおよび秋葉剛史による議論に否定的な評価を下すことに充てられており、これらについては、TM原理（ひいてはTM理論の枠組み全体）に対して疑念を抱いている私の立場からしても、異論のあるところではない。北村論文においてTM原理を擁護するための積極的な議論が展開されているのは、第3節での、ロス・キャメロンによる論証を再構成した部分にある。よって、本コメントでもその部分に焦点を当てたい。

私が北村゠キャメロンの議論に対して抱いている疑念は、おおむね次の二つである。一つは、彼らがTM原理を擁護するために訴えている、〝費用便益分析〟の適用に対する方法論的な疑念である。これは、すでにGoff（2010）でキャメロンに対して提起されている批判を踏襲したものである。もう一つは、北村゠キャメロンの議論において、TM原理を採用することで達成される理論的美徳とされるもののうち、基礎的真理の種類に関する倹約性と呼ばれるものが、実際のところどういった内実をもつのか、ということに関わる。以下、第1節で前者の疑念について、第2節で後者の疑念について論じる。

## 1　ＴＭ原理の擁護と費用便益分析

北村＝キャメロンによるＴＭ原理[1]を正当化するための論証は、次のように要約することが許されるだろう。つまり、ＴＭ原理を採用する理論は、採用しない理論に比べて、存在論的倹約性では劣るものの、基礎的真理の種類に関する倹約性ならびに非基礎的な真理の説明に関する統合性においては優れている。これらの点を鑑みれば、ＴＭ原理を採用する理論と採用しない理論についてそれぞれのもたらす費用（cost）と便益（benefit）を比較考量した際に、総合的な考慮のもとでは、ＴＭ原理を採用する理論のほうが優れていると論じられる余地がある。この最後の「論じられる余地がある」と形容された部分の具体的な議論の展開は、リサーチ・プロジェクトとして今後の探究に委ねられるが、以上の論証だけでも、ＴＭ原理を採用するにあたってのある程度の（pro tanto）理由を与えるには十分だとされる。

上述の北村＝キャメロンの論証は、**倹約性**（**parsimony**）の観点に基づく**費用便益分析**（**cost-benefit analysis**）と呼べる考え方に依拠していると言える。つまり、ある形而上学理論が支持に値するかどうかを評価する場面では、いくつかの評価項目に基づいてその理論のコストと便益が算定される。それらの評価項目の中には様々な種類の倹約性[2]の観点が含まれている。従って、複数の競合する形而上学理論を比較考量する際、他の評価項目に関して計上されるコストと便益が同等であるならば、倹約性の項目においてより高い評価を得る理論のほうに、支持する理由が与えられる。こういったかたちでの費用便益分析の利用はこんにちの分析形而上学において様々な場面で見られるものであり、従ってここで北村＝キャメロンがこの論法に訴えることも、特別に問題含みではないと思われるかもしれない。

しかし実際のところ、フィリップ・ゴフがCameron（2008）に対する批判論文（Goff（2010））の中で指摘しているように、ＴＭ原理を擁護するにあたって倹約性の観点に基づく費用便益分析を利用できるかどうかについては、疑問符をつけざるを得ない。問題は、ＴＭ原理が、通常の形而上学理論や形而上学的立場とはかなり身分を異にするテーゼなのではないかと考えられることにある。ＴＭ原理は、それ自体として世界のあり方に関する実質的な描像を表したものではなく、むしろそのもとでより実質的な形而上学理論を展開するための、枠組みもしくは指針としての性格をもつようなものである。言い換えれば、ＴＭ原理は、様々な形而上学的理論を展開するに際しての、探究の出発点として機能することが求められているのである。だがそういった種類の、探究の出発点となる原理に関して、より高い水準の倹約性を達成しているものをより高く評価するというのは、そもそも適当なのだろうか？　この点についてゴフは、探究の出発点において倹約性を評価するというのは全くおかしなところがあると論じている。彼の叙述は要点を分かりやすく表しているように思われるので、少々長くなるが引用しよう(3)。

〔……〕しばしば、極大の単純性が探究の賢明な出発点ではないようなケースがあることを指摘できる。生物学の黎明期を考えてみよう。自然界についての我々の探究を、全ての生物学的現象は根本的には同一の種に属するという作業仮説とともに始めるのは、賢明ではなかっただろう。私が考えるに、同様のことが〔全面主義のＴＭ原理を採用するＴＭ理論〕にもそのまま当てはまる。我々の言語的実践についてのほんの少しの反省は、我々には非常に異なる種類の真理主張（truth claim）をなしうる能力があるということを示唆する。〔……〕さて、これらの真理主張のいくつかは、他のものによって説明されうるかもしれない。例えば時制つきの真理主張は、時制なしの真理主張によって説明されうるかもしれない。しかしなぜ、形而上学的探究の出発において、全ての真理主張のカテゴリーが単一のカテゴリーによって、つまり〔純粋な存在主張〕によって説明されうると想定することが利点であると考えるのだろうか？　出発において伴ったほうがよいであろう真理主張のカテゴリーには、確実に、肯定的な主張と否定的な主張の両方、存在主張と述定の両方、時制つき主張と時制なし主張の両方が含まれるように思われる。探究が進むにつれて、我々は、これらのカテゴリーのいくつかは他のものにより説明されるべきだと決断するかもしれない。我々はまた、真理主張の全てのカテゴリーを一つのカテゴリーによって説明することに真剣な哲学的利点があるということすら見出すかもしれない。しかしそのようなラディカルな想定を最初から行うというのは奇妙に思われる。これはむしろ、生物学的探究を、全ての動物は哺乳類であるというアプリオリな想定とともに始めるかのようである。(Goff (2010), p.49. 強調は原文)

私も、以上でゴフが表明しているような考え方に賛同する。TM原理のように、もしそれが採用されたならば探究や理論構築の指針として機能する部類の主張について、それ自体が倹約性を達成していることを評価するというのは見当はずれであると考えられる。倹約性を達成しているかどうかを評価されるべきなのは、TM原理のような指針となるべきテーゼのもとでより具体的に展開される形而上学的な立場や描像である。探究や理論構築の指針として機能するテーゼ自体はむしろ、倹約的な立場や描像から、よりそうでないようなものまで含めて、できるだけ様々な形而上学的理論をそこで展開できるようなものであることが望ましいように思われる。

## 2 基礎的真理の種類に関する倹約性はどれほどの理論的美徳なのか?

私が指摘したいもう一つの疑念は、北村＝キャメロンの論証において「TM原理の採用により基礎的真理の種類に関する倹約性が達成される」と主張されるときの、その倹約性の内実に関するものである。以下では、全面主義のTM原理(Maximalist Truthmaker Principle; 北村に倣いMTM原理と略記)が採用された場合に限定して議論を進める。MTM原理の採用に関する以下の議論が成功しているならば、それは、より制限されたＴＭ原理を擁護するための論証に対しても、対処せねばならない問題を引き起こすであろう。

北村＝キャメロンの論証において、ＭＴＭ原理の採用により基礎的真理の種類の倹約性が達成されるというのは、より具体的に書き下せば、基礎的真理のリストが、

［L1］　存在する (*e*), 存在する (*f*), …,

というものになるということに他ならないと言える（「存在する」は存在述語として理解されているとする。‘*e*’、‘*f*’、……は個体を指す名前のリストとする）。［Ｌ１］に基づけば、全ての基礎的真理は単一の論理形式をもち、しかもその論理形式は、単に一項述語と個体の名前を結合した形態であるということになる。これらをもって、「基礎的真理の種類が一種類になる」と形容すること自体は確かにもっともらしいだろう。だがここで次のような疑問が浮かぶ。それは、基礎的真理のリストが［Ｌ１］になるということで達成される倹約性とは、実のところそれと同等の倹約性を達成することがかなり容易なのではないか、というものである。つまり、例えば一項述語として「リンゴである」を考え、‘*a*’、‘*b*’、……が個体を指す名前だとして、いま基礎的真理のリストが、

［L2］　リンゴである (*a*), リンゴである (*b*), …,

になる、と主張する（奇妙な）形而上学的立場——リンゴ基礎主義と名づけておく——を考えてみよう。このリンゴ基礎主義は、基礎的真理のリストが［Ｌ１］になる、と主張する立場と比べて、基礎的真理の種類に関する倹約性は同等の水準であるように見える。二つの立場はそれぞれどちらも、全ての基礎的真理がた

だ一種類の論理形式になることを主張している。しかもその論理形式は、同等程度に単純であるように見える――どちらも、一項述語と個体の名前を結合したものである。要するに、より一般的に述べれば、適当な一項述語 $F$ について、基礎的真理のリストが

［L3］ $F(a), F(b), \ldots,$（ただし、'$a$'、'$b$'、……は個体の名前とする）

となる、というかたちの主張なら何であれ、MTM原理を採用することで達成されるのと同程度の、基礎的真理の種類に関する倹約性を達成できるのではないかと疑われるのである。

そして、もしも上述の疑念が正当なものであれば、北村＝キャメロンの論証は、いくぶん困難な状況に追い込まれると考えられる。というのも、彼らの論証は主として、基礎的真理の種類に関する倹約性を達成できるということに基づいて（彼らの持ち出す論拠には真理の説明に関する統合性もあるが、これについては後述）、MTM原理を採用するある程度の（pro tanto）理由があると論じていたからである。彼らの論証が受け入れられるのであれば、それと同様の理路によって、リンゴ基礎主義のような立場にも、それを採用するある程度の理由があると言えることになる。だがこのような帰結は、控えめに見積もっても、あまり歓迎できるものではないだろう。この北村＝キャメロンにとっての困難は、次のように表現することができる。つまり、「ある程度の理由」ということで非常に弱い理由づけを――リンゴ基礎主義のような立場ですらそれを採用するある程度の理由があると言えるようなレベルのものを――想定しているなら、リンゴ基礎主義、ひいては基礎的真理のリストが［L3］の形式になるという主張一般に対し、それを支持するある程度の理由があると述べても、特に問題含みではないだろう。しかしその場合、彼らの「MTM原理を採用するある程度の理由がある」という主張にも実質がなくなってしまう。他方で、彼らが自らの論証によって、一定以

上の実質を伴った意味合いで「ＭＴＭ原理を採用するある程度の理由がある」ということを言いたいのであれば、かなり多くの奇妙な立場についても、実質を伴った仕方でそれらを支持する一定の理由が与えられると言わねばならないことになる。

以上のような疑念に対し、北村＝キャメロンのがわからはどのような応答が考えられるだろうか。一つの道は、上述の疑念を提示する過程では触れられなかった、真理の説明に関する統合性の観点を持ち出すというものかもしれない。北村＝キャメロンによれば、ＭＴＭ原理の採用により達成される理論的美徳には、様々な種類の非基礎的真理は究極的には全て、純粋な存在命題という一種類の基礎的真理により根拠づけられる、というものも含まれるのだった。この美徳はリンゴ基礎主義のような立場が備えていない利点であり、この点において、ＭＴＭ原理をサポートする理由とリンゴ基礎主義をサポートする理由には明確な差がある、と論じることが可能かもしれない。

だが私の見るところでは、この路線はだいぶ心もとないように思われる。というのも、北村＝キャメロンの論証においては、「純粋な存在命題という一種類の基礎的真理が他の様々な種類の非基礎的真理を根拠づける」という主張は単にそう述べられているだけであって、具体的にいかにしてそれが可能となるのかの実質的な説明は何も与えられていないからである。実際のところ、この点について実質的な説明を与えることは、私の知る限り、ＭＴＭ原理を採用するいかなるＴＭ理論の枠組みにおいても、探究の途上にある課題だと言える。そして、この程度のことを美徳に数え入れてよいのであれば、リンゴ基礎主義のような立場であってもそれを達成するのは容易いように思われる。つまり、「他の様々な種類の非基礎的真理は全て、［Ｌ２］のリストに現れる何らかの基礎的真理に根拠づけられる」などという主張を、単に付け加えればよいからである。

北村＝キャメロンのがわから考えられるもう一つの応答は、基礎的真理の種類に関する倹約性という観点に、更に細かな概念的区別を導入するというものだろう。これまでの議論においては、ＭＴＭ原理の採用によって基礎的真理の種類が倹約的になるということは、一貫して「基礎的真理の種類がただ一つになる」ということとして理解されていた。ここで問題となっている倹約性の概念は、基礎的真理の種類に関する量的倹約性と形容できるもの――基礎的真理の種類の数ができるだけ少ないことによって達成されるもの――である。だが、「基礎的真理の種類に関する倹約性」というアイデアには、量的な倹約性以外の仕方で理解する余地もあると思われる。すなわち、基礎的真理の種類に関する質的な倹約性と形容できるものである。この、基礎的真理の種類に関する質的倹約性の観点のもとでは、上掲した基礎的真理のリスト

［L1］ 存在する（*e*）, 存在する（*f*）,…,

の質的倹約性は、［Ｌ１］に固有の性質――例えば［Ｌ１］に現れる述語が「存在する」であるといったことなど――に基づいて評価されることになる。また、リスト［Ｌ２］の質的倹約性も、

［L2］ リンゴである（*a*）, リンゴである（*b*）,…,

というリストに固有の性質――その中には、そこで現れている述語がまさに「リンゴである」というものであることが含まれるだろう――に基づいて測られることになる。そのうえで、［Ｌ１］と［Ｌ２］の質的倹約性が比較されることとなるだろう。両者の質的倹約性に違いがあるとしたら、それはもっぱら、「存在する」という述語と「リンゴである」という述語の質的な違いに起因するものとなるだろう。そして更に、その違いが［Ｌ１］を［Ｌ２］よりも質的に倹約にしていると示すことができれば、ＭＴＭ原理の採用はリン

ゴ基礎主義と比べて基礎的真理の種類に関する質的倹約性の点で優れており、よって前者のほうがより支持されるべきである、と論じることが可能となるだろう。

私の考えでは、北村＝キャメロンの議論にとってより見込みがありそうなのは、この〈基礎的真理の種類に関する質的倹約性〉の観点に訴える方針である。実際のところ、「存在する」という述語と「リンゴである」という述語には間違いなく質的な差異があるし、一定の理論的目的に照らし合わせたとき大部分の形而上学者が、前者の述語のほうが後者の述語よりも好ましいと感じるのは確かだろう。これらの事柄に基づいて、北村＝キャメロンの論証において〈基礎的真理の種類に関する（量的）倹約性〉に訴えている箇所を、〈基礎的真理の種類に関する量的倹約性と質的倹約性の両方〉に訴えるかたちに修正（ないし精緻化）するという方針は、彼らの論証を補完する有望な路線となりうる。

とはいえ、この方針にとっても困難な課題は残っている。つまり、〈基礎的真理の種類に関する質的倹約性〉というアイデアの内実をより正確化するという課題である。もし「存在する」という述語を用いたリスト（[L1]）が「リンゴである」という述語を用いたリスト（[L2]）よりも質的に倹約であると主張したいなら、なぜそのようなことが言えるのかについての、一定以上の説得的な説明がぜひとも要求される。そのような説明なしには、〈基礎的真理の種類に関する質的倹約性〉という観点は、理論を評価するための材料として全く心もとないものに留まらざるをえないだろう（この点は、〈基礎的真理の種類に関する量的倹約性〉の考え方が、理論を評価する際の基準としてはかなり分かりやすいものであるのと、好対照だと言える）。

そしていずれにせよ、以上の三段落ほどで検討してきた応答の内容は、北村＝キャメロンが自分たちで提示した論証からすでに明白に距離のあるものとなっている。つまり、先述したように、北村＝キャメロンのもとの論証においては一貫して、基礎的真理の種類に関する倹約性は、基礎的真理の種類に関する量的倹約性として理解されていたからである。以上の三段落ほどで提案した応答の方針が、北村＝キャメロンにとって受け入れられるものであるにせよそうでないにせよ、この第2節で私がここまで述べてきた論点は、彼ら自身の論証に対する疑念を喚起するには十分なように思われる。

## 註

(1)正確には、キャメロン自身が正当化を試みているのは「全面主義のＴＭ原理（Maximalist Truthmaker Principle; ＭＴＭ原理）」に限定されている。しかし北村の議論では、より制限された範囲の命題に適用されるＴＭ原理であっても、同一の論法で擁護することが論じられているため、ここではまとめて扱う。

(2)いまの議論において言及されている、基礎的真理の種類に関する倹約性および存在論的倹約性以外にも、いわゆる理論のアイデオロジーに関する倹約性が、よく検討の対象となる。

(3)ゴフの批判はキャメロンに向けられたものなので、以下で直接的に取り上げられているのは全面主義バージョンのＴＭ原理（ＭＴＭ原理）である。しかしながらここでのゴフの指摘は、北村が論じているような、ＴＭ原理一般を倹約性の観点に基づいて擁護しようとする論証に対してもそのまま適用される。

## 参考文献

Cameron, R. P. 2008, "Truthmakers, Realism, and Ontology", *Royal Institution of Philosophy Supplement* 83: 107-28.
Goff, P. 2010, "Orthodox Truthmaker Theory Cannot Be Defended by Cost/Benefit Analysis", *Analysis* 70: 45-50.

# 〈真にするもの〉原理の正当化戦略の眼目

北村直彰

高取正大は、拙論の第三節での議論に対して二つの疑念を提示している。いずれも、拙論で擁護した〈真にするもの〉原理の正当化戦略の眼目がどこにあるのかという点に関わる重要な指摘を含むものである。ここでは、高取の二つの疑念にそれぞれ応答しながら、その眼目をより明確にすることに努めたい。なお以下では、「真にするもの（truthmaker）」を「ＴＭ」と略記する。

## 1　ＴＭ原理がもたらす倹約性は便益なのか

まず高取は、拙論で取り上げた Cameron（2008a）の議論に対する Goff（2010）の反論をふまえて、次のように述べている――ＴＭ原理に求められている役割は「様々な形而上学的理論を展開するに際しての、探究の出発点として機能すること」であり、そのようなテーゼは「倹約的な立場や描像から、よりそうでないようなものまで含めて、できるだけ様々な形而上学的理論をそこで展開できるようなものであることが望ましい」以上、ＴＭ原理そのものが「倹約性を達成していることを評価するというのは見当はずれであると考えられる」（三九三―三九四頁）。つまり、ＴＭ原理の採用がもたらすような倹約性は様々な理論展開の可能性を閉ざすがゆえに便益とは言えない、というわけである。この主張は次のような論証として整理することができる。

1　倹約性の観点に基づく費用便益分析は、世界のあり方に関する実質的な形而上学的理論に対しては適用できるが、そうした理論を展開するための枠組み・指針としての性格をもつテーゼに対しては適用できない。

2　ＴＭ原理は、世界のあり方に関する実質的な形而上学的理論ではなく、そうした理論を展開するための枠組み・指針としての性格をもつテーゼである。

3　したがって、倹約性の観点に基づく費用便益分析によってＴＭ原理を正当化することはできない。

拙論で擁護したキャメロン的な正当化戦略は、この論証の第二前提を否定する（と同時に第一前提も否定するが、その点については後述する）。というのも、その戦略のもとでＴＭ原理は、あらゆる非基礎的な真理を究極的に根拠づける基礎的な真理のクラスがどのようなものであるか――言い換えれば、世界で成り立つ様々な事実がどのような階層構造をもっているか――に関して特定の描像を提示する主張として、つまり「世界のあり方」に関する実質的な主張として捉えられているからである。

ここで注意すべきなのは、このようなＴＭ原理の捉え方は、「真にする」という関係を「基礎性」と「根拠づけ」によって定義すること（拙論三七九頁で提示したキャメロンによる定義）からもたらされているという点である。ＴＭ原理をめぐる論争ではしばしば、「（特定のクラスに属する）あらゆる真理に対してそのＴＭが存在する」という仕方で定式化されるＴＭ原理に関して、必然化条件（ＴＭの存在は当の命題が偽であることと両立しないという原則）だけをひとまずの前提として議論が展開される。そうした議論の仕方からはたしかに、ＴＭ原理とは様々な存在論的立場を展開するための枠組み・指針――真理と存在との一般的な対応関係を、具体的な存在論的探究に先立って述べたテーゼ――にほかならない、という印象を受けやすいかもしれない。だがキャメロン的な正当化戦略の特徴の一つは、様々な事実を根拠づける基礎的な――すなわち、根拠づけ関係による実在の階層構造の基盤をなす――存在者としてTMを定義することを通じて、TM原理がまさに「世界のあり方」に関して実質的な主張をおこなうものであることを明示的に述べる点にある。

もっとも、そのような仕方で捉えられたTM原理に、理論展開の枠組みや指針、出発点としての側面がないわけではない。TM原理はあくまでも、存在に関する事実を基盤とする階層構造を実在全体が備えていることを主張するにとどまり、基礎的な真理に現れる存在者とは何か、またそれらの存在がどのようにして他の真理を根拠づけているのかに関しては、TM原理を採用する理論が具体的にどのように展開されるかに委ねられるからである。しかし重要なのは、TM原理のもとでそのような具体的な理論を展開することは、世界のあり方に関する別種の（特定のTM原理と両立しない）立場を展開する可能性をあらかじめ排除することを伴うわけではない、という点である。キャメロン的な正当化戦略は、（特定の）TM原理を採用する理論の理論的美徳とそうでない理論の理論的美徳とがトレードオフの関係にあることに着目し、両理論のコスト・便益の総合的な比較考慮のもとで前者が選択されるべきであることを主張する（拙論三八〇―三八一頁）。したがってそれは、TM原理と両立しない理論を展開する可能性を排除するどころか、むしろ、TM原理を採用する理論の比較対象――実在全体の階層構造に関する別種の立場――としてそのような理論を具体的に展開すべきであることを積極的に認めるのである[1]。

以上のように、キャメロン的な正当化戦略のもとでは、TM原理は世界のあり方に関する実質的な形而上学的主張であると同時に、ある意味で理論展開の「枠組み」であると言える。すなわち、TM原理と両立しない理論の展開可能性を排除しない、理論展開の併存する「枠組み」の一つとしてTM原理が位置づけられる。そのような「枠組み」は、TM原理の採用が総合的に見て最善であることを論証することを目標として、対抗理論の具体化をむしろ要求するものである。それゆえ、キャメロン的な正当化戦略は、先述のように整理された高取＝ゴフの論証の第二前提に加えて、第一前提もまた否定する（あるいは、その正当性に制限を付す）ものとして理解することができるだろう。たしかに、実質的な形而上学的理論を展開するための唯一の指針・出発点として捉えられた原理に関しては、それによって達成される倹約性を便益とみなすことはできないかもしれない。しかし、今述べたような意味で併存する「枠組み」の一つとして捉えられる原理は、様々な理論展開の可能性を積極的に認めるものであるため、当の原理が達成する倹約性を便益とみなすことについて高取・ゴフが指摘するような困難を抱えない。

## 2　倹約性に基づく正当化はジレンマに陥るか

高取にしたがえば、たとえTMM原理の採用によって達成される倹約性を便益とみなすこと可能だとしても、キャメロン的な正当化戦略は当の「便益」の実質に関して困難を抱えることになる。その困難は、次のような疑念によってもたらされる――任意の一項述語$F$、例えば「リンゴである」をとり、基礎的真理はいずれも〈$x$は$F$である〉という形式の命題である、という主張（リンゴ基礎主義）を考えれば、その主張もまた「MTM原理を採用することで達成されるのと同程度の、基礎的真理の種類に関する倹約性を達成できるのではないか」（三九六頁）。

この疑念が正当であるとすれば――すなわち、〈基礎的な真理の種類がただ一つになる〉という倹約性によってMTM原理の採用に与えられる理由づけが、同様の理路によってリンゴ基礎主義の採用にも同程度に与えられるならば――キャメロン的な正当化戦略には、いずれも受けいれがたい二つの選択肢しかないように見える。一つは、リンゴ基礎主義の採用にまともな理由づけが与えられるはずがないという考えを維持するのと引き換えに、MTM原理の採用に与えられる理由づけもまた実質を欠くことを認める、という選択肢であり、もう一つは、MTM原理の採用に与えられる理由づけがまともな実質を伴うという考えを維持するのと引き換えに、リンゴ基礎主義のような奇妙な立場を採用することにも実質的な理由づけが与えられることを認める、という選択肢である。しかもこのような状況は、ＭＴＭ原理の採用によって達成される理論的美徳としてさらに真理の説明に関する統合性を引き合いに出したとしても変わらない。なぜなら、純粋存在命題という一種類の基礎的真理があらゆる非基礎的真理を根拠づけるという主張は「単にそう述べられているだけで、具体的にいかにしてそれが可能となるのかの実質的な説明は何も与えられていない」以上、純粋存在命題を純粋リンゴ命題に置き換えた主張をリンゴ基礎主義に「単に付け加えれば」、リンゴ基礎主義もまた同等の統合性を達成できると言わなければならなくなるからである（三九七頁）。

だが実際のところ、このようなジレンマはキャメロン的な正当化戦略にとって脅威とはならない。特に、先述の二つめの選択肢はそれほど受けいれがたいものではない。そのことは、ＭＴＭ原理を採用することの正当化が、ある程度の（pro tanto）理由があることを主張するステップ（拙論三七八頁の主張１から主張４まで）と、すべてを考慮に入れたうえでの（all-things-considered）理由があることを主張するステップ（拙論三八二頁の主張５と主張６）の二段階から成っているという点に注意することによって明確になる。たしかに、倹約性と統合性によってＭＴＭ原理の採用に与えられるある程度の理由づけは、高取の指摘するとおり、それと同様の理路によってリンゴ基礎主義（をはじめとする同型の任意の立場）にも同程度に与えられると言えるかもしれない。しかし、だからといって、そのような仕方である程度の理由づけを得た立場がすべてを考慮に入れたうえでの理由づけもまた同程度に得られる、ということは帰結しない。前節で強調したように、キャメロン的な正当化戦略の重要な特徴の一つは、競合する諸理論のコスト・便益を総合的に比較したときにＴＭ原理（の特定のバージョン）を採用する理論が最善であることを示そうとする点にある。倹約性・統合性の観点からある程度の理由づけを得た立場が、その総合的な比較において最終的な理由づけを得られるかどうかは、それらの理論的美徳の達成に伴うコストがどのように評価されるかにかかっている。

その評価の結果としてリンゴ基礎主義のような立場が最善であると結論づけられる、という可能性は、キャメロン的な正当化戦略のもとでもやはり、真剣な検討の対象にならないと言える。そうした立場は、他の理論的美徳――例えば、個々のリンゴが基礎的な対象ではないことを十分に説得的に示しうる多くのまともな理論との整合性――に関して補填しがたい犠牲を払っていることが明らかだからである。

もちろん、様々な理論的美徳の総合的な評価のもとで最終的な理由づけを得られるか否かにこそ正当化の成否がかかっているという点は、TM原理を採用する理論に関しても同じである。つまり、TM原理の採用に伴うコスト（例えば存在論的倹約性の低下）がどのように評価されるか――TM原理によって達成される倹約性・統合性がそのコストを補いうるか――が明らかにならないかぎり、TM原理を採用する理論がリンゴ基礎主義のような立場とは異なり有望であるという考えをはじめから自明視することはできない。とはいえ、前者が後者と明らかに異なるのは、問題のコストを最小限にしようとする試みがすでに数多く展開されているという点である。[2] 言うまでもなく、単にそうした試みが存在するということだけによってTM原理の採用が理由づけられるわけではない。しかし重要なのは、そうした試みを正当なものとして理解可能にする「枠組み」（前節で明確にした意味でのそれ）を与えるのがキャメロン的な正当化戦略であるということ、そして、それらの個々の試みを具体的に検討することなしに――ある程度の理由づけの点に関して同等であるような可能な立場を提示することだけによって――はじめからTM原理を却下することはできない、ということである。

## 註

（1）この点に関して Cameron（2008a: 126-127）は次のように述べている――「たいていの場合、TM論者は、およそ受容可能なあらゆる形而上学説に対する制約であるかのようにTM原理を扱い、その一方で反TM論者は、適切な動機づけがまったくないものとしてＴＭ原理を却下する。私の考えでは、どちらのアプローチも間違っている。〔……〕ＴＭ原理は、無視すべきものでもなければ、拒否不可能なものとして扱うべきものでもない。〔……〕我々が取り組むべきなのは、ＴＭ理論とその対抗馬のいずれについても最善のバージョンを――それら二つのいずれかを選択するという困難な課題に従事することが可能になるように――手に入れることのなのである」。

（2）例えば Cameron（2008b）は、世界全体という（ある種の穏健な前提のもとで認められる）存在者がすべての否定的真理のＴＭであるという立場を展開することによって、否定的真理に対してＴＭを措定することのコストを最小限にすることを試みている。私は Kitamura（2016）において、この立場をさらに洗練させたうえで擁護した。

## 参考文献


Cameron, R. P. 2008a, “Truthmakers, Realism and Ontology”, *Royal Institute of Philosophy Supplement* 62:107-28.

Cameron, R. P. 2008b, “How to Be a Truthmaker Maximalist”, *Noûs* 42（3）: 410-21.

Goff, P. 2010, “Orthodox Truthmaker Theory Cannot Be Defended by Cost/benefit Analysis”, *Analysis* 70: 45-50.

Kitamura, N. 2016, “The Groundedness of Negative Truths”, *Annals of the Japan Association for Philosophy of Science* 24: 1-19.

# おわりに——本書の構成と概要

柏端達也

本書の企画が始動したのは、「はじめに」にあるとおり、新型コロナウイルスが社会に大きな影響を与えはじめていたときである。ダイヤモンド・プリンセス号はすでに停泊していたが志村けんはまだ死んでいなかった二〇二〇年の春先に、執筆予定者が一堂に会した研究会を行なっている。会合のあと千里中央で「自己責任」で非公式の懇親会をしたのを覚えている。これも「はじめに」にあるように、本企画は、その後若干の流動と停滞を経て現在の形に収まった。執筆者の入れ替えは本書の構成に影響を与えることになった。というのも、本書の各章の内容設定は執筆者の専門分野に依存する（そういう企画だ）からである。

この「おわりに」では、本書の構成と内容を概観することにしたい。すでに読まれた方にとってそれはおさらい的なものになるかもしれないが、私なりの視点で語る部分もあり、内容の確認に広がりを加えることにはなると思う。とにかく、本書の話題はどれもそのように複数の視点から語りうる厚みのある事柄である。それらが今日の議論のいくつかの核を形成していることはまちがいない。

横路佳幸と後藤真理子による第Ⅰ部「人の形而上学」は人の存在論をテーマにしている。このテーマに関する最も知られた議論はおそらく、人の同一性をめぐる議論であろう。人の同一性の哲学的問題は、伝統的にはまず、人の通時的同一性の問題である。同一性関係は、論理学や数学では通常、同値関係とライプニッツの（またはライプニッツ風の）法則によって特徴づけられる。そうした通常の特徴づけはしかし、通時的同一性の概念と明白な緊張関係にある。通時的同一性は時間的変化を語る文脈で前提されるが、時間的変化は通時的に同一な対象の性質の入れ替えにほかならないからである。それは同一者不可識別の原理（代入則）への直接的な違反に見える。それへの対処法は複数考案されてきたが、いま重要なポイントは、人の通時的同一性に関して問題がとりわけ先鋭化すると考えられる点である。その理由の一つは、われわれ自身（つまり人）の通時的同一性への確信が、通時的同一性一般に対するわれわれの理解や疑問の源泉にあるからといったものだと思う。そうした事情もあり、人の同一性をめぐる議論はさまざまな哲学的パズルを伴う長い歴史をもつ。転生や復活、王子と靴屋のエピソード、最近では脳移植や脳分割、火星への転送などがおなじみのガジェットであろう。人の持続の本質が心理的特徴にあるのか身体的特徴にあるのかといった問いかけもよく耳にするはずだ。

前置きが長くなったが、人の通時的同一性をめぐる論争史は、第I部の序論でもその重要な部分が詳述されているのでそちらで続きを確認されたい。とはいえ、本書で取り上げられるのは以上とはすこし異なる問題群である。それらは新しい方向への関心の広がりを反映している。顕著な拡張は、「人とは何か」、さらには「われわれは何なのか（what are we?）」といった問いが中心に据えられている点であろう。人と身体そして意識とのあいだの関係に、より焦点が当てられるようになっていることも目を引く。そうした拡張は自然なものである。たとえばジョン・ロックは依然として重要な論点を提供しうる。本書において後藤と横路は、人とはどのような存在かという点をめぐって噛み合った議論を展開している。両者はある点で非常に明快な対立を示す。一語で表せば、後藤は単純説、横路は複合説である。といってももちろん後藤の考えが横路に比べて単純だということではない。「単純説」は、バリエーションがありそれぞれに練られた見解の総称である。後藤は、本書では、E・J・ロウのアイデアを援用しつつ、「非デカルト的二元論」的と形容される立場の可能性を探っている。対照的に横路は、質料形相論の観点などをも経由して、人（「私たち」）がむしろ複合的な実体であるという主張を展開している。「単純説」と「複合説」は通時的同一性の議論のなかでも使われてきたラベルである。だがここでは、それらの語がいくぶん異なる意味あいで使われていることに注目してほしい。他方で、横路と後藤のあいだには興味深い共通点もある。両者は種別主義的と呼ぶべき前提を共有し、その帰結のいくつかをも共有しているのである。この特徴もまた、議論の新しい方向性を示唆していると言えるかもしれない。

第Ⅱ部「運命の形而上学」は、大畑浩志と本書編者である森田邦久の担当で、決定論を中心テーマの一つとしている。「決定論」は哲学の文脈ではおなじみの語であろう。そのほか、二〇世紀の物理学の歴史を語る文献で目にすることがあるかもしれない。日常的にはよほどの哲学好きでなければ使わない言葉である。決定論の考えをひとことで表すなら「任意の出来事や事態について、その生起が決定しているか不生起が決定しているかのいずれかである」といったものになる。ただ、大畑が第Ⅱ部序論で示唆するように、それの意味するところは単一的ではない。大畑は決定論にすくなくとも三種類があることを指摘する。因果的決定論と神学的決定論と論理的決定論である。それらの中身はもちろん独立ではないが、話題になる文脈や、前提、その帰結がもつ意味あいは異なっている。たとえば今日、自由意志の問題——自由意志は本書のテーマではないが——を考えたときに第一に念頭に置かれるのは因果的決定論であろう。因果的決定論はその妥当性を経験科学の知見に依存させている。もっともそれが、経験科学によって自由意志の問題に決着がつくということを意味するわけではぜんぜんないのだが。神学的決定論はその妥当性を、前提となる神の観念のあり方に依存させている。神学的決定論についての哲学史研究はきっと興味深いものになるだろう。

しかし、本書で主題となるのは三つめの論理的決定論である。論理的決定論もまた哲学において古代から議論の対象となってきた。海戦問題はなかでも有名である（初耳の方は序論を読まれたい）。海戦問題を構成する論証は論理的決定論である。この議論の文脈を理解するポイントは、海戦問題の論証の帰結がデフォルトでは否定されるところにある。論証は、比較的受けいれ可能な前提から、未来に関する決定論を帰結させるという形をしている。未来に関する決定論は多くの人々にとって受けいれがたい。因果的決定論の支持者も、未来の決定が論理的に導き出されるとは主張したくないはずだ。海戦問題はそれゆえ「問題」になる。帰結をどうブロックするかをめぐって、これまでさまざまな議論が展開されてきた。その豊かさが重要なのである。議論にあきらかに関わってくるのは、「明日海戦は起こらない」といった未来を語る文の意味論をどうするかという課題である。そしてそれはもとより、時間をどのように形式的に表現するかという一般的な課題を左右しうる。大畑は、宿命論（「出来事の生起であれ不生起であれ何かが成り立つとすればそれは必然的に成り立つ」）を海戦問題の論証の重要な構成要素とみなし、それについて検討している。そのため議論は、様相に関する問いと分かちがたく結びつき、また、過去と未来の非対称性という時間論の重要な話題にも接続されることになる。形而上学の書である本書においてはそこからとりわけ、時間と実在についての考察が展開される。一つの問題は、直観的に明白なその非対称性をどのように説明するかである。大畑は自身の論稿において、個物の「このもの性（haecceity）」との関連から、時間に関する非対称性の問題に独自のアプローチを試みている。それに対する批評は、続く森田のコメントを読まれたい。なお森田は、海戦問題とはまったく別のルートで、未来に関する新しい論理的決定論を提案している（森田の本論に出てくる「運命論」は大畑の言う「宿命論」とは異なるので注意してほしい）。

「死」は確実に形而上学の問題である。形而上学こそが「死」を問題にしうると述べることもここでは許してもらおう。たとえば倫理学にとって死は前提であって問題ではない（死に至るプロセスに関わる諸々はもちろん倫理学の問題になりうるだろうが)。死とは何であるかを考えるのならば、人の存在論や時間といったテーマと関わらざるをえない。そしてそれらは第I部と第II部にあるとおりまさに形而上学の問題を構成する。というわけで、佐々木渉と吉沢文武による第III部は「死の形而上学」である。

今日、死を哲学的に論じるにあたって、トマス・ネーゲルの論文「死」を通らないことはできない。本書においてネーゲルへの言及が少なく感じられるとすれば、それは、著者である二人の専門家にとってネーゲルの提示した論点があまりにも常識化していて、議論の前提へと溶かし込まれているからであろう。古典的なその論文のなかでネーゲルは、第一に、死が死ぬ当人にとって「なぜ悪いのか」という問いに答えようとしているように見える。ネーゲルの答えの重要な構成要素は今日「剝奪説」の名で一般化している。ただし彼の論文には前面に出ていないもう一つの問いがあり、それは、死が死ぬ当人にとって「いつ悪いのか」という問いである。最初奇妙に聞こえるかもしれないこの問いは、ネーゲルの議論がエピクロスの論証を受けたものであることを知れば、とうぜん生じてしかるべきものだと理解できる。そのあたりの流れは佐々木による第III部序論で確認していただきたい。人の存在と非存在、時間的非対称性、価値の本性といったトピックを巻き込むこの問いは、とりわけネーゲル以降、形而上学の領域で盛んに論じられるようになった。もし一般的な災難を範型にとるなら、死の不幸は死んでから当人を見舞うと考えたくなるだろう。災難は起こってからが災難だからだ。死による害悪がもっぱら死後に構成される事実であるとするこうした考え方は「死後説」と呼ばれ、一定の支持者を獲得している。死後説の支持者たちは、たとえば災難一般に対する上述のわれわれの理解の自然さに訴えることができる。もちろん、それへの異論はありえよう。あらゆる面で自然な理論など期待できないし、またそもそも自然さがすべてを決するわけでもないからだ。さらに、明白な理論的問題として、死後説を、エピクロスが強調した死者の不在とどう調和させるかというものがある。剝奪説の主張する「関係的な悪」の概念はたしかに問題解決の一助となると思われる。ただそれで問題のすべてが解決するかどうかには議論の余地があるだろう。

第Ⅲ部の二人の著者も明快な対立の構図を描いてくれている。吉沢は死後説を支持し、佐々木は死後説に批判的である。特徴的なのは、二人の論争が、福利や価値をめぐる今世紀的な関心と道具立てを背景に展開されている点である。ネーゲル的な用語との微妙なずれがそこに見いだされよう。「ゼロ説」と「無規定説」は目新しい用語かと思う。いずれも死者の福利がどのようであるかに関する見解を表す語である。剝奪説および死後説と第一に親和的なのはゼロ説である。よって、吉沢はゼロ説を反論から擁護し、佐々木はゼロ説の根拠を疑う。（ゼロ説と無規定説の区別がピンとこない人は、「無規定（undefined）」を「未定義」と読み替えるとおなじみのものに感じられるかもしれない。すなわちここで言う「無規定」は、主体と時間と世界を引数とする関数が何の値も返さないことを意味する。それは、福利の値としてゼロを返すのとは明確に区別される。）

第Ⅳ部は、これは編集上の裏話に属することだが、本書の企画の終盤で差し替え的に追加された。それにもかかわらずこの最終部は、はからずも、ある意味本書全体に通底する観念である「真理」をテーマとするものになった。もっともそこで論じられているのは「真にするもの（truthmaker）」という専門的なアイデアである。そのアイデアは、本書の他の部分やこの第Ⅳ部が示唆するようにかならずしも今日すべての哲学者が当然視するものではないが、対応説的な真理観と親和性の高い哲学者たちによって歓迎され、集中的な検討がなされている。いかつい専門用語を忘れて、命題を真にする何かのことだと言われれば、たしかにそれは初見で理解を拒むアイデアではない。第Ⅳ部序論に丁寧な背景説明があるが、「真にするもの」の理論を混じり気のない形で最初に、明確に、専門的に、体系的に提示したのは、デイヴィッド・M・アームストロングだと見てよい（ルーツはほかにいくらでも辿れるにせよ）。その意味ではこれもまたオーストラリア産の良質な形而上学概念の一つである。アームストロングの提案はその後、もっともな哲学的疑問に対応すべく制限や洗練を経て、いくつかの理論的バリエーションを生み出すにいたった。たとえば、否定形の命題についてもそれを真にするものを考えてよいのかどうか、あるいはまた、命題を真にする何かと言うけれどもその「何か」とは正確にどういう種類の存在者なのかといった疑問が、とうぜん思い浮かぶ疑問だろう。〈真にするもの〉をめぐる理論的な争点については第Ⅳ部の序論にその全体像が描かれている。（‘truthmaker’ の訳語は日本語に特有の問題もあって悩ましいところだが、一語感を出したいときには、このように山括弧でくくる表記法がベストかもしれない。私もとりあえずそれに従う。）

第Ⅳ部の執筆者は高取正大と北村直彰である。二人がそろって話題にしているのは「実在論的直観」である。実在論的直観とは、命題を真にする何かを考えるさい、その「する」の部分に対してもっともらしさを与える直観のことである。第Ⅳ部における高取と北村の議論は、本書の他の部分と比べても少々専門的に感じられるかもしれない。その理由はおそらく、彼らがすぐれて理論的な関心から事柄に切り込んでいるからである。二人の立ち位置はメタ的である。つまり、第一に彼らは、「真理」について論じているというより、「真理」について論じている理論について論じているように見える。その視座になじむことが第Ⅳ部の議論の焦点をつかむには重要である。高取と北村は、「実在論的直観」と呼ばれるものが、はたして見かけほど、〈真にするもの〉の理論を正当化するのかという問題に取り組んでいる。そこにはもちろん、理論の「正当化」とはそもそも何なのかというさらにメタ的な問いも含まれる。高取は、いわゆる実在論的直観の根拠としての脆弱さを十分に踏まえたうえで、われわれの直観からさほど遠くない特定の前提から、非常に限定された仕方で〈真にするもの〉の理論が導き出せることを示そうとしている。高取の試みは、実在論的直観に期待されている正当化の新ルートを慎重にほのめかすものだとも解釈できる。一方の北村は、直観からの導出とはまた異なる、より広い「正当化」の観点から、〈真にするもの〉の理論を支持するルートを検討している。北村の議論は、われわれが〈真にするもの〉というアイデアやそれにまつわる原理を携えるべき動的な理由を示唆するものになっている。

本書のテーマをさらにいろいろな視点から検討していただくために、最後に、関連がとくに深いと思われる日本語のテキストをいくつか紹介したい。網羅的なリストを挙げるつもりはなく、ブックガイドらしきものの断片しか示せないことをお断りしておく。それらはすなわち、(1)たまたまいま私が思いついているものにすぎず、漏れや偏りがあり、(2)書籍または書籍に収録されたものに限っているため、学会誌のみで読める専門論文などは省かれていて、(3)逆にほんとうの意味での入門書の類いも、各自自由に探していただくとしてやはり省かれており、さらに、(4)現時点でそれぞれどれだけ容易に入手可能な書籍かは分からず、また、(5)すでに本書本文で言及されたものを含んでいる。本書の執筆者からすら異論が出るかもしれないが、あくまで私の一視点ということでご了承いただきたい。

伝統的な人の通時的同一性の議論に関しては、入門書を含めていろいろなものを日本語で読むことができる。ここでは古典的な邦訳文献としてデレク・パーフィットの『理由と人格』(森村進訳、勁草書房)を挙げておこう。人の同一性に対するパーフィットの立場は例によって独特のものだが、還元主義／非還元主義という論点を押さえるには同書を読まれるのがよい。有名な討論シリーズの一冊であるシドニー・シューメイカーとリチャード・スウィンバーンによる『人格の同一性』も、寺中平治訳で産業図書から邦訳が出ている。かつては哲学でも'person'が「人格」と訳されていた名残りがそれらのタイトルにあるが、いずれも「人」をめぐる本書の議論に関係するテキストである。もう一冊、ロデリック・チザムの『人と対象』(中堀誠二訳、みすず書房）を挙げておきたい。訳が悪いという評があるがそんなことはなく、ところどころ日本語が個性的なだけで十分に練られた翻訳である。この訳書の訳文が理解できないなら何語で読んでもチザムは理解できないだろう。本書第Ⅰ部の本論は以上のテキストよりすこし展開の進んだところから始まる。その背景や文脈をさらに知りたければ、横路佳幸の『同一性と個体』（慶應義塾大学出版会）を参照してほしい。同一性そのものをテーマにした同書は、広い視野のもとで問題意識を示してくれる。

　第Ⅱ部の中核的な問いの一つは「未来は開いているか」であり、未来の決定性を問うものである。その問いはさらに、未来の存在や実在性についての問いとも関わっている。もっとも二つの問いは、未来が存在しないならば未来は開いていて、未来が存在するならば未来は閉じているといった単純な並行関係にあるわけではない。それでもそれらのあいだには考慮すべき重要なつながりがある。本書の第Ⅱ部では、時間と実在性に関わる三つの立場として、「永久主義」と「成長ブロック説」と「現在主義」が紹介され、論じられている。興味深い立場である現在主義を果敢に擁護した書に、佐金武の『時間にとって十全なこの世界』（勁草書房）がある。同書は、現在主義の部分だけでなく、本書で論じられているトピックと深く関わっている。本書の執筆者・編者である森田邦久の『時間という謎』（春秋社）もここで挙げておく必要がある。本書第Ⅱ部のテーマにとって最も重要なのはおそらく同書第七章であるが、他の章も十分に関係がある。

　死を論じた日本語の哲学書は多くない。いや多いだろうと言う人もきっといると思うが、多くない。「死」というテーマについては誰でもたくさんのことを語った気分にすぐになれることが陥穽なのである。たとえば「同一性」や「時間」や「真理」といったテーマでそうしたことは起こらない（だからそれらのテーマで本を書くことは誰が見ても容易ではない）。いずれにしても、死そのものを論じた哲学のテキストがこれから日本でも増えていくことが期待される。現状で死を哲学的に論じたいと思うのであれば、上でも触れたが、トマス・ネーゲルの論文「死」をまず読むことをお勧めしたい。ネーゲルの論文は、彼の論文集『コウモリであるとはどのようなことか』(永井均訳、勁草書房)の最初に収録されている。ネーゲル自身の文章も永井の訳文もとても魅力的であり、そのため、内容がおそろしいほどよく頭に入ってくる。もちろんネーゲルの議論にはいくらでも疑問を抱いていただいてかまわないのであるが。

第Ⅳ部に関連する図書としては、秋葉剛史の『真理から存在へ』(春秋社)を挙げないわけにはいかない。同書は、副題に「〈真にするもの〉の形而上学」とあるとおり、本書第Ⅳ部のテーマとまさに呼応している。われわれは、このテーマの純粋な専門書を日本語で読めることにまず感謝すべきであろう(ちなみに私が推すのはスリングショット論法について論じた第5章である)。秋葉の提案には独自性があり、それは本書における同書への参照からも確認できると思う。なお、秋葉が翻訳したアームストロングの『現代普遍論争入門』(春秋社)にも、じつはすでにかなりまとまった形で、〈真にするもの〉についての説明がある。同訳書のとくに第5章の、「事態(state of affairs)」概念が導入される箇所を見られたい。

今日の形而上学的研究には大小さまざまな複数の核がある。その話題の広がり方も尋常ではなく、哲学とは結局形而上学のことであったかと思わせるほどである(とまで言いきるにはちょっと勇気が要るが)。したがって本書で取り上げた四つのほかにももちろん多くの重要なテーマやトピックがある。つまり、取り上げられてもよかったテーマやトピックはまだ残っている。取り上げられてもよかったものは、取り上げるべきだったものではない。その他のことはその他の場所でなされればよいだけだ。というわけで私は、この本の類書を今度はどこかで一読者として読みたいと思っている。

[二〇二四年の梅雨入り前に]

編著者

**森田邦久**（もりた・くにひさ） 1971年生まれ。現在、大阪大学大学院人間科学研究科教授。主な著書に『哲学の世界――時間・運命・人生のパラドクス』（講談社現代新書、2024）。

**柏端達也**（かしわばた・たつや） 1965年生まれ。現在、慶應義塾大学文学部教授。主な著書に『現代形而上学入門』（勁草書房、2017年）。

執筆者

**横路佳幸**（よころ・よしゆき） 1990年生まれ。現在、名古屋学院大学法学部講師。主な著書に『同一性と個体――種別概念に基づく統一理論に向けて』（慶應義塾大学出版会、2021年）。

**後藤真理子**（ごとう・まりこ） 1990年生まれ。現在、九州大学人文科学研究院専門研究員。主な論文に「精神医学における社会構築主義と実践種」（『西日本哲学年報』28: 19-40）。

**大畑浩志**（おおはた・ひろし） 1993年生まれ。現在、神戸大学人文学研究科ほか非常勤講師。主な論文に「量子的対象とは何か：このもの主義的束理論に基づくアプローチ」（『科学基礎論研究』51 (1-2): 93-112）。

**佐々木渉**（ささき・わたる） 1992年生まれ。現在、山口大学時間学研究所学術研究員。主な論文に「死の悪の生前説とその二つの定式化」（『倫理学研究』54: 156-65）。

**吉沢文武**（よしざわ・ふみたけ） 1982年生まれ。現在、一橋大学大学院社会学研究科講師。主な論文に“A Dilemma for Benatar's Asymmetry Argument”（*Ethical Theory and Moral Practice* 24 (2): 529-44）。

**高取正大**（たかとり・まさひろ） 1989年生まれ。現在、日本大学文理学部非常勤講師。主な論文に「分析形而上学と経験科学の連続主義に対する批判的検討：形而上学はモデリングか？」（『科学哲学』56 (1): 59-82）。

**北村直彰**（きたむら・なおあき） 1986年生まれ。現在、島根大学法文学部講師。主な論文に「存在論の方法としてのTruthmaker理論」（『科学哲学』47 (1): 1-17）。

# 人名索引

## ア 行

秋葉剛史　305, 311-312, 317-318, 333, 336, 351, 360, 368-371, 373-374, 376-377, 383, 385-388, 391, 418
アダムス, R（Robert Adams）　125-131, 133-134, 136-138, 140-142, 145-147, 149, 151-154, 156
アープ, B（Brian Earp）　15
アームストロング, D・M（David M. Armstrong）　297-298, 302, 304-305, 310-312, 318, 323, 330, 333, 359-360, 414-415, 418
アリストテレス（Aristotle）　14, 23, 49, 69-70, 72, 75, 79, 107-109, 119, 296-297
アレニウス, G（Gustaf Arrhenius）　229
安藤馨　120
アンユム, R（Rani Anjum）　386
伊佐敷隆弘　41, 109, 116
イングラム, D（David Ingram）　125-126, 129-138, 140-143, 145-149, 151-154, 156-157
ヴァン・インワーゲン, P（Peter van Inwagen）　58, 64, 93
ウィギンズ, D（David Wiggins）　11, 176
ウィトゲンシュタイン, L（Ludwig Wittgenstein）　297, 311
ウィリアムズ, B・A・O（Bernard A. O. Williams）　8-12
ウィリアムソン, T（Timothy Williamson）　333
ヴェター, B（Barbara Vetter）　174
ウォルフ, A（Aaron Wolf）　197, 269
ウカシェビッチ, J（Jan Łukasiewicz）　108-109, 120, 143
エイシー, J（Jamin Asay）　312, 388
エヴァンズ, G（Gareth Evans）　121
エストレム, P（Peter Øhrstrøm）　121, 143
エピクロス（Epicurus）　183-184, 187, 189, 198, 205, 269
オルソン, E・T（Eric T. Olson）　13, 58

## カ 行

ガウカー, C（Christopher Gauker）　387
カザーティ, R（Roberto Casati）　156
加地大介　120
カートライト, N（Nancy Cartwright）　386
カラザース, P（Peter Carruthers）　91
カールソン, E（Erik Carlson）　218
カント, I（Immanuel Kant）　51, 370
カンブシュネル, D（Denis Kambouchner）　42
キッチャー, P（Patricia Kitcher）　42
キャメロン, R・P（Ross P. Cameron）　117-118, 121-122, 143-144, 153-154, 312, 333, 357, 360, 377-378, 382-384, 387-388, 391-392, 394-407
倉田剛　41
クリーゲル, U（Uriah Kriegel）　79
クリプキ, S（Saul Kripke）　176
グリーン, M（Mitch Green）　112
グレイ, W（William Grey）　269
クレイトン, N・S（Nicola S. Clayton）　89
クレイン, T（Tim Crane）　35
クワイン, W・V・O（W. V. O. Quine）　307-309, 312
ケーガン, S（Shelly Kagan）　201
コスリツキ, K（Kathrin Koslicki）　70
ゴフ, P（Philip Goff）　391-394, 400-401, 403-404
コレイア, F（Fabrice Correia）　385

## サ 行

サイダー, T（Theodore Sider）　121, 334
サイモンズ, P（Peter Simons）　297, 305
佐金武　109, 114, 121, 143, 312, 417
サモン, W（Wesley Salmon）　386
サレルノ, J（Joe Salerno）　161
ジャーゴ, M（Mark Jago）　161, 165, 387
シュニーダー, B（Benjamin Schnieder）　333, 385
シュネル, A・K（Alexandra K. Schnell）　89
シューメーカー, S（Sydney Shoemaker）　416

ジョンストン, M（Mark Johnston） 70
白井仁人 119
シルヴァーステイン, H（Harry Silverstein） 202, 251-252, 283-284, 290
スウィンバーン, R（Richard Swinburne） 107-108, 416
鈴木生郎 201, 227, 239, 282
スーツ, D・B（David B. Suits） 202, 258-259, 270
スティガル, J（John Stigall） 387
ストローソン, P・F（Peter F. Strawson） 51, 386
ストローミンジャー, N（Nina Strohminger） 15
スピークス, J（Jeff Speaks） 386
スマッツ, A（Aaron Smuts） 202
スミス, B（Barry Smith） 297, 305

## タ 行

タイ, M（Michael Tye） 79
ダンカン, M（Matt Duncan） 62
チザム, R（Roderick Chisholm） 79, 334, 416-417
チャクラバティ, A（Anjan Chakravartty） 386
チャーチ, A（Alonzo Church） 387
チャーマーズ, D（David Chalmers） 10
ティアニー, H（Hannah Tierney） 98
デイヴィドソン, D（Donald Davidson） 369
ディケンパー, J（Joseph Diekemper） 142
テイラー, J・S（James S. Taylor） 202
テイラー, R（Richard Taylor） 109-111
デイントン, B（Barry Dainton） 62
デカルト, R（René Descartes） 14, 24, 31, 33, 42
デング, N（Natalja Deng） 228
ドウ, P（Phil Dowe） 386
トゥーリー, M（Michael Tooley） 11-12, 121
トゥルーマン, R（Robert Trueman） 165, 177, 387
ドーシー, D（Dale Dorsey） 195, 202
ドッド, J（Julian Dodd） 311-312, 333, 351, 385
トマソン, A（Amie Thomasson） 20-21, 41
トマソン, R・H（Richmond H. Thomason） 119
トムソン, J・J（Judith J. Thomson） 12, 14
ドレイパー, K（Kaila Draper） 227
トレンゴ, G（Giuliano Torrengo） 120, 156, 176
トログドン, K（Kelly Trogdon） 385

## ナ 行

ナイセス, F（Fredrik Nyseth） 387
ニコルズ, S（Shaun Nichols） 10, 15
ニダ＝リューメリン, M（Martine Nida-Rümelin） 16, 64
ネーゲル, T（Thomas Nagel） 184, 202, 253-254, 275, 285, 413, 418
信原幸弘 387

## ハ 行

パイク, N（Nelson Pike） 106
パーヴス, D（Duncan Purves） 195-196, 202, 238
ハーシノフ, D（David Hershenov） 202, 227, 258, 270
ハスレ, P（Per Hasle） 121, 143
バーチ, J（Jonathan Birch） 89
バード, A（Alexander Bird） 176
バトラー, J（Joseph Butler） 7
パーフィット, D（Derek Parfit） 11 15, 48, 62, 79, 98, 416
バロン, S（Sam Baron） 312
ハンサー, M（Matthew Hanser） 198, 202, 212, 227, 285
バーンズ, E（Elizabeth Barnes） 117-118, 122, 143-144, 153-154
ビクヴィスト, K（Krister Bykvist） 271
ビゲロー, J（John Bigelow） 121, 142, 310, 333
ピッチャー, G（George Pitcher） 194, 201
ビービー, H（Helen Beebee） 312
ヒューム, D（David Hume） 7-8, 17
ファイト, N（Neil Feit） 190-191, 201, 209, 217-218, 220-221, 223-225, 227-228, 238, 256-258, 261-262, 269-270, 281
ファイン, K（Kit Fine） 174, 176, 386

ファインバーグ, J（Joel Feinberg） 194, 201
ファント・ホッフ, A（Alice van't Hoff） 386
ファン・フラーセン, B（Bas van Fraassen） 119
フィグダー, C（Carrie Figdor） 66
フィッチ, F（Frederic Fitch） 387
フェルドマン, F（Fred Feldman） 190, 200, 238, 270
フォレスト, P（Peter Forrest） 121
フッサール, E（Edmund Husserl） 310
プライアー, A・N（Arthur N. Prior） 111-114, 120
ブラッドリー, B（Ben Bradley） 186, 191, 194-195, 198, 201-202, 209-210, 212-214, 216-217, 219-220, 223-224, 226-227, 235, 243, 251-252, 257-258, 261-262, 265, 269-270, 276, 280-281, 283, 285, 291
プランティンガ, A（Alvin Plantinga） 143, 334
ブリス, R（Ricki Bliss） 385
プリースト, G（Graham Priest） 114, 121
ブリッカー, P（Phillip Bricker） 312
プリンツ, J・J（Jesse J. Prinz） 15
ブルーアー, B（Bill Brewer） 386
フルジェ, C（Christopher Frugé） 238
ブルジェ, D（David Bourget） 10
ブルーノ, M（Michael Bruno） 10
ブルーム, J（John Broome） 263, 270
ベイカー, L・R（Lynne Rudder Baker） 16, 64, 79
ベイン, T（Tim Bayne） 62
ヘック, R（Richard Heck） 386
ベネター, D（David Benatar） 268
ベルナップ, N（Nuel Belnap） 112
ホーウィッチ, P（Paul Horwich） 334
ホッブス, T（Thomas Hobbes） 202
ホフマン, J（Joshua Hoffman） 19-20, 35-40
ボルギーニ, A（Andrea Borghini） 120, 176
ホルトゥグ, N（Nils Holtug） 263-264, 270-271
ホーンズビー, J（Jennifer Hornsby） 333, 362-363, 384
ボンダー, O（Oleh Bondar） 387

## マ 行

マクダウェル, J（John McDowell） 370, 373
マクファーレン, J（John MacFarlane） 113-114, 117, 121
マクブライド, F（Fraser MacBride） 298, 310, 312
マクマーン, J（Jeff McMahan） 48, 79
マーティン, C・B（C. B. Martin） 310-311
マリガン, K（Kevin Mulligan） 297, 305
マルコジアン, N（Ned Markosian） 121, 143, 154
マンフォード, S（Stephen Mumford） 335, 386
ムーア, G・E（G. E. Moore） 202
メリア, J（Joseph Melia） 333
モゼルスキー, M・J（M. Joshua Mozersky） 143
モルトマン, F（Friederike Moltmann） 386
モルナー, G（George Molnar） 311

## ヤ 行

ユアグロー, P（Palle Yourgrau） 201, 220, 282
ヨハンソン, J（Jens Johansson） 198-199, 201-202, 218, 220, 227-228, 262, 268

## ラ 行

ライス, H（Hugh Rice） 108, 111
ラッセル, B（Bertrand Russell） 297, 304, 311, 386
ラビノヴィッツ, W（Wlodek Rabinowicz） 229
ラミ, A（Adolf Rami） 298, 311, 333
ラモント, J（Julian Lamont） 197
リー, J（Jack Li） 201
リギンズ, D（David Liggins） 312, 317, 333, 385
ルイス, D（David Lewis） 62, 120-121, 228, 239, 270, 310, 375, 387
ルークス, M・J（Michael J. Loux） 70
レッドヘッド, M（Michael Redhead） 119
レモス, N（Noah Lemos） 200
ロウ, E・J（E. J. Lowe） 19-27, 29-36,

40-42, 45, 64, 88, 98-99, 410
ローゼンクランツ, G・S（Gary S. Rosenkrantz） 19-20, 35-40
ロック, J（John Locke） 6-9, 17, 25, 50-51, 58-59, 410
ルーパー, S（Steven Luper） 201-202, 213-216, 227-228, 264-265, 270-271
ルーベン, D・H（David-Hillel Ruben） 270
ロス, R（Roberto Loss） 161, 165
ローゼンバウム, S・E（Stephen E. Rosenbaum） 202
ロドリゲス＝ペレイラ, G（Gonzalo Rodriguez-Pereyra） 310-311, 351, 360-368, 376, 383-385, 391
ロバーツ, M（Melinda Roberts） 270
ロングネカー, M（Michael Longenecker） 118

**分析形而上学の最前線**
——人、運命、死、真理

2024年11月25日　第1刷発行

編著者——森田邦久・柏端達也
著　者——横路佳幸・後藤真理子・大畑浩志・佐々木渉
吉沢文武・高取正大・北村直彰
発行者——小林公二
発行所——株式会社 **春秋社**
〒101-0021 東京都千代田区外神田2-18-6
電話 03-3255-9611
振替 00180-6-24861
https://www.shunjusha.co.jp/
印刷・製本——萩原印刷 株式会社
装　丁——伊藤滋章


Printed in Japan, Shunjusha
ISBN978-4-393-32232-1
定価はカバー等に表示してあります